한 걸음 앞으로 두 걸음 뒤로

러시아어판 완역

한 걸음 앞으로 두 걸음 뒤로

우리 당내의 위기

레닌 지음 최호정 옮김

박종철출판사

차 례

일러두기

1. 이 책은 소련공산당 중앙위원회 산하 맑스주의-레닌주의연구소가 1984년에 발간한 러시아어판 『레닌 선집』(전10권)의 해당 부분을 번역한 것이다. 영어판과 일어판도 참조하였다.
2. *, **로 표시된 각주는 1904년에 저자 레닌이 붙인 것이다. 1907년에 레닌이 『12년간』이라는 책자에 이 글을 수록하면서 붙인 각주는 "(저자가 1907년판에 붙인 주.)"로 표시하여 구분하였다.
3. 번호를 붙여 후주로 처리한 것은 이해를 돕기 위해 번역자와 편집자가 추가한 것이다.
4. 저자가 강조한 곳은 굵은 글씨로 표시했다. 예: **진짜**
5. 저자가 러시아어가 아닌 언어로 쓴 것은 원어를 그대로 표기한 후에 대괄호 안에 우리말로 옮겨 넣었다. 예: a priori[선험적으로]
6. 〈후주〉와 〈인물 해설〉에서 사람 이름 뒤에 괄호 안에 적어 놓은 것은 제2차 당대회에서 사용한 가명이다. 레닌은 이 책에서는 대개 이 가명만 언급했다.
7. 이 책에 등장하는 날짜는 1918년까지 러시아에서 사용된 율리우스력(러시아 구력)이다. 구력은 현재의 신력보다 13일 늦어서, 예를 들어 1917년 10월 24일에서 25일에 벌어진 권력 교체는 신력으로는 11월 6일에서 7일의 일이다.

한 걸음 앞으로
두 걸음 뒤로
우리 당 내의 위기

서 문

　장기간에 걸쳐 완강하고 격렬한 투쟁이 진행되고 있을 때는 보통, 시간이 조금 경과하면서 기본적 중심 쟁점들이 뚜렷하게 보이기 시작한다. 운동의 최종 결과는 그 쟁점들이 어떻게 해결되느냐에 달려 있기에, 그러한 쟁점들에 비해 자잘하고 사소한, 투쟁의 온갖 일화는 점점 더 뒷전으로 밀려나게 된다.

　벌써 반 년째 모든 당원의 관심이 쏠려 있는 우리 당내 투쟁도 그런 상황이다. 그런데 나는 독자들에게 전체 투쟁의 개요를 제시하면서, 전혀 중요하지 않은 수많은 사소한 일과 본질적으로 전혀 중요하지 않은 수많은 사소한 말다툼을 다루지 않을 수 없었다. 바로 그런 까닭에 나는 아예 처음부터 정말 중심적이고 기본적인 두 가지 사항, 대단히 흥미롭고 확실한 역사적 의의를 지니고 있으며 지금 우리 당에서 가장 절박한 정치적 문제인 두 가지 사항에 독자들의 주의를 환기시키고 싶다.

　첫 번째 문제는 우리 당이 "다수파"와 "소수파"로 분열된 것이 갖는 정치적 의의 문제다. 제2차 당대회에서 일어난 이 분열은 러시아 사회민주주의자들의 이전의 모든 분열을 저 멀리 뒷전으로 물러나게 했다.

두 번째 문제는 조직 문제에 관한 새『불꽃』의 입장이 정말 원칙적인 한에서 갖는 원칙적 의의 문제다.

첫 번째 문제는 우리 당의 투쟁의 출발점에 관한 문제이자 당의 기원, 당의 유래, 당의 근본적인 정치적 성격에 관한 문제다. 두 번째 문제는 이 투쟁의 궁극적 결과, 투쟁의 종결, 그 원칙적 결론에 관한 문제로서, 이 결론은 원칙 영역에 관계되는 것은 전부 더하고 사소한 말다툼 영역에 관계되는 것은 전부 빼는 과정을 통해 얻게 된다. 첫 번째 문제는 당대회에서 일어난 투쟁을 분석하면 해결되고, 두 번째 문제는 새『불꽃』의 새로운 원칙의 내용을 분석하면 된다. 나의 이 소책자 내용의 9/10를 차지하는 이런 분석을 통해 나온 결론은 "다수파"가 우리 당의 혁명 진영이며 "소수파"는 기회주의 진영이라는 것이다. 현재 이 두 진영을 가르고 있는 견해차는 주로 강령과 전술이 아니라 조직 문제에 국한돼 있다. 새『불꽃』이 자신의 입장을 더욱 심화할수록, 그리고 호선을 두고 벌인 사소한 말다툼에서 이 입장이 더욱 투명한 형태를 띨수록 이 새로운 견해 체계가 더욱 선명히 보이는 바, 그것은 조직 문제에서의 기회주의다.

우리 당의 위기에 관한 기존 문헌들의 주된 결함은 사실을 연구하고 규명하는 부분에서 당대회 의사록에 대해 거의 분석하지 않았다는 점이고, 또 조직 문제의 기본 원칙을 밝히는 부분에서 분명 존재하고 있는 어떤 관계에 대한 분석, 즉 규약 제1

조의 정식화와 이 정식화의 옹호 과정에서 마르또프 동지와 악셀로트 동지가 보인 근본적 오류를 한편으로 하고 조직 문제에 관해 『불꽃』이 현재 갖고 있는 원칙적 견해 "체계"(체계가 여기서 문제가 되는 한) 일체를 다른 한 편으로 하는 둘 사이에 분명 존재하고 있는 관계에 대한 분석이 전무하다는 점이다. 제1조를 둘러싼 논쟁의 의의가 "다수파" 문건에서 이미 수차례 언급된 바 있음에도 『불꽃』 현 편집국은 이런 관계를 알아차리지도 못하고 있는 듯하다. 사실, 악셀로트 동지와 마르또프 동지는 제1조에 관한 자신들의 애초의 오류를 지금 더 발전시키고 확대하고 심화하고만 있다. 이미 제1조에 관한 논쟁에서, 조직 문제에서 기회주의자들이 보이는 모든 입장이 사실상 드러나기 시작했다. 굳게 결속된 당 조직이 아니라 불분명한 당 조직을 옹호하는 것, 당대회와 그 대회에서 창출된 기관에서 시작하여 위로부터 아래로 당을 건설한다는 구상("관료주의적" 구상)을 적대시하는 것, 교수든 학생이든 파업 참가자든 그 누구에게라도 당원이 될 자격을 부여하여 아래로부터 위로 가기를 열망하는 것, 당원에게 공인된 당 조직 가운데 하나에 속할 것을 요구하는 "형식주의"를 적대시하는 것, "조직 관계를 플라톤 식으로만 인정"하려고 하는 부르주아 지식인의 심리에 경도되는 것, 지극히 기회주의적인 사고와 무정부주의적인 문구들에 대해 유연한 태도를 보이는 것, 중앙 집중주의에 반대하는 자율주의를 지향하는 것 ― 한마디로 말해, 처음에 저지른 오류가 점점 더 전면적이고 명료하게 확인되도록 일조하면서 지금 새 『불꽃』에 화려한 색깔로 만개하고 있는 모든 것 ― 이 그러한 기회주의자들의 입장이다.

　당대회 의사록 얘기를 하자면, 의사록이 부당하게 무시되고 있는 것은 우리 논쟁이 사소한 말다툼으로 덮여 버렸기 때문이고 또한 이 의사록 속에 너무나 많은 쓰디쓴 진실이 들어 있기 때문이라는 것 말고 다른 이유로는 설명되지 않는다. 당대회 의사록은 우리 당의 현실적 상황의 그림을 그러한 종류로는 유일하게, 정확성, 충실성, 전방위성, 방대함, 진실성으로 보자면 무엇으로도 대체할 수 없도록 제공하며, 운동 참여자들 자신이 제시한 견해, 마음가짐, 계획들의 그림, 당 내부에 존재하는 정치적 색조와 그것들의 상대적 영향력, 상호관계, 그들 간의 투쟁의 그림을 제공한다. 바로 그 당대회 의사록을 통해, 그리고 오직 의사록을 통해서만, 우리는 지난날의 순전히 서클적인 관계의 모든 잔재를 쓸어 내고 그러한 관계를 거대한 단일한 당이라는 관계로 바꾸어 내는 데 얼마나 성과를 거두었는지를 알게 된다. 당원 한 사람 한 사람에게는, 당의 일에 의식적으로 참여하고자 한다면 우리 당대회를 면밀하게 연구할 의무가 있다. 이른바 연구해야 한다는 것이다. 왜냐하면 의사록을 구성하고 있는 한 무더기의 자료들을 그대로 한 번 읽는 것으로는 여전히 대회의 그림을 그릴 수가 없기 때문이다. 오직 면밀하고 독자적인 연구를 통해서만, 간략한 개요로 된 발언들, 토론에서 건조하게 발췌된 부분들, 사소한 (분명 사소해 보이는) 문제들에 관한 사소한 충돌들 따위가 온전한 어떤 것으로 합쳐질 수 있고, 뛰어난 연사 한 사람 한 사람이 생생한 모습으로 당원들 앞에 나타나게 할 수 있고, 당대회 대의원 그룹 각각의 정치적 면모를 밝힐 수 있는 단계에 도달할 수 있다. (그리고 이런 단계에 도달해야 한다.) 이 글을 쓰는 사람으로서는, 당대회 의사록을 폭넓고 독자적으로 연구하는 데 조금이라도 자극이 된다면 나의 작업이 헛되이 사라지지는 않았다고 생각할 것이다.

사회민주주의의 적들을 향해 한마디 보태겠다. 그들은 우리 논쟁을 지켜보면서 고소하게 생각하고 거드름을 피운다. 그들은 당연히도 우리 당의 결함과 부족함에 할애된 나의 소책자의 특정 부분들을 자신들 목적에 맞게 뽑아내려 애쓸 것이다. 러시아 사회민주주의자들은 전투 속에서 이미 충분히 단련된 바, 이 같은 찔러보기에 당황하지 않을 것이며, 또 그들이야 뭐라고 하든, 스스로의 결점을 가차 없이 드러내 자기비판을 계속할 것이다. 그러한 결점은 노동자운동이 성장해 가면 틀림없이, 그리고 필연적으로 극복될 것이다. 적들에 대해서는, 우리 제2차 대회 의사록이 보여 주는 것에 근접하려면 아직 멀기만 한 그들의 "당"내 진짜 사정을 그들이 우리에게 보여 주도록 내버려 두자!

N. 레닌

1904년 5월

A. 대회 준비

　누구에게나 24시간 동안은 자신을 심판한 사람들을 비난할 권리가 있다는 옛말이 있다. 우리 당대회는, 당대회라는 것이 다 그러하듯, 지도자의 임무를 자처했다가 좌초한 몇몇 인물에 대한 심판이기도 했다. 지금 이 "소수파"의 대표들은 감동적일 만큼 순진하게 "자신들을 심판한 사람들을 비난하면서" 어떻게 해서든 대회에 흠집을 내고 대회의 의의와 권위를 축소시키려 하고 있다. 아마도 이러한 노력이 가장 두드러지게 나타난 것은 『불꽃』 제57호에 '실천가'라는 이름으로 쓴 기고문이 아닌가 싶은데,[1] 그는 대회에 "신성한" 주권이 있다는 생각에 대해 분개하고 있다. 그 글은 새 『불꽃』의 특징적 성격 그 자체여서 말 없이 넘길 수가 없다. 대회에서 거부된 인물들이 다수를 이루는 편집국은 한편으로는 자신들을 "당" 편집국이라고 계속 칭하면서, 다른 한편으로는 대회가 신은 아니라고 주장하는 사람들을 두 팔 벌려 안고 있다. 훌륭하지 않은가? 그렇소, 신사 양반들, 대회는 물론 신이 아니오. 하지만 대회에서 패배를 겪고 난 후 대회에 대해 "욕을 퍼뜨리기" 시작하는 사람들에 대해 어떻게 생각해야 하겠소?

　실제로, 대회 준비 과정에서 일어난 주요한 사실들을 기억해 보자.

　『불꽃』은 애초부터, 즉 신문 발간에 앞서 나온 1900년의 신문 발간 예고문에서, 통합하기 전에 서로의 경계를 분명히 그어야 한다고 선언한 바 있다. 『불꽃』은 1902년의 협의회[2]를 당대회가 아닌 비공개 회합으로 바꾸려 애썼다.[*] 『불꽃』은 1902년 여름과 가을에 이 협의회에서 선출된 조직위원회를 재건하면서 극도로 조심스럽게 행동했다. 마침내 우리가 공동으로 인정하는 방식으로 경계 긋기 작업이 끝났다. 조직위원회는 1902년 거의 끝 무렵에 구성됐다. 『불꽃』은 조직위원회가 공고해지는 것을 환영하면서 제32호 편집국 사설에서 당대회 소집은 미룰 수 없는 그야말로 긴급한 일이라고 천명했다.[3] 그러므로 제2차 당대회 소집을 서두른 것에 대해 우리를 비난할 수는 없는 일이다. 우리는 정말 돌다리도 두드려 보고 건너라는 원칙대로 행동했다. 그런 만큼 우리에게는, 강을 건넌 후에 동지들이 되돌아가자고 불평하지는 않을 것이라고 기대할 충분하고 정당한 권리가 있었다.

조직위원회는 매우 면밀하게 (자신들의 정치적 결단력 없음을 숨기려는 사람들은 이제 이를 형식주의적이고 관료주의적이라고 말할 것이다.) 제2차 대회의 규약을 작성하고 이 규약을 모든 위원회에 회람시키는 한편, 다음과 같은 점을 제18조에 명시한 후 규약을 최종적으로 승인했다. "대회의 모든 규정과 대회에서 이루어진 모든 선출은 당의 모든 조직에 구속력을 가지는 당의 결정이다. 그 누구도 어떤 이유로도 대회 결정들에 반기를 들 수 없으며 다음 당대회만이 그 결정들을 철회하거나 변경할 수 있다."[**] 당시에는 지당한 일인 것처럼 아무 말 없이 승인된 이 말들은 그 자체로 얼마나 무결한가! 그런데 지금은 이

---

[*] 『제2차 대회 의사록』 20쪽을 보라.

[**] 『제2차 대회 의사록』 22~23쪽, 380쪽을 보라.

말들이 정말 이상하게 들리지 않는가 — "소수파"에 대한 엄중한 선고처럼 들리지 않는가! 그 같은 조항이 무슨 목적으로 만들어졌겠는가? 격식을 준수하기 위해? 물론, 아니다. 이 규정이 필요하다고 여겨지고 실제로 필요했던 것은 당이 낱낱이 분열된 독립된 그룹들, 어쩌면 대회를 인정하지 않을 수도 있는 그런 그룹들로 구성됐기 때문이었다. 이 규정은 모든 혁명가의 이른바 **자유의지**(지금 너무나 자주 너무나 부적절하게 거론되는 이 말은 변덕스럽다는 수식 어구에 더 걸맞은 것을 완곡하게 일컫는 용어다.)를 표현한 것이었다. 모든 러시아 사회민주주의자자가 서로에게 바친 **신실한 말**과 동격인 것이었다. 대회와 관련된 막대한 노력, 위험 부담, 비용 따위가 헛되이 사라지지 않을 것임을, 대회가 희극으로 변질되지 않을 것임을 보증하기 위한 것이었다. 대회에서 이루어지는 결정과 **선출**을 인정하지 않는 모든 행태는 **배신**이라는 점을 사전에 규정해 놓은 것이었다.

대회가 신이 아니며 대회의 결정이 신성한 것이 아니라는 새로운 발견을 이룬 『불꽃』은 도대체 누구를 비웃고 있는가? 이 발견은 "조직에 관한 새로운 견해"를 담고 있는 것인가 아니면 과거의 흔적을 덮어 버리려는 새로운 시도일 뿐인가?

B. 대회에서 분파가 형성된 것이 지니는 의의

이처럼, 대회는 최고 수준의 충분한 대표성이라는 원칙하에 최대한 면밀한 준비 끝에 소집됐다. 대회 구성이 적합했으며 대회 결정은 **무조건적 강제성**을 갖는다는 점을 공동으로 인정한 사실은 대회가 성립된 후 발표된 의장 성명에도 나와 있었다 (『의사록』 54쪽).

그런데 대회의 주요한 임무는 무엇이었던가? 『불꽃』이 마련하여 제시한 원칙과 조직 사상에 기초하여 **진정한 당을 창설하는 것**이었다. 바로 이러한 방향에서 대회가 활동해야 한다는 것, 그것은 『불꽃』의 3년간의 활동을 통해, 그리고 대부분의 위원회가 이를 승인함으로써 사전에 정해진 일이었다. 『불꽃』의 강령과 지향성이 당의 강령과 지향성이 돼야 했고 『불꽃』의 조직 계획은 당의 조직 규약에서 공고해져야 했다. 하지만 대회의 완전한 대표성이라는 것이 『불꽃』과 결연하게 투쟁을 벌였던 조직들(분트[4]와 『노동자의 대의』)이나 말로는 『불꽃』을 지도 기관으로 인정하면서도 실제로는 자신들의 특수한 계획을 추구하고 원칙적 입장에서는 우유부단한 특징을 보이던 이들(『남부 노동자』 그룹과 이에 경도된 몇몇 위원회 대표)도 대회에 참석하도록 보장하는 것에 있었기 때문에, 투쟁 없이 그러한 결과를 달성할 수 없었음은 자명한 일이다. 이러한 상황에서 대회는 『불꽃』의 지향성이 승리하도록 만들기 위한 투쟁의 장으로 바뀌지 않을 수 없었다. 대회가 사실상 그러한 투쟁이었다는 것, 이는 대회 의사록을 조금이라도 주의 깊게 읽어 본다면 누구나 금방 분명히 알게 될 것이다. 지금 우리 임무는 대회에서 다양한 문제를 두고 드러난 주요한 분파 형성을 세밀하게 추적하고 의사록의 정확한 자료들에 의거하여 대회 주요 그룹 각각의 정치적 면모를 되살려 내는 것이다. 대회에서 『불꽃』의 지도 아래 단일한 당으로 융합될 예정이던 그룹들, 지향성, 색조는 대체 무엇을 의미했던가? — 바로 이것이 논쟁과 표결을 분석하여 우리가 보여 주어야 하는 것이다. 우리 사회민주주의자들이 실제 어떤 존재인지를 연구하기 위해서도, 서로 갈라서게 된 이유를 이해하기 위해서도, 이러한 정황을 밝히는 것은 근본적으로 중요하다. 바로 그렇기 때문에 나는 연맹 대회[5]에서의 발언과 새 『불꽃』 편집자들에 보낸 편지[6]에서, 다양한 분파 형성을 분석하는 일이 최우선 과제라고 했던 것이다. "소수파"의 대표자 가운데 나에 대한 반대파는 (그들의 수장인 마르또프도) 문제의 본질을 전혀 이해하지 못했다. 연맹 대회에서 그들이 한 일이라곤 부분적으로 몇몇 수정을 가한 것이 전부였을 뿐, 자신들에 대해 제기되던 비난, 즉 기회주의로 전향했다는 비난에 대해 스스로를 "정당화하려" 했고, 또한 나에 맞서 대회에서의 분파 형성을 보여 주는 조금이라도 다른 어떤 그림을 그려 보려 시도도 하지 않았다. 지금 마르또프는 대회의 다양한 정치 그룹을 정확히 구분하려는 모든 시도를 단순한 "서클 정치"로 보이게 하려고 『불꽃』(제56호)을 통해 애쓰고 있다. 말이 심했소, 마르또프 동지! 하지만 새 『불꽃』의 심한 말들에는 한 가지 독창적 특성이 있다. 대회를 필두로 하여 우리가 갈라서게 된 사태의 격변을 정확히 재생산하는 순간, 이 심한 말들은 **전적으로, 또 그 무엇보다 우선적으로** 현 편집국을 향하게 된다. 서클 정치 문제를 제기한 이른바 당 편집국원들이여, 자신을 한 번 되돌아보시오!

마르또프는 지금 대회에서 우리가 투쟁했다는 사실이 너무나 불쾌한 나머지 이 투쟁을 완전히 얼버무리려 애쓰고 있다. 그는 이렇게 말한다. "『불꽃』파, 이는 당대회에서, 그리고 당대회가 있기 전까지 『불꽃』에 대해 전적인 연대를 표현하고 그 강령과 조직에 관한 그 견해를 옹호하고 그 조직 정책을 지지했던 사람이다. 대회에는 그런 『불꽃』파가 40인 이상이었다. ―『불꽃』의 강령과 『불꽃』을 당 중앙기관지로 승인하는 결의안에 찬성한 표가 그만큼이었으니까 말이다." 『대회 의사록』을 펴 보라. 그러면 기권한 아끼모프를 제외한 전원이 강령을 승인했음을 알게 될 것이다(233쪽). 이렇듯 마르또프 동지는 분트파와 브루께르와 마르띠노프가 『불꽃』에 대한 "전적인 연대"를 입증했고 또 조직에 관한 『불꽃』의 견해를 옹호했음을 우리에게 설득하고자 하고 있다! 웃기는 일이다. 대회 이후 대회 참가자 전원이 (분트파가 나갔으니 사실 전원은 아니지만) 동등한 권리를 가진 당원이 된 것과 대회에서 투쟁을 야기했던 그 분파 형성이 여기서 뒤섞여 버리고 있다. 대회 이후 어떤 부류가 "다수파"와 "소수파"를 형성했는지를 연구하는 일은 "강령을 승인했다!"라는 공식적 문구로 대체되고 만다.

『불꽃』을 중앙기관지로 승인하는 것에 대한 투표를 한 번 보라. 여러분은 사실 마르띠노프야말로 ― 마르또프 동지는 지금 『불꽃』의 조직적 견해와 조직 정책을 옹호한 당사자로 마르띠노프를 꼽고 있으니 그 용기는 가상하지만 ― 결의안을 두 부분으로, 즉 『불꽃』을 단순히 중앙기관지로 승인하는 것과 그 공적을 인정하는 것으로 나누어야 한다고 주장하고 있었음을 알게 될 것이다. 결의안의 첫 부분(『불꽃』의 공적을 인정하는 것과 그에 대한 연대를 표현하는 것)을 투표했을 때, 찬성은 35표에 불과했으며 반대 2표(아끼모프와 브루께르), 기권 11표(마르띠노프, 분트파 5표, 편집국 5표, 즉 나와 마르또프 2표씩과 쁠레하노프 1표)였다. 결과적으로, 마르또프가 자신의 현재 견해에 가장 유리하기 때문에 그 자신이 선택한 여기 이 예에서도 반反『불꽃』파 그룹(분트파 5인과 『노동자의 대의』파 3인)이 완전히 확연하게 드러나고 있는 것이다. 결의안의 두 번째 부분 — 즉 그 어떤 이유나 연대의 표현도 달지 않고(『의사록』 147쪽) 『불꽃』을 중앙기관지로 승인하는 것에 대한 투표 — 를 한 번 보라. 찬성이 44표였는데, 마르또프는 지금 이 표들 역시 『불꽃』파로 간주하고 있다. 전체 투표수는 51표였고 거기서 기권한 편집국의 5표를 빼면 46표가 남는다. 반대는 2표(아끼모프와 브루께르)였다. 따라서 분트파 5인은 모두 나머지 44표에 포함된다. 그런데 이렇게 해서 분트파는 대회에서 "『불꽃』에 대해 전적인 연대를 표현"한 것이 된다. — 이것이 공식적 『불꽃』의 공식적 역사가 기록되는 방식이다! 잠깐만 앞질러서 독자들에게 이 공식적 진실의 진짜 동기를 설명하겠다. 분트파와 『노동자의 대의』파가 대회에서 퇴장하지 않았다면 『불꽃』 현 편집국은 (지금 같은 quasi[사이비] 당 편집국이 아니라) 실제적 당 편집국이었을 것이고 그렇게 될 수 있었을 것이다. 바로 이것이 현재의 이른바 당 편집국의 신실한 수호자들이 『불꽃』파로 격상돼야만 했던 이유다. 하지만 이에 대해서는 나중에 상세히 다루겠다.

다음 질문이 나온다. 대회가 『불꽃』파 성원과 반『불꽃』파 성원의 투쟁이었다면 이쪽과 저쪽 사이에서 동요하던 중간 지대의 불안정한 성원은 과연 없었던가? 우리 당을, 그리고 온갖 종류의 대회라는 것의 일반적 성격을 조금이라도 아는 사람은 누구나 a priori[선험적으로] 이 질문에 대해 그런 성원이 있었다고 대답하려 할 것이다. 마르또프 동지는 지금 이 불안정한 성원을 정말 떠올리고 싶지가 않다. 그래서 그는 『남부 노동자』 그룹과 그에 경도된 대의원들을 전형적인 『불꽃』파로 서술하고, 그들과 우리의 견해차를 아무것도 아닌 대수롭지 않은 것으로 서술한다. 다행히도, 지금 우리 앞에는 의사록 전문이 놓여 있으니 문서로 된 자료에 근거해서 이 질문 — 말할 것도 없이 사실에 대한 질문 — 에 답할 수 있다. 대회의 일반적 분파 형성에 관해 우리가 위에서 말했던 것은 이 질문에 대한 답이라고 할 수는 물론 없으며 그저 질문을 바르게 제기한 것이라고 할 수 있을 뿐이다.

정치적 분파 형성을 분석하지 않고서는, 그러한 대회를 색조 사이의 투쟁으로서 그리지 않고서는, 우리가 갈라서게 된 것을 전혀 이해할 수가 없다. 분트파조차도 『불꽃』파로 간주하는 식으로 색조 사이의 차이를 지워 버리려는 마르또프의 시도는 문제를 그저 회피하는 것이다. 대회 이전의 러시아 사회민주주의의 역사에 기초해 볼 때 심지어 a priori[선험적으로] 세 개의 주요한 그룹에 (이후에 검증하고 자세히 연구할 대상으로) 주의를 돌려야 한다. 『불꽃』파, 반『불꽃』파, 불안정하고 동요하며 흔들리는 부류.

C. 대회의 시작. 조직위원회 사건

점점 더 윤곽이 분명해지는 정치적 색조를 순차적으로 언급하기 위해서는 대회의 토론과 표결을 대회 회의 순서대로 분석하는 것이 가장 편리하다. 꼭 필요한 경우에 한해서만 시간적 순차를 벗어날 것인데, 그것은 긴밀하게 연관된 문제들이나 동일한 종류의 분파 형성을 함께 살펴보기 위해서다. 공정성을 기하기 위해 우리는 중차대한 표결은 모두 언급하려 노력할 것이다. 물론, 사소한 문제들에 관한 수많은 표결은 건너뛸 것인데, 대회는 이런 표결들로 엄청나게 긴 시간을 소모한 바 있다. (이는 부분적으로는 위원회 회의 소재와 전체 회의 소재를 배분하지 못했던 우리의 경험 부족 때문이고, 또 부분적으로는 의사진행 방해에 가까운 질질 끌기 때문이었다.)

색조 사이의 차이가 드러나기 시작한 논쟁을 불러일으켰던 첫 번째 문제는 "분트의 당내 지위"라는 항목을 (대회 "의사일정"에) 첫 번째로 상정하는 문제였다(『의사록』 29~33쪽). 쁠레하노프, 마르또프, 뜨로쯔끼와 내가 옹호했던 『불꽃』 관점에서 본다면, 이 점과 관련해서는 일말의 의심도 있을 수 없었다. 분트가 당을 탈퇴한 것[7]은 우리 판단이 옳았음을 명확히 증명했다. 만일 분트가 『불꽃』이 당의 대다수와 공유했던 조직 원칙을 인정하고 우리와 함께 가기를 바라지 않는다면, 우리가 함께 가고 있다는 "시늉을 하면서"(분트파가 대회를 지체시켰던 것처럼) 대회를 지체시키기만 하는 것은 무익하고 무의미한 일이었다. 이 문제는 문건을 통해 이미 충분히 밝혀져 있는 것이기에, 조금이라도 생각이 있는 당원이라면 누구나 이제 남은 일은 문제를 공개적으로 제기하고 직접적으로 정직하게 자치제(함께 가자)냐 연방제(갈라서자)냐를 선택하는 일뿐이라는 것을 분명히 알고 있었다.

모든 정책에서 어물쩍한 태도를 보이는 분트파는 여기서도 문제를 미루면서 회피하는 태도를 보였다. 아끼모프 동지가 그들 편에 가담한 바, 그는 분명 『노동자의 대의』를 지지하는 모든 이를 대표하는 인물로서 조직에 대해 『불꽃』과 견해차가 있음을 즉각 내세웠다(『의사록』 31쪽). 마호프 동지가 분트와 『노동자의 대의』 편에 섰다. (그에게는 니꼴라예프위원회의 표결권 2표가 있으며 — 그 위원회는 바로 얼마 전에 『불꽃』에 대한 연대를 표현했었다!) 마호프 동지는 문제를 전혀 분명히 파악하지 못한 상태인 바, 그는 "민주주의 체제냐 아니면 반대로 (이 점에 주목하라!) 중앙 집중주의냐 하는 문제" 또한 "급소"로 생각하고 있다. — 현재 우리 "당" 편집국 다수파가 이와 똑같은데, 이들은 대회에서는 아직 이것이 "급소"인지를 알아채지 못했다!

이렇게 분트와 『노동자의 대의』와 마호프 동지가 반『불꽃』파로 나섰고, 모두 합해서 10표인 이들의 표는 마침 우리를 반대하는 딱 그만큼의 수였다(33쪽). 찬성은 30표였다. — 뒤에 보게 되듯이 『불꽃』파 표는 이 숫자 부근에서 오르락내리락하는 경우가 잦았다. 11표가 기권한 것으로 확인된다. 분명 이들은 투쟁하는 "편"의 이쪽, 저쪽, 어디에도 서지 않았다. 흥미롭게 볼 점은 분트 규약 제2조(이 제2조가 부결된 것 때문에 분트는 당을 탈퇴했다.)를 표결에 붙였을 때 제2조에 찬성한 표와 기권한 표 역시 10표였다는 것(『의사록』 289쪽), 게다가 이른바『노동자의 대의』파 3인(브루께르, 마르띠노프, 아끼모프)과 마호프 동지가 기권했다는 것이다. 분트 문제를 어떤 위치에 두느냐는 문제에 관한 표결이 분파 형성이라는 결과를 낳은 것이 우연이 아님은 명백하다. 논의 순서라는 기술적 문제뿐만이 아니라 본질에 있어서도 이 동지들 전부가 『불꽃』과 생각을 달리했다는 것이 명백하다. 『노동자의 대의』 측에서 보면 이러한 불일치는 사실상 누구에게나 명확한 것인 반면, 마호프 동지는 분트 탈퇴에 관한 발언에서 자신의 태도가 갖는 특징을 훌륭하게 보여 주었다(『의사록』 289~290쪽). 이 발언을 살펴볼 필요가 있다. 마호프 동지는 연방제를 배척한 결의안이 나온 이후 이렇게 말했다. "러시아사회민주주의노동자당 내에서 분트의 지위 문제는 분트로서는 원칙의 문제가 아니라 역사적으로 형성된 민족 조직에 관한 현실적 정치의 문제가 됐다." 연사는 계속해서 말했다. "여기서 나는 우리의 투표 결과에서 나올 수 있는 모든 결과를 고려하지 않을 수 없었고 따라서 제2조에 전체적으로 찬성표를 던지려 했었다." 마호프 동지는 "현실적 정치"의 정신을 훌륭히 체화했다. 원칙적으로 그는 이미 연방제를 배척했는데 바로 그 이유로 실천에서 이 연방제를 실행하는 규약 항목에 **찬성표를 던지려 했던** 것이니 말이다! 그리고 이 "실천적" 동지는 자신의 심오한 원칙적 입장을 다음과 같은 말로 설명했다. "하지만 (그 유명한 셰드린의 "하지만"이다!) 대회의 다른 모든 참석자가 거의 만장일치로 투표한 만큼 나의 이런저런 투표는 원칙적 성격만 지닐 뿐(!!) 실천적 성격을 지닐 수는 없기 때문에, 나는 원칙적으로"…… (주여, 이따위 원칙으로부터 우리를 구원하소서!) ……"이 항목에 찬성한 분트 대의원들이 옹호하는 입장과 나 자신의 입장의 차이를 드러내기 위해 이번에는 기권하는 쪽을 택했다. 역으로 분트 대의원들이 자신들이 사전에 주장했던 것처럼 기권했다면 나는 이 항목에 찬성표를 주었을 것이다."이해할 수 있는 사람은 이해해 보길! 원칙적 인간은 "예"라고 큰 소리로 말하기를 포기한다는 것이다. 왜냐하면 모두가 "아니오"라고 할 때 그렇게 하는 것은 실천적으로 무익하니까.

분트 문제를 어떤 위치에 두느냐는 문제에 관한 투표에 이어 대회는 투쟁그룹[8] 문제를 제기했다. 이 문제 또한 매우 흥미로운 분파 형성이라는 결과를 가져왔는데, 이는 대회의 가장 "아픈" 문제, 즉 중앙기관의 인적 구성 문제와 긴밀히 연관된 것이었다. 대회구성결정위원회는 조직위원회의 두 차례에 걸친 결정(『의사록』 383, 375쪽을 보라.)과 조직위원회 대표들의 위원회 보고(35쪽)에 따라 투쟁그룹의 초청을 반대하는 입장을 표명했다.

조직위원회 위원인 예고로프 동지는 "투쟁그룹 문제(투쟁그룹의 어떤 조직원의 문제가 아니라 투쟁그룹 문제라고 한 것에 주목하라.)는 그로서는 새로운" 것이라고 발표하면서 휴회를 요청했다. 조직위원회가 두 번 결정했던 문제가 조직위원회 위원에게 어떻게 새로운 문제일 수 있었는지는 여전히 오리무중이다. 휴회 동안에 때마침 대회에 참석하고 있던 위원들(『불꽃』의 노장 조직원들이던 조직위원회 위원 몇몇은 대회에 불참했다.)로 조직위원회 회의가 열렸다.* 투쟁그룹에 관한 논쟁이 시

---

* 이 회의에 관해서는 조직위원회 위원이자 대회 이전에 만장일치로 편집국을 대표하는 임무를 맡고 일곱 번째 편집국원이 된 빠블로비치의 「편지」를 보라(『연맹 의사록』 44쪽).

작됐다. 『노동자의 대의』파(마르띠노프, 아끼모프, 브루께르. 36~38쪽을 보라)는 찬성을 표명했다. 『불꽃』파(빠블로비치, 쏘로긴, 란게, 뜨로쯔끼, 마르또프 등등)는 ― 반대했다. 대회는 또다시 이미 우리가 알고 있는 분파를 형성하며 갈라졌다. 투쟁그룹으로 인한 투쟁이 완강해지기 시작하자 마르또프 동지는 특히 세밀하고(38쪽) "전투적인" 발언에 나섰다. 그는 이 발언에서 러시아 국내 그룹과 국외 그룹의 "대표권이 불균등"하다는 점을 적절하게 지적했다. 국외 그룹에게 "특권"을 주는 것이 과연 "좋은 일인가"를 지적한 것이다. (대회 이후에 일어난 사건들로 볼 때 지금 특히 교훈적인 천금 같은 말이다!) 또한 "원칙적 사고에 의해 야기된 것이 전혀 아니고 분열의 성격을 띤 당내의 조직적 혼란을" 조장해서는 안 된다고 했다. (급소를 찔렀군 …… 우리 당 "소수파"의 급소를!) 발언자 명단을 마감할 때까지 『노동자의 대의』 추종자들을 제외하면 어느 누구도 공개적으로 이유를 설명하며 투쟁그룹을 지지하고 나선 사람은 없었다(40쪽). 그러므로 아끼모프 동지와 그의 친구들이 최소한 우물쭈물하거나 생각을 숨기지 않고 공개적으로 자신들의 노선을 취하고 원하는 바를 말했다는 점은 정당하게 인정해 주어야 한다.

발언자 명단이 마감된 후, 의사 표명이 이미 **실질적으로** 금지된 상황에서 예고로프 동지는 "지금 막 채택된 조직위원회의 결정을 발표할 수 있게 해 줄 것을 끈질기게 요구했다." 그런 태도에 대해 대회 참석자들이 격분하고 쁠레하노프 동지가 의장으로서 "어떻게 예고로프 동지가 자신의 주장을 고집할 수 있는지 이해가 안 된다"라고 표현한 것은 놀라운 일이 아니다. 사람들은 대회 전체 앞에서 문제의 핵심에 대해 공개적이고 명확하게 의사를 표명하든가 아니면 아예 하지 말든가, 둘 중의 하나라고 생각했을 것이다. 하지만 발언자 명단이 마감되도록 내버려 두었다가 나중에 "결론적 발언"이라는 미명하에 조직위원회의 새 결정 — 다른 것도 아닌 논의 중인 문제에 관한 — 을 대회에 갖다 바치는 것은 숨어서 습격하는 것과 마찬가지다!

점심 식사 후 회의가 재개됐을 때, 여전히 사태를 파악하지 못한 사무국은 "공식성"을 유보하고서 대회에서 극단적 경우에만 사용되는 최후의 수단인 "동지적 설명"에 호소하기로 결정했다. 조직위원회 대표 뽀뽀프는 빠블로비치 한 사람의 반대 속에 조직위원회 위원 전원이 채택한 결정(43쪽)을 통보하니, 그것은 랴자노프를 초청할 것을 대회에 제안하는 것이었다.

빠블로비치는 자신은 조직위원회 회합의 적법성을 부정했고 여전히 부정한다며, 조직위원회의 새 결정은 "이전 결정에 반하는 것"이라고 선언했다. 이 선언은 폭풍을 불러일으켰다. 역시 조직위원회 위원이자 『남부 노동자』 그룹의 조직원인 예고로프 동지는 본질적 답변을 회피하면서 무게중심을 규율 문제로 이동시키고자 했다. 그는 빠블로비치 동지가 당의 규율을 어겼고(!) 그 이유는 조직위원회가 빠블로비치의 항변을 논의한 후 "빠블로비치의 개별적 의견은 대회에 상정하지 않기로" 결정했기 때문이라고 주장했다. 토론은 당 규율 문제로 옮겨갔고, 대회장의 소란스러운 박수 속에 쁠레하노프가 예고로프 동지에게 훈계조로 "우리에게 강제력 있는 위임장이라는 것은 없다"라고 실명했다. (42쪽. 379쪽의 다음과 같은 대회 규약 제7조와 비교해 보라. "대의원들은 강제력 있는 위임장으로 인해 자신들의 전권에 제한을 받아서는 안 된다. 그들은 완전히 자유롭고 독립적으로 자신들의 전권을 실행한다.") "대회는 당의 최고 기관이며," 따라서 임의의 대의원이 당 생활의 모든 문제에 대해 예외나 제외 없이 대회에 **직접** 호소하는 것을 어떤 식으로든 제한하는 사람이야말로 당 규율과 대회 규약을 위반하는 것이다. 이렇게 해서, 논쟁이 되는 이 문제는 서클이냐 당이냐의 딜레마에 이르렀다. 대회에서 대의원들의 권리를 다양한 단체나 서클들의 가상의 권리나 규약의 이름으로 제한하느냐, 아니면 앞으로 당의 공식 기관들이 실제로 생기기 전까지는 대회 앞에서 **모든** 하급 기관과 오래된 그룹을 말로만이 아니라 실제로 완전히 해산하느냐, 하는 것 말이다. 독자들은 이로부터 벌써 당의 현실적 재건을 목표로 삼았던 대회의 벽두(제3차 회의)에 나온 이 논쟁이 얼마나 원칙적으로 큰 중요성을 지녔는지 알아차릴 것이다. 말하자면 (『남부 노동자』같은) 오래된 서클 및 그룹들과 새롭게 태어나는 당의 충돌이 이 논쟁에 집중돼 있었다. 그리고 반反『불꽃』그룹이 곧 스스로를 드러냈다. 분트파인 아브람손, 『불꽃』현 편집국의 열렬한 동맹자인 마르띠노프 동지, 우리가 잘 아는 마호프 동지, 이들 모두가 빠블로비치에 반대하며 예고로프와 『남부 노동자』에 대한 지지를 표명했다. 마르띠노프 동지는 마르또프, 악쎌로트 동지와 앞을 다투어 조직의 "민주주의"를 과시하면서 심지어 …… 군대에서는 하급 기관들을 거쳐야만 최고 기관에 호소할 수 있다며 군대를 상기시키기까지 했다!! 이 "결집된" 반『불꽃』이라는 반대파의 진정한 의미는 대회에 참석했던, 또는 대회 이전 우리 당 내부의 역사를 주의 깊게 추적했던 어떤 사람에게나 너무도 명백했다. 이 반대파의 임무는 (아마 그 대표자들 모두가 언제나 의식한 것은 아니며 가끔은 관성적으로 고수했다 하더라도) 소소한 그룹들의 독립성과 특수성, 구역에 따른 이해관계가 『불꽃』의 원칙 위에 건설되는 광범위한 당에 흡수되지 못하도록 하는 것이었다.

당시에는 아직 마르띠노프 동지와 단결하지 못했던 마르또프 동지 역시 바로 이러한 『불꽃』의 관점에서 문제에 접근했다. 마르또프 동지는 "자신이 속한 특정한 하급 그룹에 대해 혁명가의 의무를 넘어서는 당 규율이라는 관념을 갖고 있지 않은" 사람들을 단호하게, 또한 올바르게 비판했다. 서클주의의 열렬한 옹호자들을 향해 "하나가 된 당내에서 강제력 있는(강조는 마르또프가 한 것) 그 어떤 분파의 형성도 허용될 수 없다"라고 선언했던 마르또프는 이 말이 대회 말미와 그 이후 자신이 보인 정치적 행동에 어떤 채찍질이 될지 미처 알지 못했다……. 강제력 있는 분파 형성은 조직위원회에는 허용될 수 없지만 편집국에는 전적으로 허용되는 것이다. 강제력 있는 분파 형성은 마르또프가 중앙기관에서 바라볼 때는 단죄 대상이지만 그가 중앙기관 구성에 불만을 가진 바로 그 순간부터는 옹호 대상이다…….

마르또프 동지가 자신의 발언에서 예고로프 동지의 "지대한 오류" 외에도 조직위원회가 보인 정치적 우유부단을 특히 강조했던 사실을 지적하는 것은 흥미로운 일이다. 마르또프는 정당하게 분노를 터트렸다. "조직위원회의 이름으로 상정된 제안은 위원회 보고서(첨언하자면, 조직위원회 위원들의 보고서에 근거한 것 — 43쪽의 꼴쪼프 발언)와 **상충하며 조직위원회의 이전 제안들과도 상충하는 것이다.**"(강조는 내가 한 것.) 보시다시피 마르또프는 그 자신이 "전향"하기 전인 당시에는 투쟁그룹을 랴자노프로 대체한다고 해서 조직위원회 행동의 극단적 모순과 불안정성이 없어지는 것은 전혀 아니라는 점을 분명히 이해했다. (『연맹 대회 의사록』 57쪽을 보면 당원들은 마르또프가 전향 후에 사태를 어떻게 생각했는지 알 수 있을 것이다.) 마르또프는 당시 규율 문제를 분석하는 데 그치지 않고 조직위원회에도 직설적으로 이렇게 물었다. "**변경이 필요하게 된 새로운 어떤 일이 생겼단 말인가?**"(강조는 내가 한 것.) 그런데 사실 조직위원회는 제안을 상정하면서 아끼모프와 다른 이들이 위원회를 옹호했던 것처럼 자신의 견해를 공개적으로 옹호할 만한 용기조차 없었다. 마르또프는 이를 반박하지만(『연맹 의사록』 56쪽) 대회 의사록을 읽는 사람들은 마르또프가 틀렸다는 것을 알게 될 것이다. 조직위원회 이름으로 제안을 상정한 뽀뽀프는 그 이유에 대해서는 한마디도 하지 않았다(『당대회 의사록』 41쪽). 예고로프는 문제를 규율에 관한 항목으로 옮겨가면서 본질적으로 딱 다음과 같은 말만 할 뿐이었다. "조직위원회가 새로운 구상을 했을 수도 있다." …… (하지만 도대체 어떤 구상 말인가? 모르는 일이다.) …… "누군가를 기입하는 것을 잊었을 수도 있고 기타 등등일 수도 있다. (이 "기타 등등"은 이 발언자의 유일한 도피처였다. 조직위원회가 대회 이전에 두 차례, 위원회에서

한 차례 논의했던 투쟁그룹 문제를 잊었을 리는 없으니 말이다.)
조직위원회가 이런 결정을 내린 것은 투쟁그룹에 대한 태도를
바꾸었기 때문이 아니라 당 활동의 첫 걸음을 딛는 상황에서 향
후 중앙 조직 앞에 놓일 불필요한 돌들을 제거했으면 했기 때문
이다." 이것은 근거를 제시하는 것이 아니라 근거 제시를 그야
말로 회피하는 것이다. 진실한 사회민주주의자라면 누구나 (물
론 우리는 대회 참석자들 어느 누구의 진실성에 대해서도 의심
하지는 않는다.) 암초들로 간주하는 것을 제거하기 위해, 자신이
합리적이라고 인정하는 방법으로 제거하기 위해 고심한다. 근거
를 제시한다는 것은 사물에 대한 자신의 견해를 설명하고 정확
하게 개진함을 의미하는 것이지 누구나 다 아는 진부한 말로 어
물쩍 넘어감을 의미하는 것이 아니다. 그래서 "투쟁그룹에 대
한 태도를 바꾸지" 않으면서 근거를 제시한다는 것은 있을 수 없
는 일이다. 왜냐하면 조직위원회의 이전의 상반된 결정들 또한
암초들을 제거하기 위해 고심한 것이었지만 이 "암초들"을 정
반대로 보았으니 말이다. 마르또프 동지는 이러한 논거를 극히
신랄하게, 또한 극히 정당하게 공격했으니, 그는 그것이 "사소
하며," "발뺌하고" 싶은 마음에서 나온 것이라고 칭했고, 조직위
원회에게 "사람들이 무슨 말을 할까 두려워하지 말라."라고 조언했
다. 이러한 말들로 마르또프 동지는 대회에서 지대한 역할을 했
던 정치적 색조의 본질과 의의를 탁월하게 규정했으니, 그것은
바로 비자주성과 소심함, 자기 노선의 부재, 사람들이 무슨 말
을 할까 하는 두려움, 두 특정 진영들 사이에서 끊임없이 동요
함, 자신의 credo[9]를 공개적으로 진술하는 것에 대한 두려움

— 한마디로 " ' 늪' 성" * 을 특징으로 하고 있다.

다른 한편, 불안정한 그룹의 이러한 정치적 비결단성의 끝을 보여 주는 일은 분트과 유진을 제외하고는(53쪽) 어느 누구도 투쟁그룹 조직원 가운데 하나를 초청하자는 결의안을 대회에 상정하지 않은 것이다. 유진의 결의안에 대해 5인이 찬성표를 던졌다. — 분명 모두 분트파다. 동요하는 부류가 다시 한 번 상대편에 가담한 것이다! 중도 그룹의 표가 대충 얼마나 많았는 지는 이 문제에 관한 꼴쪼프의 결의안과 유진의 결의안에 대한 투표로 드러난 바, 32표가 『불꽃』으로 갔고(47쪽), 16표가 분트파에게로 갔다. 그러니까 나머지는 반『불꽃』파 8표, 마호프 동지 2표(46쪽 참조), 『남부 노동자』 그룹 조직원 4표, 그리고 또 다른 2표였다. 우리는 이제 이러한 분배가 우연으로 간주돼서는 안 된다는 점을 보여 줄 것이다. 하지만 먼저 이 조직위원회 사건에 대한 마르또프의 **지금의** 의견을 짧게 지적해 보겠다. 마르또프는 연맹 대회에서 "빠블로비치와 다른 이들이 열기를 부채질했다."라고 주장했다. 투쟁그룹과 조직위원회에 반대하여 더없이 상세하고 격렬하며 신랄한 발언을 한 사람이 마르또프 자신이었음은 대회 의사록을 조회해 보기만 하면 알 수 있다. 그는 빠블로비치에게 "죄"를 뒤집어씌우려 애쓰다가 오로지 자

---

* 지금 우리 당내에는 이 말을 듣고 공포를 느끼며 비동지적 논쟁이라고 이렇게 소리치는 사람들이 있다. '제대로 적용되지 못한 …… 공식성의 영향으로 감정이 이상하게 왜곡된 것이다!' 내부 투쟁이 뭔지 아는 정치적 당이라면, 싸우는 양측 사이에서 동요하는 불안정한 부류를 언제나 의미하는 이러한 용어를 피해간 당은 하나도 없었다. 훌륭하게 절제된 선에서 내부 투쟁을 수행할 줄 아는 독일인들도 "versumpft[늪 같은]"이라는 말에 모욕을 느끼지 않으며 공포에 빠지거나 공식적으로 점잔을 빼는 우스꽝스러운 연출을 하지 않는다.

신의 불안정성만을 보여 줄 뿐이다. 대회 전에 그가 편집국의 일곱 번째 국원으로 선출한 사람이 바로 빠블로비치였고 대회에서는 예고로프에 반대해서 전적으로 빠블로비치와 연합한 바 있는데(44쪽), 그 이후 빠블로비치로 인해 패배를 겪자 "열기를 부채질한다"라며 그를 비난하기 시작했다. 우스울 뿐이다.

『불꽃』(제56호)에서 마르또프는 X를 초청할 것인가 아니면 Y를 초청할 것인가의 문제에 중요한 의미를 부여하는 것에 대해 비아냥거린다. 이 비아냥거림은 마르또프에게 부메랑이 되고 있다. 바로 조직위원회 사건이야말로 중앙위원회와 중앙기관지에 X를 초청할 것인가 아니면 Y를 초청할 것인가 같은 "중요한" 문제에 관한 논쟁의 발단이 됐기 때문이다. (당과의 관계에서) 자기의 "하급 그룹"이 관여된 일인가 아니면 남의 그룹이 관여된 일인가에 따라 이렇게 이중 잣대를 들이대는 것은 좋지 않다. 이것이 바로 속물근성이고 서클 근성이며 일에 대한 비非당적 태도다. 이는 마르또프가 연맹에서 한 발언(57쪽)과 대회에서 한 발언(44쪽)을 나란히 놓고 보기만 해도 충분히 증명된다. 어쨌든 마르또프는 연맹에서 이렇게 말했다. "어떻게 사람들이 어떻게 해서든 스스로 『불꽃』파라고 부르는 가상한 짓을 하면서 그와 동시에 『불꽃』파라는 것을 부끄러워하는지 나는 이해가 되지 않는다." "스스로 부르는 것"과 "실제로 그런 것"의 차이 — 말과 행동의 차이 — 를 이상하게도 이해하지 못하는 것이다. 마르또프는 그 자신이 대회에서는 강제력이 있는 분파 형성의 반대자라고 **스스로** 불렀지만 대회 이후에는 강제력이 있는 분파 형성의 지지자가 **실제로** 됐다……

D. 『남부 노동자』 그룹의 해산

조직위원회 문제에서 대의원들이 나뉜 것은 어쩌면 우연한 일로 보였을 수도 있다. 하지만 그러한 견해는 잘못된 것이기에, 이를 일소하기 위해 우리는 시간에 따른 순서를 벗어나서 대회 종반에 일어난 것이지만 앞선 사건과 가장 긴밀한 형태로 연관된 사건을 지금 바로 검토할 것이다. 그 사건은 『남부 노동자』 그룹의 해산이었다. 『불꽃』의 조직적 지향성 — 당의 세력들을 총집결하고, 이 세력들을 분열시키는 혼돈 상태를 제거하겠다 — 이 여기서 한 그룹의 이해관계와 충돌한 바, 그 그룹은 지금의 당이 없었을 때는 유익한 활동을 했지만 활동이 중앙 집중화되는 상황에서는 불필요하게 된 그룹이다. 서클의 이해관계를 생각한다면, 『남부 노동자』 그룹에게는 옛 『불꽃』 못지않게 "계승성"과 신성불가침을 주장할 권리가 있었을지 모른다. 그러나 당의 이해관계를 생각한다면, 이 그룹은 자기 세력을 "합당한 당 조직"으로 옮기는 것을 감수해야 했다(313쪽, 대회가 채택한 결의문 마지막 부분). 서클의 이해관계와 "속물근성"이라는 관점에서 보면, 『불꽃』 구 편집국과 마찬가지로 해산을 원하지 않았던 유익한 그룹을 해산하는 것은 "건드리기 힘든"(루쏘프 동지와 데이치 동지의 표현) 일이 아닐 수 없었다. 당의 이해관계라는 관점에서 보면, 해산하고 당내로 "용해되는 것"(구쎄프의 표현)이 필수적이었다. 『남부 노동자』 그룹은 자신들이 해산됐다고 선언할 "필요를 못 느낀다."라고 직설적으로 천명했고, "대회가 확실하게 견해를 밝히라고," 그것도 "즉시, 예 아니면 아니오"로 말하라고 요구했다. 『남부 노동자』 그룹은 『불꽃』 구 편집국이 주장하기 시작한 것과 똑같이 "계승성"을 직설적으로 거론했다…… 해산된 후에 말이다! 예고로프 동지는 이렇게 말했다. "우리는 모두 개별적으로 하나의 당을 구성하는 것이지만 그럼에도 이 당은 수많은 조직으로 이루어져 있으며 그 조직을 역사적 가치로서 존중해야 한다. …… 이 같은 조직이 당에 해가 되지 않는다면 그 조직을 해산할 필요는 없다."

이렇게 하여, 중요한 원칙의 문제가 정말 확실하게 제기됐고, 『불꽃』파 전원 — 아직까지는 그들 자신의 서클 근성이 전면에 떠오르지 않고 있었기에 — 이 불안정한 부류에 반대하여 결연히 일어났다. (분트파와 『노동자의 대의』파 2인은 이때 이미 대회에 있지 않았는데, 이들은 틀림없이 "역사적 가치로서 존중하는 것"을 크게 찬성했을 것이다.) 투표 결과는 찬성 31표, 반대 5표, 기권 5표(『남부 노동자』 그룹 조직원 4표와 308쪽에 나와 있는 이전의 발언으로 판단컨대 아마도 벨로프 1표)였다. 『불꽃』의 일관된 조직 계획에 격렬한 반대 입장을 보이고 당에 반대하여 서클 근성을 고수하고 있는 10표라는 어떤 그룹의 윤곽을 여기서 완전히 확연하게 확인할 수 있다. 토론에서 『불꽃』파는 이 문제를 그야말로 원칙적으로 제기하면서(315쪽, 란게의 발언 참조) 수공업성과 분열에 반대한다는 입장을 표명했고, 또 개별 조직들의 "공감"은 중요시하지 않겠다는 태도로 "『남부 노동자』 동지들이 과거의, 그러니까 1년 전, 또는 2년 전의 조직적 관점을 좀 더 유지했다면 우리가 여기서 승인한 강령적 원칙의 승리와 당 통합이 더 일찍 이루어졌을 것"이라고 직설적으로 말했다. 오를로프, 구쎄프, 랴도프, 무라비요프, 루쏘프, 빠블로비치, 글레보프, 고린, 이 모두가 이러한 정신에 입각하여 의사를 표명했다. 『남부 노동자』와 마호프와 다른 이들의 "노선" 및 정치적 원칙의 불충분함에 대한 지적은 대회에서 수차례 제기된 바 있지만, 『불꽃』 "소수파"는 이런 지적에 반대하여 나서지 않았을 뿐만 아니라 이에 관해 어떠한 유보 조항도 달지 않았고, 오히려 반대로 데이치를 내세워 앞서 말한 사람들 편에 단호히 합류해 "혼돈 상태"를 규탄했으며, 루쏘프 동지의 "직설적 문제 제기"를 반겼는데(315쪽), 바로 그 루쏘프 동지는 같은 이 회의에서 구 편집국 문제 역시 순전히 당적인 근거에 기초하여 문제를 "직설적으로 제기하는" 대담함을 – 오 끔찍하군! – 보인 바 있었다(325쪽).

『남부 노동자』 그룹은 그룹 해산 문제에 대해 무섭게 격분했다. 그 흔적은 의사록에도 나와 있다. (의사록은 발언들 전체가 아니라 가장 압축된 개요와 발췌를 담고 있기 때문에 의사록에서 얻을 수 있는 것은 논쟁의 희미한 그림뿐이라는 점을 잊어서는 안 된다.) 예고로프 동지는 『남부 노동자』와 나란히 『노동자의 사상』 그룹을 단순히 거명한 것을 두고 "거짓말"이라고까지 했다. — 이는 일관된 경제주의[10]에 대해 대회에서 어떤 태도가 지배적이었던가를 보여 주는 특징적인 예다. 예고로프는 심지어 훨씬 뒤인 제37차 회의에서도 『남부 노동자』 해산에 대해 극도로 흥분하여 말하면서(356쪽), 『남부 노동자』 문제를 논의할 때 이 그룹 조직원들에게 출판 자금이나 중앙기관지와 중앙위원회의 통제 문제에 관해 질의한 적이 없었다는 점을 의사록에 넣어야 한다고 요청했다. 그는 이렇게 말했다(316쪽). "이제 루쏘프 동지와 오를로프 동지가 발언하고 나니 모든 것이 분명하다." 이 말의 의미는 오해의 여지가 없다. 『불꽃』파가 의사를 표명하고 결의안을 제안한 지금, 모든 것이 분명했다는 것, 즉 그의 의지에 반하여 『남부 노동자』가 해산될 것이 분명했다는 것이다. 『남부 노동자』 대표 스스로가 여기서 『불꽃』파(게다가 루쏘프와 오를로프 같은 『불꽃』파)와 자신의 지지자들을 조직 정책에서 서로 다른 "노선"의 대표자들이라고 구별했다. 현재의 『불꽃』이 『남부 노동자』 그룹(아마도 마호프 역시?)을 "전형적 『불꽃』파"로 내세울 때, 이는 (이 그룹 관점에서 볼 때) 대회에서 제일 큰 사건을 망각하고 있음을, 또한 어떤 부류가 이른바 "소수파"를 이루었는지를 보여 주는 흔적들을 지워 버리고 싶음을 적나라하게 보여 주고 있을 뿐이다.

유감스럽게도 대중적 간행물 문제는 대회에서 거론되지 않았다. 모든 『불꽃』파가 대회 이전에도, 그리고 대회 기간에도 회의 시간 외에 이 문제를 매우 활발하게 토의하여, 현재의 당 상황에서는 그러한 간행물의 출판을 기획하거나 기존의 것 가운데 하나를 그러한 간행물로 전환시키는 것이 대단히 불합리하다는 데 의견을 모은 바 있었다. 반『불꽃』파는 대회에서 이와 상반되는 의사를 표명했고 『남부 노동자』 그룹 역시 자신들의 보고서에서 그렇게 했다. 따라서 해당 결의안이 10인의 서명을 받은 채 상정되지 않은 것은 우연이었다고 설명하거나 "가망 없는" 문제를 제기하고 싶지 않아서 그런 것이었다고 설명할 수 있을 뿐이다.

E. 언어 평등권 사건

대회의 회의 순서로 돌아와 보자.

이제 우리가 확실히 알게 된 것은 대회에서 핵심 문제들의 논의로 넘어가기도 전에 이미 확고히 정해진 반『불꽃』파 그룹 (8표)뿐만 아니라 이 8표를 지지하고 대략 16~18표까지 그 수를 늘리려 했던 불안정한 중간층 부류의 그룹이 분명히 드러났다는 점이다.

대회에서 지나칠 정도로 각별히 논의된 분트의 당내 지위 문제는 원칙적 테제를 정하는 것으로 끝났고, 실제적 결정은 조직 관계를 논의할 때까지 연기됐다. 이에 관련된 주제들은 대회 이전의 자료들에서 충분히 많이 설명된 바 있기 때문에 대회의 논의에서 새롭게 나온 것은 상대적으로 적었다.『노동자의 대의』지지자들(마르띠노프, 아끼모프, 브루꼐르)은 마르또프의 결의안에 동의하면서도, 그 결의안이 불완전하다는 점을 인정하고 그로부터 나온 결론에는 의견을 달리한다는 단서를 붙였다(69, 73, 83, 86쪽).

대회는 분트의 지위 문제에서 강령 문제로 넘어갔다. 여기서는 토론의 대부분이 개별적 수정 문제를 중심으로 이루어져서 별다른 관심의 대상이 아니었다. 대체로 반『불꽃』파의 반대는 자생성과 의식성이라는 저 유명한 문제 설정에 반대하는 마르띠노프 동지의 공세 속에서만 나타나고 있었다. 물론 분트파와『노동자의 대의』파 전체는 마르띠노프를 지지했다. 그런 가운데 그의 반론이 근거 없음을 보여 주었던 것은 마르또프와 쁠레하노프였다. 그런데 희한하게도 이제는 『불꽃』 편집국이 (분명 깊이 생각했겠지만) 마르띠노프 쪽으로 넘어가서 대회에서 말했던 것과는 정반대되는 것을 말하고 있다는 점에 주목해야 한다![11] 아마도 이는 저 유명한 "계승성" 원칙에 일치하는 것이 틀림없다…… 우리에게 남은 일은 편집국이 문제를 완벽히 분석한 뒤 마르띠노프와 어느 정도 의견이 일치한 것인지, 어떤 점에서 그런지, 또 언제부터 그랬는지를 우리에게 설명하기를 기다리는 것뿐이다. 이를 기대하며 우리는 이렇게 물을 뿐이다. 대회에서 했던 말과 정반대되는 말을 대회 후에 하기 시작하는 그런 편집국이 있는 당 기관지를 그 어디서라도 본 적이 있는가?

『불꽃』을 중앙기관지로 승인하는 것에 관한 논쟁(우리는 이미 앞에서 이를 다룬 바 있다.)과 규약에 관한 토론이 시작되는 지점(이 부분은 규약에 관한 논의 전체와 관련하여 살펴보는 것이 더 편리할 것이다.)은 넘어가도록 하고, 강령을 논의하면서 드러난 원칙적 색조를 보도록 하자. 무엇보다 먼저, 너무나 특징적인 성격을 지닌 한 가지 구체적 사항을 지적해 보기로 하겠는데, 비례대표제 문제에 관한 토론을 말하는 것이다. 『남부노동자』의 예고로프 동지는 이 문제를 강령에 넣는 것을 옹호했고, 그로 인해 뽀싸돕스끼(소수파 소속 『불꽃』파)가 "심각한 견해차"가 있다고 정당하게 지적하게 됐다. 뽀싸돕스끼 동지는 이렇게 말했다. "우리가 다음과 같은 기본적 문제, 즉 기본적 민주주의 원칙들에 절대적 가치를 부여하면서 우리의 미래 방침을 그 갖가지 원칙들에 종속시켜야 하는가 아니면 모든 민주주의 원칙을 우리 당의 이익에 전적으로 종속시켜야 하는가라는 문제에 대해 의견 일치에 도달하지 못하고 있음이 분명하다. 나는 단호히 후자를 지지한다." 쁠레하노프는 "민주주의 원칙들의 절대적 가치"에, 그리고 그 가치들을 "추상적으로" 고찰하는 것에 더욱 명확히, 더욱 단호히 반대하는 발언을 하면서 뽀싸돕스끼 편에 "전적으로 가담했다." 쁠레하노프는 이렇게 말했다. "우리 사회민주주의자들이 보편적 투표권에 반대 의사를 표명하는 경우를 가정해 보자. 이탈리아 공화국의 부르주아지는 귀족들의 정치권을 한때 박탈한 적이 있었다. 상층 계급이 프롤레타리아트의 정치적 권리를 한때 제한했던 것과 같이 혁명적 프롤레타리아트가 상층 계급의 정치적 권리를 제한할 수도 있을 것이다." 쁠레하노프의 발언은 박수와 야유를 받았는데, 쁠레하노프가 Zwischenruf[중간에 터져 나온 소리들]에 대해 "야유는 보내지 말아야 한다"라고 항의하며 동지들에게 격의 없이 말하라고 하자 예고로프 동지가 일어나서 말했다. "이런 발언이 박수를 받는 이상 내게는 야유해야 할 의무가 있다." 골드블라트(분트 대의원) 동지와 함께 예고로프 동지는 뽀싸돕스끼와 쁠레하노프의 견해에 대해 반대한다는 의사를 표명했다. 유감스럽게도 토론은 끝났고 그로 인해 불거진 문제도 즉각 사라졌다. 하지만 연맹 대회에서 마르또프 동지는 다음과 같이 말하면서 지금 이 문제의 의미를 약화시키려고, 아니 심지어는 아무것도 아닌 것으로 만들려고 부질없이 애쓰고 있다. "(쁠레하노프의) 이 말들로 인해 일부 대의원이 격분하게 된 것인데, 프롤레타리아트가 자신의 승리를 공고히 하기 위해 언론의 자유 같은 정치적 권리를 유린해야만 하는 그런 비극적 상황을 상정해서는 물론 안 된다는 말을 쁠레하노프 동지가 덧붙였다면 이런 사태는 쉽게 피해 갈 수 있었을 것이며 …… (쁠레하노프: 'merci[고맙군]')" (『연맹 의사록』 58쪽). 이러한 해석은 뽀싸돕스끼 동지가 대회에서 "심각한 견해차"와 "기본적 문제"에 대한 불일치가 있음을 그야말로 단호히 천명한 것에 **직접적으로** 배치된다. 이 기본적 문제에 관해 『불꽃』파 전원은 대회에서 반『불꽃』 "우파"를 대표하는 자(골드블라트)와 대회 "중앙파"를 대표하는 자(예고로프)에 대해 반대 의사를 표명했다. 이는 사실이며, 만일 "중앙파"(이 말이 다른 어떤 말보다 유연성을 "공식적으로" 지지하는 자들에게 덜 충격적이기를 희망한다.)가 이 문제나 이와 유사한 문제들에 대해 (예고로프 동지와 마호프 동지를 통해) "격의 **없이**" 의사를 표명할 기회를 얻었다면 심각한 견해차가 즉각 드러났을 것이라고 감히 단언할 수 있다.

견해차는 "언어 평등권" 문제를 두고 더욱 두드러지게 드러났다(『의사록』 171쪽 이하). 이 항목에 관해서는 토론보다는 투표가 더 웅변적이다. 투표 횟수를 총괄하면 열 여섯번이라는 믿기 어려운 수치가 나온다! 무엇 때문에? 성별과 기타 등등과 언어에 관계없이 모든 시민의 권리가 평등하다고 강령에 단서를 다는 것으로 충분한가 아니면 "언어의 자유" 또는 "언어 평등권"이라는 말을 꼭 해야만 하는가라는 문제 때문이었다. 마르또프 동지는 연맹 대회에서 다음과 같이 말하며 이 일의 특징을 충분히 바르게 짚어 냈다. "강령의 한 항목을 편집하는 문제를 둘러싼 아무것도 아닌 논쟁이 원칙적 의의를 띠게 됐는데,

대회의 절반이 강령위원회를 뒤엎어 버릴 테세였기 때문이었다." 바로 그렇다.* 충돌의 계기는 그야말로 아무것도 아닌 것이었다. 그럼에도 불구하고 충돌은 정말 원칙적인 성격을 띠었고, 그런 까닭에 또한 지극히 격렬한 형태를 띠게 돼, 강령위원회를 "뒤엎어 버리려" 시도할 정도로, 또 "대회를 망치려" 한다(예고로프는 마르또프가 그랬다고 의심했다!)는 의혹이 생길 정도로, 정말 …… 욕설 수준의 개인적 말들까지 오고갈 정도로(178쪽) 지극히 격렬한 형태를 띠었다. 뽀뽀프 동지조차, 세 차례 회의(제16차, 제17차, 제18차)를 하는 동안 "소소한 일들로 인해 이러한 분위기가 조성돼 팽배해진 것에 유감을 표했다."(강조는 내가 한 것, 182쪽.)

이 모든 표현은 극히 확실하고 단호하게 가장 중요한 사실을 가리키고 있는 바, "의혹"과 가장 격렬한 형태("뒤엎어 버림")의 투쟁 분위기 – 나중에 연맹 대회에서는 『불꽃』 다수파가 이런 분위기를 조성했다고 비난받았다! – 는 사실 우리가 다수파와

---

* 마르또프는 이렇게 덧붙였다. "이 경우 당나귀에 관한 쁠레하노프의 농담은 우리에게 심각한 해악을 끼쳤다." (언어의 자유에 관해 사람들이 말하고 있을 때 분트파 한 사람이 여러 기관 가운데 종마 사육 기관을 언급했던 것 같고, 그러자 쁠레하노프가 이렇게 혼잣말을 내뱉었다. "말들은 말을 못하지만 이 당나귀들은 가끔 대화를 나누지.") 나는 물론 이 농담에 특별한 유연함, 양보, 신중함, 융통성이 있다고 보지 않는다. 하지만 그럼에도 내가 이상하게 여기는 것은 이 논쟁의 원칙적 의의를 인정했던 마르또프가 이 원칙성이 어디에 있는지, 어떤 색조가 나타났는지를 분석하는 일에는 완전히 발을 빼고서 농담의 "해악"을 지적하는 데만 그치고 있다는 점이다. 이것이야말로 진정 관료주의적이고 형식주의적인 관점 아닌가! 신랄한 농담들은 실제로 "대회에 심각한 해악을 끼쳤다." 그것도 분트파를 향한 농담만이 아니라 때때로 분트파를 지지하고 그들을 패배에서 구해 주기까지 했던 사람들을 향한 농담도 그러했다. 그러나 이 사건의 정치적 의의가 인정된 이상 어떤 농담은 "허용 불가능"(『동맹 의사록』, 58쪽)하다는 문구로 상황을 모면해서는 안 된다.

소수파로 분열되기 이미 오래전에 조성돼 있었다는 것이다. 반복하건대, 이것은 엄청나게 중요한 사실이자 기본적 사실이며, 이 사실을 이해하지 못함으로써 대회 말미에 다수파가 부자연스러운 태도를 보였다고 너무 많은 사람이 정말 경솔한 의견을 갖게 되는 것이다. 대회의 9/10가 『불꽃』파였다고 단언하는 지금의 마르또프 동지 관점에서 보면, "소소한 일들"로 인해, "아무것도 아닌 것"이 계기가 돼 "원칙의 문제"가 된 충돌, 그것도 하마터면 대회의 위원회를 뒤엎어 버릴 뻔한 충돌이 일어날 수 있었다는 사실은 도저히 납득되지 않고 불합리하다. "해악을 끼친" 농담을 원망하고 유감스러워하는 것으로 이 사실을 외면하는 것은 우스운 일일 것이다. 원칙의 문제를 두고 벌이는 충돌은 어떤 신랄한 농담 때문에 생길 수 있는 것이 아니었다. 그런 충돌이 나타날 수 있었던 것은 전적으로 대회의 정치적 분파 형성이 가진 성격 때문이다. 충돌을 일으킨 것은 신랄함도, 농담도 아니다. — 그런 것들은 대회의 정치적 분파 형성에 "모순"이 있다는 것, 모든 것이 충돌을 담보하고 있다는 것, 심지어 아무것도 아닌 계기일지라도 계기가 있을 때마다 내재적 힘에 의해 터져 나오는 내적 이질성이 있다는 것의 징후일 뿐이었던 것이다.

이와는 반대로, 내가 대회를 바라보는 관점에서 보자면, "아무것도 아닌 것"을 계기로 생겨난 필사적이고 격렬한 원칙의 충돌은 충분히 설명 가능하고 또 불가피한 것이다. — 나의 관점은 사건들을 명백히 정치적으로 이해하는 것이며, 설령 그렇게 이해하는 것이 누군가에게는 모욕적일지라도 나는 그러한 관점을 내가 고수해야 할 의무라고 생각한다. 『불꽃』파와 반『불꽃』파의 투쟁은 우리 대회 내내 진행됐던 만큼, 또 그들 사이에 불안정한 부류가 있었던 만큼, 이 불안정한 부류가 반『불꽃』파와 함께 투표수의 1/3(물론 대략적이지만 나의 계산으로는 8+10=18, 즉 51표 가운데 18표)을 차지했던 만큼, 설령 적은 수의 『불꽃』소수파 중에서 단 한 사람이라도 이반한다면 반『불꽃』지향성이 승리할 가능성이 생겨났고 따라서 "맹렬한" 투쟁이 야기됐다는 것은 완벽하게 이해되고 당연한 일이다. 이는 적절치 않은 신랄한 발언과 공격의 결과가 아니라 정치적 조합의 결과다. 정치적 충돌을 만들어 낸 것은 신랄함이 아니었다. 신랄함과 공격은 대회에서의 분파 형성 자체에 정치적 충돌이 존재하기 때문에 나온 것이다. ― 대회의 정치적 의의와 대회의 결과를 평가하는 데서 우리와 마르또프가 기본적으로 원칙적 불일치를 보이는 것의 핵심은 이러한 대립에 있다.

대회 전 기간에 걸쳐 『불꽃』파 가운데 몇몇이 다수파로부터 이반하는 세 가지 굵직한 사건 ― 언어 평등권, 규약 제1조, 선거 ― 이 있었으니, 이 세 가지 사건 모두에서 투쟁이 격화돼 결국 현재의 심각한 당내 위기에 이르게 된 것이다. 이 위기와 이 투쟁의 정치적 의의를 이해하기 위해서는 허용될 수 없는 농담을 거론하는 것에 그치지 말고 대회에서 충돌했던 색조 사이의 정치적 분파 형성을 검토해야 한다. 따라서 "언어 평등권" 사건은 우리가 갈라선 원인을 규명한다는 관점에서 볼 때 이중적으로 흥미로운데, 왜냐하면 여기서 마르또프는 아직(아직이었다!) 『불꽃』파였고 아마도 다른 모든 이보다 더 열심히 반『불꽃』파 및 "중앙파"에 맞서 싸웠기 때문이다.

전쟁은 마르또프 동지와 분트파 지도자 리베르 동지 사이의 논쟁으로 시작됐다(171~172쪽). 마르또프는 "시민의 평등권"이라는 요구로 충분하다는 것을 입증했다. "언어의 자유"는 기각되지만 이제는 "언어 평등권"이 제기됐고, 예고로프 동지가 무장하고는 리베르 동지에 합세해 전투에 나섰다. 마르또프는 "발언자들이 민족 평등권을 고집하면서 언어 영역으로 불평등을 이월시킬 때" 이는 **물신숭배**라고 단언했다. "여기서 이 문제는 전혀 다른 측면, 즉 민족의 불평등이 존재한다는 측면에서 검토돼야 한다. 그러한 불평등은 특정 민족에 속한 사람들이 모국어 사용권을 박탈당하는 것으로 나타난다."(172쪽) 당시의 마르또프는 전적으로 옳았다. 사실, 리베르와 예고로프가 자신들의 정식화가 올바르다고 주장하면서 우리가 민족 평등권이라는 원칙을 실행하기를 원치 않거나 그럴 능력이 없다는 것을 밝히려고 했던 전혀 근거 없는 시도는 일종의 물신주의였다. 실제로 그들은 "물신주의자들"처럼 원칙이 아니라 그야말로 말을 고수했고, 어떤 원칙적 오류가 있을까 두려워하는 것이 아니라 사람들이 뭐라고 말할까를 두려워하면서 행동했다. 이 불안정의 심리("다른 사람들"이 이것 때문에 우리를 비난한다면 어쩌지?) — 우리는 이를 조직위원회 사건에서 지적한 바 있다. — 를 우리의 모든 "중앙파" 역시 여기서 한껏 표출하고 있었다. 『남부 노동자』와 밀접했던 "중앙파"의 또 다른 대표자인 탄광 지역 대의원 리보프는 이렇게 말했다. "변경 지역들에서 제기한 언어 탄압 문제를 무척 심각하게 생각한다. 우리 강령에 언어 항목을 넣음으로써 사회민주주의자들에게 혐의를 둘 수도 있는 러시아화에 관한 온갖 예단을 없앨 수 있도록 하는 것이 중요하다." 문제의 "심각성"에 대한 훌륭한 근거 제시다. 변경 지역들이 가질지도 모르는 의혹을 없애야 하기 **때문에** 문제가 매우 심각하다는 것이다! 발언자는 본질에 관해서는 아무 말도 하지 않고 물신숭배에 대한 비난에도 답하지 않는다. 그는 변경 지역들에서 나올 말들을 거론하는 것으로 상황을 모면하고, 자신에게 논거가 전혀 없다는 것을 말함으로써 그 비난들을 전부 확인시켜 주고 있다. 변경 지역들에서 말할 수도 있는 것은 전부 **틀렸을** 것이라고 ― 사람들은 그에게 말한다. 그는 그 말이 옳은지 틀렸는지 분석하는 대신 "**그들이 혐의를 둘 수도 있다.**"라고 대답한다.

문제의 심각성과 중요성을 내세우면서 문제를 **이렇게** 제기하는 것이 사실상 이미 원칙의 문제를 제기하는 것이지만, 그 원칙은 리베르, 예고로프, 리보프 같은 사람들이 여기서 발견하고 싶은 성격의 원칙이 전혀 아니다. 원칙적으로 문제는 다음과 같이 제기된다. 강령의 일반적이고 기본적인 명제들을 구체적 조건들에 맞게 적용하고 그렇게 적용하는 방향으로 발전시키도록 당 조직과 당원들에게 맡겨두어야 하는가, 아니면 그저 혐의를 받을까 하는 두려움 때문에 지엽적인 사소한 사항들과 부분적인 지시, 반복, 궤변들로 강령을 채워야 하는가? 원칙적으로 문제는 다음과 같이 제기된다. 사회민주주의자들이 궤변과 투쟁할 때 기초적인 민주주의적 권리와 자유를 축소하려는 시도를 어떻게 발견할 ("혐의를 둘") 수 있을 것인가? 우리는 과연 언제쯤 궤변에 대한 이러한 물신숭배를 없앨 것인가? ― "언어"

로 인한 투쟁을 보면서 우리에게 번득 들었던 생각은 이런 것이다.

이 투쟁에서 대의원들의 분파 형성이 특히 분명했던 것은 수차례의 기명투표 덕분이다. 그런 표결이 세 번 있었다. 반『불꽃』파 전원(8표)과 약간의 동요 속에서 "중앙파" 전원(마호프, 리보프, 예고로프, 뽀뽀프, 메드베제프, 이바노프, 짜레프, 벨로프 — 마지막에 언급한 2인만 처음에는 기권했다가 우리 측에 투표했다가 하는 식으로 동요하다가 세 번째 투표에서만 완전히 태도를 정했다.)이 줄곧 무리를 이뤄『불꽃』중핵에 맞섰다. 『불꽃』파 일부 – 주로 깝까스 지역 사람들(6표를 가진 3인) – 가 떨어져나갔는데, 이로 인해 결국 "물신숭배" 노선이 수적 우세를 차지했다. 양쪽 경향의 지지자들이 자신들의 입장을 가장 분명히 밝혔던 세 번째 표결에서 6표를 가진 깝까스 지역의 3인이 『불꽃』다수파에서 반대 진영으로 떨어져나갔다. 『불꽃』소수파에서는 대의원 2인 — 뽀싸돕스끼와 꼬스찌치 — 이 떨어져나갔다. 처음 두 번의 표결에서 반대 진영으로 넘어가거나 기권한 사람들은 『불꽃』다수파의 렌스끼, 스쩨빠노프, 고르스끼와 소수파의 데이치였다. (총 33표에서) 『불꽃』파 8표가 이탈하자 반『불꽃』파와 불안정한 부류의 연합이 수적 우세를 확보했다. 이것이 규약 제1조의 표결과 선거들에서 (오직 『불꽃』파의 서로 다른 사람들이 이탈하여) 반복됐던, 대회의 바로 그 분파 형성의 기본적 사실이다. 선거에서 패배했던 사람들이 이제 와서 그 패배의 정치적 원인에 대해, 그리고 당의 눈앞에 불안정하고 정치적으로 유약한 부류를 점점 더 드러내고 더욱 가차 없이 폭로했던 그 색조 사이의 투쟁이 **시작된 지점**에 대해 애써 눈을 감고 있는 것은 놀라운 일이 아니다. 언어 평등권 사건은 우리에게 이 투쟁을 더욱 두드러지게 보여 주고 있으니, 마르또프 동지 역시 그때만 해도 아직은 아끼모프와 마호프의 격려와 찬사를 받지 못하고 있었던 것이다.

F. 농업 강령

대회에서 적지 않은 시간을 차지했으며 극히 흥미로운 문제가 적지 않게 제기됐던 농업 강령에 대한 토론에서도 반『불꽃』파와 "중앙파"의 원칙적 비일관성은 두드러지게 나타났다(『의사록』190~226쪽). 예상했던 대로, 강령에 반대하는 공세는 마르띠노프 동지가 (리베르 동지와 예고로프 동지의 사소한 발언이 있은 후) 시작했다. 그는 "바로 현 시점의 역사적 부당함"을 바로잡아야 한다며 낡은 논거를 내세웠으니, 그런 말을 통해 우리가 마치 "다른 역사적 부당함" 등을 간접적으로 "신성시"하고 있는 것처럼 만들었다. 예고로프 동지도 그의 편에 서서 말했는데, 심지어 그로서는 "이 강령이 어떤 의미를 갖는지 불분명하다. 이것이 과연 우리를 위한 강령인지, 즉 이 강령이 우리가 내놓은 요구 사항을 과연 규정하고 있는지 아니면 우리는 이 강령을 대중적으로 만들기를 원하는지 말이다."(!?!?) 리베르 동지는 이렇게 말했다. "예고로프 동지도 지적한 바 있는 바로 그러한 점을 지적하고 싶다." 마호프 동지는 몸에 밴 단호한 태도로 발언에 나서서 다음과 같이 말했다. "발언자들 대다수(?)

는 제출된 강령이 무엇을 뜻하는지, 어떤 목적을 추구하는지를 전혀 이해하지 못하고 있다," 아시다시피, 제안된 강령은 "사회 민주주의 농업 강령으로 보기 어렵다," 그것은 …… "어쩌면 역사적 부당함 바로잡기 게임 같은 느낌이 들고" 거기에는 "데마고기와 모험주의의 색조"가 있다. 이 심오한 생각의 올바름은 속류 맑스주의의 흔한 희화화와 단순화를 통해 이론적으로 증명됐다. 그에 따르면, 『불꽃』파는 마치 "구성이 단일한 어떤 집단을 대하듯 농민들에 대한 작전을 개시하기를 원한다. 그런데 농민은 이미 오래전부터(?) 계급으로 분화돼 있어서, 단일한 강령을 제시한다면 강령 전반이 데마고기가 될 것이며 그것을 실행한다면 모험주의가 될 것이다."(202쪽) 마호프 동지는 여기서, (마호프 자신이 그랬던 것처럼) 『불꽃』을 "승인"하려 하고 있으나 그 지향성과 이론적, 전술적 입장에 대해 깊이 생각해 보지 않았던 많은 사회민주주의자가 우리 농업 강령에 부정적 태도를 보이는 진정한 이유를 "무심코 내뱉었다." 이 강령을 이해하지 못하게 만들었고 또 그렇게 만들고 있는 것은 개별 부분들에 대한 의견 불일치가 전혀 아니라 이른바 맑스주의의 속류화이며, 그것이 오늘날의 러시아 농업 양식과 같이 복잡하고 다면적인 현상에 적용되고 있기 때문이다. 그리고 이러한 속류 맑스주의 관점에 반『불꽃』 부류의 지도자들(리베르와 마르띠노프)과 "중앙파" 지도자들(예고로프와 마호프)이 빠르게 동조했다. 예고로프 동지는 『남부 노동자』와 그에 가까운 그룹 및 서클들의 특징적 성격 가운데 하나를 솔직하게 표현했으니, 그것은 바로 농민운동의 의의에 대한 몰이해이자, 저 유명한 최초의 농민 반란[12] 시기 우리 사회민주주의자들의 약점은 농민운동의 중요성을 과대평가한 것이 아니라 반대로 과소평가한 쪽에 가까웠다는 것(과 운동을 활용할 역량이 부족했다는 것)에 대한 몰이해다. 예고로프 동지는 이렇게 말했다. "농민운동에 대한 **편집국**의 심취, 농민 소요 이후 수많은 사회민주주의자를 사로잡은 이러한 심취는 나와는 거리가 멀다." 유감스럽게도, 예고로프 동지는 이러한 편집국의 심취가 어떤 점으로 드러났는지를 정확히 대회에 알려주려고 조금이라도 노력하지 않았고 『불꽃』이 제공한 문서에 구체적으로 적시된 것들을 인용하려 하지도 않았다. 게다가 그는 우리 농업 강령의 **모든** 기본적인 항목을 『불꽃』이 이미 제3호에서, 그러니까 농민 소요가 있기 **훨씬 전에** 발전시켜 놓았다는 것을 망각했다. 『불꽃』을 말로만 "승인한" 사람이 아니라면 그 이론적, 전술적 원칙들에 좀 더 많은 관심을 기울여야 하지 않겠소!

"아니오, 농민들 속에서 우리가 할 수 있는 일은 많지 않소!" 예고로프 동지는 이렇게 외쳤고, 이 외침이 어떤 개별적 "심취"에 대한 항의의 의미가 아니라 우리 입장 전체를 부정한다는 의미라는 설명을 덧붙였다. "이는 또한 우리 슬로건이 모험주의적 슬로건과 경쟁할 수는 없다는 뜻이다." 모든 것을 서로 다른 당들의 슬로건 "경쟁"으로 끌어내리는 대단히 특징적인 정식화로군! 게다가 이 말은 발언자가 우리의 이론적 설명에 대해 "만족"을 표현한 후에 나온 것인데, 우리는 그 설명에서 일시적 패배에 동요하지 않고 선동을 통해 견실한 성공을 거두기 위해 매진할 것이라고, 또 (순간 …… "경쟁자들"의 시끄러운 고함이 나왔음에도 불구하고) 강령의 확고한 이론적 기반 없이는 견실한 성공은 불가능하다는 점을 지적했다(196쪽). "만족"한다고 이렇게 확신하면서 낡은 경제주의의 유산인 속물적 명제, 즉 "슬로건 경쟁"으로 모든 문제가 — 농업 강령뿐만 아니라 강령 전체와 경제투쟁 및 정치투쟁의 전술들이 — 결정된다는 말을 금세 되풀이하다니, 이 무슨 뒤죽박죽이란 말인가. 예고로프 동지는 이렇게 말했다. "절취지[13] 상당 부분이 이미 부농 수중에 있으니, 이를 위해 농장 노동자들에게 부농과 투쟁하라고 강요하지는 말라."

또 다시 예의 그 단순화가 나오는 바, 이는 분명 우리의 기회주의적 경제주의와 친척뻘이 될 것이니, 우리의 경제주의는 적지 않은 양이 부르주아 수중에 들어가 있으며 앞으로 점점 더 많이 그들 수중으로 들어갈 어떤 것을 위해 투쟁하라고 프롤레타리아에게 "강요"하는 것은 불가능하다고 주장한 바 있었다. 또 다시 예의 그 속류화가 나오는 바, 농장 노동자와 부농 사이의 일반적인 자본주의 관계의 러시아적 특수성을 망각한다. 사실 오늘날 절취지는 농장 노동자 또한 억압하고 있기에, 농업 노동자에게 노예상태에서 해방되기 위해 투쟁하라고 "강요"할 필요는 전혀 없다. 우리가 "강요"해야 할 사람들은 몇몇 지식인이다. — 자신들의 임무를 폭넓게 바라보도록 강요해야 하고, 구체적 문제들을 논의할 때 판에 박힌 말들은 그만하도록 강요해야 하고, 우리 목표를 복잡하게 하고 수정하게 하는 역사적 국면을 고려하도록 강요해야 한다. 농민이 어리석다는 것은 선입관 — 마르또프 동지가 올바르게 지적했듯이(202쪽), 마호프 동지와 농업 강령을 반대하는 또 다른 사람들의 발언에 은근슬쩍 숨어 있는 선입관 — 일 뿐이며, 오로지 이 선입관 때문에 이 반대자들은 우리 농장 노동자들의 현실적 생활 조건을 망각하고 있는 것이다.

문제를 노동자와 자본가라는 앙상한 대립으로 단순화시키고서, 우리의 "중앙파" 대표들은 늘 그러하듯 자신들의 협소함을 농민에게 전가하려 애썼다. 마호프 동지는 이렇게 말했다. "나는 농민이 자신들의 협소한 계급적 관점의 한도 내에서 현명하다고 생각하기 때문에 쟁취와 분할이라는 소부르주아적 이상의 편에 서게 될 것이라고 추측한다." 여기에는 두 가지가 혼동돼 있다. 농민이 소부르주아로서 갖는 계급적 관점의 특징이라는 것과 이 관점의 **협소화**, 즉 이 관점을 "협소한 한도"로 귀착시키는 것이 혼동돼 있다. 바로 그렇게 귀착시키는 것이 예고로프들과 마호프들의 오류의 핵심이다. (마르띠노프들과 아끼모프들이 프롤레타리아 관점을 "협소한 한도"로 귀착시키는 것도 정확히 이와 똑같다.) 그런데 논리나 역사는 모두 우리에게 소부르주아의 계급적 관점은 어느 정도 협소할 수도 있고 진보적일 수도 있다고 가르친다. 바로 소부르주아의 이중적 지위 때문이다. 그래서 농민의 협소함("어리석음")을 이유로, 또는 농민이 "선입관"에 지배당한다는 것 때문에 손을 놓는다는 것은 어떤 식으로든 우리 임무가 될 수 없으며, 반대로 우리는 그들 관점을 부단히 확장시키고 이성이 그들 선입관을 누르고 승리하도록 조력해야 한다.

러시아 농업 문제에 대한 속류 "맑스주의" 관점은 『불꽃』 구 편집국의 충직한 옹호자인 마호프 동지의 원칙적 발언의 맺음말에서 그 절정에 이르렀다. 그 말들이 갈채를, …… 사실 비꼬는 박수갈채를 받은 것에는 다 이유가 있다. 쁠레하노프가 우리는 흑토재분배[14]운동에 전혀 놀라지 않으며 이 진보적(부르주아적으로 진보적) 운동을 억제한 것은 우리가 아니라고 지적하자, 이에 격분한 마호프 동지는 이렇게 말했다. "물론, 나는 무엇을 불행이라고 해야 할지 모르겠다. 하지만 이를 혁명이라 불러도 좋다면, 이 혁명은 혁명적이지 않은 혁명일 것이다. 그것은 이미 혁명이 아니라 반동(웃음), 즉 폭동 비슷한 혁명이 되리라는 것이 더 맞는 말일 것이다. …… 그 같은 혁명은 우리를 뒤로 내던질 것이고 우리가 지금 있는 상황에 새롭게 근접하려면 상당한 시간이 필요할 것이다. 그런데 우리는 지금 프랑스혁명 때보다 훨씬 많은 것을 갖고 있으며(비꼬는 박수갈채), 우리에게는 사회민주주의당이 있다(웃음). ……" 그렇다, 마호프 식으로 판단하는 사회민주주의당, 또는 마호프들에 의지하는 중앙기관을 가진 그런 사회민주주의당이라면 실제로 비웃음만 사게 될 것이다…….

이처럼, 농업 강령에 의해 제기된 순전히 원칙적인 문제들에 관해서도 이제 이미 우리가 알고 있는 분파 형성이 나타났음을 알게 된다. 반『불꽃』파(8표)는 속류 맑스주의를 호소하며 공세에 나섰다. "중앙파"의 지도자들, 예고로프들과 마호프들이 예의 그 협소한 관점에 동조하면서 그들 뒤를 따랐다. 그러므로 농업 강령의 몇몇 항목에 관한 표결에서 찬성이 30표와 35표(225쪽, 226쪽), 그러니까 분트 문제의 논의 시점을 두고 벌인 논쟁에서, 그리고 조직위원회 사건과 『남부 노동자』 폐간 문제에서도 우리가 보아 왔던 것과 거의 비슷한 숫자를 이룬 것은 지극히 당연하다. 이미 정해져 있는 보통의 틀에서 다소간 벗어나는 문제, 맑스 이론을 고유하고 새로운(독일인들에게는 새로운) 사회경제적 관계에 어느 정도 독자적으로 적용할 것을 요구하는 문제가 제기되자마자, 과제의 수준을 감당해 내는 『불꽃』파는 투표수의 겨우 3/5을 얻는 데 그치고 "중앙파" 전원은 그 즉시 리베르들과 마르띠노프들을 향해 돌아섰다. 그래도 마르또프 동지는 색조가 분명하게 드러난 그 표결 문제를 비겁하게 피해 가면서 이 명백한 사실을 아직도 얼버무리려고 점점 더 강하게 나가고 있다!

농업 강령에 관한 토론에서 분명하게 보이는 것은 대회의 착한 2/5에 맞선 『불꽃』파의 투쟁이다. 깝까스 대의원들은 여기서 정말 올바른 입장을 취했다. — 이는 상당 정도 그들이 수많은 지역적 형태의 농노제 잔재를 가까이서 접했던 까닭에 마호프들이 흡족해 했던 학생 수준의 추상적이고 앙상한 대조를 행하지 않을 수 있었던 덕분일 것이다. 마르띠노프와 리베르, 마호프와 예고로프에 대해 쁠레하노프와 (러시아에서 활동하는 동지들 사이에서 "우리의 농촌 활동에 대해" 예고로프 동지처럼 "비관적 시각"을 심심치 않게 마주쳐야만 했던" 점을 확인해 준) 구쎄프, 꼬스뜨로프, 까르스끼, 뜨로쯔끼 모두가 반대하며 나섰다. 뜨로쯔끼는 농업 강령을 비판하는 사람들의 "호의적 충고"는 "너무나 속물근성을 풍긴다."라고 올바르게 지적했다. 대회의 정치적 분파 형성을 고찰하는 문제만 놓고 보자면,

그가 발언의 이 부분(208쪽)에서 란게 동지를 예고로프들, 마호프들과 나란히 놓은 것은 결코 옳다고 할 수 없다는 점을 지적할 필요가 있다. 의사록을 주의 깊게 읽는 사람이라면, 란게와 고린이 예고로프와 마호프가 취했던 그런 입장을 결코 취하지 않았음을 알게 될 것이다. 란게와 고린은 절취지 항목의 정식화를 마땅찮게 생각했고, 우리 농업 강령의 사상을 충분히 이해하되 자신들 관점에서 볼 때 좀 더 결점 없는 정식화를 적극적으로 모색하기 시작했다. 그들은 강령 작성자들을 설득하기 위해서, 또는 모든 비非『불꽃』파에 맞서 작성자들 편에 서기 위한 목적으로 결의안 초안을 제출하고 우리 농업 강령 사상을 다르게 실현하려 애썼다. 예를 들어, 농업 강령 전체(212쪽, 찬성 9표, 반대 38표)와 그 개별 항목들(216쪽 등등)을 기각하자는 마호프의 동의안과 절취지 항목의 독자적 편성(225쪽)을 제안하는 란게의 입장을 비교하기만 해도 이들 사이의 근본적 차이를 확실히 알게 된다.*

뜨로쯔끼 동지는 더 나아가 "속물근성"을 풍기는 논거들에 대해 말하면서 이렇게 지적했다. "다가오는 혁명의 시기에 우리는 농민과 관계를 맺어야 하며 …… 이러한 임무 앞에서 마호프와 예고로프의 회의주의와 정치적 '선견지명'은 그 어떤 근시안보다 더 유해하다."『불꽃』의 다른 소수파인 꼬스찌치 동지는 마호프 동지가 "자기 자신에 대해, 그리고 원칙적 확고함에 대해 확신을 갖고 있지 않다는 점"을 매우 정확히 지적했다.

---

* 고린의 발언을 참조하라. 213쪽.

— 이는 우리 "중앙파"의 정곡을 찌르는 특징이다. 꼬스찌치 동지는 계속해서 이렇게 말했다. "마호프 동지와 예고로프 동지는 서로 색조 차이가 있음에도 비관주의라는 지점에서 합치를 보였다. 마호프 동지는 사회민주주의자들이 지금 이미 농민 속에서 활동하고 있다는 점, 가능한 수준에서 이미 그들의 운동을 지도하고 있다는 점을 잊고 있다. 또한 이러한 비관주의로 인해 그들은 우리 활동의 폭을 협소하게 만들고 있다."(210쪽)

강령에 관한 대회의 토론 문제를 마무리 지으려면, 반정부파 경향을 지지하는 문제에 관한 간략한 토론을 언급할 필요가 있다. 우리 강령에는 사회민주주의당은 "러시아에 현존하는 사회적, 정치적 질서에 반대하는 온갖 반정부파 운동 및 혁명운동"을 지지한다는 점이 명시돼 있다.[15] 우리가 정확하게 어떤 반정부파 경향을 지지하는지는 앞부분의 이 단서로 충분히 나타나 있는 것 같았다. 그럼에도 불구하고, 이미 오래전부터 우리 당에 형성돼 온 다양한 색조가 여기서도 바로 드러난 것이다. 그토록 자세하게 설명된 문제에 관해 여전히 "의혹과 오해"가 가능하다는 것을 상정하기란 정말 어렵지만 말이다! 분명, 문제는 바로 오해가 아니라 색조였다. 마호프, 리베르, 마르띠노프는 즉시 경보를 울리기 시작했고 또 다시 예의 그 "결집된" 소수파가 됐으니, 마르또프 동지는 여기서도 이를 음모, 조작, 외교, 그리고 또 다른 근사한 것들로 해명해야 했던 것이 분명한데(연맹 대회에서 그가 한 발언을 보라.), 이는 소수파든 다수파든 "결집된" 그룹들이 형성되는 정치적 이유를 숙고할 능력이 없는 사람들이 의존하는 방식이다.

마호프는 다시 맑스주의를 속물적으로 단순화하기 시작했다. 그는 "우리 나라에서 유일하게 혁명적인 계급은 프롤레타리아트다."라고 선언했고, 이 정당한 명제로부터 바로 다음과 같은 부당한 결론을 이끌어냈다. "나머지는 그저 그런 잉여들(전체 웃음)……, 그렇다, 잉여들이고 그저 이익만 얻고자 한다. 나는 그들을 지지하는 것에 반대한다."(226쪽) 마호프 동지가 자신의 입장을 훌륭하게 정식화하자 (그의 지지자들 가운데) 많은 이가 당황했다. 하지만 리베르도, 마르띠노프도 "반정부파"라는 말을 삭제하거나 아니면 "민주주의적 반정부파"라는 말을 추가하여 그 말을 제한하자고 제의하면서 사실상 그에게 동조했다. 마르띠노프의 이러한 수정에 대해 쁠레하노프가 적절하게도 반대하여 일어섰다. "우리는 자유주의자들을 비판해야 하고 그들의 중도성을 폭로해야 한다. 이것이 옳다. …… 하지만 사회민주주의운동을 제외한 다른 모든 운동의 협소성과 제한성을 폭로하되, 보통선거권을 부여하지 않는 헌법이라 해도 절대주의와 비교하면 한 걸음 앞선 것이라는 점을, 따라서 프롤레타리아트가 그러한 헌법보다 현존 질서를 더 선호해서는 안 된다는 점을 프롤레타리아트에게 설명할 의무가 우리에게 있다." 마르띠노프, 리베르, 마호프 동지들은 이에 동의하지 않고 자신들의 입장을 고수했으니, 악쎌로트, 스따로베르, 뜨로쯔끼, 그리고 다시 한 번 쁠레하노프가 이를 공박했다. 마호프 동지는 여기서 다시 한 번 자기 자신을 깨부수는 데 성공했다. 처음에 그는 (프롤레타리아트를 제외한) 나머지 계급들은 "그저 그런" 존재들이라고 말하면서 "그들을 지지하는 것에 반대한다." 그런 다음, 그는 자비를 베풀어 이렇게 시인했다. "부르주아지는 본질적으로 반동적이지만 종종 혁명적이기도 하다. — 예를 들어, 봉건주의와 그 잔재들에 대한 투쟁이라는 측면에서는 말이다." 그가 말을 계속할수록 그 말은 점점 더 개악돼 갔다. "하지만 언제나(?) 반동적인 그룹들이 있으니, — 수공업자들이 그렇다." 우리의 바로 이 "중앙파" 지도자들이 원칙적 측면에서 합의에 도달했던 보석 같은 지점이 이런 것이며, 나중에 입에 거품을 물고 구 편집국을 옹호했던 것이 이들이다! 동업조합 제도가 그토록 강했던 서유럽에서조차 절대주의 몰락기에 도시의 다른 소부르주아들과 마찬가지로 특별한 혁명성을 발휘한 사람들이 이들 수공업자들이었다. 절대주의가 몰락한 후 백년, 백오십 년이 지난 시대의 지금의 수공업자들에 대해 서구의 동지들이 말하는 것을 아무 생각 없이 되풀이하는 것이 바로 러시아 사회민주주의의 특별한 어리석음이다. 러시아의 수공업자들이 정치 문제 영역에서 부르주아지에 비해 반동적이라는 것은 판에 박힌 외운 문구에 불구하다.

유감스럽게도 의사록에는 마르띠노프, 마호프, 리베르 등이 이 문제에 관해 낸 수정안을 기각시킨 투표수에 대한 기록이 전혀 남아 있지 않다. 우리가 말할 수 있는 것은 단지 반『불꽃』부류의 지도자들과 "중앙파" 지도자 가운데 한 사람*이 여기서도

* 같은 "중앙파" 그룹의 다른 지도자 예고로프 동지는 다른 자리에서 사회주의자혁명가당 당원들에 관한 악쎌로트의 결의안과 관련하여 반정부파 경향을 지지하는 문제에 대해 의견을 표명한 적이 있다(359쪽). 예고로프 동지는 온갖 반정부파 운동 및 혁명운동을 지지하라는 강령의 요구와 사회주의자혁명가당 당원들 및 자유주의자들 둘다에 대한 부정적인 태도 사이의 "모순"을 간파했다. 문제에 접근하는 형태와 측면은

우리가 이미 잘 알고 있는 『불꽃』에 맞서는 분파 형성에 합류했다는 것이다. 강령에 대한 모든 토론을 총괄해 볼 때, 전체의 관심을 불러일으켰고 조금이라도 활발하게 진행된 논쟁들 가운데 색조 차이를 드러내지 않았던 것은 단 하나도 없었다는 결론을 내리지 않을 수 없고, 마르또프 동지와 새 『불꽃』 편집국은 지금 색조 차이에 대해 침묵하고 있다.

G. 당 규약. 마르또프 동지의 초안

대회는 강령에서 당 규약으로 넘어갔다. (앞에서 언급한 중앙기관지 문제와 유감스럽게도 대다수 대의원이 만족할 만한 형태로 제출하지 못했던 대의원 보고서들은 건너뛰겠다.) 규약 문제가 우리 모두에게 지대한 의의를 갖고 있었다는 것은 말할 필요도 없다. 실제로, 『불꽃』은 사실 애초부터 문헌적 기관지로서뿐만 아니라 조직적 중핵으로서도 전면에 나섰다. 제4호의 편집국 사설 (「무엇으로부터 시작할 것인가?」)에서 『불꽃』은 전체적 조직 계획을 제시했고[*], 삼 년 동안 체계적으로, 그리고 부

조금 다르지만 여기서 예고로프 동지는 마호프, 리베르, 마르띠노프 동지들과 똑같이 맑스주의에 대한 협소한 이해와 (그가 "승인한") 『불꽃』의 입장에 대한 불안정하고 반쯤 적대적인 태도를 드러내 보였다.

[*] 그런데 『불꽃』을 중앙기관지로 승인하는 것에 관한 발언에서 뽀뽀프 동지는 이렇게 말했다. "『불꽃』 제3호, 제4호에 실린 「무엇으로부터 시작할 것인가?」라는 사설이 생각난다. 러시아에서 활동하는 많은 동지는 그 글을 물정 모르는 소리라고 생각했다. 다른 이들에게는 이 계획이 공상으로 여겨졌고 대다수(? — 분명 뽀뽀프 동지 주변에 있던 인물들을 대다수일 것이다.)는 그것을 야망일 뿐이라고 해석했다."(140쪽) 독자들이 보듯이, 나는 나의 정치적 견해를 이렇게 야망으로 설명하는 것, 즉 지금 악쎌로트

단하게 이 계획을 실행해 왔다. 제2차 당대회가 『불꽃』을 중앙 기관지로 승인했을 때, 해당 결의안의 근거 세 개 항 가운데 두 개 항이 『불꽃』의 바로 이 조직 계획과 조직 사상에, 즉 당의 실천 활동을 지도하면서 담당했던 역할과 통합 활동에서 보인 지도 적 역할에 할애된 바 있었다. 따라서 조직에 대한 확실한 사상 이 공식적으로 공고해지고 그것을 당 전체가 승인하기 전에는 『불꽃』 활동과 당 조직의 문제 전체, 당의 **실제적** 재건이라는 문 제 전체가 완수된 것으로 간주될 수 **없었음**은 지극히 당연한 일 이다. 이러한 임무는 당의 조직 규약이 수행해야 했다.

『불꽃』이 당 조직의 토대로 삼으려 노력했던 기본적 사상은 요컨대 다음 두 가지였다. 첫째는 중앙 집중주의의 사상으로서, 이는 개별적이고 세세한 수많은 조직 문제 일체를 결정하는 방 법을 원칙적으로 규정한 것이다. 둘째는 사상적 지도 기관인 신 문의 특수한 역할이었다. ― 이는 혁명적 진격을 위한 **최초의** 작 전 기지를 국외에 세우는 조건에서, 정치적 노예 상태라는 정국 에 있는, 이른바 러시아 사회민주주의 노동자운동의 일시적이 고 특수한 요구를 고려한 것이었다. 첫째 사상은 원칙의 문제 로서, 그 자체로 규약 전체를 관통해야 했다. 둘째 사상은 활동 장소와 활동 형식의 일시적 상황 때문에 생겨난 특수한 것으로 서, 중앙 집중주의를 이탈하는 것으로 보이는, **두 개의 중앙기관, 즉 중앙기관지와 중앙위원회의 창출**이라는 형태로 표현됐다. 『불꽃』 식 당 조직의 이 두 가지 기본적 사상을 나는 『불꽃』(제4호) 편

동지와 마르또프 동지가 다시 불을 지피고 있는 식의 설명에 이미 익숙해져 있다.

집국 사설 「무엇으로부터 시작할 것인가?」와 『무엇을 할 것인가?』에서 모두 전개한 바 있으며, 또 마지막으로 『한 동지에게 보내는 편지』[16]에서 거의 규약 형태로 상세하게 설명해 놓았다. 『불꽃』을 승인하는 것이 문서상의 일만이 아니고 또 가상의 문구만이 아니라면, 요컨대 남아 있는 일은 바로 이러한 사상을 구현해야 하는 규약 문항들을 정식화하기 위한 편집 작업뿐이었다. 『한 동지에게 보내는 편지』의 재판 서문에서 나는 이미 당 규약과 이 소책자를 단순히 비교해 보기만 해도 양자의 조직 사상이 완전히 동일하다는 점을 확인할 수 있다고 지적한 바 있다.

『불꽃』의 조직 사상을 규약에 정식화하는 편집 작업과 관련하여 마르또프 동지가 언급한 한 가지 사건을 다루어야 하겠다. 연맹 대회에서 마르또프 동지는 이렇게 말했다(58쪽). "…… 여러분들은 이 항목(즉, 제1조)과 관련하여 내가 기회주의에 빠져든 것이 레닌에게 얼마나 뜻밖의 일이었는지는 사실을 조회해 보면 알게 될 것이다. 대회가 있기 한 달 반에서 두 달쯤 전에 나는 레닌에게 제1조가 내가 대회에서 제안한 그대로 정식화돼 있는 나의 초안을 보여 주었다. 레닌은 나의 초안이 지나치게 세세하다고 반대 의사를 표명하면서도, 제1조의 사상 — 당원 규정 — 만은 괜찮은데 나의 정식화로는 부족하기 때문에 이를 변형하여 자신의 규약에 받아들이겠다고 말했다. 이처럼 레닌은 나의 정식화를 이미 오래전부터 알고 있었고 이 문제에 관한 나의 견해를 알고 있었다. 여러분은 이렇게, 내가 나의 견해를 숨기지 않고 투구를 젖힌 채 대회에 온 것을 보고 있다. 나는 중앙위원회와 중앙기관지를 호선하는 등등의 경우에 상호 호선과 만장일치 원칙에 반대하여 싸울 것이라고 경고한 바 있다."

상호 호선 반대와 관련한 경고에 관해서는 적절한 지점에서 사태가 어땠는지를 보게 될 것이다. 지금은 마르또프 규약의 이 "투구를 젖힌" 모습을 자세히 살펴보자. 연맹 대회에서 마르또프는 자신의 부족한 초안(마르또프는 대회에서 이 초안이 부족하다고 스스로 철회해 놓고는 대회 후에 그 특유의 일관성으로 또다시 이를 세상 밖으로 끄집어냈다.)과 관련된 일화를 기억나는 대로 전하면서, 언제나 그렇듯, 많은 부분을 잊어버렸고 따라서 또다시 혼란에 빠졌다. 사적 대화를 인용하며 자신의 기억에 의존하지 말라고 그에게 경고할 만한 사례는 이미 충분히 많았다고 생각한다. (사람들은 저도 모르게 자신에게 유리한 것만 기억하니까!) ― 그럼에도 불구하고 마르또프 동지는 다른 자료가 없었기 때문에 저급한 자료를 이용했다. 지금은 심지어 쁠레하노프 동지조차 그를 모방하기 시작한다. 나쁜 사례는 전염되는 게 분명하다.

마르또프 초안 제1조의 "사상"은 내게 "괜찮을" 수가 없었다. 그의 초안에는 대회에 제기된 **그 어떤 사상**도 들어 있지 않았기 때문이었다. 기억은 그를 배반했다. 다행히도 나는 서류들 속에서 마르또프 초안을 찾을 수 있었는데, 거기에는 "**제1조가 그가 대회에서 제안했던 것과는 전혀 다르게 정식화돼 있다!**" 여기 여러분에게 "투구를 젖힌" 모습을 더 많이 보여 주겠다!

마르또프 초안 제1조: "러시아사회민주주의노동자당 강령을 승인하고 당 기관들(sic[원문 그대로]!)의 지도와 통제 아래 당의 임무를 실행하기 위해 적극적으로 활동하는 자는 당에 소속된 것으로 간주한다."

나의 초안 제1조: "당 강령을 승인하고 당에 자금을 지원하며 당 조직 가운데 하나에 몸소 참여하여 당을 지원하는 사람은 누구나 당원으로 간주한다."

대회에서 마르또프가 정식화하여 채택된 제1조: "당 강령을 승인하고 당에 자금을 지원하며 당 조직 가운데 하나의 지도 아래 규칙적으로 당에 몸소 협조하는 사람은 누구나 러시아사회민주주의당 당원으로 간주한다."

이를 대조해 보면 마르또프 초안에는 **사상**이라는 것이 전혀 없으며 오로지 **공허한** 문구만 있다는 것이 명백히 보인다. 당원들이 당 기관들의 지도와 통제 아래 활동한다는 것은 자명한 일이며 다른 방식이 있을 수 없는데, 이에 관해 말하는 것은 아무 말도 하지 않기 위해 말하기를 좋아하는 사람들, 넘치는 말과 관료주의적 (즉, 활동을 위해서는 불필요하고 과시용으로 필요한) 정식의 바다로 "규약"을 가득 메우기를 좋아하는 사람들뿐이다. 제1조의 **사상**이라는 것은 당 기관이 당 조직 가운데 어느 하나에도 속하지 **않은** 당원들에 대해 **사실상** 지도를 실행할 수 있느냐는 문제가 제기될 때에만 나타나는 것이다. 마르또프 동지 초안에는 이러한 사상의 흔적조차도 없다. 따라서 "이 문제에 관한" 마르또프 동지의 "견해"를 나는 알 수가 **없었다.** 마르또프 동지 초안에는 이 문제에 관한 어떠한 **견해**도 없기 때문이다. 마르또프 동지가 말한 대로 사실을 조회하면 그의 **혼란**이 확인된다.

이와는 반대로, 마르또프 동지에 대해 말해야 할 것은 그가 나의 초안을 봐서 "그가 이 문제에 관한 나의 견해"를 알고 있었으며 대회가 있기 2~3주 전부터 편집국원 전체가 나의 초안을 보았음에도 불구하고 그가 편집국원들 사이에서도, 또 나의 초안만을 알고 있던 대의원들 앞에서도 이를 반대하거나 거부하지 않았다는 것이다. 그 정도가 아니라 심지어 대회에서 내가 규약 초안*을 제출하고 규약위원회 선출 전에 그것을 옹호했을 때조차 마르또프 동지는 곧바로 이렇게 천명했다. "레닌 동지의 결론에 동의한다. 단지 두 가지 문제에서만 의견이 다를 뿐이다." (강조는 내가 한 것.) — 두 가지 문제란 평의회 구성 방식에 관한 문제와 만장일치 호선에 관한 문제다(157쪽). 제1조에 동의하지 않는다는 말은 여기서는 아직 한마디도 나오지 않는다.

계엄 상태에 관한 자신의 소책자[17]에서 마르또프 동지는 나의 규약을 다시 한 번, 그것도 매우 상세히 상기할 필요를 느꼈다. 그 책에서 그는 자신은 지금(1904년 2월 — 3개월 뒤에는 어찌 될지 모른다.)도 여전히 자신의 규약에 서명할 의사가 있다면서, 그 규약은 몇몇 부차적 부분을 제외하면 "중앙 집중주

---

* 말이 난 김에 덧붙인다. 의사록위원회는 부록 XI에 "레닌이 대회에 제출한" 규약 초안을 게재했다(393쪽). 의사록위원회도 여기서 약간 혼란에 빠졌다. 위원회는 모든 (그리고 대회 전에 상당수) 대의원에게 보였던 나의 원래 초안과 대회에 제출된 초안을 혼동하여 처음 것을 둘째 것이라고 게재했다. 나는 물론 그 초안들이 어떤 준비 단계에 있던 형태이건 상관없이 그것들을 출판하는 데 반대하지는 않지만 어쨌거나 혼란을 일으켜서는 안 된다. 그런데 혼란이 일어났다. 뽀뽀프와 마르또프가 의사록위원회가 게재한 초안(154, 157쪽)이 아니라 대회에 실제로 제출된 나의 초안의 정식화를 비판하고 있기 때문이다(394쪽 제7조와 제11조 참조). 사태를 조금만 더 주의 깊게 보고 내가 밝힌 쪽들을 단순히 비교해 봐도 실수를 쉽게 발견할 수 있다.

의 비대중에 대한 자신의 부정적 태도를 충분히 명백하게 표현했다."라고 단언한다(IV쪽). 마르또프 동지는 이 규약을 대회에 제출하지 않은 이유를 지금 이렇게 설명한다. 첫째, "『불꽃』식 소양이 규약을 경멸하는 태도를 고쳐시켰기" 때문이란다. (그가 『불꽃』이라는 말을 좋아할 때 이 말은 그에게 더 이상 협소한 서클 근성을 의미하지 않고 가장 확고한 지향성을 뜻한다! 3년간의 『불꽃』식 소양을 통해 마르또프 동지가 무정부주의적 문구에 대한 경멸적 태도를 고쳐하지 못했다니, 유감이다. 불안정한 지식인들은 공동으로 승인한 규약의 위반을 그러한 문구로 정당화할 수 있는 것이니까.) 둘째, 아시다시피, 마르또프 동지, 그는 "『불꽃』이 담당했던 기본적인 조직적 중핵 전술에 조그만 불협화음도 일으키지" 않으려 했기 때문이란다. 얼마나 논리적이고 훌륭한 발언인가! 제1조의 기회주의적 정식화나 중앙 집중주의 비대중 같은 원칙 문제에서 마르또프 동지는 (협소하기 짝이 없는 서클 근성 관점에서나 두려운) 불협화음을 두려워하여 심지어 편집국 같은, 그런 중핵 앞에서도 자신의 견해차를 내놓지 않았다는 것이다! 중앙기관 구성이라는 실천적 문제에서 마르또프 동지는 (이 진정으로 기본적인 조직적 중핵인) 『불꽃』 조직 다수파 조직원들의 투표에 맞서 분트와 『노동자의 대의』에 도움을 호소했다. 가장 자격 있는 사람들이 문제를 평가할 때 나타나는 "서클 근성"을 거부하기 위해 사이비 편집국을 옹호하는 서클 근성을 슬그머니 들여놓는 자신의 문구의 "불협화음," — 이러한 불협화음을 마르또프 동지는 알아채지 못한다. 그에게 벌을 주는 의미로, 그의 규약 초안을 통째로 인

용하고 그가 어떤 견해들과 어떤 비대증을 폭로하는지를 우리 입
장에서 지적하겠다.[*]

"당 규약 초안 ─ 1. 당원의 자격 ─ 1) 러시아사회민주주의노
동자당 강령을 승인하고 당 기관들의 지도와 통제 아래 당의
임무를 실행하기 위해 적극적으로 활동하는 자는 당에 소속
된 것으로 간주한다. ─ 2) 당의 이해관계에 부합하지 않는 행
위로 인한 당원의 제명은 중앙위원회가 결정한다. [제명 선고
에는 근거가 제시되어야 하며, 선고문은 당 기록보관소에 보
관되고 요청에 따라 당의 각 위원회에 통보된다. 중앙위원회
의 제명 결정은 두 개 이상 위원회의 요청이 있을 경우 대회
에서 항소의 대상이 된다.]" …… 마르또프 초안에 내가 꺽쇠
를 붙인다는 것은 그것이 아무런 "사상"도 없을 뿐더러 분명
한 조건이나 요구도 전혀 없는 내용으로 이루어진 명백히 무의
미한 조항들임을 의미한다. ─ 제명 선고를 정확히 어디에 보관
할 것인가를 "규약"에서 지정한다는 식의 비할 데 없는 경우,
또는 중앙위원회의 제명 결정(총괄적으로 대회의 모든 결정
은 아니고?)은 항소의 대상이 됨을 원용하는 경우가 그렇다.
이는 그야말로 문구의 비대증, 또는 불필요하고 무용하고 요
식 행위 같은 것임에 틀림없는 항목들의 작성이라는 의미에
서 진정 관료주의적인 형식주의다. " …… Ⅱ. 지역위원회. ─
3) 당의 지역 활동에서 당의 대표는 당 위원회다. …… "(새

---

[*] 무가치한 형식주의적 "비대증"을 더 심하게 앓고 있던, 대충 48개 조항으로 이루어
진 마르또프 초안의 최초 형태는 유감스럽게도 찾을 수 없었음을 말해 둔다.

롭고도 지혜롭군!) "…… 4) [제2차 대회 당시 대회에 파견된 위원회들의 현재 구성이 당 위원회들로 승인된다.] — 5) 제4조에 기술된 위원회들이 아닌 새로운 당 위원회들은 중앙위원회가 지명한다. [중앙위원회는 해당 지역 조직의 현재의 구성을 위원회로 승인하든가 그것을 재편하여 위원회를 구성한다.] — 6) 위원회는 호선으로 성원을 충원한다. — 7) 중앙위원회는 전체 성원의 1/3을 초과하지 않는 수의 (중앙위원회가 알고 있는) 동지들로 지역위원회 성원을 충원할 권한을 갖는다. ……" 관료주의의 표본. 왜 1/3을 초과하지 않아야 하는가? 뭘 위해 이런 것이 필요하단 말인가? **충원은 수차례 계속 반복될 수 있는 일**임을 생각하면, 아무것도 제한하지 않는 이러한 제한에 담긴 의미는 무엇인가? "…… 8) [지역위원회가 탄압에 의해 붕괴되거나 파괴될 경우"(그러니까 전원이 체포되는 경우는 아니란 말인가?) "중앙위원회는 이를 재건한다."] …… (제7조는 벌써 무시하고? 마르또프 동지는 평일에는 일하고 휴일에는 쉬라고 명령하는 러시아 품행법과 제8조 사이의 유사성을 정녕 발견하지 못한단 말인가?) "…… 9) [정기 당대회는 특정 지역위원회의 활동이 당의 이해관계에 부합하지 않는 것으로 인정되면 그 위원회의 구성을 재편할 권한을 중앙위원회에 부여할 수 있다. 그럴 경우 해당 위원회는 해산된 것으로, 위원회가 활동하는 지역의 동지들은 그에 대한 복종*에서 해방된 것으로 인정한다.]" …… 이 조항에 담

---

* 악쎌로트 동지가 이 말에 주목해 주기를 호소한다. 얼마나 무시무시한 말인가! 심지어 …… 심지어 편집국 구성조차 변경하는 것에까지 이른 "자꼬뱅주의"[18]의 뿌리는 여기 있는 것이다…….

긴 규칙은 러시아의 법에 아직도 있는 "누구를 막론하고 주정
酒酊은 금지돼 있다"라고 공포한 조항만큼이나 지극히 유용하
다. "······ 10) [지역위원회들은 지역에서 당의 모든 선전, 선
동, 조직 활동을 지도하고 자신에게 주어진 범당적 임무를 수
행하는 과정에서 역량에 따라 중앙위원회와 중앙기관지에 협
조한다.]" ······ 윽! 신이여, 뭘 위해 이런 것이 필요하단 말인
가? ······ 11) ["지역 조직의 내부 체계, 위원회와 그 하부 그
룹들의 상호관계," (악쎌로트 동지 듣고 있는가?) "이 그룹
들의 권한의 한계와 자율성의 한계는" (권한의 한계는 자율
성의 한계와 같은 말이 아니란 말인가?) "위원회 스스로 결
정하여 중앙위원회와 중앙기관지 편집국에 통보한다.] ······
(빠뜨린 것: 이 통보문의 보관 장소를 말하지 않았다.) ······
12) ["위원회의 모든 하부 그룹과 당의 개별 당원에게는 어떠
한 문제에 관해서건 자신들의 의견과 바람이 당 중앙위원회
와 중앙기관지에 통보되도록 요구할 권리가 있다."] ― 13)
당 지역위원회에게는 자신들의 수입에서 중앙위원회가 할당
한 몫을 중앙위원회 출납계로 납입할 의무가 있다. ― III. (러
시아어 외의) 기타 언어로 선동하는 것을 목적으로 하는 조직
들. ― 14) [러시아어가 아닌 언어 가운데 하나로 선동하기 위
해, 그리고 그러한 선동이 행해지는 대상인 노동자들을 조직
하기 위해, 그러한 선동의 전문화와 그 같은 조직이 배당될 필
요가 있는 지점들에 별도의 조직을 설립할 수 있다.] ― 15)
그러한 요구가 얼마나 존재하는지에 대한 문제는 당 중앙위
원회에 그 결정이 위임되며 논란이 있을 경우 당대회에 위임

된다." …… 이 조항의 첫 부분은 규약의 이후의 규정들에 유의한다면 불필요하고, 논란이 있을 경우에 관한 두 번째 부분은 그저 웃음을 자아낼 뿐이다. …… "16) [제14조에 기술된 지역 조직들은 자신들의 전문적 활동에서는 자율성을 갖지만 지역위원회의 통제 아래 활동하고 그에 복종한다. 이러한 통제의 형식 및 해당 위원회와 해당 전문조직 사이의 조직적 관계에 관한 규범은 지역위원회가 결정한다."…… (그것 참 천만다행이군! 이 공허한 말잔치가 아무짝에도 쓸모없는 헛소리라는 게 이제 여기서도 보인다.) …… "그러한 조직들은 당의 일반적 사업에 관해서는 위원회 조직의 일부로 활동한다.] ― 17) [제14조에 표시된 지역 조직들은 자신들의 전문적 임무를 성공적으로 달성하기 위해 자치동맹을 구성할 수 있다. 그러한 동맹은 전문지와 행정기관을 가질 수 있되, 이 둘은 당 중앙위원회의 직접 통제를 받는다. 그러한 동맹의 규약은 자체적으로 작성하지만 당 중앙위원회의 승인을 받는다.] ― 18) [제17조에 표시된 자치동맹이 지역의 조건에 따라 해당 언어로 선동하는 것에 최우선적으로 헌신한다면 당 지역위원회도 그 동맹에 소속될 수 있다. 비고. 그러한 위원회는 자치동맹의 한 부분이지만 당 위원회가 아닌 것은 아니다.]"…… (조항 전체가 지극히 유용하며 탁월하게 현명하며, 비고는 더욱 그렇다.) …… "19) [자치동맹에 속하는 지역 조직들은 동맹의 중앙 조직들과의 관계에서 지역위원회의 통제를 받는다.] ― 20) [자치동맹의 중앙 신문과 행정기관들이 당 중앙위원회에 맺는 관계는 당 지역위원회들이 중앙위원회에 맺는 관계와 같다.] — IV. 당 중앙위원회와 당 기관지. — 21) [당을 총괄적으로 대표하는 것은 당 중앙위원회와 정치적, 학술적 기관지다.] — 22) 중앙위원회는 당의 모든 실천 활동을 총괄적으로 지도하는 임무를 담당한다. 당의 모든 역량의 올바른 활용과 배치를 고심하고 당의 모든 부분의 활동을 통제하고 지역 조직들에 문건을 공급하고 당의 기술 참모들을 양성하고 당대회를 소집하는 것이 이에 해당한다. — 23) 당 기관지는 당 생활을 사상적으로 지도하는 임무를 담당한다. 당 강령을 선전하고 사회민주주의 세계관을 학술적으로, 그리고 대중적으로 정교하게 만드는 것이 이에 해당한다. — 24) 당의 모든 지역위원회와 자치동맹은 당 중앙위원회와 당 기관지 편집국 양자와 직접 연계돼 있으며, 지역의 운동과 조직 활동의 과정에 관해 양자에 규칙적으로 보고한다. — 25) 당 기관지 편집국은 당대회에서 임명되며 다음 대회까지 직무를 수행한다. — 26) [편집국은 내부 활동에서 자율적이며] 당대회와 대회 사이의 중간 기간에 국원을 보충하거나 교체할 수 있으며 그때마다 중앙위원회에 이를 통보한다. — 27) 중앙위원회로부터 나오는 모든 성명이나 중앙위원회의 인가를 받은 모든 성명은 중앙위원회의 요구에 따라 당 기관지에 게재된다. — 28) 중앙위원회는 중앙기관지 편집국과 합의하여 여러 형태의 문건 활동을 위한 전문적 문필 그룹을 만든다. — 29) 중앙위원회는 당대회에서 임명되며 다음 대회까지 직무를 수행한다. 중앙위원회는 호선으로 수에 제한 없이 위원을 보충하며 그때마다 이를 당 중앙기관지 편집국에 보고한다. — V.

국외 당 조직. — 30) 국외 당 조직은 국외에 거주하는 러시아 인들 사이에서 선전을 수행하며 그들 가운데 사회주의적 부류를 조직한다. 이 조직을 이끄는 것은 선출된 행정부다. — 31) 당에 속한 자치동맹들은 자신들의 전문적 임무에 조력하는 국외 지부를 둘 수 있다. 이 지부들은 자율적 그룹으로서 국외 조직 본부의 일원이 된다. — VI. 당대회. — 32) 당의 최고 심급은 당대회다. — 33) [당대회는 당의 강령과 규약, 당 활동의 지도 원칙을 정한다. 당대회는 당의 모든 기관의 활동을 통제하고 기관들 사이의 충돌을 해결한다.] — 34) 대회에서 대표권을 갖는 것은 다음과 같다. a) 당의 모든 지역위원회, b) 당에 속한 모든 자치동맹의 중앙 행정기관, c) 당 중앙위원회와 당 중앙기관지 편집국, d) 국외 당 조직. — 35) 위임장은 양도가 허용되지만, 대의원 한 사람이 세 개 이상의 유효한 위임장을 가질 수는 없다. 대표 둘이 위임장을 나누는 것은 허용된다. 강제력이 있는 위임장은 허용되지 않는다. — 36) 중앙위원회는 대회에 출석하여 도움을 줄 수 있는 동지들이 있을 경우 심의권을 주어 초청할 수 있다. — 37) 당의 강령이나 규약에 대한 수정에는 정족수 2/3 이상이 요구된다. 다른 문제들은 단순 과반수로 결정한다. — 38) 대회 당시에 존재하는 모든 당 위원회의 과반수가 참석하면 대회는 유효한 것으로 간주된다. — 39) 대회는 가능한 한 2년에 한 번 소집된다. [이 기간에 중앙위원회의 의지와 무관하게 대회 소집에 문제가 생길 경우 중앙위원회는 자신의 책임 하에 대회를 연기한다.]"

예외적이겠지만, 이 이른바 규약이라는 것을 끝까지 읽을 정도로 인내심이 충분한 독자라면 다음의 결론들을 특별히 심의하라고 우리에게 요구하지 않을 것이 분명하다. 첫째 결론: 규약은 치료가 어려운 수종을 앓고 있다. 둘째 결론: 중앙 집중주의 비대증을 부정적으로 본다는 의미에서 특별한 색조를 갖는 조직적 견해를 이 규약에서는 발견할 수 없다. 셋째 결론: 마르또프 동지는 자신의 규약 38/39 이상을 세상의 눈으로부터 (그리고 대회의 논의로부터) 은폐하면서 최고로 현명하게 행동했다. 다만 이러한 은폐를 두고 투구를 젖혔다고 말한 것만이 다소 기발할 뿐이다.

H. 『불꽃』파 내부 분열 **이전에 있었던** 중앙 집중주의에 대한 토론

정말 흥미롭고 다양한 색조의 견해를 확실히 드러내 주는 규약 제1조 정식화 문제로 넘어가기에 앞서, 대회 제14차 회의와 제15차 회의의 일부를 차지했던 규약에 관한 짧고 일반적인 토론을 조금 더 다루어 보자. 이 토론이 분명한 의의를 갖는 것은 그것이 중앙기관 구성 문제로 인해 『불꽃』 조직이 완전히 갈라서기 전에 있었던 일이기 때문이다. 반면, 나중에 있었던 규약 일반에 관한, 그리고 특수하게는 호선에 관한 토론은 『불꽃』 조직 내에서 우리가 갈라선 이후에 이루어진 것이었다. 당연하게도, 갈라서기 전에 우리는 모든 사람을 들쑤셔 놓았던 중앙위원회의 인적 구성 문제에 얽매이지 않고 좀 더 독립적으로 사고했다는 의미에서 더 공정하게 의사를 표명할 수 있었다. 내가 이미 언급한 것처럼 마르또프 동지는 **부분적으로** 두 가지만 의견이 다르다는 단서를 붙여 조직에 관한 나의 견해에 **동조했다**(157쪽). 반대로, 반『불꽃』파와 "중앙파"는 모두『불꽃』의 조직 계획 전체의 두 가지 기본 사상(결과적으로 규약 전체), 즉 중앙 집중주의와 "두 개의 중앙기관"에 반대하는 공세를 즉각 개시했다. 리베르 동지는 나의 규약을 "조직된 불신"이라고 칭하면서 (뽀뽀프 동지와 예고로프 동지처럼) 두 개의 중앙기관이라는 것에서 **분권주의**를 찾아냈다. 아끼모프 동지는 지역위원회 권한의 범위를 좀 더 넓게 정해야 한다는, 특히 "위원회 구성 변경권"을 이들 위원회에 부여해야 한다는 바람을 이렇게 피력했다. "지역위원회에 활동의 자유를 크게 부여해야 한다. …… 중앙위원회가 러시아에서 활동 중인 모든 조직의 대표에 의해 선출되듯이 지역위원회들은 해당 지역에서 활동 중인 노동자들에 의해 선출돼야 한다. 이마저 허용될 수 없다면 중앙위원회가 임명하는 지역위원회 성원의 수를 제한하도록 하자 ……."(158쪽) 아끼모프 동지는 보시다시피 "중앙 집중주의 비대증"에 반대하는 논거를 귀띔하고 있었지만, 마르또프 동지는 중앙기관 구성 문제에서 패배하여 아끼모프 뒤를 따르겠다는 생각이 들기 전까지는 이 믿을 만한 논거에 귀를 막고 있었다. 그는 심지어 아끼모프 동지가 **자기 규약**(제7조 — 중앙위원회의 지역위원회 성원 임명권 제한)의 "**사상**"을 귀띔하고 있을 때조차 귀를 막고 있었다. 그때까지만 해도 마르또프 동지는 아직 우리와의 "불협화음"을 원치 않았고, 그렇기 때문에 아끼모프 동지와의, 그리고 자기 자신과의 불협화음을 참아 내고 있었다. 그때까지만 해도 "괴물 같은 중앙 집중주의"에 반대해 싸웠던 사람들은 『불꽃』의 중앙 집중주의가 자신들에게 명백히 **불리했던** 사람들 뿐이었다. 아끼모프, 리베르, 골드블라트가 그랬고, 신중하게, 그리고 조심스럽게 (그래서 언제라도 되돌아갈 수 있도록) 예고로프가 그들 뒤를 **따라갔다.** (156쪽과 276쪽을 보라.) 그때까지만 해도 중앙 집중주의에 대한 저항은 분트와 『남부 노동자』 등 구역별 서클 근성의 이해관계 때문이라는 것을 당의 압도적 다수가 명백히 알고 있었다. 하지만 지금 중앙 집중주의에 대한 저항이 일어나는 것이 바로 『불꽃』 구 편집국의 서클 근성적 이해관계 때문이라는 것은 당의 대다수가 명백히 알고 있다.……

예를 들어, 골드블라트 동지의 발언(160~161쪽)을 한 번 보라. 그는 나의 "괴물 같은" 중앙 집중주의에 반대해 싸우면서 그것이 중앙에 무제한적 권력, 모든 것에 대한 무제한적 개입권을 부여하고 조직들에게는 "오직 하나의 권리 — 위로부터 내려온 명령에 불평 없이 복종할 권리를 부여하려는 열망이 처음부터 끝까지 관철된 것으로서" 분명 하급 조직들을 "말살"할 것이라고 한다. "이 초안이 만들어 내는 중앙기관은 텅 빈 공간에 있는 자신을 발견할 것이다. 그 주위에는 어떤 지역기관들도 없고 모종의 무형의 대중만이 있어 그들 속에서 자신의 집행 대리인들이 움직이게 될 것이다." 이것이야말로 마르또프들과 악쎌로트들이 대회에서 패배한 후 우리에게 퍼부어 대기 시작했던 **날조된 말잔치**와 정확히 똑같은 것이다. 분트가 우리의 중앙 집중주의에 반대해 투쟁하면서 **자기 자신에게는** 무제한적 권리(예를 들어, 조직원의 가입과 제명, 심지어 대회 대의원 파견 불허까지)를 더욱 분명하게 설정했을 때, 비웃음의 대상이었다. 사태를 분석해 보자면, 소수파의 절규 또한 비웃음의 대상이 될 것인데, 자신들이 소수파일 때는 중앙 집중주의와 규약에 반대하는 소리를 외치다가 자신들이 은근슬쩍 다수파가 되자 즉시 그 규약에 의지하기 때문이다.

두 개의 중앙기관 문제에 관해서도 명백한 분파 형성이 드러났다. 『불꽃』파 전원의 반대편에 리베르, 아끼모프(평의회에서 중앙기관지가 중앙위원회에 대해 우월한 입장을 점해야 한다는 노래를 처음 부른 것은 아끼모프였고, 지금 이 노래는 악쎌로트와 마르또프의 애창곡이다.), 뽀뽀프, 예고로프가 섰다. 두 개의 중앙기관이라는 계획은 옛 『불꽃』이 항상 발전시켜 왔던 (그리고 뽀뽀프들과 예고로프들이 말로는 승인한 바 있었던) 조직 사상으로부터 자연스럽게 생겨 나온 것이다. 『남부 노동자』의 계획, 즉 비슷한 대중 기관지를 창간하여 그것을 사실상 지배적인 기관지로 전환시키는 계획은 옛 『불꽃』의 정책과 정반대로 가는 것이었다. 모든 반『불꽃』파와 모든 "늪"파가 하나의 중앙기관을 지지하는, 즉 분명 더 거대한 중앙 집중주의를 지지하는, 얼핏 보면 이상한 이 모순의 뿌리가 있는 곳이 바로 여기다. 물론 『남부 노동자』의 조직 계획이 일의 진행상 어떤 결과를 낳을지, 또 낳게 돼 있는지를 분명하게 이해하지는 못했던 대의원들도 (특히 "늪"파 가운데는) 있었다. 하지만 그들을 반『불꽃』파 쪽으로 가게 만든 것은 우유부단하고 스스로에 대해 확신하지 못하는 그들 자신의 기질 그 자체였다.

이러한 규약 논쟁(『불꽃』이 갈라서기에 앞서 일어난 논쟁)이 진행되는 동안 『불꽃』파의 발언 중에서 특히 괄목할 만한 것은 (나의 조직 사상에 "함께했던") 마르또프 동지와 뜨로쯔끼 동지의 발언이다. 뜨로쯔끼 동지는 아끼모프 동지와 리베르 동지의 말에 답했는데, 이 답변은 한마디 한마디가 대회 이후 "소수파"의 이론과 행동의 기만성을 전부 폭로해 주는 것이었다. "그(아끼모프 동지)는 규약이 중앙위원회 권한 범위를 그다지 정확하게 규정하고 있지 않다고 말했다. 나는 그의 말에 동의할 수 없다. 반대로 이 규정은 정확히, 당은 하나의 총체이기 때문에 지역위원회들에 대한 통제가 보장돼야 한다는 것을 의미한다. 리베르 동지는 나의 표현을 빌려서, 규약이 '조직된 불신'이라고 말했다. 맞는 말이다. 하지만 내가 이 표현을 쓴 것은 분트 대표들이 제안한 규약에 관해서였는데, 그 규약은 당의 일부가 당 전체에 대해 조직된 불신을 갖는다는 것을 의미하고 있었다. 우리 규약이야말로"(중앙기관 구성 문제와 관련한 패배가 있기 전인 당시에는 이 규약이 "우리 것"이었다!) "당의 모든 부분에 대한 당의 불신을, 즉 모든 지방, 지역, 민족 및 다른 조직에 대한 통제를 의미하는 것이다."(158쪽) 그렇다, 우리 규약이 갖는 특징이 여기 제대로 기술돼 있다. 그래서 우리는 간교한 음모가인 다수파가 "조직된 불신", 또는 그와 똑같은 "계엄 상태" 체제를 착안해 내고 그것을 도입했다고 천연덕스럽게 우리에게 강변하고 있는 사람들에게 이러한 특징을 더 많이 기억해 내라고 충고할 것이다. 정치적 비결단성의 표본을 얻으려면, 또 문제가 그들 자신의 하급 동료들인지 남의 하급 동료들인지에 따라 마르또프 일당이 어떻게 견해를 바꾸었는지의 표본을 얻으려면 국외연맹 대회에서의 발언들과 지금 인용한 발언을 비교해 보기만 하면 된다.

I. 규약 제1조

대회에서 흥미로운 토론에 불을 붙였던 서로 다른 정식화를 우리는 이미 인용한 바 있다. 이 토론에 회의 거의 두 차례가 할애됐는데 토론은 두 차례의 기명투표로 끝났다. (내가 잘못 알고 있는 것이 아니라면, 대회 전 기간 동안 기명투표는 단 여덟 차례 있었을 뿐인데, 그것은 이러한 투표로 인한 막대한 시간 손실 때문에 특히 중요한 사안에 대해서만 적용했기 때문이다.) 이 문제는 원칙의 문제였음이 틀림없었던 것이다. 토론에 대한 대회의 관심은 막대했다. 대의원 전원이 투표에 참여했다. — 이는 (어떤 큰 대회에서도 다 마찬가지지만) 우리 대회에서 보기 드문 현상이자 논쟁 당사자들의 이해관계를 입증하는 현상이기도 했다.

그렇다면 논쟁이 된 문제의 핵심은 과연 무엇이었나? 나는 이미 대회에서 다음과 같이 말한 바 있고 그 이후에도 이 말을 여러 차례 반복했다. "(제1조에 관한) 우리의 견해차가 당의 생사가 달릴 정도의 중요한 것이라고는 전혀 생각하지 않는다. 규약의 조항이 잘못됐다고 해서 우리가 죽을 일은 전혀 없다!"(250쪽) 이 견해차가 비록 원칙적 색조를 드러내는 것이기는 하지만, 그 자체로는 어떤 식으로도 대회 이후에 일어난 저 갈라섬을 (어떤 조건 없이 말하자면, 사실상 분열을) 불러일으킬 수는 없었다. 하지만 어떤 작은 견해차라도 그것을 고수한다면, 그것을 제일차적인 것으로 내세운다면, 그러한 견해차의 모든 뿌리를 찾기 시작한다면, 커다란 차이가 될 수 있다. 어떤 작은 견해차라도 그것이 명백히 잘못된 관점으로 전환하는 출발점이 된다면, 그리고 새롭고 부가적인 불일치로 인해 이러한 잘못된 관점이 당을 분열에 이르게 하는 무정부주의적 행동과 결합된다면, 막대한 중요성을 띠게 될 수 있다.

그런데 당시 상황이 딱 그랬다. 제1조에 관한 상대적으로 대단치 않은 견해차가 이제 엄청난 의의를 가지게 된 것이니, 이는 바로 그 견해차가 (연맹 대회에서 특히, 그리고 그 이후에는 새 『불꽃』 지면에서) 소수파의 심오한 기회주의와 무정부주의적 공문구를 향한 전환점이 됐기 때문이었다. 바로 그 견해차가 『불꽃』 소수파와 반『불꽃』파의 연합의 시작이 됐던 것이니, 선거 시기에 이르러서 분명한 형태 차이를 최종적으로 드러냈던 그 연합을 이해하지 못한다면 중앙기관 구성 문제로 인한 주요하고 근본적인 갈라섬도 결코 이해할 수 없다. 제1조에 관한 마르또프와 악쎌로트의 작은 오류는 (내가 연맹 대회에서 말했듯이) 우리 그릇에 난 작은 금이었다. 그 그릇은 풀리지 않는 매듭(연맹 대회 때 거의 히스테리에 가까운 상태에 있던 마르또프의 귀에 들렸던 것처럼 교수형용 올가미가 아니다.)으로 더 단단히 묶을 수도 있었다. 아니면 금을 더 벌리기 위해, 그릇을 쪼개기 위해 모든 노력을 다할 수도 있었다. 결과적으로, 열성적인 마르또프파의 보이콧과 그와 유사한 무정부주의적 방책 덕택에 바로 후자의 일이 일어나고 말았다. 제1조에 관한 견해차는 중앙기관의 선출이라는 문제에서 적지 않은 역할을 했으며, 이 문제에서 마르또프의 패배는 그를 거칠고 기계적인, 심지어 추잡한 수단(국외러시아혁명적사회민주주의자연맹 대회에서 그가 한 발언과 같은)을 통한 "원칙적 투쟁"으로 끌고 갔다.

이 모든 사건이 일어난 이후인 지금 제1조 문제는 이렇게 해서 막대한 **중요성**을 띠게 된 것이고, 우리는 이 제1조에 관한 표결 때 대회에서 생긴 분파 형성의 성격에 대해, 그리고 ─ 그 무엇보다 더 중요하게는 ─ 제1조를 둘러싸고 드러난, 또는 드러나기 시작한 **관점들의 색조**가 갖는 진정한 성격에 대해 정확히 설명해야 한다. 독자들에게 잘 알려진 그 사건들이 있은 후인 **지금**, 문제는 다음과 같이 제기되고 있다. 내가 당대회에서 표명한 것처럼(333쪽), 악쎌로트가 지지한 마르또프의 정식화에 그의 (또는 그들의) 불안정성, 동요, 정치적 모호성이 반영돼 있었고, 또 쁠레하노프가 연맹 대회에서 말했던 것처럼(『연맹 의사록』 102쪽 외) 그의 (또는 그들의) 조레스주의와 무정부주의로의 편향이 반영돼 있었던가? 아니면 쁠레하노프가 지지한 나의 정식화에 중앙 집중주의에 대한 잘못된, 관료주의적이고 형식주의적인, 횡포한, 비사회민주주의적인 이해가 반영돼 있었던가? 기회주의와 무정부주의인가, 아니면 관료주의와 형식주의인가? 작은 불일치가 크게 돼 버린 **지금**, 문제는 이렇게 제기된다. 그리고 나의 정식화에 대한 찬성과 반대의 논거들의 본질을 논의하면서 우리는 여러 사건들로 인해 우리가 모두 얽매이게 된 바로 이 역사적(지나치게 거창하게 들리지 않는다면 나는 이것을 역사적이라고 말하려 한다.) 문제 제기를 **염두**에 두어야 한다.

대회의 토론을 분석하는 것에서부터 이 논거들을 검토하기 시작해 보자. 예고로프 동지의 첫 발언이 흥미로운 것은 오로지 그의 태도(non liquet[판단 보류], 내게는 아직 분명치 않으며, 진실이 어디 있는지 아직 모르겠다는 식)가 많은 대의원의 태도를 무척 잘 나타내고 있기 때문이다. 이들 대의원에게는 정말 새롭고 매우 복잡하며 세부적인 문제를 분석하는 것이 쉽지가 않았던 것이다. 악셀로트 동지의 그 다음 발언은 문제를 벌써 단번에 원칙적인 것으로 만들었다. 이는 원칙적인 첫 발언, 더 올바르게 말해, 악셀로뜨 동지가 대회에서 처음으로 한 발언인데, 악명 높은 "교수"와 함께한 그의 데뷔가 매우 성공적이었다고는 보기 어렵다. 악셀로트 동지는 이렇게 말했다. "나는 우리가 당과 조직이라는 것을 다르게 이해해야 한다고 생각한다. 그런데 여기서는 이 두 개념이 혼동되고 있다. 이러한 혼동은 위험하다." 이것이 나의 정식화에 반대하는 첫 논거다. 이것을 좀 더 가까이 들여다보라. 만일 내가 당은 **조직***의 **총합**(단순히 산술적 합이 아니라 복합체)이어야 한다고 말하면 이것

----

* "조직"이라는 말은 보통 넓은 의미와 좁은 의미 두 가지로 사용된다. 좁은 의미에서 그것은 최소한의 형식이라도 갖춘 단체의 개개의 중핵을 의미한다. 넓은 의미에서 그것은 그러한 중핵이 하나의 전체로 결합된 총합을 의미한다. 예를 들어 해군, 육군, 국가는 조직들(좁은 의미에서의)의 총합인 동시에 사회적 조직(넓은 의미에서의)의 다양한 형태다. 교육부는 하나의 조직(넓은 의미에서의)이고 여러 조직(좁은 의미에서의)으로 구성돼 있다. 이와 마찬가지로 당은 하나의 조직(넓은 의미에서의)이며 그래야 한다. 이와 동시에 당은 무수하게 다양한 조직(좁은 의미에서의)으로 구성돼야 한다. 따라서 당이라는 개념과 조직이라는 개념을 구별하라고 말하는 악셀로트 동지는 첫째, 조직이라는 말이 갖는 넓은 의미와 좁은 의미의 이러한 차이에 관심을 기울이지 않았으며, 둘째, 그 자신이 조직된 부류와 조직되지 않은 부류를 하나의 덩어리로 혼동했다는 것을 알아차리지 못했다.

이 내가 당과 조직이라는 개념을 "혼동"하고 있음을 의미하는 가? 당연히 아니다. 내가 이 말로 매우 명백하게, 그리고 정확하게 표명하고 있는 것은 당은 계급의 전위로서 될 수 있는 한 조직된 어떤 것이어야 한다는, 당은 적어도 최소한의 조직성은 허용하는 그런 부류만을 받아들여야 한다는 나의 바람, 나의 요구다. 이와는 반대로, 나의 반대자는 당내에 조직된 부류와 조직되지 않은 부류, 지도에 따르는 부류와 따르지 않는 부류, 선진적 부류와 어찌할 바 없이 후진적 부류를 뒤섞어 놓고 있다. 어찌할 바 없이 후진적 부류가 조직에 가입할 수 있으니까 말이다. 이러한 혼동은 정말 위험한 것이다. 악쎌로트 동지는 더 나아가 "과거의 엄격하게 비밀스럽고 중앙 집중화된 조직들"('토지와 자유'와 '인민의 의지')[14]을 언급했다. 그는 이렇게 말했다. 그런 조직들 주변에서 "조직에 가입하지는 않았지만 여러 방식으로 조직을 돕고 당원으로 간주되던 일련의 사람이 그룹을 형성했다. …… 이 원칙이 사회민주주의 조직에 훨씬 더 엄격하게 도입돼야 한다." 바로 여기서 우리는 문제의 핵심 가운데 하나에 이르렀다. "이 원칙", 그러니까 당 조직 가운데 어느 하나에도 가입하지 않고 "여러 방식으로 돕기"만 하는 사람들이 스스로를 당원이라고 부르도록 허용하는 원칙이 정말로 사회민주주의적인가? 쁠레하노프는 이 문제에 대해 단 한 가지 가능한 대답을 했다. "악쎌로트가 70년대를 거론한 것은 잘못됐다. 당시에는 잘 조직되고 훌륭하게 훈련받은 중앙이 존재했고, 그 중앙이 만든 다양한 등급의 조직이 그 중앙을 중심으로 존재했다. 이 조직들 외부에 있었던 것은 혼돈이었고 무정부였다. 이 혼돈의 부류는 스스로를 당원이라고 불렀지만 이로 인해 대의가 승리한 것이 아니라 패배했다. 우리에게 필요한 것은 70년대의 무정부 상태를 따라하는 것이 아니라 그것을 피하는 것이다." 이처럼 악쎌로트 동지가 사회민주주의적 원칙으로 배포하고 싶었던 "이 원칙"은 사실상 **무정부주의 원칙**이다. 이를 논박하려면 조직 외부에서 통제, 지도, 규율이 **가능하다는 점을** 보여 주어야 하고 "혼돈의 부류"가 당원이라는 호칭을 부여받을 **필요가 있음을** 보여 주어야 한다. 마르또프 동지의 정식화를 지지하는 사람들은 이 가운데 어떤 것도 보여 주지 않았고 보여 줄 수도 없었다. 악쎌로트 동지는 "스스로를 사회민주주의자로 생각하고 이 점을 선언한 교수"를 예로 들었다. 이 예에 내포된 사상을 끝까지 밀고 가려면 악쎌로트 동지는 조직된 사회민주주의자들 스스로가 이 교수를 사회민주주의자로 인정하느냐 아니냐 하는 문제를 그 다음에 말했어야 한다. 이 더 진전된 문제를 제기하지 않고 악쎌로트 동지는 자신의 논증을 중간에서 그만두어 버렸다. 사실, 둘 중 하나다. 하나는 우리에게 관심을 보이는 이 교수를 조직된 사회민주주의자들이 사회민주주의자로 인정하는 경우다. 그렇다면 그들은 왜 그를 어떤 사회민주주의 조직에 가입시키지 않겠는가? 그렇게 가입한다는 조건에서만 그 교수의 "선언"은 그 교수의 대의에 부합하게 될 것이고 공허한 문구(교수들의 선언은 너무나 자주 이런 것이 되곤 한다.)가 되지 않을 것이다. 아니면, 조직된 사회민주주의자들이 이 교수를 사회민주주의자로 인정하지 **않는** 경우다. 그렇다면 당원이라는 명예롭고 책임감 있는 호칭을 가질 권리를 그에게 주는 것은 어리석고 무의미하며 해로운 일이다. 이렇게 해서, 문제는 조직의 원칙을 일관되게 추진할 것인가 아니면 무질서와 무정부를 신성시할 것인가로 귀결된다. 이미 형성돼 결합한 **사회민주주의자들**의 중핵, 말하자면 당대회를 성사시켰고 온갖 종류의 당 조직을 확대하고 배가시켜야 하는 그런 중핵으로부터 출발하여 당을 건설할 것인가, 아니면 도움을 주는 모든 사람은 본질적으로 당원이라는 위안의 **문구**에 만족할 것인가? 악쎌로트 동지는 계속해서 말했다. "만일 우리가 레닌의 정식을 채택한다면 우리는 비록 조직에 직접 가입할 수는 없지만 그럼에도 불구하고 당원인 일부 사람을 내버리게 될 것이다." 악쎌로트 동지는 내가 개념을 혼동하고 있다고 비난하고 싶었지만, 그 개념의 혼동은 여기서 그 자신에게 확연히 나타나고 있다. 그는 도움을 주는 모든 사람이 **당원이라는** 것을 이미 기정사실로 받아들이고 있지만, 사실은 이 문제를 두고 논쟁이 이루어지고 있는 것이기에 우리의 반대자들은 여전히 그런 해석의 필요성과 유용성을 **입증해야** 한다. 내버린다는, 얼핏 보아 무서운 이 문구의 내용은 무엇인가? 당 조직으로 승인된 조직의 성원들만이 당원으로 인정된다면, 어떤 당 조직에도 "직접" 가입할 수 없는 사람들은 당 조직은 아니지만 당과 관련을 맺은 조직에서 활동할 수가 있다. 따라서 활동을 막는다는 의미, 운동에 참여하는 것을 막는다는 의미라면, 내버린다는 것은 말이 될 수가 없다. 반대로 **진정한** 사회민주주의자들을 포함하는 우리 당 조직들이 강화될수록, 당 내부의 동요와 불안정성이 적어질수록, 당을 둘러싸고 있고 당이 지도하는 노동자 **대중** 부류에 대한 당의 영향력은 더 폭넓고 더 다방면에 걸치고 더 풍부하고 더 유익해질 것이다. 실제로, 노동자계급의 전위인 당을 그 계급 전체와 혼동해서는 절대 안 된다. 그런데 악쎌로트 동지는 바로 (우리의 기회주의적인 경제주의 일반에 특징적인) 이러한 혼동에 빠져 이렇게 말한다. "물론 우리는 무엇보다 먼저 가장 적극적인 당내 부류의 조직, 혁명가들의 조직을 만들고 있다. 하지만 우리가 계급의 당인 이상, 우리는 비록 전적으로 적극적이지는 않지만 의식적으로 이 당과 관련을 맺은 사람들을 당 밖에 남겨 두지 않겠다고 생각해야 한다." 첫째, 사회민주주의노동자당의 적극적 부류 속에 포함되는 것에는 혁명가 조직들만 있는 것이 아니라 당 조직으로 승인된 일련의 노동자 조직도 있다. 둘째, 우리가 계급의 당이라는 사실로부터 도대체 무슨 이유로, 무슨 논리로 당에 소속된 사람들과 당과 관련을 맺은 사람들 사이의 차이가 불필요하다는 결론이 나올 수 있는가? 실은 그 반대다. 의식성의 정도와 적극성의 정도에 따른 차이가 존재하기 때문에 당에 근접한 정도를 구별해야 하는 것이다. 우리는 계급의 당이고, 따라서 거의 계급 전체가 (전시와 내전의 시기에는 계급 전체가 완전히) 우리 당의 지도 아래 행동해야 하며 가능한 한 긴밀하게 우리 당을 지지해야 한다. 하지만 자본주의에서 그 언제라도 거의 계급 전체가, 또는 계급 전체가 그 전위인 사회민주주의당의 의식성과 적극성의 수준까지 올라갈 수 있다고 생각하는 것은 마누일로프 식의 생각이자 "꽁무니주의"일 것이다.[19] 합리적 사회민주주의자라면 그 어떤 사람도 자본주의에서는 (좀 더 원초적이고 후진적인 계층의 의식성만 있어도 접근 가능한) 노동조합 조직조차도 모든 노동자계급 또는 거의 모든 노동자계급을 포괄하지 못한다는 점을 의심하지 않는다. 자신을 속이는 것, 우리의 막대한 임무에 눈을 감는 것, 이 임무를 축소하는 것은 전위와 전위에 이끌리는 대중 전체의 차이를 망각한다는 것, 또 더욱 폭넓은 계층을 이러한 전위의 수준까지 끌어올려야 하는 전위의 항시적 의무를 망각한다는 것을 의미한다. 관련을 맺은 사람들과 소속된 사람들 사이의 차이, 의식화된 적극적인 사람들과 도와주는 사람들의 차이를 없애 버리는 것은 바로 그러한 눈감기이자 망각인 것이다.

조직의 느슨함을 정당화하기 위해, 조직과 탈조직의 혼동을 정당화하기 위해 우리가 계급의 당임을 거론한다는 것은 "'저 깊은 곳'에 있는 운동의 '뿌리'에 관한 철학적, 사회-역사적 문제를 …… 기술적-조직적 문제와" 혼동했던 나제주진의 오류(『무엇을 할 것인가』91쪽[20])를 반복하고 있음을 의미한다. 악쎌로트 동지가 먼저 시범을 보이자 마르또프 동지의 정식화를 지지했던 수십 명의 발언자가 이후 되풀이한 것이 바로 이러한 혼동이다. 마르또프는 "당원이라는 호칭이 더 널리 퍼지면 퍼질수록 더 좋다."라고 말하지만, 내용에 부합하지 않는 호칭이 널리 퍼지는 것에 어떤 이점이 있는지는 설명하지 않았다. 당 조직에 소속되지 않은 당원들에 대한 통제란 허구라는 것을 과연 부인할 수 있는가? 허구를 널리 유포하는 것은 해악이지 유익한 것이 아니다. "어떤 파업 참가자든, 어떤 시위자든 자신들의 행동에 책임을 지면서 스스로를 당원이라고 공표할 수 있다면 우리는 기쁘기만 할 것이다."(239쪽) 실제로? 파업 참가자 모두가 스스로를 당원이라고 공표할 권리를 가져야 한다? 이 말을 통해 마르또프 동지는 사회민주주의를 파업주의로 떨어뜨리고 아끼모프파의 재난을 반복하면서 자신의 오류를 단번에 황당한 수준으로 만들고 있다. 사회민주주의에게는 프롤레타리아트의 계급투쟁이 발현되는 모든 것을 지도할 직접적이고 무조건적인 의무가 있고, 파업은 이러한 투쟁이 가장 심도 있고 가장 강력하게 발현되는 것 가운데 하나이기 때문에 어떤 파업이라도 사회민주주의가 성공적으로 지도한다면 우리는 기쁘기만 할 것이다. 하지만 노동조합주의 형태의 투쟁처럼 ipso facto[사실 그 자체로] 본원적 수준을 넘어서지 않는 투쟁과 전면적이고 의식적인 사회민주주의적 투쟁을 동일시한다면, 우리는 꽁무니 추종자가 될 것이다. 어떤 파업 참가자에게든 다 "스스로를 당원이라고 공표할" 권리를 준다면 우리는 명백한 거짓말을 기회주의적으로 합법화하게 될 것이다. 왜냐하면 그러한 "공표"는 대부분의 경우 거짓일 것이기 때문이다. 자본주의에서 "교육받지 못한" 매우 폭넓은 층의 미숙련노동자들은 우민화되고 끝없이 분열되며 탄압받는 피할 수 없는 운명에 놓여 있는데, 이런 상황에서 어떤 파업 참가자든 다 사회민주주의자일 수 있고 사회민주주의당 당원일 수 있다고 다른 이들과 스스로를 설득하려고 생각한다면 우리는 백일몽 속에 스스로를 잠재우게 될 것이다. 어떤 파업이라도 사회민주주의적으로 지도하려는 혁명적 노력과 어떤 파업 참가자든 다 당원으로 공표하는 기회주의적 문구 사이의 차이가 극명하게 보이는 것이 바로 "파업 참가자"의 예다. 우리가 프롤레타리아트라는 계급의 거의 전부를, 아니 계급 전체까지도 실제로 사회민주주의적으로 지도하는 한 우리는 계급의 당이다. 하지만 오직 아끼모프들만 이로부터 당과 계급을 말로 동일시해야 한다는 결론을 내릴 수 있다.

"나는 음모적 조직을 두려워하지 않는다." 마르또프 동지는 같은 발언에서 이렇게 말한 바 있다. 하지만 그는 덧붙여 이렇게 말했다. "나에게 음모적 조직이란 광범위한 사회민주주의노동자당이 그 조직을 둘러싸고 있는 한에서만 의미가 있을 뿐이다."(239쪽) 정확하게 말하려면, "광범위한 사회민주주의 노동자운동이 그 조직을 둘러싸고 있는 한"이라고 했어야 했다. 그러한 형태라면 마르또프 동지의 명제는 논란의 여지가 없을 뿐만 아니라 그 자체로 진리다. 내가 이 지점을 주목하는 것은 뒤이은 발언자들이 마르또프 동지의 이 진리로부터 레닌은 "당원들의 총합을 음모가들의 총합으로 제한하기를" 원한다는, 너무나 많이 퍼져 있고 너무나 속된 논거를 만들어 냈기 때문이다. 그저 웃음만 나게 만드는 이러한 결론을 뽀싸돕스끼 동지와 뽀뽀프 동지 역시 내린 바 있는데, 마르띠노프와 아끼모프가 이 결론을 창의적으로 계승하자 그것의 참된 특징이, 즉 기회주의적 문구의 특징이 한껏 명백해졌다. 지금은 조직에 관한 신 편집국의 새로운 견해를 독자 대중에게 알리기 위해 새 『불꽃』에서 악셀로트 동지가 이 결론을 발전시키고 있는 중이다. 나는 대회에서도 이미, 제1조 문제를 논의했던 첫 회의에서 반대자들이 이 값싼 무기를 사용하고 싶다는 것을 알아차렸고, 그래서 발언에서 이렇게 경고한 바 있다(240쪽). "당 조직들이 직업적 혁명가들로만 이루어져야 한다고 생각해서는 안 된다. 우리에게는 지극히 협소하고 음모적인 조직부터 정말 폭넓고 자유롭고 lose Organisationen[느슨한 조직들]까지, 온갖 종류와 등급, 색조의 다양한 형태의 조직이 필요하다." 이는 너무나 자명하고 그 자체로 말할 필요가 없는 진리여서 나는 그것을 상세히 기술할 필요가 없다고 생각했다. 하지만 너무나 많은 점에서 뒤로 퇴보하고만 지금은 "옛날 일들을" 여기서도 "반복해서 말할" 수밖에 없다. 그러한 반복용으로 『무엇을 할 것인가?』와 『한 동지에게 보내는 편지』에서 몇 구절을 발췌하여 인용하겠다.

…… "알렉쩨예프, 미슈낀, 할뚜린, 젤랴보프 같은 사람들이 지휘하는 서클은 진정한, 그리고 가장 실천적인 의미에서의 정치적 임무를 감당할 수 있소. 그것은 자생적으로 깨어나고 있는 대중이 그들의 뜨거운 선전에 호응을 보내고, 그들의 넘치는 정력이 혁명적 계급의 정력적 지원을 얻고 그것으로 지탱되기 때문이며, 또 그러한 한에서 그런 것이오."[21] 사회민주주의당이 되려면 다른 어떤 것이 아니라 계급의 지지를 얻어야 한다. 마르또프 동지가 생각했던 것처럼 당이 음모적 조직을 둘러싸야 하는 것이 아니라 혁명적 계급인 프롤레타리아트가 당을, 즉 음모적 조직도 포함하고 음모적이지 않은 조직도 포함하고 있는 당을 둘러싸야 한다.

…… "경제투쟁을 위한 노동자 조직은 노동조합 조직이어야 한다. 사회민주주의자인 노동자라면 누구나 이러한 조직에서 가능한 한 적극적으로 활동하고 협조를 아끼지 않아야 한다. …… 그러나 공장의 조합원들이 모두 사회민주주의자일 수 있어야 한다고 요구하는 것은 우리에게 전혀 이익이 되지 않는다.

그렇게 함으로써 대중에 대한 우리의 영향력은 줄어들게 되기 때문이다. 고용주와 정부에 대한 투쟁을 위해 단결하는 것이 필요하다는 점을 이해하는 노동자라면 누구나 공장의 조합에 참여하도록 내버려 두자. 공장의 조합이 이 기본적 단계의 이해에라도 다다를 수 있는 사람들을 모두 결합시키지 못한다면, 그래서 매우 **폭넓은** 조직이 되지 않는다면, 조합의 목적 자체가 달성되지 못할 것이다. 이러한 조직의 폭이 넓어지면 넓어질수록 그들에 대한 우리의 영향력도 넓어진다. 그러한 영향력은 경제투쟁의 '자생적' 발전에 의해서는 물론이고, 사회주의적 조합원들이 동료에게 직접적이고 의식적인 영향을 미침으로써도 생겨난다."(86쪽)[22] 곁들여 말하자면, 노동조합의 예는 논란이 된 제1조 문제를 평가하는 데 특히 시사적이다. 이 조합들이 사회민주주의 조직의 "통제와 지도 아래" 활동해야 한다는 것에 대해서는 사회민주주의자들 사이에서 두 개의 의견이 있을 수 없다. 그러나 **이것을 근거로** 그러한 조합의 모든 조합원에게 사회민주주의당 당원으로 "스스로를 공표할" 권리를 주는 것은 분명 어리석은 짓이고, 만약 그렇게 한다면 이중적 해악을 가져올 위험을 안게 될 것이다. 한편으로, 그것은 공장 운동의 폭을 **줄어들게** 하고 그에 기반을 둔 노동자들의 연대를 약화시키게 한다. 다른 한편으로, 그것은 모호성과 동요를 향해 사회민주주의당의 문호를 열어 주게 된다. 독일사회민주주의당은 개수임금으로 일하던 함부르크 벽돌공들에게 유명한 사건이 터졌던 구체적 상황에서 이와 유사한 문제를 해결한 경험이 있다.[23] 그 당은 사회민주주의자 관점에서 볼 때 파업 파괴가 불명예스러운 행위라는 것을 인정하는 데, 즉 파업의 지도와 지원이 **자신들**의 절체절명의 대의라는 것을 인정하는 데 한 치의 동요도 없었다. 하지만 그와 동시에 당의 이해관계와 공장 조합의 이해관계를 동일시하라는 요구, 즉 개별 조합의 개별 행보에 대한 **책임을 당에 부과하려는** 요구 역시 그와 똑같이 결연히 배척했다. 당은 공장 조합들에 자신의 정신을 불어넣고 그 조합들을 자신의 영향력 아래 두기 위해 노력해야 하고 노력할 것이지만, 바로 이러한 영향력을 위해서라도 당은 이 조합들 속에서 충분히 사회민주주의적인 부류(사회민주주의당에 소속된 부류)와 충분히 의식화되지 않았거나 정치적으로 적극적이지 않은 부류를 갈라내야 하는 것이지, 악셀로트 동지가 바라는 것처럼 이 둘을 혼동해서는 안 된다.

"…… 혁명가 조직에 가장 엄밀한 보안 기능이 집중된다고 해서, 광범위한 대중을 대상으로 하며 따라서 가능한 한 정형화돼 있지 않으면서 가능한 한 비밀성이 적은 다른 조직들, 즉 노동조합, 비합법 문건 강독 서클, 노동자 자체 학습 서클, 기타 모든 주민 계층의 사회주의 서클, 민주주의 서클 등등의 전반적 대중 활동의 내용과 폭이 약화되지는 않는다. 그와는 반대로 더욱 풍부해진다. 아주 다양한 기능을 가진 그 같은 서클, 단체, 조직들은 **최대한 많이**, 최대한 다양한 기능을 갖추고 도처에 있어야 한다. 하지만 그러한 조직들을 **혁명가 조직과 혼동하는** 것, 그것들 사이의 경계를 없애는 것은 …… 어리석고 유해하다."(96쪽)[24] 이 자료를 보면 마르또프 동지가 광범위한 노동자 조직이 혁명가 조직을 **둘러싸야** 한다고 나에게 상기시킨 것이 얼마나 온당치 않은지를 알게 된다. 나는 이미 『무엇을 할 것인가?』
에서 이를 지적한 바 있고, ─『한 동지에게 보내는 편지』에서
는 이 생각을 더 구체적으로 발전시켰다. 나는 거기서 이렇게
썼다. 공장 서클은 "우리에게 특히 중요합니다. 사실 운동의 모
든 주요 역량은 대공장 노동자들의 조직에 있습니다. 왜냐하면
노동자계급 가운데 수적으로 지배적일 뿐만 아니라 영향력, 발
전, 투쟁 능력에서는 더더욱 지배적 부분이 대공장(과 대규모
작업장)에 속해 있기 때문입니다. 모든 공장이 우리 요새가 돼
야 합니다. …… 공장 소위원회는 가능한 모든 서클(임무 대행
자)의 망에 공장 전체를, 그리고 가능한 한 많은 노동자를 끌어
들이려 노력해야 합니다. …… 모든 그룹, 서클, 소위원회 등등
은 위원회에 속한 기관이나 위원회의 지부라는 지위를 가져야
합니다. 그것들 가운데 일부가 러시아사회민주주의노동자당 소
속이 되고자 하는 희망을 직접 공표하면 위원회의 승인을 받는다
는 조건으로 당에 소속돼 (위원회의 위임을 받아 또는 위원회의
동의하에) 일정한 기능을 담당하게 될 것이고, 당 기관들의 지
시에 복종할 의무를 갖게 될 것이고, 모든 당원이 갖는 권리를 얻
게 될 것이고, 머지않아 위원회가 될 후보로 간주될 것입니다.
다른 일부는 러시아사회민주주의노동자당에 가입하지는 않고 당
원들이 만든 서클의 지위에 있거나 당의 이런저런 그룹들과 관
련을 맺은 서클의 지위에 있을 것이다."(17~18쪽)[25] 내가 강
조한 말들을 보면 나의 제1조 정식화에 담긴 사상이 『한 동지에
게 보내는 편지』에 이미 충분히 표현돼 있음을 명백히 알 수 있
다. 당의 가입 조건이 여기 곧바로 적시돼 있다. 1) 일정 수준의

조직성과 2) 당 위원회의 승인이 바로 그것이다. 그 다음 쪽에서 나는 어떤 그룹과 조직들이 어떤 사유로 당에 가입돼야 (또는 가입되지 말아야) 하는지에 대해서도 예를 들어 적시해 놓고 있다. "배포 그룹은 당에 소속돼야 하며 그 성원들과 책임자의 숫자를 확실히 알아야 한다. 노동조건을 연구하고 노동조합적 요구를 만드는 그룹은 러시아사회민주주의노동자당에 반드시 소속될 필요는 없다. 당원 한두 명의 **참여하에** 자체 학습을 하고 있는 학생들, 공무원들, 사무원들의 그룹은 이 한두 명이 당에 소속돼 있다는 것을 결코 알아서는 안 되는 경우도 있다." (18~19쪽)[26]

여기 여러분 앞에 "투구를 젖힌" 문제에 대한 또 다른 자료가 있다! 마르또프 동지의 초안 정식이 조직과 당의 관계조차 다루지 않는 반면 나는 대회가 있기 거의 일 년 전에 어떤 조직들이 당에 소속돼야 하고 어떤 조직들은 아닌지를 지적했던 것이다.『한 동지에게 보내는 편지』에 이미 내가 대회에서 옹호했던 사상이 명백하게 나와 있다. 문제는 다음과 같이 도식적으로 제출될 수 있을 것이다. 일반적으로는 조직성의 수준에 따라, 특수하게는 조직의 비밀성의 수준에 따라 예컨대 다음의 범주들이 구별될 수 있다. 1) 혁명가 조직, 2) 가능한 한 광범위하고 가능한 한 다양한 형태의 노동자 조직. (나는 노동자계급 하나로만 한정하고 있지만 다른 계급들의 일정 부류 역시 일정한 조건 아래에서 여기에 당연히 들어오리라 예상된다.) 이들 두 범주가 당을 구성한다. 나아가, 3) 당과 관련을 맺은 노동자 조직, 4) 당과 관련은 없지만 사실상 당의 통제와 지도 아래 있는 노동자 조직, 5) 최소한 계급투쟁이 크게 발현되는 경우만이라도 부분적으로 사회민주주의의 지도 아래 있게 될 노동자계급의 비조직 부류. 대략 이것이 나의 관점에서 정리되는 사안이다. 이와는 반대로, 마르또프 동지 관점에서는 당의 경계가 전혀 정해지지 않는다. "어떤 파업 참가자든 다" "스스로를 당원으로 공표할" 수 있기 때문이다. 이러한 모호성에는 어떤 이점이 있는가? "호칭"을 광범위하게 퍼뜨린다는 것이다. 그것의 해악은 계급과 당을 혼동하는 **조직 해체의 사상**을 가져온다는 것이다.

우리가 내세운 일반적 명제를 예증하기 위해 대회에서 제1조에 관해 진행된 그 이후의 토론을 빠르게 한 번 훑어보겠다. 브루께르 동지는 (마르또프 동지가 흐뭇하게도) 나의 정식화에 찬성한다는 의사를 표명했지만, 그와 나의 동맹은 아끼모프 동지와 마르또프 동지의 동맹과는 달리 오해에 근거한 것으로 판명났다. 브루께르 동지는 "규약 전체와 규약의 정신 전체에 동의하지는 않지만"(239쪽)『노동자의 대의』지지자들이 바라는 **민주주의의 기초로서** 나의 정식화를 옹호했다. 브루께르 동지는 정치투쟁에서 때로는 차악을 선택해야 한다는 관점에는 아직 이르지 못했다. 브루께르 동지는 우리 대회 같은 대회에서 민주주의를 옹호하는 것이 쓸모없음을 깨닫지 못했던 것이다. 아끼모프 동지는 좀 더 똑똑했다. "마르또프 동지와 레닌 동지는 어떤 것(정식화)이 그들 공동의 목표를 더 잘 달성하게 할 것인가를 두고 논쟁하고 있다."(252쪽)라고 인정했을 때 아끼모프는 문제를 매우 바르게 설정한 것이었다. 그는 계속해서 말했다. "나와 브루께르는 **목표를 더 적게 달성하는** 쪽을 선택하고 싶다.

이런 점에서 나는 마르또프의 정식화를 선택한다." 또한 아끼 모프 동지는 "그들의 목표 자체"(쁠레하노프와 마르또프와 나 의 목표 — 즉 지도적 혁명가 조직의 창설)를 "실현 불가능하고 유해한" 것으로 본다고 솔직하게 밝혔다. 그는 마르띠노프 동 지*와 마찬가지로 "혁명가 조직"이 불필요하다는 경제주의자들 의 사상을 고수하고 있었다. 그는 "여러분이 마르또프의 정식 으로, 또는 레닌의 정식으로 당의 길을 가로막는다고 해도, 그 것에 관계없이 어쨌거나 생활이 우리 당 조직으로 밀려들어올 것이라는 믿음으로 가득 차" 있었다. 우리가 마르또프 동지에 게서 똑같은 말을 만나게 되지 않았다면 "생활"에 대한 이 "꽁 무니 추종적" 이해에 대해 상세히 다룰 필요는 없었을 것이다. 마르또프 동지의 두 번째 발언(245쪽)은 전반적으로 너무나 흥 미롭기 때문에 자세하게 검토할 필요가 있다.

마르또프 동지의 첫째 논거. 조직에 속하지 않은 당원들에 대한 당 조직의 통제는 "위원회가 누군가에게 일정한 직무를 위임하여 그 직무를 지켜볼 수 있는 한에서 실현 가능하다." (245쪽) 이 테제는 대단히 특징적이다. 왜냐하면, 이렇게 표현 해도 된다면, 마르또프의 정식화가 필요한 누군가를, 또 그 정식

---

* 사실 마르띠노프 동지는 아끼모프 동지와 구별되기를 바랐으며, 마치 음모적인 것 이 비밀스러운 것을 의미하는 것은 아니고 이 두 말의 차이 뒤에 개념 차이가 숨어 있 음을 증명하기를 바랐다. 그 차이가 무엇인지를 마르띠노프 동지도, 그리고 지금 그의 발자국을 따라 걷고 있는 악쎌로트 동지도 설명하지 않았다. 마르띠노프 동지는 내가 마치 예를 들어 『무엇을 할 것인가?』에서 (「러시아 사회민주주의자의 임무」에서와 마 찬가지로) "정치투쟁을 음모로 **협소화하는 것**"에 단호히 반대하지 않았던 것처럼 "말했 다." 마르띠노프 동지는 아끼모프 동지가 지금 그런 것처럼 나와 싸우는 사람들이 혁 명가 조직의 필요성을 보지 못한다는 점을 청중이 잊어버리게 만들고 싶었던 것이다.

화가 실제로 기여하게 될 누군가 — 지식인 개인인지 노동자 그룹이나 노동자 대중인지 — 를 그가 "알려주고" 있기 때문이다. 문제는 마르또프의 정식에 대해 두 가지 해석이 가능하다는 점이다. 1) 당 조직 가운데 하나의 지도 아래 규칙적으로 당에 몸소 협조하는 사람에게는 누구나 "스스로를" 당원으로 "공표할" (마르또프 동지 자신의 말) 권리가 있다. 2) 당 조직에게는 당의 지도 아래 규칙적으로 당에 몸소 협조하는 사람은 누구나 당원으로 인정할 권리가 있다. 정말로 "어떤 파업 참가자든 다" 당원으로 불릴 수 있게 되는 것은 오직 첫 번째로 해석할 경우이고, 따라서 이 해석만이 리베르들, 아끼모프들, 마르띠노프들의 마음을 단번에 사로잡았다. 하지만 이 해석은 미사여구인 것이 이미 분명한바, 그렇게 되면 전 노동자계급이 이에 해당될 것이고 당과 계급 사이의 차이는 사라질 것이기 때문이다. "어떤 파업 참가자든 다" 통제하고 지도한다는 것은 오직 "상징적으로" 만 말할 수 있는 것이기 때문이다. 바로 이것이 마르또프 동지가 두 번째 발언에서 바로 두 번째 해석, 즉 위원회가 직무를 위임하고 그 수행을 지켜볼 것이라는 쪽으로 (괄호 속에 말하자면, 꼬스찌치의 결의안[27]을 기각함으로써 **대회가 이 해석을 직접적으로 거부했음**에도 불구하고 — 255쪽) 기울어진 이유다. 물론, 이렇게 특별한 위임을 받는 일은 (악쎌로트 동지와 마르띠노프 동지가 말한) 노동자 대중, 수천의 프롤레타리아에게는 결코 일어나지 않을 것이다. — 그러한 위임을 받는 것은 악쎌로트 동지가 언급했던 바로 그 교수들, 리베르 동지와 뽀뽀프 동지가 관심을 가졌던 **고등학생들**(241쪽), 악쎌로트 동지가 자신의 두 번째 발언에서 거론했던 **혁명적 청년들**(242쪽)일 것이다. 한 마디로, 마르또프 동지의 정식은 죽은 글자, 공허한 문구로 남게 되거나, 조직에 가입하기를 원하지 않고 "부르주아 개인주의에 철저히 물든 지식인들"에게만 주로, 그리고 거의 배타적으로 유용하게 되거나, 둘 중 하나다. 마르또프의 정식은 말로는 광범위한 프롤레타리아트층의 이해관계를 옹호하지만 **실제로는** 프롤레타리아적 규율과 조직을 회피하는 **부르주아 지식인**의 이해관계에 복무한다. 현대 자본주의사회의 특수한 **계층**인 지식인은 전반적으로 볼 때 그 특징이 **이른바 개인주의**, 그리고 규율과 조직에 대한 무능력이라는 점을 누구도 쉽게 부정하지 못할 것이다. (지식인에 관한 카우츠키의 유명한 글들[28]만이라도 참조하시길.) 어쨌건, 이것이 이 사회계층이 불행하게도 프롤레타리아트와 구별되는 점이다. 프롤레타리아트가 그토록 자주 지식인의 무기력함과 불안정성을 느끼는 이유를 설명해 주는 것 가운데 하나가 바로 이것이다. 또한 지식인의 이러한 본성은 정말 많은 점에서 (홀로 또는 매우 소규모의 집단에서 일하는 것과 같은) 소부르주아적 생존 조건에 가까운 일반적 생활 조건, 생계 조건과 불가분의 관계에 있다. 결국, 마르또프 동지의 정식을 옹호하는 바로 그 사람들이 교수들과 고등학생들의 예를 내세워야만 했던 것 역시 우연은 아닌 것이다! 제1조에 관한 논쟁에서 급진적이고 음모적인 조직을 열렬히 옹호했던 사람들에 반대해서 나선 것은 마르띠노프와 악쎌로트 동지가 생각했던 것처럼 광범위한 프롤레타리아 투쟁의 옹호자들이 아니라 **프롤레타리아적 규율과 조직의 지지자들과 충돌했던 부르주아 지식인적**

개인주의의 지지자들이었다.

뽀뽀프 동지는 이렇게 말했다. "니꼴라예프나 오데싸에서처럼 뻬쩨르부르크 어디에나 문건을 배포하고 구두로 선동하면서도 조직의 성원이 될 수는 없는 노동자가 수십 명 있다. 이에 대해서는 이 도시들의 대표자들이 증언한 바 있다. 그들을 조직에 가입시킬 수는 있지만 조직원으로 간주할 수는 없다."(241쪽) 왜 그들은 조직원으로 간주될 수 없는가? 이는 뽀뽀프 동지의 비밀로 남아 있다. 나는 『한 동지에게 보내는 편지』에서 이른바 그런 모든 (수십 명이 아니라 수백 명) 노동자가 조직에 가입하는 것이 가능하며 또 필요하다는 것, 게다가 이들 조직 가운데 너무나 많은 조직이 당에 소속될 수 있고 소속돼야 한다는 점을 보여 주는 부분을 이미 앞에서 인용한 바 있다.

마르또프 동지의 둘째 논거. "레닌에게는 당 조직 외에 당내에 다른 조직들이란 없다. ……" 전적으로 옳다! "이와는 반대로 나에게는 그런 조직들이 반드시 존재해야 한다. 생활이 조직들을 만들어 내고 생성시키는 속도는 우리가 그 조직들을 우리의 전투적 직업 혁명가 조직의 위계질서 속으로 포함시키는 속도보다 빠르다. ……" 이는 두 가지 점에서 틀렸다. 1) "생활"이 생성시키는 숙달된 혁명가 조직의 수는 우리에게 필요하고 노동자운동이 요구하는 것보다 훨씬 적다. 2) 우리 당은 혁명가 조직뿐만 아니라 수많은 노동자 조직의 위계질서여야 한다. ……" 레닌은 중앙위원회가 원칙적 측면에서 충분히 믿을 만한 조직에게만 당 조직이라는 칭호를 승인할 것이라고 생각한다. 그러나 브루께르 동지는 생활(sic[원문 그대로]!)이 제 힘을 발휘할 것이며 중앙위원회는 수많은 조직이 당 외부에 남겨 지지 않도록 하기 위해 충분히 믿을 만하지는 않은 조직이라도 그것들을 정식으로 인정해야 할 것이라는 점을 잘 이해하고 있다. 그렇기 때문에 브루께르 동지는 레닌과 함께하는 것이다. ……" "생활"에 관한 진실로 꽁무니 추종적 이해가 이미 여기 있지 않은가! 물론, 중앙위원회가 부득이하게 자신의 의견이 아니라 다른 사람들의 말에 좌우되는 사람들로 구성된다면(조직위원회 사건을 보라.), 그때는 (가장 후진적인 부류로 당의 "소수파"가 형성된 일이 일어난 지금과 마찬가지로) 당의 가장 후진적인 부류가 상층부를 차지한다는 의미에서 "생활"이 "제 힘"을 발휘할 것이다. 하지만 현명한 중앙위원회가 당내에 "믿을 만하지는 않은" 부류를 받아들이도록 만들어야 하는 납득할 만한 이유는 단 하나도 들 수가 없다. 믿을 만하지는 않은 부류를 "생성시키는" "생활"이라는 것을 이렇게 거론함으로써 마르또프 동지는 자신의 조직 계획의 기회주의적 성격을 한껏 보여 주고 있는 것이다! …… 그는 계속해서 말했다. "나는 또한 그러한 조직(충분히 믿을 만하지는 않은 조직)이 당의 강령과 통제를 승인하는 데 동의한다면 우리는 그 조직을 그 자체로 당 조직으로 만들지 않으면서도 당으로 끌어들일 수 있다고 생각한다. 예를 들어 어떤 '무소속' 조합이 사회민주주의의 관점과 강령을 받아들여 당에 들어오겠다고 결정한다면 나는 이를 우리 당의 큰 승전보라고 생각하겠지만, 그렇다고 해서 이것이 우리가 그 조합을 당 조직에 포함시킨다는 의미는 아니다."…… 당에 소속된 비당적 조직이라니, 바로 이것이 마르또프 동지의 정식이 어느 정도 뒤죽박죽에 이르렀는지 보여 주지 않는가! 그의 도식을 한 번 생각만이라도 해 보라. 1) 혁명가 조직 + 2) 당 조직으로 승인된 노동자 조직 + 3) 당 조직으로 승인되지 않은 노동자 조직 (주로 "무소속" 조직들) + 4) 다양한 직무를 수행하는 고립된 개인들 — 교수들, 고등학생들 등등 + 5) "어떤 파업 참가자든 다." 이 괄목할 만한 계획에 필적할 수 있는 것은 리베르 동지의 다음과 같은 말뿐이다. "우리 임무는 조직을 조직하는 것(!!)만이 아니다. 우리는 당을 조직할 수 있고 조직해야 한다." (241쪽) 그렇다, 물론 우리는 그렇게 할 수 있고 해야 하지만, 이를 위해 필요한 것은 "조직을 조직한다"라는 의미 없는 말이 아니라 당원들에게 실제로 조직하는 활동을 하라고 **직접 요구**하는 것이다. "당을 조직하는 것"에 관해 말하면서 온갖 조직 해체와 온갖 분열을 당이라는 말로 엄호하는 짓을 변호하는 것은 공허한 말을 하는 것이다.

마르또프 동지는 이렇게 말했다. "우리의 정식화는 혁명가 조직과 대중 조직 사이에 일련의 조직이 있기를 바라는 열망을 표현하고 있다." 전혀 아니다. 우리가 정말 반드시 가져야 할 이런 종류의 열망을 마르또프의 정식은 **표현하고 있지 않다**. 왜냐하면 그의 정식은 **조직되고 싶다는 자극**을 주지 **않으며**, 조직되라는 요구를 내포하고 있지 않으며, 조직된 자와 조직되지 않은 자를 구분하지 않고 있기 때문이다. 그 정식화에서 나오는 것은 오직 **칭호** 하나일 뿐인데[*], 이와 관련하여 우리는 악쎌로트 동

지의 다음과 같은 말을 떠올리지 않을 수가 없다. "어떤 법령으로도 그들(혁명적 청년 서클 등등)과 개개인이 스스로를 사회민주주의자라고 칭하는 것을 금지할 수 없다." (신성한 진리!) "또한 스스로를 당의 일부로 여기는 것조차도 금지할 수 없다." — 여기 이 말은 이미 당연히 **틀렸다!** 스스로를 사회민주주의자라고 칭하는 것을 금지할 수는 없으며 또 **그럴 필요도 없다.** 왜냐하면 이 말이 **직접** 표현하는 것은 한낱 신념의 체계일 뿐이지 어떤 조직 관계가 아니기 때문이다. 개개 서클과 개인이 "스스로를 당의 일부로 여기는 것"을 금지하는 것은 가능하며 또 그래야만 하는데, 그것은 이 서클과 개인이 당의 대의에 해를 끼

그대로 이해한다면, 조직을 구성하고 있지 않다는 이유로 중앙위원회 임무 대행자를 당에서 배제시키고 있다는 점을 지적할 수 있다."(59쪽.) 이 논거는 의사록에 나와 있는 것처럼 심지어 연맹 대회에서도 비웃음을 샀다. 마르또프 동지가 생각하기에 자신이 지적하고 있는 "어려움"은 중앙위원회 임무 대행자가 "중앙위원회 조직"에 소속돼야만 해결된다. 하지만 문제는 거기 있지 않다. 문제는 마르또프 동지가 자신이 든 예를 통해 자신이 제1조를 완전히 잘못 이해하고 있음을 적나라하게 보여 주었다는 것, 정말 조롱받아 마땅할 만큼 순전히 현학적인 비평가의 표본을 보여 주었다는 것이다. **형식적**으로는, "중앙위원회 임무 대행자 조직"을 만들고 그 조직을 당에 소속시키는 의결서를 작성하는 것으로 충분하고, 그렇게 되면 마르또프 동지의 사고를 그토록 당황스럽게 만들었던 "어려움"은 즉각 없어질 것이다. 나의 정식화에 나온 제1조의 사상은 "조직되자!"는 자극을 주자는 것이고 실질적 통제와 지도를 보장하자는 것이다. 사태의 본질이라는 관점에서 보면, 중앙위원회 임무 대행자가 당에 소속될 것인가 아닌가 하는 문제 자체가 우스운 것이다. 왜냐하면 그들에 대한 **실질적** 통제는 그들이 임무 대행자로 **임명됐다는** 것, 그들이 임무 대행자의 직위에 남아 있다는 것으로 이미 충분히, 그리고 당연히 보장되는 것이기 때문이다. 따라서 조직된 것과 조직되지 않은 것을 혼동하는 문제(마르또프 동지의 정식화의 근본적 오류)는 여기서 나올 필요도 없는 것이다. 마르또프 동지의 정식이 무익한 것은 어떤 사람이건 다, 그러니까 온갖 기회주의자, 온갖 말로만 떠드는 자, 온갖 "교수"와 온갖 "고등학생"이 다 **스스로를** 당원으로 공표할 수 있다는 점에 있다. 마르또프 동지는 스스로 당원으로 간주하거나 스스로를 당원으로 공표한다는 말이 성립될 수 없는 그런 종류의 예를 들어서 자기 정식화의 이 아킬레스건을 덮어 보려 헛수고를 하고 있다.

치고 당을 타락시키거나 해체시키는 경우다. 어떤 서클이 "스스로를" 전체의 "일부로 여기는 것"을 당이 금지할 수 없다면 전체로서의 당, 정치적 가치로서의 당을 말하는 것은 우스운 일이 될 것이다! 그리고 그렇게 되면 당에서 제명하는 절차와 조건을 정하는 것이 무슨 소용이 있겠는가? 악쎌로트 동지는 마르또프 동지의 기본적 오류를 한눈에 보기에도 불합리한 수준이 되게 만들었다. 악쎌로트 동지가 "레닌이 정식화한 제1조는 프롤레타리아트 사회민주주의당의 본질 그 자체(!!)와 임무에 그대로 원칙적으로 대립된다."(243쪽)라는 말을 덧붙였을 때 그는 이 오류를 심지어 기회주의 **이론**의 수준으로까지 끌어올린 것이었다. 이는 더도 덜도 아니고 딱, 계급보다 당에 더 높은 요구를 하는 것은 프롤레타리아트의 임무의 본질 그 자체에 원칙적으로 대립된다는 것을 의미한다. 아끼모프가 혼신을 다해 이러한 **이론**을 지지했던 것은 놀랍지 않다.

공정을 기하기 위해 다음과 같은 것을 언급할 필요가 있다. 악쎌로트 동지 — **지금은** 잘못된, 명백히 기회주의에 경도된 정식화를 **새로운** 견해의 씨앗으로 바꾸기를 바라고 있지만 — 는 대회에서는 그와는 반대로 다음과 같이 말하면서 "교섭할" 용의를 표명했다. "하지만 나는 열린 문을 두드리고 있음을 알고 있다." …… (나는 새 『불꽃』에서도 이를 발견하고 있다.) …… "왜냐하면 레닌 동지와 당 조직의 일부로 간주되는 그의 외곽 서클들이 나의 요구에 호응할 것이기 때문이다." …… (외곽 서클들뿐만 아니라 온갖 종류의 노동자 단체도. 『의사록』 242쪽에 나온 스뜨라호프 동지의 발언과 앞에서 인용한 『무엇을 할 것인가?』및『한 동지에게 보내는 편지』의 발췌문을 참조해 보라.) …… "개인들이 아직 남아 있지만 여기서도 여전히 교섭이 가능할 것이다." 나는 악쎌로트 동지에게, 일반적으로 말하자면 교섭하는 것에 반대하지 않는다고 답했는데, 이제 어떤 의미에서 그렇게 말했는지를 설명해야 한다. 다시 말하자면, 개인들 ― 이 모든 교수, 고등학생 등등 ― 에 관해서라면 나는 양보에 동의할 생각이 거의 없었다. 하지만 노동자 조직에 관해서 의혹이 일어난다면, "러시아사회민주주의노동자당의 강령과 규약을 받아들이는 노동자 조직을 가능한 한 많이 당 조직에 포함시켜야 한다."라는 주석을 나의 제1조에 추가하는 것에 (앞에서 내가 이러한 의혹들이 전혀 근거 없음을 증명해 보였음에도 불구하고) 동의했을 것이다. 물론, 엄밀하게 말하자면, 그러한 문장이 들어가도 좋을 곳은 법률적 규정들로 제한돼야 하는 규약이 아니라 해설서와 소책자이기는 하지만 (또 나는 이미 규약이 작성되기 오래전에 내가 쓴 소책자에 이러한 설명을 실어 놓은 바 있지만) 적어도 그러한 주석에는 조직 해체에 이를 정도로 논란이 되는 **그릇된** 사상들, 마르또프의 정식화에 분명히 포함돼 있는 기회주의적 논법*과 "무정부주의적 개념"은 그림자도

----

* 마르또프의 정식화에 근거를 부여하려 시도할 때 필연적으로 불거져 나오는 이러한 논법에 속하는 것으로는 특히 뜨로쯔끼 동지의 다음과 말이 있다(248쪽, 346쪽). "기회주의는 조약의 이런저런 조항보다 훨씬 복잡한 원인으로 생겨난다. (또는 훨씬 심오한 원인에 의해 규정된다.) 그것은 부르주아민주주의와 프롤레타리아트의 상대적 발전 수준에 의해 야기된다." …… 문제는 규약의 조항들이 기회주의를 만들어 낸다는 데 있는 것이 아니라 그것들의 도움으로 기회주의에 맞선 예리한 무기를 벼릴 수 있도록 해야 한다는 것이다. 기회주의의 원인이 심오하면 할수록 이 무기도 더욱 예리해져야 한다. 따라서 기회주의에 문을 열어 주는 정식화를 기회주의의 "심오한 원인"

포함되지 않을 것이다.

내가 따옴표로 인용한 마지막 표현은 빠블로비치 동지가 한 말인데, 그는 매우 타당하게도 "무책임한 상태로 스스로 당에 이름을 올리는" 당원들을 승인하는 것을 무정부주의로 간주했다. 빠블로비치 동지는 나의 정식화를 리베르 동지에게 설명하면서, 이 정식화가 의미하는 바는 "간단하게 해석하자면, 당원이 되

을 이유로 정당화하는 것은 일급 꽁무니주의다. 뜨로쯔끼 동지가 리베르 동지를 반대했을 때 그는 규약이 부분에 대한 전체의, 후진 대열에 대한 전위의 "조직된 불신"을 이룬다는 것을 이해했다. 그런데 뜨로쯔끼 동지가 리베르 동지 편에 서게 되자 그는 벌써 이를 망각하고 "복잡한 원인," "프롤레타리아트의 발전 수준" 등등을 거론하면서 우리 조직이 이러한 불신(기회주의에 대한 불신)에 대해 약해지고 동요하고 있는 것을 정당화하기까지 했다. 뜨로쯔끼 동지의 다른 논거. "여러 방식으로 조직된 지식인 청년이 당의 명부에 스스로를 기입하는 것(강조는 내가 한 것.)이 훨씬 쉽다." 바로 그렇다. 그런 까닭에 지식인적 모호성이라는 병을 앓고 있는 것은 조직되지 않은 부류가 스스로를 당원으로 공표할 수 있게 만드는 그 정식화이지 명부에 "스스로를 기입할" 권리를 배제하고 있는 나의 정식화가 아닌 것이다. 뜨로쯔끼 동지는 만일 중앙위원회가 기회주의자들의 조직을 "승인하지 않는다면" 그것은 오로지 그 사람들의 특성 때문이라고 말했고, 그런 사람들은 정치적 인물로 알려지는 순간 전당적 보이콧을 통해 제거할 수 있기 때문에 위험하지 않다고 말했다. 이 말은 당으로부터 제거가 필요한 경우에 한해서만 옳다. (그렇다 해도 조직된 당은 보이콧이 아니라 투표로 제거하기 때문에 절반만 옳은 말이다.) 이 말이 전혀 옳지 않은 경우는 제거하는 것이 무의미하고 오직 통제해야만 할 때인데, 그런 경우가 훨씬 더 많다. 중앙위원회는 통제를 목적으로 일정한 조건을 걸고 완전히 믿을 만하지는 않지만 활동 능력이 있는 조직을 일부러 당에 가입시킬 수도 있다. 그 조직을 시험하고 참된 길로 가도록 노력하고 당의 지도를 통해 그 조직의 부분적 편향을 멈추게 하는 것 등을 목표로 하면서 말이다. 만일 당의 명부에 "스스로를 기입하는 일"이 전반적으로 허용되지 않는다면 그러한 가입은 위험하지 않다. 잘못된 견해와 잘못된 전술을 공개적으로, 책임을 지고, 또 통제되는 상황에서 표명하기 (그리고 논의하기) 위해서는 그렇게 가입하는 것이 종종 유익할 것이다. "하지만 만일 법적 규정이 사실 관계에 부합해야만 한다면 레닌 동지의 정식은 기각돼야 한다."라고 말하면서 뜨로쯔끼 동지는 또다시 기회주의자처럼 말한다. 사실 관계는 죽은 상태가 아니라 살아서 발전하는 것이다. 법적 규정은 이러한 관계의 점진적 발전에 부합할 수도 있지만 마찬가지로 (이 규정이 수준 미달이라면) 퇴보 또는 정체에 "부합할" 수도 있다. 이 후자가 마르또프 동지의 "경우"다.

고 싶으면 조직 관계를 관념적으로만 승인해서는 안 된다."라는 것이라고 했다. 간단하기는 해도 이 "해석"은 의심스러운 다양한 교수와 고등학생에 대해서뿐만 아니라 최고의 진성 당원들과 상층부 인사들에 대해서도 (대회 이후의 사건들이 보여 주었듯이) 쓸모없는 말이 아니다……. 마찬가지로 타당하게 빠블로비치 동지는 마르또프 동지의 정식과 마르또프 동지가 부적절하게 인용한 논란의 여지가 없는 다음과 같은 과학적 사회주의의 명제 사이의 모순을 지적했다. "우리 당은 무의식적 과정의 의식적 구현자다." 바로 그렇다. 그리고 바로 그렇기 때문에 "어떤 파업 참가자든 다" 스스로를 당원으로 부를 수 있도록 하자는 것은 옳지 않다. 왜냐하면 "어떤 파업 참가자든 다" 강력한 계급적 본능과 필연적으로 사회혁명으로 나아가는 계급투쟁의 자생적 표현일 뿐만 아니라 이 과정의 의식적 표현이라면, 그렇다면…… 그렇다면 총파업은 무정부주의적 문구가 아닐 것이며, 그렇다면 우리 당은 당장 노동자계급 전체를 포괄할 것이고 따라서 부르주아사회 전체를 곧 끝장낼 것이기 때문이다. 당이 실제로 의식적으로 표현해 주는 것이 되려면, 일정한 수준의 의식성을 보장하고 이 수준을 체계적으로 고양시킬 수 있는 조직 관계를 만들어 내야 한다. 빠블로비치 동지는 이렇게 말했다. "정말 마르또프 동지의 길로 간다면 무엇보다 먼저 강령 승인 조항을 삭제해야 한다. 강령을 승인하려면 그것을 습득하고 이해해야 하기 때문이다. …… 강령을 승인하려면 상당히 높은 수준의 정치적 의식이 필요하다." 우리는 결코 사회민주주의를 지지하는 것과 사회민주주의에 의해 지도되는 투쟁에 참여하는 것을 그 어떤 요구로도 인위적으로 **제한하지 못하게** 할 것이다. 왜냐하면 이러한 참여 자체는 그 사실 하나로만으로도 이미 의식성과 조직적 본능 두 가지를 다 고양시키는 것이기 때문이다. 하지만 우리가 체계적 활동을 위해 당으로 **결속한 이상** 우리는 이 체계성을 보장하려 고심해야 한다.

강령에 관한 빠블로비치 동지의 경고가 쓸모없지 않았다는 것은 바로 그 회의 기간에 즉각 드러났다. 마르또프 동지의 정식화[*]를 관철시켰던 아끼모프 동지와 리베르 동지는 (당에서의 "자격"을 위해서) 강령도 관념적으로만, 그 "기본적 명제들"만 승인해야 한다고 요구함으로써(254~255쪽) 자신들의 진정한 본성을 즉각 드러냈다. "아끼모프 동지의 제안은 마르또프 동지 관점에서 볼 때 지극히 논리적"이라고 빠블로비치 동지는 지적했다. 유감스럽게도 이 제안이 **몇** 표를 얻었는지는 의사록에 나와 있지 않다. 7표(분트파 5표, 아끼모프, 브루께르) 이상인 것은 거의 확실하다. 때마침 이 7인의 대의원이 대회에서 퇴장함으로써, 규약 제1조로 인해 형성되기 시작했던 "결집된 다수파"(반『불꽃』파, "중앙파", 마르또프파)가 결집된 소수파로 변했다! 바로 이 7인 대의원의 퇴장으로 인해 구 편집국을 승인하자는 제안이 패배한 것이고 — 『불꽃』의 업무 수행 "계승성"

---

[*] 이에 대해서는 찬성 28표, 반대 22표였다. 8인의 반『불꽃』파 가운데 7인이 마르또프에게, 1인이 나에게 찬성했다. 기회주의자들의 도움이 없었다면 마르또프 동지는 자신의 기회주의적 정식을 추진할 수 없었을 것이다. (연맹 대회에서 마르또프 동지는 이 틀림없는 사실을 반박하려 애썼지만 뜻대로 되지는 않았는데, 그때 그는 무슨 이유에선지 분트파의 투표만 거론하고 아끼모프 동지와 그의 친구들은 잊어버렸다. 더 똑바로 말하자면, 그가 그들을 떠올린 것은 브루께르 동지가 나에게 동의했던 것 같은 내게 불리한 어떤 것을 증명할 수 있었을 때뿐이었다.)

이 그렇게 불명예스러운 방식으로 무너지게 된 것이다! 진기한 7인이야말로『불꽃』의 "계승성"의 유일한 구원자이자 담보였던 것이다. 분트파, 아끼모프, 브루께르, 즉 때마침『불꽃』의 중앙 기관지 승인 이유에 반대표를 던졌던 대의원들이 이 7인을 구성했던 바, 이들의 기회주의를 대회는 수십 번이나 인정한 바 있고 특히 강령과 관련하여 제1조를 완화시키는 문제에서 마르또프들과 쁠레하노프들이 인정했던 바 있다. 반『불꽃』파가 지켜주는『불꽃』의 "계승성"이라니! ─ 이로써 우리는 대회 이후 희비극의 출발점에 다가서고 있는 것이다.

* * *

규약 제1조에 대한 투표의 분파 형성은 언어 평등권 사태 때와 완전히 동일한 유형의 현상을 드러냈다.『불꽃』다수파 가운데 (약) 1/4이 이탈함으로써 "중앙파"가 따르던 반『불꽃』파가 승리할 수 있게 됐다. 물론 여기에도 전체적인 판의 완전한 균형을 깨뜨리는 개인적 투표도 있었다. ─ 우리 대회와 같이 큰 회합에서는 우연찮게 이쪽저쪽에 가담하게 되는 "길들지 않은" 일부가 있기 마련이다. 제1조같이, 서로 간의 불일치의 진정한 성격이 이제 막 나타나서 많은 사람이 (문건에서 문제를 사전에 검토하지 못했던 상황에서는) 입장을 제대로 정리하지 못한 그런 문제에서는 특히 그렇다.『불꽃』다수파로부터 5표(루쏘프, 까르스끼 각 2표와 렌스끼 1표)가 이탈했다. 반대로 반『불꽃』파 1인과 "중앙파" 3인(메드베제프, 예고로프, 짜레프)이『불꽃』다수파에 가담했다. 총 투표수는 23표(24 - 5 + 4)로 선거를 둘러싼 최종 분파 형성보다 1표 적었다. 마르또프가 반『불꽃』파의 과반수를 획득했다. 그들 가운데 7인이 마르또프에게, 1인이 나에게 투표했다. ("중앙파"에서도 7인은 마르또프를 지지하고 3인은 나를 지지했다.) 대회 말미와 대회 이후에 결집된 소수파를 이루었던 연합, 곧 『불꽃』 소수파와 반『불꽃』파와 "중앙파"의 이러한 연합이 형성되기 시작했던 것이다. 제1조를 정식화하면서, 특히 이 정식화를 옹호하는 과정에서 의심할 바 없는 기회주의와 무정부주의적 개인주의로 한 발을 내디뎠던 마르또프와 악쎌로트의 정치적 오류는 대회라는 자유롭고 공개적인 무대 덕분에 즉시, 그리고 너무나 선명하게 드러났다. 그 오류는 가장 불안정하고 원칙적으로 가장 견실하지 못한 부류가 혁명적 사회민주주의의 여러 견해에 나타난 틈과 파열구를 넓히는 데 즉시 전력을 다했다는 사실로 드러났다. 조직 영역에서 서로 다른 목적을 공개적으로 추구했던 사람들(아끼모프의 발언을 보라.)이 대회에서 함께 활동하게 되자 — 우리의 조직 계획과 우리의 규약을 원칙적으로 반대하던 사람들은 즉시 마르또프와 악쎌로트의 오류를 지지하게 됐다. 이 문제에서도 혁명적 사회민주주의의 올바른 견해를 고수했던 『불꽃』파는 소수파로 남게 됐다. 이는 엄청나게 중요한 사태다. 왜냐하면 이 상황을 이해하지 않고는 규약의 일부분 때문에 일어난 투쟁도, 그리고 중앙기관지와 중앙위원회의 인적 구성 때문에 일어난 투쟁도 전혀 이해할 수 없기 때문이다.

J. 기회주의라는 허위 비난의 무고한 피해자들

규약에 관한 이후의 토론으로 넘어가기 전에, 중앙기관들의 인적 구성 문제를 둘러싸고 우리가 갈라선 것을 해명하기 위해 대회 기간 동안 있었던『불꽃』조직의 비공개 회합들을 다룰 필요가 있다. 네 번의 이런 회합 가운데 가장 중요한 마지막 회합은 마침 규약 제1조에 관한 투표 직후에 열렸다. — 이처럼, 이 회합에서 일어난『불꽃』조직의 분열은 시간적으로나 논리적으로나 이후 투쟁의 선행 조건이 됐다.

『불꽃』조직의 비공개 회합*은 중앙위원회 후보 문제를 토론하게 된 계기를 제공했던 조직위원회 사건 직후 시작됐다. 강제력 있는 위임이 폐지됐기 때문에 이 회합들은 어느 누구도 구속하지 않는 순전히 협의적인 성격을 띠었다는 것이 분명하지만, 그럼에도 이 회합들의 중요성은 엄청난 것이었다. 당의 사실상의 통합을 만들어 내고『불꽃』을 공식적으로 승인하게 만든 계기 가운데 하나가 된 실천 운동에 대한 지도를 수행해 왔던 조직인『불꽃』조직의 내부 활동이나 비밀 이름들도 알지 못했던 대의원들에게 중앙위원회 선출은 상당히 힘든 일이었다.『불꽃』파가 하나로 통일된다면 대회에서 3/5에 이르는 거대 다수파를 충분히 확보한다는 것을 우리는 이미 확인한 바 있고,

---

* 연맹 대회에서 이미 나는 해결하기 힘든 논쟁을 피하기 위해, 비공개 회합에서 있었던 일을 기술하는 가능한 한 협소한 틀을 정해 보려 노력했다. 그 주요한 사실들은 나의 「『불꽃』편집국에 보내는 편지」[29]에도 기술돼 있다(4쪽). 마르또프 동지는 자신의 「답변」에서 이에 대해 항의하지 않았다.

모든 대의원이 이를 너무도 잘 알고 있었다. 그야말로 모든 『불꽃』파는 『불꽃』 조직이 중앙위원회의 일정한 인적 구성을 추천하리라고 기대하고 있었고, 이 조직의 어느 누구도 중앙위원회 구성에 관한 사전 내부 토론에 반대하는 의사를 표명한 적이 없었다. 어느 누구도 조직위원회 위원 전원을 승인하자고, 즉 조직위원회를 중앙위원회로 전환시키자고 암시한 적이 없었고, 심지어 중앙위원회 후보에 관해 조직위원회 위원 전원과 협의한다는 것조차 암시한 적이 없었다. 이러한 정황 역시 극히 특징적이어서 이를 염두에 두는 것이 매우 중요하다. 왜냐하면 이제 와서 마르또프파가 사후약방문으로 조직위원회를 열렬히 옹호하면서 이것으로 자신의 정치적 비결단성을 골백번 증명하고 있기 때문이다.* 그때까지만 해도 중앙기관 구성 때문에 일어난 분열로 인해 마르또프와 아끼모프들이 단합하지는 못했다. 대회의 모든 사람은 다음과 같은 사실을, 즉 조직위원회는 주로 대회 소집에 관한 위원회여서 분트파까지 포함하여 일부러 서로 다른 색조의 대표들로 구성한 위원회였던 한편 당의 조직적 통합을 만들어 낸 진정한 활동을 철저하게 떠맡아서 했던 것은 『불꽃』 조직이었다는 사실을 명백히 알고 있었고, 편견이 없는 사람이라면 누구나 『대회 의사록』에서, 그리고 『불꽃』 전 역사를 통해

---

* 다음의 멋진 "풍속도"를 한 번 머릿속에 떠올려 보라. 『불꽃』 조직의 어떤 대의원이 대회에서 자기 조직하고만 협의하고 조직위원회와 협의하는 것에 관해서는 암시조차 하지 않는다. 그런데 그가 이 조직에서도, 그리고 대회에서도 패배하고 나서는, 조직위원회를 승인하지 않은 것에 관해 불평하기 시작하고 사후약방문으로 조직위원회를 칭송하면서 자신에게 위임장을 주었던 조직은 거만하게 무시하기 시작한다! 그 어떤 현실의 사회민주의당이나 현실의 노동자당의 역사에서도 이와 유사한 사실은 발견되지 않을 것임을 보증할 수 있다.

이를 쉽게 확인할 수 있다. (매우 우연히도 조직위원회의 **몇몇** 『불꽃』 조직원이 체포되거나 다른 "부득이한" 사정 때문에 대회에 참석하지 못했다는 것 역시 염두에 두어야 한다.) 대회에 왔던 『불꽃』 조직원들은 빠블로비치의 소책자에 이미 열거돼 있다.[30] (그의 『제2차 대회에 관한 편지』 13쪽을 보라.)

『불꽃』 조직 내에서 일어난 뜨거운 논쟁의 최종 결과는 내가 「편집국에 보내는 편지」에서 이미 언급했던 두 번의 표결이었다. 첫 번째 표결. "마르또프가 지지하던 후보 가운데 하나가 찬성 9표, 반대 4표, 기권 3표로 탈락한다." 대회에 있었던 『불꽃』 조직원 16인 전원의 동의하에 가능한 후보들이 논의되고 마르또프 동지의 후보 가운데 하나(마르또프 동지 자신이 참지 못하고 지금에 와서 무심코 한 말에 따르면, 그 후보는 바로 슈쩨인 동지였다. 『계엄 상태』 69쪽)가 탈락하는 이런 사실보다 더 단순하고 더 자연스러운 일이 있을 수 있다고 생각하는가? 말이 나온 김에 말하자면, 사실 당대회에서 우리가 회합을 가진 것은 바로 누구에게 "지휘봉"을 맡길 것인가 문제를 논의하고 결정하기 위해서였다. 그리고 나중에 루쏘프 동지가 전적으로 타당하게 표현했듯이, 의사일정에서 이 부분에 가장 신중한 관심을 기울이고 이 문제를 "속물적 감상"이 아니라 대의의 이해관계라는 관점에서 결정하는 것은 우리의 공통된 당적 의무였다. 당연히도 대회에서 후보 문제를 논의할 때 특정한 개인적 자질을 거론하지 않을 수 없었으며, 특히 친밀한 비공개 회합에서는 찬성이나 반대 의사를 표명하지 않을 수 없었다.* 게다가 나는 이미 연맹 대회에서 후보에 대한 반대를 어떤 "경멸적인" 것으로 간주하는 것은 어리석은 일이며(『연맹 의사록』 49쪽), 공직자를 의식적으로, 그리고 신중하게 선출하는 당적 의무를 직접 수행하는 일을 이유로 "사건"을 일으키고 히스테리를 부리는 것은 어리석은 짓이라고 경고한 바 있었다. 그런데 정말 우리의 소수파에게 어떻게 이런 일이 생겼는지, 그들은 대회 후에 "명예훼손"(『연맹 의사록』 70쪽)이라고 소리를 지르면서 슈쩨인 동지가 구 조직위원회의 "주요 활동가"였는데 그에게 "모종의 흉악한 계략"(『계엄 상태』 69쪽)과 관련하여 근거 없는 비난을 가했다고 문서를 통해 광범한 대중들을 설득하기 시작했다. 도대체 후보자에 대한 찬성이나 반대에 대해 "명예훼손"이라고 소리를 지르는 것이 히스테리가 아니고 무엇인가? 『불꽃』 조직의 비공개 회합에서, 그리고 공식적으로는 당의 최고 회합인 대회에서 패배한 사람들이 나중에 거리에서 불평의 소리를 높이고 많은 대중에게 부결된 후보자를 "주요 활동가"로 추천할 때, 또

---

* 마르또프 동지는 자신의 불평이 그 자신에게 반대되는 논거가 된다는 것을 깨닫지 못하고 연맹 대회에서 나의 반대가 신랄했다고 몹시 불평했다. 그의 표현을 빌리자면, 레닌은 미친 듯이(『연맹 의사록』 63쪽) 행동했다. 맞다. 그는 문을 쾅 닫았다. 사실이다. 그는 (『불꽃』 조직의 제2차 회합이나 제3차 회합에서 보인) 행동으로 회합에 남아 있던 성원들의 분노를 샀다. 진실이다. 하지만 그로부터 어떤 일이 뒤따랐던가? 논란이 된 문제의 본질에 관한 나의 논거가 대회 진행 과정에서 확인되고 입증됐을 뿐이다. 실제로, 『불꽃』 조직원 16인 가운데 9인이 결국 나의 편으로 남았다면, 분명한 것은 표독스런 신랄함에도 불구하고, 그리고 그에 반하여 일이 그렇게 됐다는 사실이다. 그러니까, "신랄함"이 없었더라면 9인보다 더 많은 사람이 나의 편이 됐을 것이라는 뜻이다. 논거와 사실이 "분노"를 더 많이 극복했어야 할수록, 논거와 사실은 더 많이 확인됐을 것임이 틀림없었다.

그 사람들이 나중에 분열을 일으키고 **호선**을 요구하는 식으로 자기 후보들을 당에 강요할 때, 이것이 과연 사소한 말다툼이 아니란 말인가? 국외의 곰팡내 나는 분위기 속에서 우리의 정치적 개념이 너무나 혼란스러워진 나머지 마르또프 동지는 당의 임무를 서클 근성 및 가족주의와 더 이상 구별하지 못할 정도가 돼 버린 것이다! 대회는 무엇보다 먼저 중요한 원칙적 문제들을 논의하기 위해 대의원들이 모이는 곳이고, 결정권을 행사하기 위해 후보들에 대한 모든 정보를 **요구**하고 모을 수 있는 (그리고 그럴 의무가 있는) 운동의 대표자들, 인물에 관한 문제를 편견 없이 대할 수 있는 운동의 대표자들이 한 자리에 모이는 곳이며, 지휘봉을 둘러싼 논쟁에 일정한 자리를 할당하는 것이 자연스럽고도 필수적인 곳인데, **오직** 대회에서만 후보자 문제를 논의하고 결정하는 것이 타당하다고 생각하는 것, 이는 필시 관료주의이자 형식주의다. 이러한 관료적이고 형식적인 견해 대신 우리는 이제 새로운 풍속을 도입한다. 우리는 대회 이후에 이반 이바노비치의 정치적 매장, 이반 니끼포로비치의 명예훼손에 관해 갑론을박할 것이다. 모모 문필가들이 소책자에 후보들을 추천할 것이고 거기서 바리새인처럼 자신들의 가슴을 치며 "서클이 아니라 당"이라고 설득할 것이다. …… 추문을 좋아하는 독자라면 마르또프 자신이 보증한 대로* 그런 사람이 주

---

* 마르또프처럼 나 역시 『불꽃』 조직에서 어떤 후보를 중앙위원회에 내세웠지만 통과시키지는 못했는데, 특별한 사실들을 통해 입증된 그 후보에 대한 훌륭한 평판을 대회 이전에, 그리고 대회가 시작될 때 나 역시 말할 수 있었을 것이다. 그러나 나는 그렇게 하려 생각하지 않았다. 이 동지는 대회 이후에 누군가가 자신의 후보 자격을 인쇄물을 통해 홍보하거나 정치적 매장이니 명예훼손이니 불평하는 것을 **결코** 허용하지 않

요 활동가였다는 선정적 소식을 몹시 흥미진진하게 즐길 것이다. 다수결에 의해 거칠고 기계적으로 결정하는 대회 같은 형식주의적 기관보다 이러한 독자가 훨씬 더 문제를 잘 논의하고 결정할 능력이 있다. …… 그렇다. 우리의 진정한 당 활동가들 앞에는 국외파의 사소한 말다툼이라는, 깨끗이 청소해야 할 커다란 아우게이아스의 외양간[31]이 버티고 있는 것이다!

———

『불꽃』 조직의 두 번째 투표. "찬성 10표, 반대 2표, 기권 4표로 5인의 (중앙위원회) 명단이 채택됐는데, 그 명단에는 나의 제안에 따라 비『불꽃』파 부류 지도자 하나와 『불꽃』 소수파 지도자 하나가 포함됐다." 이 투표는 극히 중요하다. 왜냐하면 이것은 나중에, 사소한 말다툼의 분위기 속에서 무성해진 이야기들, 즉 우리가 마치 당에서 비『불꽃』파 사람들을 몰아내거나 제쳐 두기를 원했다는 둥, 마치 다수파가 대회의 한쪽 절반 중에서만, 오직 이 절반을 통해서만 선출했다는 둥 하는 이야기들이 전부 날조된 것임을 반박의 여지없이 명백히 증명하고 있기 때문이다. 이 모든 것은 완전히 날조된 것이다. 내가 인용한 투표는 우리가 당에서뿐만 아니라 심지어 중앙위원회에서도 비『불꽃』파를 배제하지 않았으며 우리의 반대파가 정말 의미 있는 소수파가 되도록 했음을 보여 준다. 문제는 그들이 다수파가 되기를

을 만큼 자존감 있는 사람이다.

원했으며 이 소박한 바람이 실현되지 못하자 중앙기관에 참여하기를 완전히 거부하며 **추문을** 일으켰다는 것이다. 마르또프 동지가 연맹에서 폈던 주장과는 반대로 문제는 바로 이것이었고, 이는 대회에서 규약 제1조가 채택된 직후 『불꽃』 조직 소수파가 우리, 즉 『불꽃』 다수파(이자 7인이 퇴장한 이후에는 대회 다수파)에게 보낸 아래의 **편지에도** 잘 드러나 있다. (내가 말한 『불꽃』 조직의 회합이 **마지막** 회합이었음을 언급할 필요가 있다. 그 이후에 조직은 **사실상** 분열했고, 양측은 나머지 대회 대의원들에게 자신들이 옳다고 설득하려고 노력했다.)

여기 편지 본문이 있다.

"편집국 다수파와 노동해방그룹[32]이 (이러저러한 날짜에[*]) 회합에 참석하기를 희망한다는 쏘로낀 대의원과 싸블리나 대의원의 설명을 듣고, 또한 이전의 회합에서 아마도 우리로부터 나왔다고 의심을 받는 중앙위원회 명단이 우리 정치적 입장이 전부 잘못됐음을 보여 주는 데 이용됐다는 사실을 이 대의원들의 협조로 확인한 후인 지금, 첫째, 이 명단의 출처를 확인하려는 어떤 시도도 하지 않고 이 명단을 우리 것이라고

---

* 나의 계산으로는 이 편지에서 거론된 날짜는 화요일이다. 회합은 화요일 저녁, 즉 대회 제28차 회의 후에 있었다. 이 시간상 순서는 무척 중요하다. 우리가 갈라선 것은 중앙기관의 조직 문제 때문이지 그 인적 구성 문제 때문이 아니라는 마르또프 동지의 의견은 이 순서로 인해 문서로 반박된다. 연맹 대회와 「편집국에 보내는 편지」에서의 나의 진술이 올바르다는 것은 이 순서가 문서로 입증한다. 대회 제28차 회의 이후 마르또프 동지와 스따로베르 동지는 기회주의라는 허위 비난에 대해 열심히 설명하지만, (우리가 제25차, 제26차, 제27차 회의에서 논쟁을 벌인) 평의회 구성이나 중앙기관 호선 문제를 둘러싸고 우리가 갈라선 것에 대해서는 일언반구도 없다.

추정한 점, 둘째, 이러한 정황이 『불꽃』 편집국 다수파와 노동해방그룹이 공개적으로 퍼뜨리고 있는 기회주의라는 비난과 틀림없이 관련돼 있다는 점, 셋째, 우리로서는 이러한 비난이 『불꽃』 편집국 구성을 바꾸려는 매우 확실한 계획과 관계돼 있음이 너무나 명백하다는 점 등을 고려해 볼 때, ― 우리는 회합을 불허한 근거에 대한 설명이 만족스럽지 못하며 또 우리가 회합에 참석하는 것을 바라지 않는 것은 앞에 언급한 허위 비난을 우리가 일소하지 못하게 하려 한다는 증거라고 생각한다.

중앙위원회 후보 공동 명단에 관한 우리 서로 간의 합의 가능성에 대해 말하자면, 합의의 기초로서 우리가 수용할 수 있는 유일한 명단은 뽀뽀프, 뜨로쯔끼, 글레보프라는 것을 밝히는 바이며, 더불어 이 명단에 글레보프 동지를 포함시킨 것은 오로지 우리가 다수파의 바람에 양보한다는 의미일 뿐이기 때문에 이 명단이 타협적 성격을 지니고 있음을 강조하는 바다. 대회에서 글레보프 동지의 역할이 분명해진 후 우리는 글레보프 동지가 중앙위원회 후보가 갖추어야 할 요구를 충족시키는 인물이라고 생각하지 않기 때문이다.

이와 함께 중앙위원회 후보에 관한 협상에 들어가면서, 우리는 중앙기관지 편집국 구성 문제에 관해서는 어떠한 협상에도 들어갈 생각이 없기 때문에 그 문제와는 아무런 상관없이 이에 임하는 상황이라는 것을 강조하는 바다.

동지들을 대신하여
"마르또프와 스따로베르."

논쟁하는 양측의 정서와 논쟁 상황을 정확히 재현하고 있는 이 편지는 분열이 시작된 "한복판"으로 우리를 곧장 이끌어서 분열의 진정한 원인을 보여 준다. 『불꽃』 조직 소수파는 다수파에 동의하기를 원치 않았고 대회에서 자유롭게 선동하는 쪽을 선호했지만(물론, 그렇게 할 충분한 권리가 있었다.), 그럼에도 불구하고 다수파 "대의원들"에게서 비공개 회합 참석에 대한 허락을 얻어내려 했다! 당연히도, 이 웃기는 요구에 대해 회합(물론 편지는 회합에서 낭독됐다.)에서 우리는 미소와 어깨를 으쓱하는 것으로 답했을 뿐이지만, "기회주의라는 허위 비난"에 관한 히스테리에 가까운 절규에 우리는 대놓고 웃지 않을 수 없었다. 하지만 먼저 마르또프와 스타로베르의 쓰디쓴 불평을 하나씩 검토해 보자.

그 명단을 그들의 것이라고 부당하게 추정했고 그들의 정치적 입장에 잘못된 성격을 부여했다는 것. ― 그러나 마르또프 자신도 인정하듯이(『연맹 의사록』 64쪽), 나는 그가 그 명단의 작성자가 아니라는 그의 말의 진실성을 의심할 생각이 없었다. 작성자 문제는 아무 상관이 없으며 『불꽃』파 가운데 누군가가 또는 "중앙파" 대표 가운데 누군가가 또는 그 밖의 누군가가 그 명단을 작성했다는 것 역시 전혀 중요하지 않다. 중요한 것은, 단순한 추측이나 억측이라 할지라도, 지금의 소수파 성원으로만 구성된 이 명단이 대회에서 돌아다녔다는 점이다. 마지막으로 무엇보다 **중요한 것**은 지금은 이 명단을 기쁘게 맞이하고 있는 것이 **분명한** 마르또프 동지가 대회에서는 **그것으로부터** 자신을 떼 놓으려 온 힘을 쏟지 **않을** 수 없었다는 점이다. "모욕적 소문"이라고 악을 쓰다가 불과 몇 개월 만에 이 모욕적이라는 명단에 있는 바로 그 후보들을 당 중앙기관에 강요하는 이러한 도약보다 사람과 색조를 평가하는 문제의 불안정성을 더 두드러지게 드러내 보이는 것은 아무것도 없을 것이다!*

연맹 대회에서 마르또프 동지가 말한 바에 따르면, 이 명단은 "직접적 합의라는 의미에서 우리와 『남부 노동자』와 분트의 정치적 연합을 의미했다."(64쪽) 이는 틀린 말이다. 왜냐하면, 첫째, 분트는 결코 단 한 명의 분트파도 포함되지 않았던 명단에 대해 "합의"에 나서지 않았을 것이기 때문이고, 둘째, 분트뿐만 아니라 『남부 노동자』 그룹과도 직접 합의했다(마르또프가 수치스럽게 여겼을 일)는 말은 전혀 들은 바 없으며, 이 또한 말도 안 되는 일이었기 때문이다. 문제는 바로 합의가 아니라 연합이었고, 문제는 마르또프 동지가 거래했다는 것이 아니라, 그가 대회 전반부에 싸웠고 규약 제1조와 관련한 그의 오류에 매달렸던 바로 그 동요하는 반『불꽃』파 부류가 불가피하게 그를 지지해야만 했다는 점이다. 내가 인용한 편지는 "한탄"의 근원이 바로 기회주의라는 공개적인, 게다가 또 허위적인 비난에 있었음을 논쟁의 여지없이 입증한다. 사태를 이렇게 달아오르게 만들었고 또 내가 「편집국에 보내는 편지」에서 상기시켰음에도 불구하고 지금 마르또프 동지가 그토록 주도면밀하게 피해 가고 있는 이 "비난"은 두 가지 종류였다. 첫째, 규약 제1조에 관한 토론에서 쁠레하노프는 제1조 문제는 "온갖 기회주의의 대

---

* 구쎄프 동지와 데이치 동지 사태에 관한 소식을 우리가 듣게 됐을 때는 상술한 이 구절들이 이미 조판된 상태였다. 우리는 이 사건을 부록에서 따로 검토할 것이다.[33]

표자"로부터 우리를 "분리"시키는 문제라고, 그들의 당내 진입을 막는 보루인 나의 초안에 대해 "이 한 가지 이유만으로도 기회주의를 반대하는 모든 사람이 투표해야 한다."라고 직설적으로 말한 바 있다(『대회 의사록』246쪽). 내가 의사록(250쪽)에 약간 누그러뜨려 기입했음에도 불구하고 이 강력한 말은 파문을 불러일으켰으며, 그러한 파문은 루쏘프 동지의 발언(247쪽), 뜨로쯔끼 동지의 발언(248쪽), 아끼모프 동지의 발언(253쪽)에 명백히 나타나 있다. 우리 "의사당"의 "로비"에서 쁠레하노프의 테제는 생생한 논평의 대상이었고 제1조에 관한 끝없는 논쟁에서 수천 가지 음조로 변색됐다. 그런데 여기, 우리의 친애하는 동지들은 본질을 가지고 스스로를 변호하는 대신 "기회주의라는 허위 비난"에 대해 편지로 불평을 늘어놓을 정도로 우스꽝스러운 분노에 빠져들었다!

모든 사람 앞에서 벌이는 공개적 논쟁이라는 신선한 미풍을 견딜 수 없는 서클 근성 심리와 놀라울 정도의 당적 미숙함이 여기서 여실히 드러난다. 그것은 "싸우든가 악수하든가!"라는 옛 말에도 나와 있듯이, 러시아인에게는 친숙한 심리다. 사람들은 친밀하고 아늑한 동료들의 유리 상자에 너무 익숙해진 나머지 스스로의 책임 하에 자유롭고 공개적인 무대에서 처음 발언하게 되자 정신을 잃고 말았던 것이다. 기회주의라고 비난하다니! — 도대체 누구를? 노동해방그룹을, 그것도 그 다수파를 — 이보다 더 끔찍한 일을 생각할 수 있는가? 이 지워지지 않는 모욕 때문에 당을 분열시킬 것인가, 유리 상자의 "계승성"을 복원시킴으로써 이 "집안의 불화"를 잠재울 것인가, — 이러한 양자택일이 우리가 검토하고 있는 편지에 이미 충분히 분명하게 나타나고 있다. 지식인적 개인주의와 서클 근성 심리가 당 앞에서 공개적으로 나서라는 요구와 충돌하고 있었다. "기회주의라는 허위 비난"에 대한 불평과 같은 어리석음, 그런 사소한 말다툼이 독일 당에서 가능할지 상상만이라도 해 보라! 거기서는 프롤레타리아적 조직과 규율이 이런 지식인적 칭얼거림을 없앤 지 이미 오래다. 말하자면, 리프크네히트를 대단히 존경하지 않는 사람은 아무도 없지만, 농업 문제에 관해 그가 악명 높은 기회주의자 폴마르와 그 친구들의 형편없는 무리에 합류했던 1895년 대회에서 그를 (베벨과 함께) "기회주의라고 공개적으로 비난한" 것에 대해 **불평**이 있었다면 사람들은 비웃었을 것이다.[34] 리프크네히트의 이름이 독일 노동자운동의 역사와 분리할 수 없는 관계에 있는 것은 당연하게도, 그가 그처럼 상대적으로 사소하고 특수한 문제에서 기회주의에 빠졌기 때문이 아니라 그럼에도 불구하고 그런 것이다. 이와 꼭 마찬가지로, 그어떤 격한 투쟁에도 불구하고 악쎌로트 동지의 이름은 모든 러시아 사회민주주의자의 존경을 불러일으키며 언제나 그럴 것이지만, 이는 악쎌로트 동지가 우리 제2차 당대회에서 어쩌다 기회주의적 사상을 옹호하고 제2차 연맹 대회에서 낡은 무정부주의의 폐물을 발굴해 냈기 때문이 아니라 그럼에도 불구하고 그런 것이다. 싸우든가 악수하든가라는 논리를 가진 가장 투박한 서클 근성만이 "노동해방그룹 다수파에 대한 기회주의라는 허위 비난"을 이유로 히스테리, 사소한 말다툼, 당 분열을 일으킬 수 있었던 것이다.

이 끔찍한 비난의 또 다른 근거는 이전에 말한 것과 정말 불가분하게 연관돼 있다. (마르또프 동지는 연맹 대회에서(63쪽) 이 사건의 한 측면을 회피하고 얼버무리려 애쓴 바 있다.) 이 근거는 바로 규약 제1조로 인해 나타났던 마르또프 동지와 반『불꽃』파와 동요하는 부류의 저 연합에 관계된 것이다. 마르또프 동지와 반『불꽃』파 사이에 직접적이든 간접적이든 어떤 합의 같은 것은 전혀 없었고 또 있을 수도 없었다는 점은 자명한 일이며, 누구도 이를 의심하지 않았다. 공포에 떨고 있던 그에게만 그런 느낌이 들었을 뿐이다. 하지만 그의 오류는 기회주의로 경도된 것이 분명한 사람들이 그를 중심으로 점점 더 촘촘하게 "결집된" 다수파(오로지 대의원 7인이 "우연히" 퇴장한 일 때문에 지금은 소수파가 됐지만)를 형성하기 시작했다는 점으로 정치적으로 드러났다. 우리가 이러한 "연합"에 대해 대회(앞에서 이미 언급한 빠블로비치 동지의 언급을 보라. ―『대회 의사록』 255쪽.[35])에서도, 또한 제1조 사태 직후에 『불꽃』 조직에서도 (내 기억으로는, 쁠레하노프가 특히) 공개적으로 지적했음은 물론이다. 그것은 말 그대로 1895년에 체트킨이 리프크네히트와 베벨에게 "Es tut mir in der Seele weh, dass ich dich in der Gesellschaft seh'."("저 무리들[즉 폴마르와 그 일당] 속에 있는 당신[즉 베벨]을 보니 제 마음이 아픕니다.)라고 말했을 때 그들에게 쏟아졌던 것과 동일한 조롱이자 동일한 지적이다.[36] 베벨과 리프크네히트가 그때 카우츠키와 체트킨에게 기회주의라는 허위 비난을 한다고 히스테리성 서신을 보내지 않았다니, 정말 이상하다…….

중앙위원회 후보 명단에 관해 말하자면, 이 편지는 연맹 대회에서 우리와 합의하기를 거부했던 것이 아직은 최종적인 것이 아니었다고 주장했던 마르또프 동지의 오류를 보여 준다. — 이는 정치투쟁에서 문서를 조회하지 않고 기억에 의존하여 대화를 재생하려 애쓰는 것이 얼마나 불합리한지를 보여 주는 추가적 예다. 실제로는 "소수파"가 너무나 겸손한 나머지 "다수파"에게 "소수파" 2인과 "다수파" 1인(타협으로, 그리고 말 그대로 오로지 양보의 용의로!)을 택하라는 최후통첩을 보냈을 정도였다. 괴상망측하지만 이것이 사실이다. 그리고 이 사실은 마치 대회의 절반에 해당하는 "다수파"가 오직 이 절반에서만 대표를 뽑았다는 것처럼 말하는 지금의 이야기들이 얼마나 터무니없는지를 여실히 보여 준다. 실상은 정반대다. 마르또프파는 오로지 양보의 용의로 우리에게 3인 가운데 1인을 제의했고, 따라서 우리가 이 원래의 "양보"에 동의하지 않을 경우 전원을 자기 사람들로 추진하고자 했던 것이다! 우리는 우리 비공개 회합에서 마르또프파의 겸손에 조소를 보냈고, 글레보프–뜨라빈스끼(나중에 중앙위원회에 선출)–뽀뽀프로 우리 자신의 명단을 작성했다. 우리는 (역시 24인이 모인 비공개 회합에서) 뽀뽀프를 (나중에 중앙위원회에 선출된) 바씰리예프 동지로 교체했는데, 이는 뽀뽀프 동지가 처음에는 사적 대담에서, 그러다 나중에는 대회에서도 공개적으로 우리 명단에 포함되는 것을 거절했기 때문일 뿐이었다(338쪽).

이것이 사태의 진상이었다.

겸손한 "소수파"에게는 다수파가 되려는 겸손한 바람이 있었다. 이 겸손한 바람이 충족되지 않자 "소수파"는 황송하게도 모든 것을 거부하고 추문을 일으키기 시작하셨다. 그런데 지금 "다수파"의 "비타협성"에 대해 대단히 거만하게 말하는 사람들이 여전히 있다니!

"소수파"는 대회에서 자유로운 선동이라는 전투에 나서면서 "다수파"에게 우스운 최후통첩을 제시했다. 패배를 겪고 나자, 우리의 영웅들은 눈물을 흘리면서 계엄 상태라고 소리를 질러댔다. Voilà tout[이게 전부다].

편집국 구성을 우리가 바꾸려 한다는 끔찍한 비난도 우리는 미소로 맞았다. 모든 사람이 대회가 처음 시작됐을 때부터, 그리고 심지어 대회 이전에도, 최초의 3인조를 선출하는 방식으로 편집국을 개편하는 계획에 대해 너무나 잘 알고 있었다. (이에 대해서는 대회의 편집국 선거 문제를 다룰 때 더 상세히 말하겠다.[37]) "소수파"와 반『불꽃』파의 연합으로 이 계획의 정당성이 너무도 잘 확인된 것을 보고 나서 "소수파"가 이 계획에 겁을 먹었다는 것은 우리로서는 놀라운 일이 아니었다. ─ 충분히 자연스러운 일이었다. 대회에서 투쟁도 하기 전에 자발적으로 소수파가 되라는 제안을 우리가 진지하게 받아들일 수 없었음은 물론이다. 또 우리는 "기회주의라는 허위 비난"을 내뱉을 정도로 믿기 어려운 수준으로 격앙된 사람들이 쓴 편지 전체를 진지하게 받아들일 수도 없었다. 우리는 "울분을 터뜨리고" 싶은 그들의 자연스러운 욕구가 당에 대한 의무로 인해 아주 빨리 사그라지기를 확고히 기대하고 있었다.

K. 규약에 관한 계속된 토론. 평의회 구성

규약의 이후 항목들은 조직 원칙에 대해서보다 세부 사항에 대해서 더 많은 논쟁을 불러일으켰다. 대회 제24차 회의는 전적으로 당대회의 대표권 문제에 바쳐졌는데, 또 다시 『불꽃』파와 전원의 공동 계획에 반대해 단호하고 명확하게 투쟁을 벌인 것은 분트파(골드블라트와 리베르, 258~259쪽)와 아끼모프 동지뿐이었다. 아끼모프 동지는 칭찬받을 만큼 솔직하게 대회에서 자신이 맡은 역할을 인정했다. "말할 때마다 매번 나의 논거가 동지들에게 영향을 미치는 것이 아니라 반대로 내가 옹호하는 그 항목에 손해를 끼친다는 것을 나는 충분히 인식하고 있다."(261쪽) 정곡을 찌르는 이러한 언급은 규약 제1조 토론 직후에 특히 적절한 것이었다. 여기서 "반대로"라는 표현을 사용한 것만은 그리 옳지 못한데, 왜냐하면 아끼모프 동지는 특정한 항목들에 손해를 끼칠 뿐만 아니라 그와 동시에 …… 기회주의적 문구에 경도된 매우 일관성 없는 『불꽃』과 "동지들에게 영향을 미치기"도 했기 때문이다.

전체적으로 볼 때, 대회 대표권의 조건을 규정하는 규약 제3조는 7인이 기권한 가운데(263쪽) 과반수가 승인했다. ― 기권한 사람들이 반『불꽃』파임은 분명하다.

대회 제25차 회의의 대부분을 차지했던 평의회 구성에 관한 논쟁은 엄청난 숫자의 다양한 초안을 둘러싸고 심하게 세분화된 분파 형성을 드러내 보였다. 아브람손과 짜레프는 평의회 계획을 아예 거부했다. 빠닌은 평의회를 고작 중재재판소로만 만들기를 강력히 원했고, 이에 따라 평의회가 최고 기관이며 2인의 평의회 위원이라면 누구나 소집할 수 있다는 규정을 삭제할 것을 일관되게 제안했다.[*] 게르쯔와 루쏘프는 규약위원회 위원 5인이 제안한 세 가지 방식에 덧붙여 평의회를 구성할 다른 방식들을 주장했다.

논란이 된 문제들은 무엇보다 먼저 중재재판소인가 아니면 당의 최고 기관인가라는 평의회의 임무 규정으로 좁혀졌다. 이미 말했듯이 빠닌 동지는 일관되게 전자를 찬성했다. 하지만 그는 혼자였다. 마르또프 동지는 단호히 반대 의사를 표명했다. "'평의회는 최고 기관이다.'라는 말을 삭제하자는 제안을 거부할 것을 제안한다. 우리의 정식화(즉, 우리가 규약위원회에서 합의했던 평의회의 기능에 대한 정식화)는 평의회를 당의 최고 기관으로 발전시킬 가능성을 일부러 남겨 둔 것이다. 우리에게 평의회는 조정 기관에 불과한 것이 아니다." 그런데 마르또프 동지 초안대로 양 중앙기관으로부터 2인씩, 그리고 이 4인이 영입하는 다섯 번째 사람으로 이루어지는 평의회 구성은 전적으로, 그리고 오로지 "조정 기관" 또는 중재재판소의 성격에 부합하는 것이었다. 평의회의 그러한 구성뿐만 아니라 루쏘프 동지와 게르쯔 동지의 제안에 따라 대회가 채택한 구성(다섯 번째 위원은 대회가 지명)도 조정 또는 중재라는 목적에만 부합

---

[*] 스따로베르 동지 역시 빠닌 동지의 견해에 경도됐던 것 같은데, 둘 사이에 차이가 있다면, 빠닌 동지는 자신이 무엇을 원하는지 알고서 평의회를 순수한 중재와 조정의 기관으로 바꾸는 결의안을 충분히 일관되게 제기했던 반면 스따로베르 동지는 자신이 무엇을 원하는지 알지 못하고서 초안에 따라 평의회가 "당사자들이 원할 때만"(266쪽) 소집된다고 말했다는 것뿐이다. 이는 완전히 잘못된 것이었다.

한다. 평의회의 그러한 구성과 평의회를 당의 최고 기관이 되도록 한다는 목적 사이에는 조화될 수 없는 모순이 있다. 당의 최고 기관은 그 구성이 항상적이어야 하며 중앙기관 구성에 생긴 우연한 (때로는 조직 와해로 인한) 변동에 좌우돼서는 안 된다. 최고 기관은 당대회와 직접적 관계에 있어야 하고, 대회에 종속된 두 개의 다른 당 기관으로부터가 아니라 당대회로부터 전권을 부여받아야 한다. 최고 기관은 당대회에 알려진 사람들로 구성돼야 한다. 마지막으로, **최고 기관은 그 존재 자체가 우연에 좌우되는 그런 방식으로 조직돼서는 안 된다.** 다섯 번째 위원을 선출할 때 두 기관의 의견이 일치하지 않으면 당은 최고 기구 없이 남게 된다는 말이다! 이에 맞선 반론들이 있었다. 1) 만일 5인 가운데 1인이 기권하고 나머지 4인이 두 편으로 나뉘면 마찬가지로 타개할 수 없는 상황이 된다(예고로프). 이 반론은 근거가 없다. 왜냐하면 **결정을 채택하지 못할** 가능성은 그 어떤 기관에서나 때때로 불가피한 것이지만 그것이 그 기관을 **구성하는** 것이 불가능하다는 말은 전혀 아니기 때문이다. 둘째 반론. "평의회 같은 기관이 다섯 번째 위원을 선출할 수 없다면 이는 그 기관이 전반적으로 무능하다는 것을 의미한다."(자쑬리치) 하지만 문제는 최고 기관의 무능이 아니라 **최고 기관의 부재**다. 다섯 번째 위원이 없다면 평의회라는 것이 아예 **없을** 것이며 그 어떤 "기구"도 없을 것이므로 무능에 대해 말할 수도 없을 것이기 때문이다. 마지막으로 당의 어떤 기관 가운데 하나가 성립되지 않을 때 그 위에 다른 상급 기관이 있다면 재앙을 피할 수 있는데, 이 상급 기관이 긴급한 경우 언제나 공백을 이리저리 메울 수 있기 때문이다. 하지만 평의회 위에는 대회 외에는 그 어떤 기관도 없으며, 따라서 평의회가 성립되지 않을 수조차 있는 가능성을 규약에 남겨 두는 것은 명백하게 비논리적이다.

이 문제에 관해 내가 대회에서 했던 두 번의 간단한 발언 역시 이 두 가지 잘못된 반론들을 분석하는 데 할애됐다. 이 반론들은 마르또프 자신과 다른 동지들이 마르또프 초안을 옹호할 때 이용한 논리였다(267, 269쪽). 나는 중앙기관지나 중앙위원회가 평의회를 장악하는 문제는 아예 건드리지도 않았다. 중앙기관지가 우위에 설 위험성을 지적한다는 의미로 이미 대회 제14차 회의에서 이 문제를 처음으로 다룬 사람은 아끼모프 동지였다(157쪽). 따라서 대회 이후에 마르또프 동지와 악쎌로트 동지, 그리고 다른 이들이 "다수파"가 중앙위원회를 편집국의 도구로 변질시키려 한다는 황당하고 악의에 찬 선동적 이야기를 만들어 냈을 때 이들은 단지 아끼모프 뒤를 따라가기만 한 것이었다. 마르또프 동지는 자신이 쓴 『계엄 상태』에서 이 문제를 다루면서 그 사태의 진짜 주도자는 겸손하게 피해 갔다!

당대회에서 있었던, 중앙기관지가 중앙위원회보다 우위에 선다는 문제 제기의 전모를 알고 싶은 사람이라면, 또 맥락에서 떼어낸 개별적 인용문들만으로 만족하고 싶지 않은 사람이라면, 마르또프 동지가 사태를 어떻게 왜곡했는지 쉽게 알게 될 것이다. 이미 제14차 회의에서 다른 누구도 아닌 뽀뽀프 동지가 아끼모프 동지의 견해에 반대하는 논리로 말을 시작했으니, 그 말에 따르면 아끼모프 동지는 "중앙기관지의 영향력을 약화시키기 위해 당 최고위층의 '최대한 엄격한 중앙 집중화'를 옹호하려 하며"

(154쪽, 강조는 내가 한 것.) "그런 (아끼모프 식) 체계가 의미하는 것은 '최대한 엄격한 중앙 집중화'가 전부다." 뽀뽀프 동지는 이렇게 부연했다. "나는 그런 중앙 집중화를 옹호하지 않을 뿐만 아니라 어떻게 해서든 그것과 싸울 준비가 돼 있다. 왜냐하면 그것은 기회주의의 깃발이기 때문이다." 중앙기관지가 중앙위원회보다 우위에 선다는 악명 높은 문제의 뿌리는 바로 여기 있는 것이기에, 마르또프 동지가 지금 와서 문제의 진정한 근원에 대해 침묵할 수밖에 없는 것은 놀라운 일이 아니다. 심지어 뽀뽀프 동지조차도 중앙기관지가 중앙위원회를 장악한다는 것에 관한 이런 아끼모프 식 이야기의 기회주의적 성격*을 보지 않을 수 없었고, 그래서 그는 아끼모프 동지와 자신을 제대로 분리하기 위해 다음과 같이 단호히 말했던 것이다. "이 중앙기관(평의회)의 3인은 편집국에서, 2인은 중앙위원회에서 오게 하자. 이는 부차적 문제이고(강조는 내가 한 것), 중요한 것은 바로 지도력, 당의 최고 지도력이 하나의 원천에서 나오도록 하는 것이다."(155쪽) 아끼모프 동지는 이렇게 반박했다. "초안에 따르면, 평의회 내에서 중앙기관지의 우위가 보장된다. 왜냐하면

---

* 뽀뽀프 동지나 마르또프 동지 둘 다 아끼모프 동지를 주저 없이 기회주의자라고 불렀다. 그들은 "언어 평등권"이나 제1조 문제로 인해 이러한 명칭이 그들 자신에게 적용됐을 때, 그것도 정당하게 적용됐을 때에야 모욕을 느끼고 분노하기 시작했다. 그러나 마르또프 동지가 그 발자국을 따라갔던 아끼모프 동지는 당대회에서 연맹 대회 때의 마르또프 동지 일당보다 훨씬 더 품위 있고 용감하게 처신할 줄 알았다. 아끼모프 동지는 당대회에서 이렇게 말했다. "여기서는 나를 기회주의자라고 부른다. 나는 개인적으로 이 말이 모욕적 욕설이라고 생각하며 내가 그런 말을 들을 이유가 전혀 없다고 생각한다. 그러나 이에 대해 항의하지는 않겠다."(296쪽) 혹시 마르또프 동지와 스따로베르 동지가 기회주의라는 허위 비난에 대한 자신들의 항의에 동참하라고 아끼모프 동지에게 제의했지만 아끼모프 동지가 거절한 것은 아닐까?

편집국의 성원은 항상적인데 중앙위원회는 가변적이기 때문이다."(157쪽) — 이는 원칙적 지도력의 "항상성"(정상적이고 바람직한 현상)에만 해당되는 논거이지 결코 독자성 침해나 간섭이라는 의미의 "우위"에 대해 적용되는 것이 아니다. 당시만 해도 아직, 중앙위원회의 독자성이 없다는 등의 횡설수설로 중앙기관 구성에 대한 불만을 감추고 있던 "소수파"에 속하지 않았던 뽀뽀프 동지는 아끼모프 동지에게 다음과 같이 매우 논리적으로 대답했다. "나는 그것(평의회)을 당의 지도적 중앙으로 생각하자고 제안하는 것이다. 그렇게 되면 **중앙기관지에서 평의회에 더 많은 대표가 올 것인가 아니면 중앙위원회에서 평의회에 더 많은 대표가 올 것인가 하는 문제는 전혀 중요하지 않다.**"(157~158쪽. 강조는 내가 한 것.)

평의회 구성 문제에 대한 논의가 제25차 회의에서 재개됐을 때 빠블로비치 동지는 이전의 논쟁을 계속 이어서 "중앙기관지의 안정성 때문에" 중앙기관지가 중앙위원회보다 우위에 있는 것에 찬성한다는 의사를 표명했다(264쪽). 그가 염두에 둔 것은 바로 원칙적 안정성인바, 마르또프 동지는 이를 이해했다. 그는 빠블로비치 동지 바로 다음에 말하면서 "한 기관의 다른 기관에 대한 우월성을 고정시킬" 필요는 없다고 했고, 중앙위원회 위원 가운데 하나가 국외에 체류할 가능성에 대해 지적하면서 "이것으로 중앙위원회의 원칙적 안전성이 일정 수준 유지될 것"이라고 했다(264쪽). 여기에는 아직 원칙적 안정성 및 원칙의 수호 문제와 중앙위원회의 독자성 및 독립성의 수호 문제를 악의적 선동으로 혼동시킨 흔적조차 없다. 대회 이후에는 이러한 혼동이 마르또프 동지의 으뜸패가 되다시피 했지만, 대회에서는 아끼모프 동지만이 굳건히 이를 실현했던 것이다. 아끼모프 동지는 당시에 이미 "아락체예프 식 규약 정신"(268쪽)을 언급하며 이렇게 말했다. "만일 평의회에 중앙기관지의 3인이 있게 된다면 중앙위원회는 단순히 편집국의 의사를 집행하는 곳으로 변질될 것이다. (강조는 내가 한 것.) 국외에 사는 3인이 당 전체의(!!) 활동을 무제한(!!) 관장할 권리를 얻게 될 것이다. 안전이라는 의미에서 그들은 보장된 사람들이며 따라서 그들의 권력은 종신 권력이다."(268쪽) 이념적 지도를 당 전체 활동에 대한 개입이라는 것으로 바꿔치기하는 (그리고 대회 이후에는 악쎌로트 동지에게 "신권정치"에 관한 이야기[38]와 더불어 값싼 슬로건을 제공했던) 바로 이러한 완전히 터무니없고 악의적인 선동 문구에 대하여, 빠블로비치 동지가 또 다시 반박하며 이렇게 강조했다. "『불꽃』이 대표하는 원칙의 견고함과 순수성을 지지한다. 중앙기관지 편집국에 우월성을 부여함으로써 나는 이러한 원칙을 굳건하게 할 것이다."(268쪽)

이것이 중앙기관지가 중앙위원회에 대해 우위를 점한다는 악명 높은 문제의 실상이다. 악쎌로트 동지와 마르또프 동지가 말하는 저 유명한 "원칙적 견해차"는 아끼모프 동지의 기회주의적이고 악의적인 선동을 반복한 것 이상이 아니며 그 진정한 성격을 뽀뽀프 동지마저 분명히 알고 있었다. 그것도 중앙기관 구성 문제로 아직 패배를 겪기도 전에 말이다!

* * *

　평의회 구성 문제의 총괄. 「편집국에 보내는 편지」에 나온 나의 서술이 모순되고 올바르지 않다며 『계엄 상태』에서 이를 증명하려 했던 마르또프 동지의 시도에도 불구하고, 이 문제가 제1조와 비교하여 볼 때 사실상 사소한 것에 불과하다는 것과 마치 우리가 "거의 배타적으로" 당 중앙기관 조직의 문제에 관해서만 논쟁을 벌였다는 듯 써 놓은 「우리의 대회」(『불꽃』 제53호)라는 기사의 발표가 전적인 왜곡이라는 것은 『대회 의사록』을 보면 분명히 확인된다. 이 왜곡이 더더욱 무례한 것은 그 기사의 필자가 제1조에 관한 논쟁은 완전히 회피했기 때문이다. 나아가 평의회 구성 문제를 두고 『불꽃』파에서 일정한 분파 형성이 일어난 적도 없었다. 이 역시 의사록에서 확인된다. 기명투표는 없었는데, 마르또프는 빠낀과 의견을 달리했고, 나는 뽀뽀프와 비슷한 입장이었으며, 예고로프와 구쎄프는 각자의 입장이 있었고, 등등이었다. 마지막으로, 마르또프파와 반 『불꽃』파의 연합이 강화됐다는 최근의 (국외러시아혁명적사회민주주의자연맹 대회 때의) 나의 주장 또한 마르또프 동지와 악쎌로트 동지가 이 문제에서도 ― 이제 모든 사람이 알 수 있을 만큼 확연히 ― 아끼모프 동지 쪽으로 전향함으로써 확인되는 바다.

ㄴ. 규약에 관한 토론의 종결. 중앙기관들의 호선.
『노동자의 대의』 대의원들의 퇴장

규약에 관한 이후의 토론들(대회 제26차 회의) 중에서 지적할 가치가 있는 문제는 중앙위원회 권한을 제한하는 문제 한 가지뿐이다. 이 문제는 고도의 중앙 집중주의에 대해 마르또프파가 지금 펼치고 있는 공격의 성격을 밝혀 주고 있다. 예고로프 동지와 뽀뽀프 동지는 그들 자신의 입후보나 그들이 추진한 입후보와는 관계없이 어느 정도 강한 신념으로 중앙 집중주의를 제한하려 노력했다. 그들은 일찍이 규약위원회에서 중앙위원회의 지역위원회 해산권을 평의회의 동의를 받는 것으로 제한하자고, 또 특별히 열거된 경우들로만 제한하자고 제의한 바 있다(272쪽, 주석 1). 규약위원회의 세 위원(글레보프, 마르또프, 나)이 이에 대해 반대 의사를 표명했고, 마르또프 동지는 대회에서 우리 의견을 옹호하면서 이렇게 예고로프 동지와 뽀뽀프 동지의 말을 반박했다. "그런 것이 없이도 중앙위원회는 조직의 해산과 같은 심각한 조치를 단행하기 전에 협의할 것이다." 보다시피, 마르또프 동지는 당시에는 아직 온갖 반反중앙 집중주의의 요구에 귀를 막고 있었으며, 대회는 예고로프와 뽀뽀프의 제안을 기각했다. ─ 의사록을 봐서는 표결 수를 알 수 없다는 것이 유감일 뿐이다.

당대회에서 마르또프 동지는 또한 "'조직한다'라는 말(당규약 제6조에 나오는 '중앙위원회는 위원회들 등등을 조직한다'는 말)을 '승인한다'라는 말로 바꾸는 것에 반대했다." 마르또프 동지는 연맹 대회에서야 공개된 대단한 생각, 즉 "조직한다"라는 개념 속에 승인은 포함되지 않는다는 생각에까지는 아직 미치지 못했기에 당시에는 "조직할 권한도 부여"해야 한다고 말했다.

이 두 가지 항목을 제외하면, 나머지 규약 제5조에서 제11조까지의 여러 부분에 관한 완전히 사소한 논쟁들(『의사록』 273~276쪽)은 거의 관심의 대상이 되지 않는다. 그리고는 제12조 — 일반적으로는 모든 당 기관의, 그리고 특수하게는 중앙기관의 호선 문제 — 가 나왔다. 위원회는 호선에 필요한 정족수를 2/3에서 4/5로 올리자고 제안했다. 보고자인 글레보프는 중앙위원회에 대해 만장일치 호선을 제안했다. 예고로프는 들쭉날쭉함은 바람직하지 않다고 시인하면서 근거 있는 거부권이 행사되지 않는 상황에서의 단순 과반을 지지했다. 뽀뽀프 동지는 위원회에도, 예고로프 동지에게도 동의하지 않고, (거부권 없는) 단순 과반이나 만장일치를 요구했다. 마르또프 동지는 위원회에도, 글레보프에게도, 예고로프에게도, 뽀뽀프에게도 동의하지 않고 만장일치에 반대하고 4/5에 반대하며(2/3에 찬성) "상호 호선," 즉 중앙기관지 편집국이 중앙위원회 호선에 이의를 제기할 권리와 그 역의 경우("호선에 대한 상호 통제권")에 반대한다는 의사를 표명했다.

독자들이 보다시피 분파 형성은 정말 다종다양했고, 견해차는 너무 세분화돼 대의원 한 사람 한 사람의 견해가 "일치"되는 특별한 경우가 거의 없을 지경이었다!

마르또프 동지는 이렇게 말했다. "불쾌한 사람들과 활동하는 것이 심리적으로 불가능하다는 것은 인정한다. 하지만 우리에게 또한 중요한 것은 우리 조직이 살아 있고 업무 능력을 갖출 수 있도록 하는 것이다…… 호선을 하는 경우 중앙위원회와 중앙기관지 편집국의 상호 통제권은 필요치 않다. 내가 그것에 반대하는 것은 하나가 다른 하나의 영역에서는 부적격하다고 생각하기 때문이 아니다. 그렇지 않다! 예컨대, 이를테면 나제주진 씨를 중앙위원회에 받아들여야 하느냐는 문제에 대해 중앙기관지 편집국이 중앙위원회에 훌륭한 조언을 할 수 있을 것이다. 내가 반대하는 이유는 서로를 귀찮게 만드는 관료적 형식주의를 만들어 내고 싶지 않아서다."

나는 반론을 제기했다. "여기에는 두 가지 문제가 있다. 첫째는 정족수인데, 나는 4/5에서 2/3로 낮추자는 제안에 반대한다. 근거 있는 이의신청을 도입하는 것은 신중하지 못하여, 나는 반대한다. 정말 중차대한 것은 호선에 대한 중앙위원회와 중앙기관지의 상호 통제권이라는 두 번째 문제다. 두 중앙기관의 상호 동의는 조화의 필수 조건이다. 여기서 문제는 두 기관이 삐걱거릴 경우다. 분열을 원치 않는 사람이라면 조화를 이룰 수 있도록 고심해야 한다. 당의 역사로부터 우리는 분열을 일으킨 사람들이 있었다는 것을 알고 있다. 이 원칙적 문제, 중요한 문제에 미래의 당의 운명 전체가 걸려 있을 수도 있다."(276~277쪽) 이것이 대회에 기록된 나의 발언 개요의 전문이고 마르또프 동지는 이에 특히 중대한 의의를 부여하고 있다. 유감스럽게도, 이것에 중대한 의의를 부여하면서도 그는 이 발언이 행해졌던 때의 대회의 모든 정치적 특징 및 모든 토론과 이 발언을 연관시켜 파악하려는 노력을 하지 않았다.

무엇보다 먼저 제기되는 문제는 내가 나의 원래 초안(394쪽, 제11조를 보라.)에서 정족수를 2/3로 한정했고 중앙기관 호선에 대한 상호 통제를 요구하지 않은 이유다. 내 뒤에 발언했던 뜨로쯔끼 동지가 이 문제를 즉각 제기한 바 있다(277쪽).

이 문제에 대한 답은 연맹 대회에서 내가 한 발언과 제2차 대회에 관한 빠블로비치의 편지 속에 들어 있다. 규약 제1조 때문에 "그릇이 깨졌고," 그래서 그 그릇을 "이중 매듭"으로 묶어야 했다. ― 이것이 내가 연맹 대회에서 한 말이다. 이 말은 첫째, 순전히 이론적인 문제에서 마르또프는 기회주의자로 남았으며 그의 오류를 리베르와 아끼모프가 **옹호**했음을 의미했고, 둘째, 중앙기관의 인적 구성을 추진하는 과정에서 마르또프파(즉, 『불꽃』의 미미한 소수파)와 반『불꽃』파가 연합함으로써 대회 다수파가 됐음을 의미했다. 내가 여기서 조화의 필요성을 강조하고 "**분열을 일으킨 사람들**"에 대해 경고하면서 말하고 있던 것은 바로 **중앙기관의 인적 구성**이었다. 이 경고는 정말 중요한 원칙적 의의를 지니게 됐는데, 그것은 (모든 실천 업무와 모든 후보를 가장 가까이 알고 있었기에 중앙기관의 인적 구성 문제에 분명 가장 적임이었던) 『불꽃』 조직이 이 문제에 관해서 이미 협의권을 행사했고 우려되는 후보들에 관해 우리가 알고 있는 명확한 결정을 내린 바 있었기 때문이다. 도덕적으로도, 그리고 본질적으로도 (즉, 결정을 내릴 자격으로 보아도) 『불꽃』 조직은 이 민감한 문제에서 결정적 중요성을 갖고 있어야 했다. 하지만 **공식적으로** 마르또프 동지에게는 『불꽃』 조직 다수파에 **반대하여** 리베르들과 아끼모프들에게 호소할 완전한 권리가 있었음이 당연하다. 그런데 아끼모프 동지는 『불꽃』파 공동의 목표를 달성하는 방법에 관해 『불꽃』파 사이의 견해차가 있는 것을 알고 자신은 의식적이고 의도적으로 더 나쁜 방법에 표를 던졌다며 그 이유는 그의, 즉 아끼모프의 목적이 『불꽃』파의 목적과는 정반대되는 것이었기 때문이라고, 제1조에 관한 빛나는 발언에서 매우 명확하고도 현명하게 말했다. 이렇게 해서 마르또프 동지의 바람이나 의도와는 전혀 상관없이, **중앙기관을 더 형편없이 구성하는 것이야말로** 리베르들과 아끼모프들의 지지를 얻는 것이었음을 누구도 의심할 수 없게 됐다. (그들의 말이 아니라 그들의 **행동**으로, 즉 제1조에 관한 그들의 투표로 판단해 볼 때) 그들은 "분열을 있게 한 사람들"의 참가가 보장되는, 바로 그런 명단에 **투표할 수 있고** 또 그렇게 할 것임에 틀림없으며, 이는 오로지 "분열이 생기도록" 하기 위함일 것이었다. 그런 상황에서 내가 미래의 당의 운명 전체가 달려 있을 수도 있는 (두 중앙기관의 조화라는) 중요한 원칙적 문제를 말한 것이 놀라운 일이란 말인가?

　『불꽃』의 사상과 계획과 운동의 역사를 어느 정도 알고 있는 사회민주주의자라면, 그러한 사상을 진정으로 공유했던 사회민주주의자라면, 어느 누구도 중앙기관 구성에 관한 『불꽃』 조직 내부의 논쟁이 리베르들과 아끼모프들의 결정에 의해 해결된다면 이는 형식적으로는 올바를지 모르지만 있을 수 있는 **최악의** 결과를 보장하리라는 것을 단 한 순간도 의심할 수 없었을 것이다. 있을 수 있는 이 최악의 결과를 막기 위해 반드시 **싸워야만** 했던 것이다.

어떻게 싸웠어야 하는가? 우리는 물론 히스테리를 부리거나 추문을 일으키는 방식이 아니라 **충분히 충실하고 충분히 정당한** 방식으로 싸웠다. 우리는 (제1조의 경우와 마찬가지로) 우리가 소수파라는 점을 감지하고 있었기에 소수의 **권리를 보호하라고** 대회에 호소하기 시작했다. 승인 정족수의 엄격한 상향(2/3가 아닌 4/5), 만장일치에 의한 호선, 중앙기관 호선에 대한 상호 통제, — 이 모든 것이 우리가 **중앙기관의 인적 구성 문제**에서 소수파로 남게 되자 지켜 내기 시작했던 것이다. 의사록 **일체**와 관련 인사들의 "증언"을 전부 신중하게 조사하지 않고 몇몇 동료와 대화를 나눈 후 사태를 제대로 들여다보지도 않고 대회에 관해 판단하고 정리해 버리려는 극히 평범한 사람들은 이 사실을 항상 무시한다. 그런데 이 의사록과 증언들을 성실하게 조사하려는 사람이라면 누구나 내가 지적한 사실에 반드시 다다르게 된다. 논쟁의 **뿌리**는 대회의 그 시점에, 그야말로 **중앙기관의 인적 구성** 문제에 있으며, 우리가 더 엄격한 통제 조건을 추가했던 까닭은 우리가 소수파였고 마르또프가 환희에 차서, 그리고 리베르들과 아끼모프들의 환희에 찬 동참 속에서 깨 버린 "그릇을 이중의 매듭으로 묶고" 싶었기 때문이라는 사실에 누구나 반드시 다다르게 된다.

대회의 그 시점에 대해 빠블로비치 동지는 이렇게 말한다. "만약 상황이 그렇지 않았다면, 사람들은 만장일치 호선 항목을 제시한 것이 우리가 반대자들을 배려했기 때문이라고 추측하지 않을 수 없게 될 것이다. 왜냐하면 어떤 기관에서든 우세한 측에게는 만장일치가 필요하지 않을 뿐더러 불리하기까지하기 때문이다."(『제2차 대회에 관한 편지』 14쪽) 하지만 지금 사람들은 너무나 자주 사건의 시간상 순서를 잊고 있으며, 대회 **전체 기간 동안** (리베르들과 아끼모프들의 참여 덕분에) 현재의 소수파가 다수파였음을 잊고 있으며, 또 바로 이 기간에 중앙기관 호선에 관한 논쟁이 일어났고 중앙기관의 인적 구성 때문에 『불꽃』 조직이 갈라섰다는 것이 그 논쟁의 내막이었음을 잊고 있다. 이 상황을 파악하는 사람이라면 우리의 열정적 논쟁을 이해할 것이며, 어떤 사소한 세부적 견해차 때문에 정말 중요하고 원칙적인 문제들이 일어나게 되는 겉보기만으로는 모순된 그 상황에 놀라지 않을 것이다.

같은 회의에서 발언했던 데이치 동지(277쪽)가 "이 제안은 이 시점을 위해 고안된 것이 틀림없다."라고 했을 때 그는 상당히 옳았다. 정말로, 그 시점의 온갖 복잡성을 이해할 때에만 논쟁의 진정한 의의를 이해할 수 있다. 또한 소수파였을 때 우리가 유럽의 사회민주주의자라면 누구라도 정당하고 허용 가능한 것으로 인정할 **그런 방법으로**, 즉 중앙기관의 인적 구성을 더욱 엄격하게 통제하자고 대회에 호소함으로써 소수파의 권리를 지켜냈다는 것을 염두에 두는 것이 극히 중요하다. 이와 꼭 마찬가지로, 예고로프 동지가 다른 회의이기는 하지만 같은 대회에서 다음과 같이 말했을 때 그 역시 상당히 옳았다. "원칙에 대한 언급을 논쟁에서 다시 듣게 되다니 나로서는 극히 놀랍다. (내가 틀리지 않다면, 이는 중앙위원회 선거에 관한 대회 제31차 회의에서, 그러니까 목요일 아침에 나온 말이다. 반면 지금 문제가 되는 제26차 회의는 일요일 저녁이었다.) 최근 며칠 동안 모든 논쟁이 이런저런 원칙적 문제 제기를 중심으로 일어난 것이 아니라 오로지 중앙기관에 이런저런 인물을 확보할 것인가 아니면 배제할 것인가를 중심으로 일어났다는 것을 모든 사람이 분명히 알고 있다고 생각한다. 이 대회에서 원칙은 이미 오래전에 사라졌다는 것을 우리가 인정하면 문제를 까놓고 말하게 될 것이다. (모두 웃음. **무라비요프**: '마르또프 동지가 웃었다는 걸 의사록에 넣어 줄 것을 요청한다.')"(337쪽) 마르또프 동지와 우리가 모두 예고로프 동지의 불평에 대해 소리 내어 웃었다는 것은 놀랍지 않다. 그 불평은 정말 우스운 것이었으니까. 그렇다, "**최근 며칠 동안**" 무척 많은 일이 중앙기관의 인적 구성 문제를 둘러싸고 일어났다. 이는 사실이다. 이는 대회에서 정말 **모든 사**람이 분명히 알고 있었다. (그런데 이제 소수파만이 이 분명한 상황을 얼버무리려 애쓰고 있는 것이다.) 마지막으로, 문제를 까놓고 말해야 한다는 것도 맞다. 하지만, 맙소사, 여기서 "원칙이 사라졌다"라는 건 도대체 어떤 상황에서 그렇다는 것인가? 실상, 우리는 첫 **며칠은**(대회 의사일정 10쪽을 보라.) 강령, 전술, 규약을 협의하고 그와 관련된 문제들을 결정하기 위해, 그리고 **마지막 며칠은**(의사일정 제18항과 19항) 중앙기관의 인적 구성을 협의하고 이 문제들을 결정하기 위해 대회에 모였던 것이다. 지휘봉을 둘러싼 투쟁에 대회 **마지막 며칠**을 소모하는 것은 자연스러운 현상이며 전적으로 정당한 일이다. (그런데 지휘봉을 둘러싼 투쟁이 **대회 이후**에 벌어진다면, 그것은 사소한 말다툼인 것이다.) 만일 누군가가 **대회에서** (예고로프 동지가 그랬듯이) 중앙기관의 인적 구성 문제에서 패배를 겪었다면, 그가 **그 이후**에

"원칙이 사라졌다"라고 말하는 것은 그저 우스울 뿐이다. 따라서 모두들 예고로프 동지를 비웃었던 것이 이해가 된다. 마찬가지로 왜 무라비요프 동지가 마르또프 동지가 그때 비웃은 것을 의사록에 기입해 달라고 요청했는지도 이해가 된다. 마르또프 동지는 예고로프 동지를 비웃으면서 자기 자신을 비웃었던 것이니까……

무라비요프 동지의 야유에 덧붙여 다음의 사실을 알려주는 것도 불필요한 일은 아닐 듯하다. 잘 알다시피, 대회 이후에 마르또프 동지는 우리가 갈라서는 데 근본적 역할을 한 것은 바로 중앙기관 호선 문제였다고, "구 편집국 다수파가" 중앙기관 호선에 대한 상호 통제를 격렬하게 반대했다고 사방팔방 설득했다. 대회 이전에 마르또프 동지는 2/3 정족수의 상호 호선과 함께 두 개의 3인조를 선출하자는 나의 초안을 받아들이면서 이에 대해 나에게 다음과 같은 글을 썼다. "이러한 형식의 상호 호선을 받아들이되 대회 이후에 각 기관의 충원은 약간 다른 원칙으로 완수해야 한다는 점을 강조해야 한다. (나는 다음과 같이 조언하고자 한다. 각 기관은 다른 기관에 자신의 의향을 알리고 새로운 성원을 호선한다. 그 다른 기관은 반대를 표명할 수 있으며, 그럴 경우 평의회가 논쟁을 해결한다. 중앙위원회는 좀 더 빠른 방식으로 충원이 가능하므로, 일이 지체되지 않도록 하기 위해 — 최소한 중앙위원회의 경우만이라도 — 이 절차는 사전에 지명된 후보들을 대상으로 실행된다.) 이후의 호선은 당 규약이 규정한 절차에 따라 수행된다는 점을 잘 드러내기 위해 제22조에 다음과 같은 말을

덧붙여야 한다. '……은 이루어진 결정을 승인한다.'*"(강조는
내가 한 것.)

해설이 필요 없다.

———

중앙기관 호선에 관한 논쟁이 있었던 그 시점의 의의를 설
명한 이상, 우리는 이에 관계된 **표결**에 관해 조금 자세히 살펴
보아야 한다. — 토론은 별로 살펴볼 필요가 없는데, 내가 인용
한 마르또프 동지의 발언과 나의 발언 이후에는 미미한 수의
대의원이 참여한 간단한 대꾸들만 있었기 때문이다.(『의사록』
277~280쪽을 보라.) 투표와 관련하여 마르또프 동지는 연맹 대
회에서 내가 "규약을 둘러싼 투쟁을" …… (마르또프 동지는 제
1조 이후에 그야말로 규약을 둘러싼 뜨거운 논쟁이 진행됐다는
커다란 진실을 무심코 내뱉어 버렸다.) …… "분트와 연합에 돌
입한 마르또프파와『불꽃』의 투쟁으로 소개한 것은" "극심한
왜곡"(『연맹 의사록』 60쪽)이었다고 주장했다.

이 흥미로운 "극심한 왜곡" 문제를 들여다보자. 마르또프 동
지는 평의회 구성 문제에 관한 표결과 호선에 관한 표결을 결
합시키면서 **여덟** 번의 표결을 인용했다. 1) 중앙기관지와 중앙

---

* 내가 작성한 원래 대회 Tagesordnung[의제] 초안과 그에 붙인 주석을 말하는 것인
데, 이는 모든 대의원이 알고 있다. 이 초안의 제22항은 중앙기관지와 중앙위원회에 두
개의 3인조를 선출하고, 이 6인을 정족수 2/3로 "상호 호선"하고, 이 상호 호선을 대회
가 승인하고, 그 이후의 중앙기관지와 중앙위원회 호선은 독자적으로 한다는 내용이
었다.

위원회로부터 각각 2인씩으로 평의회를 선출한다는 건 — 찬성 27(마), 반대 16(레), 기권 7.* (괄호 속에 언급하자면, 『의사록』 — 270쪽 — 에는 기권 수가 8로 나와 있지만 이는 사소한 것이다.) 2) 대회가 평의회의 다섯 번째 위원을 선출한다는 건 — 찬성 23(레), 반대 18(마), 기권 7. 3) 퇴임한 평의회 위원은 평의회가 자체적으로 대체한다는 건 – 반대 23(마), 찬성 16(레), 기권 12. 4) 중앙위원회 호선은 만장일치로 한다는 건 – 찬성 25(레), 반대 19(마), 기권 7. 5) 위원을 호선하지 않는 것에 대해 근거를 제시하여 한 번 이의를 제기할 수 있다는 건 – 찬성 21(레), 반대 19(마), 기권 11. 6) 중앙기관지는 만장일치로 호선한다는 건 – 찬성 23(레), 반대 21(마), 기권 7. 7) 새로운 위원에 대한 중앙기관지와 중앙위원회의 거부 결정을 평의회가 무효화할 권리에 관한 표결을 허용한다는 건. – 찬성 25(마), 반대 19(레), 기권 7. 8) 이에 대해 발의한다는 것 자체에 관한 건. – 찬성 24(마), 반대 23(레), 기권 4. 마르또프 동지는 이렇게 결론을 내렸다(『연맹 의사록』 61쪽). "여기서 분트 대의원 1인이 발의에 **찬성표를 던졌고** 나머지는 기권했음이 명백하다."(강조는 내가 한 것.)

이렇게 물을 수 있을 것이다. 마르또프 동지는 왜 기명투표가 아닐 때 분트파 1인이 **자신에게**, 즉 마르또프에게 찬성표를 던진 것이 **명백하다**고 생각하는가?

투표수에 관심을 두었고 분트가 투표에 **참여**한 것이 숫자로

---

* 괄호 속의 글자 "마"와 "레"는 나(레)와 마르또프(마)가 각각 속했던 편을 가리킨다.

확인되자 마르또프 동지, 그는 이러한 참여가 자신, 마르또프에게 유리하다는 것을 의심치 않기 때문이다.

그렇다면 여기서 내가 저질렀다는 "극심한 왜곡"은 어디 있는가?

총 투표수는 51표, 분트파를 제외하면 46표,『노동자의 대의』파를 제외하면 43표였다. 마르또프 동지가 언급한 여덟 번의 표결 가운데 일곱 번에 각각 43, 41, 39, 44, 40, 44, 44인의 대의원이 참여했고, 한 번의 표결에는 47인(표라고 하는 게 더 맞겠다.)의 대의원이 참여했으며 여기서 마르또프 동지 스스로 분트파 1인이 자신을 지지했음을 시인했다. 이처럼, 마르또프가 그려 놓은 (그런데 우리가 곧 보게 되듯이 완전하게 그리지는 않은) 그림은 투쟁에 대한 나의 설명을 확인하고 강화할 뿐이라는 것이 드러난다! 정말 많은 경우에 기권자 수가 너무도 많았음이 드러난다. 이는 특정한 세부 사항들에 대해 대회 전체가 관심을 보이지 않았음을 — 비교적 관심을 보이지 않았음을 —, 그리고 이러한 문제들에 관해서는『불꽃』파의 명확한 분파 형성이 전혀 없었음을 가리킨다. 분트파가 "기권을 통해 레닌에게 협조한 것이 명백하다."(『연맹 의사록』62쪽)라는 마르또프의 말은 정확히 마르또프에 반하는 말이다. 그 말은 내가 때때로 승리를 기대할 수 있었던 것은 바로 분트파가 없거나 기권했을 때뿐임을 뜻하니까 말이다. 하지만 분트파는 투쟁에 개입할 가치가 있다고 생각할 때마다 마르또프를 지지했다. 그리고 37인의 대의원이 참여한 위에 인용한 경우에만 그러한 개입이 있었던 것은 아니다. 『대회 의사록』을 참조하고자 하는 사람은 누구나 마르또프 동지가 그린 그림이 정말 이상하게 불완전하다는 것을 알게 될 것이다. 마르또프 동지는 분트가 투표에 참가했던 세 번의 경우를 그냥 통째로 빼 버렸는데, 이 경우 모두 마르또프 동지가 승자였음은 말할 필요도 없다. 다음이 이 경우들이다. 1) 정족수를 4/5에서 2/3로 낮추자는 포민 동지 수정안의 채택 — 찬성 27, 반대 21(278쪽), 즉 투표 48. 2) 상호 호선을 삭제하자는 마르또프 동지의 발의의 채택 — 찬성 26, 반대 2(279쪽), 즉 투표 50. 3) 중앙기관지와 중앙위원회의 호선은 평의회 위원 전원의 동의하에 허용하자는 나의 제안의 부결(280쪽) — 반대 27, 찬성22(심지어 기명투표였지만 유감스럽게도 의사록에 보존돼 있지는 않다.), 즉 투표 49.

총괄. 중앙기관 호선 문제에 관하여 분트파는 단 네 번의 표결에만(내가 방금 인용한, 48표, 50표, 49표가 참여한 세 번의 경우와 마르또프 동지가 인용한 47표가 참여한 한 번) 참여했다. 이 모든 표결에서 승자는 마르또프 동지였다. 나의 진술은 모든 점에서 옳은 것으로 드러난바, 분트와의 연합을 지적한 점에서도, 문제들의 비교적 세부적인 성격을 확인한 점(많은 수가 기권한 경우가 속출한 것)에서도, 『불꽃』파의 명확한 분파 형성이 없었음을 지적한 점(기명투표는 없었고, 토론에서 발언한 사람들도 매우 적었다.)에서도 그렇다.

나의 진술에서 모순을 찾아내려 한 마르또프 동지의 미수에 그친 시도가 질 낮은 수법인 이유는 마르또프 동지가 그 그림을 통째로 복원시키려 노력하지 않고 개별적 말들을 뽑아냈기 때문이다.

국외 조직 문제에 할애된 규약의 마지막 조항은 대회에서의 분파 형성이라는 관점에서 볼 때 대단히 특징적인 토론과 투표를 다시 한 번 야기했다. 연맹을 당의 국외 조직으로 승인하는 것이 문제였다. 아끼모프 동지가 즉각 일어나 이 문제의 원칙적 의의를 지적하면서 제1차 대회에서 국외동맹을 승인했다는 것[39]을 상기시켰음은 말할 필요도 없다. 그는 이렇게 단언했다. "무엇보다 먼저, 이 문제를 어떻게 결정하건 나는 거기에 특별한 실천적 의의를 부여하지 않는다는 단서를 붙여 두겠다. 지금까지 우리 당내에서 진행돼 온 사상투쟁은 분명 끝나지 않았다. 하지만 그 투쟁은 다른 견지에서, 세력을 달리하여 그룹을 형성하면서 계속될 것이다. …… 규약 제13조[40]에는 우리 대회를 당대회에서 분파적 대회로 변질시키려는 경향이 다시 한 번, 그리고 매우 강렬하게 반영돼 있었다. 모든 당 조직을 통합한 후 당적 통일성을 위해 러시아의 모든 사회민주주의자가 당대회 결정에 복종하도록 만드는 대신 대회에게 소수파 조직을 제거하고 소수파를 사라지게 만들라고 제안하고 있다."(281쪽) 독자들이 보다시피, 중앙기관 구성 문제에서 패배한 후 마르또프 동지에게 그토록 소중한 것이 된 "계승성"은 아끼모프 동지에게도 그만큼 소중했다. 하지만 대회에서 자신과 타인에게 서로 다른 잣대를 적용하는 사람들이 아끼모프 동지에게 격렬하게 반대하여 일어섰다. 강령이 채택되고 『불꽃』이 승인되고 규약이 거의 전부 채택됐음에도 불구하고 "원칙적으로" 동맹에서 연맹을 분리시켰던 바로 그 "원칙"이 전면에 제기됐다.[5] 마르또프 동지는 큰소리로 외쳤다. "만일 아끼모프 동지가 문제를 원칙적 기반에서 제기하고 싶다면, 우리는 그에 대해 전혀 반대하지 않는다. 아끼모프 동지가 두 가지 경향에 맞선 투쟁에서 있을 수 있는 결합들에 대해 말했다는 것을 고려하면 특히 그렇다. 하나의 지향성이 승리했음을 승인해야 하는 것은 『불꽃』을 향해 넘치는 경의를 표하라는 의미에서가 아니라(이 말이 대회 제27차 회의에서 나온 것에 주목하라.), 아끼모프 동지가 말한 온갖 결합의 가능성에 마지막 작별을 고한다는 의미에서다. (282쪽, 강조는 내가 한 것.)

모습은 이렇다. 대회에서 강령에 관한 모든 논쟁이 완결된 **후에도** 마르또프 동지는 여전히 온갖 결합의 가능성에 계속해서 **마지막 작별을 고하고 있다** …… 그가 중앙기관 구성 문제에서 아직 패배를 겪지 않은 동안은! 마르또프 동지는 대회에서 "마지막 작별을 고한" 그 "결합"의 가능성을 대회 바로 다음 날 아주 순조롭게 실현하게 됐다. 그러나 아끼모프 동지는 당시에 이미 마르또프 동지보다 훨씬 선견지명이 있었다. 아끼모프 동지는 "제1차 대회의 의지에 따라 위원회라는 이름을 갖게 된 낡은 당 조직"의 5년간의 활동을 거론하면서 **선견지명**을 보인 독설적 풍자로 말을 마쳤다. "우리 당내에 다른 지향성이 생겨나길 바라는 나의 희망이 헛된 것이라는 마르또프 동지의 의견에 관해 말하자면, 심지어 그 자신이 나에게 희망을 준다고 말해야겠다."(283쪽, 강조는 내가 한 것.)

그렇다, 마르또프 동지가 아끼모프 동지의 희망을 눈부시게 실현시켜 주었음을 인정해야 한다!

마르또프 동지는 3년간 활동해 온 낡은 당 기관의 "계승성"이 무너지자 아끼모프 동지가 옳다고 확신하며 그를 따라갔다. 아끼모프 동지는 별 어려움 없이 승리를 얻었다.

그러나 대회에서 아끼모프 동지 편에 — 그것도 일관되게 — 섰던 것은 오직 마르띠노프 동지, 브루께르 동지, 분트파(8표)뿐이었다. 예고로프 동지는 "중앙파"의 진정한 지도자로서 중용을 지켰다. 보시다시피 그는 『불꽃』파에게 동의하고 "공감했으면서"(282쪽), 제기된 원칙적 문제를 전부 피해 가고 동맹에 대해서건 연맹에 대해서건 아무 말도 하지 말자고 제안함으로써(283쪽) 자신의 공감을 입증했다. 이 제안은 27표 대 15표로 부결됐다. 반『불꽃』파(8표) 외에도 "중앙파" 거의 모두(10표)가 예고로프 동지와 함께 표를 던지고 있음이 분명하다. (총 투표수가 42표인 걸로 보아 상당수가 기권하거나 결석한 것인데, 이는 흥미가 없거나 결과가 빤한 투표들의 경우에 자주 있었던 일이다.) "중앙파"의 "공감"은 『불꽃』의 원칙을 실제로 추진하는 문제가 제기되자마자 순전히 말뿐이라는 것이 즉각 드러났고, 우리를 지지한 것은 30표가 안 되거나 30표 남짓이었다. 이는 (연맹을 유일한 국외 조직으로 인정하자는) 루쏘프의 발의에 대한 논쟁과 표결에서 더욱 일목요연하게 나타났다. 여기서 반『불꽃』파와 "늪"파는 곧바로 원칙적 관점을 내세우기 시작했고, 그들의 옹호자인 리베르 동지와 예고로프 동지는 루쏘프 동지의 발의는 표결해서는 안 되는 위법적인 것이라고 선언하며 이를 옹호했다. "그렇게 되면 나머지 모든 국외 조직이 사멸한다."(예고로프) 그리고 "조직의 사멸"에 참여할 의향이 없는 이 발언자는 투표를 거부할 뿐만 아니라 심지어 회의장을 나가 버렸다. 그러나 이 "중앙파" 지도자는 인정받아 마땅하다. 그는 마르또프 동지 일당에 비해 열 배나 높은 신념과 (자신의 잘못된 원칙에 대한) 정치적 용기를 보여 주었던 것이다. 그가 "사멸하는" 조직을 위해 역성을 들어 주었던 것은 공개 투쟁에서 패배한 자신의 조직이 문제가 됐을 때뿐만이 아니었다.

루쏘프 동지의 발의는 27대 15로 표결이 허용됐고, 그 다음에 25대 17로 채택됐다. 이 17표에다 불참한 예고로프 동지를 더하면 반『불꽃』파와 "중앙파"가 완전히(18표) 드러난다.

국외 조직에 관한 규약 제13조 전체는 겨우 31표로 채택됐고, 반대 12표, 기권 6표였다. 31이라는 이 숫자 — 대회의 『불꽃』파, 즉 일관되게 『불꽃』의 견해를 옹호하고 그 견해를 실제로 추진하는 사람들의 대략적 수를 우리에게 보여 주는 숫자 — 를 우리는 대회에서 있었던 투표를 분석해 볼 때 이미 최소한 여섯 차례 마주치게 된다(분트 문제의 지위, 조직위원회 사건, 『남부 노동자』 그룹 해산, 농업 강령에 관한 두 번의 투표). 그런데 마르또프 동지는 이런 "협소한" 『불꽃』파 그룹을 따로 구분해 낼 아무런 근거도 없다고 진지하게 우리를 설득하려 하는 것이다!

또한 규약 제13조가 채택된 것 때문에 극히 특징적인 토론이 진행된 것 역시 언급하지 않을 수 없는 바, 이는 아끼모프 동지와 마르띠노프 동지가 "투표 참여 거부"를 선언한 것과 관련된 토론이었다(288쪽). 대회 사무국은 이 선언을 심의했고, 동맹이 곧바로 해산된다고 해서 동맹의 대의원이 대회 활동 참여를 거부할 권리가 생기는 것은 전혀 아니라고 — 전적으로 합리적으로 — 판단했다. 투표 거부는 무조건 비정상적이고 허용될 수 없는 일이다. — 이것이 사무국과 더불어 대회 전체가 견지한 관점이었으며, 이는 자신들이 제31차 회의에서 하게 된 짓을 제28차 회의에서는 격렬하게 비난하고 있었던 『불꽃』의 저 소수파도 공유했던 것이었다! 마르띠노프 동지가 자신의 선언을 옹호하기 시작하자(291쪽) 빠블로비치, 뜨로쯔끼, 까르스끼, 마르또프 모두가 그를 반대하여 일어섰다. 마르또프 동지는 (자신이 소수파라는 것을 알게 됐을 때까지는!) 불만을 가진 소수파의 의무를 특히 명확히 의식하고 있었으며, 그에 관해 특히 설교하듯 일장연설했다. 그는 아끼모프 동지와 마르띠노프 동지를 향해 외쳤다. "당신들이 대회의 일원이라면 그 모든 활동에 참여해야만 한다."(강조는 내가 한 것. 그때만 해도 아직 마르또프 동지는 다수에 대한 소수의 복종이라는 것 속에 있는 형식주의와 관료주의를 알아채지 못했다!) "그게 아니라 당신들이 대회의 일원이 아니라면, 그렇다면 회의에 남아 있을 수 없다…… 동맹 대의원들의 선언은 나에게 두 가지 물음을 제기하게 만든다. 그들은 당원인가, 또 그들은 대회의 일원인가?"(292쪽)

마르또프 동지가 아끼모프 동지에게 당원의 의무를 가르치고 있는 것이다! 하지만 아끼모프 동지가 자신은 마르또프 동지에게 약간의 희망을 걸고 있다고 그때 이미 말했던 것은 괜한 말이 아니었다……. 그러나 이 희망은 마르또프가 선거에서 패배한 이후에야 실현될 운명이었다. 마르또프 동지는 문제가 자신의 일이 아니라 다른 사람의 일일 때는 귀머거리가 되기까지 했는데, **마르띠노프 동지가 최초로** (내가 틀리지 않았다면) 내놓은 "예외법"이라는 무시무시한 말에 대해서도 그랬다. 마르띠노프 동지는 선언을 철회하라고 그를 설득하는 사람들에게 이렇게 대답했다. "우리가 들은 해명은 이것이 원칙적 결정인지 아니면 동맹에 대한 **비상조치**인지 설명해 주지 못했다. 그렇다면 우리는 동맹이 모욕당했다고 생각한다. 예고로프 동지 역시 우리와 마찬가지로 이것이 **예외법**(강조는 나의 것)이라는 느낌을 토로했고 이 때문에 회의장에서 퇴장하기까지 했다."(295쪽) 쁠레하노프와 함께 마르또프 동지도, 뜨로쯔끼 동지도 대회의 표결을 **모욕**으로 받아들이는 어리석은, 정말 어리석은 생각에 열성적으로 반대하여 나섰으며, 뜨로쯔끼 동지는 그 자신이 발의하여 대회가 채택한 결의안(아끼모프 동지와 마르띠노프 동지는 이 결의안이 그들에게 매우 흡족한 것이라고 생각했을 수도 있다.)을 옹호하면서 이렇게 확언했다. "결의안은 속물적 성격이 아니라 원칙적 성격을 갖고 있으며, 결의안으로 인해 **누군가 모욕감**을 느끼는 것까지 우리가 상관할 일은 아니다."(296쪽) 그러나 우리 당내에는 여전히 서클 근성과 속물근성이 강세여서 내가 강조하여 표시한 당당한 말들은 공허하게 울리는 문구가 돼 버렸다.

아끼모프 동지와 마르띠노프 동지는 자신들의 선언을 철회하는 것을 거부했고, 모든 대의원이 "완전히 부당하다!"라고 외치는 가운데 대회에서 퇴장했다.

M. 선거. 대회의 종결

규약 채택 이후 대회는 지역 조직들에 관한 결의안과 개별 당 조직들에 관한 일련의 결의안을 채택했고, 내가 앞에서 분석했던 『남부 노동자』 그룹에 대한 극히 교훈적인 토론을 한 후 당 중앙기관들의 선거로 넘어갔다.

권위 있는 추천이 나올 것이라고 대회 전체가 기대하고 있던 『불꽃』 조직이 이 문제로 인해 분열했고 이는 조직의 소수파가 대회의 자유로운 공개 투쟁을 통해 자신들이 다수파가 될 수 있도록 시도하고 싶었기 때문이었음을 우리는 이미 알고 있다. 두 개의 3인조를 중앙기관지와 중앙위원회에 선출하는 방식으로 편집국을 개편하려는 계획이 대회가 있기 오래전부터 — 또한 모든 대의원에게 대회에서도 — 알려져 있었음도 우리는 알고 있다. 대회의 토론을 규명하기 위해 이 계획에 대해 더 자세하게 검토해 보겠다.

이 계획을 서술해 놓은 대회 Tagesordnung[의사일정] 초안에 대한 나의 해설의 정확한 원문이 여기 있다.* "대회는 중앙기관지 편집국에 3인을 선출하고, 중앙위원회에 3인을 선출한다. 필요하다면, 이 6인이 함께 정족수 2/3로 중앙기관지 편집국과 중앙위원회 위원을 호선으로 보충하고 이 결과를 대회에 보고할 것이다. 대회가 이 보고를 승인한 후 이후의 호선은 중앙기관지 편집국과 중앙위원회가 각각 실행한다."

---

* 나의 「『불꽃』 편집국에 보내는 편지」 5쪽[41]과 『연맹 의사록』 53쪽을 보라.

이 원문을 보면 그 계획이 매우 명확하게, 그리고 전혀 모호하지 않게 밝혀져 있다. 그것은 가장 영향력 있는 실천 활동 지도자들의 참여하에 이루어지는 편집국 재편을 의미한다. 내가 언급했던 이 계획의 두 가지 특징은 위의 원문을 조금이라도 주의 깊게 읽을 노력을 기울이는 사람이라면 누구에게나 바로 분명히 보이는 것이다. 하지만 지금은 너무도 자명한 일들조차 자세하게 해명해야 하는 상황이다. 그 계획이 의미하는 것은 정확히 편집국의 재편이었다. ─ 그 성원의 수를 반드시 확대하는 것도 아니고 반드시 축소하는 것도 아닌 재편이었다. 왜냐하면 필요한 경우에만 호선을 상정하는 것으로 돼 있어 확대나 축소의 가능성이라는 문제는 결정되지 않은 상태였기 때문이다. 이러한 재편 문제에 관해 다양한 사람들이 내놓은 제안 가운데는 편집국원 수를 축소하거나 7인으로 확대하는 계획(나는 개인적으로 언제나 7인이 6인과는 비교할 수 없을 정도로 합리적이라고 생각하고 있었다.)도 있었고, 심지어 이 수를 11인까지 확대하는 계획도 있었다. (나는 일반적으로는 모든 사회민주주의 조직과, 특수하게는 분트 및 폴란드 사회민주주의자들과 평화적으로 통합이 이루어질 경우, 이것이 가능하다고 생각했다.) 하지만 "3인조"를 말하는 사람들이 으레 간과하고 있는 가장 중요한 것은 중앙기관지의 이후의 호선 문제를 결정하는 데 중앙위원회 위원들의 참여가 요구된다는 것이다. 이 계획을 알고 있었고 또 (특별한 동의를 표현했든 아니면 암묵적으로든) 이에 찬성했던 "소수파" 출신 대회 대의원과 조직원 가운데 어느 한 사람도 이러한 요구의 의미를 설명하려 노력하지 않았다. 첫째, 왜 3인조를,

그것도 오직 3인조만을 편집국 재편의 출발점으로 삼았던가? 편집국의 확대만이 유일하게, 또는 그렇지 않더라도 주요하게 고려됐다면, 또 이 기관이 정말 "조화로운" 것이라고 생각됐다면, 이는 전적으로 무의미한 일이었을 것임이 분명하다. "조화로운" 기관을 확대할 목적이라면 이 기관 전체로부터 출발하지 않고 그 일부분만으로 출발하는 것이 이상한 일일 것이다. 기관 구성을 재편하는 문제, 낡은 편집국 서클을 당 기관으로 전환시키는 문제를 논의하고 결정하는 데 기관 구성원 모두가 충분히 적합하지는 않음을 인정했음이 분명하다. 심지어 개인적으로 확대를 바랐던 사람조차도 낡은 구성은 당 기관이라는 이상에 부합하지 못하고 조화롭지 못함을 인정했음이 분명하다. 그렇지 않았다면 확대를 위해 우선 6인조를 3인조로 줄일 아무런 이유도 없었기 때문이다. 반복하여 말하건대, 이는 자명한 것인데, 이를 잊어버리게 만들 수 있었던 것은 "인신공격"으로 문제를 잠시 덮어 버렸기 때문이다.

둘째, 앞에서 인용한 원문을 보면 **중앙기관지 국원 3인 전원이 동의한다 해도 3인조를 확대하기에는 여전히 부족하다는 것을** 알 수 있다. 이것 또한 항상 간과된다. 호선을 위해서는 6의 2/3, 즉 4표가 필요하다. 말하자면 중앙위원회 위원 3인이 "거부권"을 행사하기만 하면 3인조를 확대하는 것은 전혀 불가능한 일이 된다. 이와 반대로, 설령 중앙기관지 편집국원 3인 가운데 2인이 이후의 호선에 반대한다 해도, 중앙위원회 위원 3인 전원이 동의한다면 어쨌든 호선이 이루어질 수 있을 것이다. 이렇듯, 낡은 서클을 당 기관으로 전환시키는 상황에서 대회가 선출할 실천 활동의 지도자들에게 결의권을 주는 것이 고려 대상이었다는 것은 분명하다. 편집국이 그 기관을 대표하여 대회에서 발언해야 할 경우를 대비하여 대회 이전에 만장일치로 빠블로비치 동지를 일곱 번째 국원으로 선출했다는 사실을 보면, 우리가 이 상황에서 어떤 동지들을 대략 미리 염두에 두었는지 알게 된다. 우리는 빠블로비치 동지 외에도 『불꽃』 조직의 한 노장 조직원이자 後에 중앙위원회 위원으로 선출된 한 조직위원회 위원[42]을 일곱 번째 위원으로 추천해 놓은 상황이었다.

이처럼, 두 개의 3인조를 선출한다는 계획은 분명히 다음과 같은 것을 의도한 것이었다. 1) 편집국 재편, 2) 편집국에서 당 기관에 적합하지 않은 낡은 서클 근성의 몇몇 면모의 제거 (제거할 것이 아무것도 없었다면 3인조라는 것을 애초에 고안해 낼 이유도 없었을 테니까!), 마지막으로 3) 문필 기관의 "신권주의적" 면모의 제거(탁월한 실천가들을 3인조 확대 문제 결정에 참가시키는 방법으로 제거). 모든 편집국원이 알고 있었던 이 계획은 분명 3년간의 활동 경험에 근거해 있었으며, 우리가 추진하고 있는 혁명 조직의 원칙들에 시종일관 충분히 상응하는 것이었다. 『불꽃』이 등장했던 분열의 시대에는 개별 그룹들이 우연히, 그리고 자연발생적으로 형성되는 일이 흔했던바, 이들은 서클 근성의 몇몇 해로운 현상 때문에 불가피하게 고통 받고 있었다. 당의 창건은 이러한 면모를 제거하는 것을 전제했으며 또한 요구했다. 탁월한 실천가들이 이러한 제거 과정에 참여하는 것은 필수적이었다. 왜냐하면 몇몇 편집국원은 항상 조직 사업을 해 왔고, 또 당 기관들의 체계에는 문필가만으로 된 기관이 아니라 정치적 지도자들의 기관이 들어가야만 했기 때문이다. 『불꽃』의 항상적 정책의 관점에서 볼 때, 최초 3인조의 선출을 대회에 일임하는 것 역시 자연스러운 일이었다. 우리는 논란이 되는 강령, 전술, 조직의 원칙적 문제들이 철저히 해명되기를 기다리면서 마지막 단계까지 신중하게 대회를 준비해 왔다. 우리는 이러한 기본적 문제들에서 막대한 다수가 연대할 것이라는 의미에서 대회가 『불꽃』적인 것이 될 것임을 의심하지 않았다. (『불꽃』을 지도 기관으로 승인한 결의안 역시 부분적으로 이를 입증하는 것이다.) 따라서 우리는 『불꽃』의 사상을 전파하고 『불꽃』을 당으로 전환시키는 준비 과정의 모든 활동을 스스로 떠맡은 동지들 자신이 새로운 당 기관에 가장 적합한 후보들을 스스로 결정하도록 위임해야만 했다. "두 개의 3인조" 계획이 이처럼 당연했다는 점, 이 계획이 『불꽃』의 전체 정책에, 그리고 사태에 조금이라도 가까이 있는 사람들이 『불꽃』에 대해 알고 있던 모든 것에 완전히 상응했다는 점을 알 때에만 이 계획이 전반적 동의를 얻었던 것이며, 그 어떤 구체적 계획 같은 것은 없었다는 사실이 설명될 수 있는 것이다.

그렇게 해서, 루쏘프 동지가 대회에서 두 개의 3인조를 선출하자고 무엇보다 먼저 발의했던 것이다. 이 계획이 기회주의라는 허위 비난과 관련돼 있다고 우리에게 서면으로 통고했던 마르또프 지지자들이 6인조냐 3인조냐 하는 논쟁을 이 비난의 옳고 그름의 문제로 환원시키려 생각했던 것은 아니었다. 그들 가운데 어느 누구도 이에 대해 살짝이라도 언급조차 한 적이 없었다. 6인조와 3인조에 관련된 색조의 원칙적 차이에 관해 한마디라도 과감하게 말한 사람은 그들 가운데 아무도 없었다. 그들은 좀 더 잘 팔리는 값싼 방법을 선호했다. 동정심에 호소하고, 모욕당할지도 모른다는 점을 거론하고, 편집국 문제는 『불꽃』을 중앙기관지로 이미 지정한 것으로 마치 해결된 것처럼 말하는 것 따위가 그것이다. 루쏘프 동지에 반대하며 꼴쪼프 동지가 내세운 이 마지막 논거는 노골적인 기만이다. 대회 의사일정에는 두 개의 별개 항목이 있었고, — 이는 물론 우연이 아니었다(『의사록』 10쪽). 제4항 "당 중앙기관지"와 제18항 "중앙위원회 선거와 중앙기관지 편집국 선거"가 있었던 것이다. 이것이 첫 번째다. 두 번째는 중앙기관지를 지정하면서 모든 대의원은 이것으로 편집국이 승인되는 것이 아니고 단지 그 지향성만 승인되는 것임을 단호히 선언하는데,* 이러한 선언에 대해 단 하나의 항의도 나오지 않았다는 것이다.

이처럼, 특정한 기관지를 승인함으로써 그 자체로 본질적으로는 대회가 이미 편집국도 승인했다는 발언 — 소수파 지지자들(321쪽의 꼴쪼프, 같은 쪽의 뽀싸돕스끼, 322쪽의 뽀뽀프, 그

---

* 『의사록』 140쪽을 보라. 아끼모프의 발언. "…… 사람들 말로는 우리가 마지막에 중앙기관지 선거를 논하게 될 것이라고 한다." 아끼모프에 반대하는 무라비요프의 발언. "아끼모프는 미래의 중앙기관지 편집국 문제에 정말 지극한 관심을 갖고 있다."(141쪽) 기관지를 지정함으로써 우리는 아끼모프 동지가 그렇게 걱정하는 수술을 단행할 구체적 재료를 가지게 됐으며 "당의 결정"에 『불꽃』이 "복종"하는 것에 대해서는 의심의 그림자조차 있을 수 없다는 빠블로비치의 발언(142쪽). 뜨로쯔끼의 발언. "우리가 편집국을 승인하는 것이 아니라면 우리가 『불꽃』에서 승인하는 것은 무엇인가? …… 이름이 아니라 지향성이다. …… 이름이 아니라 깃발이다."(142쪽) 마르띠노프의 발언. "…… 다른 많은 동지와 마찬가지로 나는 특정한 지향성을 가진 신문인 『불꽃』을 우리 중앙기관지로 승인하는 문제를 논의하면서 우리가 지금은 그 편집국의 선출 방법이나 승인 방법을 다루어서는 안 된다고 생각한다. 이에 관해서는 의사일정 순서에 따라 나중에 논의하게 될 것이다. ……"(143쪽)

리고 다른 많은 이)이 여러 번 되풀이했던 발언 ─ 은 **사실상 정확히 틀린 것이었다.** 이는 모든 사람이 아직은 **정말 편견 없이** 중앙기관 구성 문제를 대했던 그 시기에 자신들이 취했던 입장에서 **후퇴**한 것을 모든 사람에게 은폐하는 명백한 **책동**이었다. 그 후퇴는 원칙적 이유로도 정당화될 수 없었고(왜냐하면 "기회주의라는 허위 비난" 문제를 대회에서 제기하는 것이 소수파에게는 너무도 **불리한** 것이었기에 그들은 이에 관해 한마디 언질도 하지 않았기 때문에), 또한 6인조와 3인조의 실질적 업무 능력에 관계된 **사실 자료**들을 인용하는 것으로도 정당화될 수 없었다(왜냐하면 이러한 자료들을 건드리기만 해도 소수파에 반하는 내용들이 산더미처럼 나올 것이기 때문에). "잘 정렬된 전체"니, "조화로운 기관"이니, "잘 정렬되고 온전히 투명한 전체"니 등등을 말함으로써 사태를 빠져나오는 것 말고는 방법이 없었던 것이다. 그러한 논거들이 즉각 **"불쌍한 말들"**이라는 진짜 이름으로 불린 것은 놀랍지 않다. 3인조라는 계획 자체가 이미 "조화"의 부족을 증명한 것이었으며, 한 달 이상의 공동 활동 기간 동안 대의원들이 받은 인상은 분명히 대의원들이 **독자적으로** 판단할 수 있는 많은 자료가 됐다. 뽀싸돕스끼 동지(그의 관점에서 볼 때 부주의하게, 그리고 아무 생각 없이, 그가 "조건부로" 사용한 "들쭉날쭉함"이라는 말을 321쪽과 325쪽에서 보라.)가 이 자료를 넌지시 내비치자 무라비요프 동지는 이렇게 직설적으로 언명했다. "내 의견으로는, 현재 그러한* 들쭉날쭉

---

* 뽀싸돕스끼 동지가 도대체 어떤 "들쭉날쭉함"을 염두에 두었는지 우리는 대회에서 알아내지 못했다. 무라비요프 동지 역시 같은 회의에서(322쪽) 자신의 의미가 제대로

함이 분명 존재한다는 것을 대회에 참여한 대다수가 너무도 명백히 알고 있다."(321쪽) 소수파는 무라비요프 동지가 던진 도전에 과감히 응하지도 않은 채, 사태의 본질상 6인조를 옹호하는 단 하나의 논거도 과감히 제시하지 못한 채, "들쭉날쭉함"이라는 말을 어떤 개인적 의미로만 이해하고 싶었다. 결과적으로 논쟁은 아무 소득 없는 우스꽝스럽기 짝이 없는 것이 되고 말았다. (무라비요프 동지의 입을 통해) 다수파는 6인조와 3인조의 진정한 의미를 너무도 명백히 알고 있다고 단언했지만, 소수파는 완강히도 이 말을 듣지 않으면서 "우리는 검토할 기회가 없다."라고 확언했다. 다수파는 검토가 가능하다고 생각할 뿐만 아니라 이미 "검토했으며" 이 검토의 결과가 자신들에게 너무도 명백하다고 말했지만, 분명 소수파는 "불쌍한 말들"만으로 자신들을 숨기면서 검토를 두려워했다. 다수파는 "우리 중앙기관지가 문필 그룹에 불과한 것이 아님을 염두에 두라."라고 조언했고, "내가 말했던 요구(즉, 문필적인 것 이상이 돼야 한다는 요구, 327쪽, 란게 동지의 발언)를 충족시키는 인물들, 대회에 알려진 매우 확실한 인물들이 중앙기관지 지도부가 되기를" 원했다. 소수파는 또다시 도전에 과감히 응하지도 못하고 문필적인 것 이상인 기관에 적합한 사람이 자신들이 생각할 때는 누구인지, "대회에 알려진 매우 확실한" 사람이 누구인지에 관해서는 한마디도 하지

전달되지 못했다고 반박했고, 의사록을 확인하는 동안 자신은 "다양한 문제들에 관해 대회의 토론에서 나타났던 들쭉날쭉함, 원칙적 성격의 들쭉날쭉함을 말했던 것이며, 유감스럽게도 그런 것이 있다는 사실을 지금은 어느 누구도 부인하지 않을 것"이라고 직설적으로 언명했다(353쪽).

않았다. 소수파는 예전처럼 저 악명 높은 "조화"의 뒤에 숨었다. 그게 다가 아니다. 소수파는 심지어 원칙적으로 완전히 틀린 논거들, 그래서 정당하게도 격렬한 저항을 불러일으킨 논거들을 논증에 끌어들이기도 했다. 한 번 보라. "대회에는 편집국을 개편할 아무런 도덕적 권리도, 정치적 권리도 없다."(뜨로쯔끼, 326쪽), "이는 너무도 민감한(sic[원문 그대로]!) 문제다." (역시 뜨로쯔끼), "선출되지 못한 편집국원들은 대회가 더 이상 자신들을 편집국에 원하지 않는다는 것에 대해 어떤 태도를 취해야 하는가?"(짜레프, 324쪽)*

이러한 논거들은 정말 원칙적이고 정말 정치적인 논거에서는 파산했다는 것을 직접 자인하는 것으로서, 이미 문제를 연민과 모욕의 수준으로 완전히 옮겨 버렸다. 그리고 다수파는 즉각 이러한 문제 제기의 성격을 참된 말로 규정했으니, 속물근성(루쏘프 동지)이 그것이다. 루쏘프 동지는 정당하게 이렇게 말했다. "혁명가들의 입에서 당의 활동, 당의 윤리 개념에 심하게 어긋나는 그런 이상한 말이 나오고 있다. 3인조 선출에 반대하는 사람들의 주요 논거는 당의 대의에 대한 순전히 속물적인 견해로 귀결된다."(강조는 모두 내가 한 것.) …… "이런 비非당적이고 속물적인 관점에 서게 될 때 우리는 선거를 할 때마다 이 아무개가 아니라 저 아무개를 선출하면 그 이 아무개가 모멸감을 느끼지 않을까, 또 이 위원이 아니라 다른 위원을 중앙위원회에 선

---

* 뽀싸돕스끼의 발언을 참조하라. "…… 구 편집국의 6인 중에서 3인을 선출함으로써 당신들은 그 자체로 다른 3인을 불필요하고 쓸모없다고 인정하는 것이다. 당신들에게는 그렇게 할 권리도, 근거도 없다."

출하면 그 사람이 모멸감을 느끼지 않을까, 하는 문제에 직면하게 될 것이다. 동지들, 이렇게 되면 우리는 어디로 가게 되겠는가? 우리가 여기에 모인 것이 서로가 받아들일 말을 하기 위해서가 아니라, 또 속물적 동정을 위해서가 아니라 당을 창건하기 위해서라면, 우리는 그러한 견해에 결코 동의할 수 없다. 우리는 당직자 선출이라는 문제 앞에 서 있으며, 여기서 선출되지 않은 이런저런 사람에 대한 불신 문제라는 것은 있을 수 없는 일이다. 대의에 도움이 되는가, 또 당직자에 선출된 인물이 그 직에 적합한 사람인가라는 문제만 있을 뿐이다."(325쪽)

당 분열의 원인을 독자적으로 검토하고 분열의 뿌리를 대회에서 찾아내고자 하는 모든 사람에게 우리는 루쏘프 동지의 발언을 읽고 또 다시 읽으라고 권할 것이다. 소수파는 그의 논거를 논박하지 않았을 뿐만 아니라 그것에 대해 논쟁을 벌이지도 않았다. 당연히도 이렇게 기본적이고 기초적인 진리에 대해 논쟁을 벌일 수는 없는 것이며, 루쏘프 동지가 몸소 "신경질적 흥분"만이 이러한 진리를 망각하게 만든다고 이미 정확하게 설명한 바 있다. 그리고 이는 참으로, 소수파가 어떻게 당적 관점에서 속물근성과 서클 근성의 관점으로 내려갈 수 있었는지에 대한 설명 중에서 소수파에게 가장 덜 불편한 설명이다.*

---

* 마르또프 동지는 자신의『계엄 상태』에서 이 문제에 대해 자신이 다룬 다른 문제들과 똑같은 태도를 보였다. 그는 논쟁의 정황을 다 보여 주려는 수고를 하지 않았다. 그는 겸손하게도 이 논쟁에서 진정으로 원칙적인 유일한 문제, 즉 속물적 동정이냐 당직자 선출이냐 라는 문제, 당적 관점이냐 이반 이비니치 같은 이들의 모멸감이냐라는 문제를 피해 갔다. 마르또프 동지는 여기서도 사건들을 개별적이고 연관 없는 조각들로 찢어 놓고는 나를 향한 온갖 욕설을 거기에 덧붙였을 뿐이다. 그것으로는 부족하오, 마르또프 동지!

하지만 소수파는 선출에 반대하는 합리적이고 실질적인 논거를 찾지 못하는 수준까지 떨어지자 당의 대의에 속물근성을 적용하는 것 말고도 대놓고 **추잡한 방식**까지 동원하고 말았다. 사실, 무라비요프 동지에게 "민감한 **지시**를 떠안지 말라."(322쪽)라고 충고했던 뽀뽀프 동지의 태도를 달리 어떻게 부를 수 있겠는가? 쏘로낀 동지가 정확히 표현했듯이(328쪽) 이것이 "타인의 영혼을 훔쳐보는 짓"이 아니면 무엇이란 말인가? **정치적 논거**가 없는 상황에서 "**인신공격**"을 조장하는 것이 아니면

마르또프 동지는 특히 왜 악쎌로트, 자쑬리치, 스따로베르 동지를 대회에서 선출하지 않았냐고 질문하며 나에게 들러붙는다. 그가 서 있는 속물적 관점 때문에 그는 이런 질문들의 무례함을 보지 못한다. (그는 왜 자신의 편집국 동료인 쁠레하노프 동지에게는 묻지 않을까?) 그는 내가 대회에서 6인조 문제에 대해 소수파가 보인 행동을 "무분별하다"라고 여기는 것과 내가 그와 동시에 당의 공개성을 요구하는 것이 모순된다고 생각한다. 여기에는 모순이 없으며, 문제의 단편들이 아니라 **온갖** 급변하던 사태를 연관시켜 서술하려는 수고를 했더라면 마르또프 자신도 이를 쉽게 알아낼 수 있었을 것이다. 문제를 속물적 관점으로 보고 연민과 모욕에 호소하는 것은 무분별한 짓이었다. 당의 공개성이라는 이해관계에서 보자면, 3인조에 비한 6인조의 **본질적 장점**에 대한 평가, 당직자 후보들에 대한 평가, 색조에 대한 평가가 필요했다. 그런데 소수파는 대회에서 이에 대해 언급조차 하지 않았다.

『의사록』을 주의 깊게 살펴본다면, 마르또프 동지는 대의원들의 발언에서 6인조를 반대하는 무수한 논거를 보게 될 것이다. 이 발언들의 발췌문이 여기 있다. 첫째, 구 6인조에는 원칙적 색조라는 측면에서 들쭉날쭉함이 명백히 보였다. 둘째, 편집국 활동의 기술적 단순화가 바람직했다. 셋째, 대의에 도움이 되는 것이 속물적 동정보다 우위에 있었고, 선거만이 선출된 인물들의 직무 적합성을 보장할 수 있었다. 넷째, 대회는 선거의 자유를 제한하지 말아야 한다. 다섯째, 당에는 지금 중앙기관지 문필 그룹 이상의 것이 필요했으며, 중앙기관지에는 문필가들뿐만 아니라 행정가들도 필요했다. 여섯째, 중앙기관지에는 대회에 알려진 매우 확실한 사람들이 있어야 했다. 일곱째, 6인 편집국은 무능한 경우가 빈번했으며, 편집국 활동은 비정상적인 규정 덕분이 아니라 그런 규정에도 불구하고 실행되고 있었던 것이다. 여덟째, 신문을 운영하는 것은 (서클적인 것이 아니라) 당의 대의였다. 등등. 마르또프 동지가 이들이 선출되지 못하는 이유라는 문제에 그렇게 관심을 보인다면, 마르또프 동지에게 이러한 각각의 고려 사항의 의미를 자세히 연구하여 그 가운데 하나라도 반박해 보라고 하자.

무엇이란 말인가? "이러한 방식에 대해 우리는 항상 저항해 왔다."라는 쏘로낀 동지의 말은 진실인가 거짓인가? "자신에게 동의하지 않는 동지들에게 치욕을 안겨주려 각별히 노력했던 데이치 동지의 행동은 허용될 수 있는 것인가?"*(328쪽)

편집국 문제에 관한 토론을 종합해 보자. 소수파는 다수파가 3인조 안을 대회 시작 시점에, 그리고 대회 이전에도 대의원들이 잘 알고 있었으며 따라서 이 안이 대회에서 있었던 사건들 및 논쟁들과는 상관없는 고려 사항과 자료들을 근거로 나온 것이었음을 수차례 지적한 것에 대해 반박하지 않았다. (또한 반박해 보지도 않았다.) 소수파는 6인조를 고집하면서 원칙적으로 그릇되고 허용될 수 없는 속물적 판단에서 나온 입장을 취했다. 소수파는 각각의 직무 후보에 대한 평가와 그 후보의 해당 직무에 대한 적합성 또는 부적합성에 대한 평가는 아예 건드리지도 않음으로써 당직자 선거에 대한 당적 관점을 완전히 망각했음을 드러냈다. 소수파는 악명 높은 조화를 거론하면서, 마치 사람들이

---

* 이것이 같은 회의에서 데이치 동지가 한 말(324쪽 참조 ― "오를로프와의 날선 대화")을 쏘로낀 동지가 이해한 방식이다. 데이치 동지는 "그와 유사한 말은 전혀 하지 않았다."라고 해명했지만, 그 스스로도 여기서 "그와" 매우 "유사한" 어떤 말을 했음은 시인했다. 데이치 동지는 이렇게 설명했다. "나는 '누가 과감히'라고 말하지 않았다. 나는 '3인 편집국 선거와 같은 범죄적(sic[원문 그대로]!) 발의를 과감히(sic[원문 그대로]! 데이치 동지는 여우를 피하려다 호랑이를 만났다!) 지지하는 이 사람들이 누구인지 지켜보는 것이 흥미롭다고 말했다."(351쪽) 데이치 동지는 쏘로낀 동지의 말을 반박하지 않고 오히려 확인해 준 것이다. 데이치 동지는 "모든 개념이 여기서(6인조를 찬성하는 소수파의 논거에서) 뒤죽박죽돼 버렸다."라는 쏘로낀 동지의 질타가 옳음을 확인해 주었다. 데이치 동지는 "우리는 당원이며 정치적 사고에만 의거하여 행동해야 한다."라고 상기시킨 쏘로낀 동지의 말이 적절했음을 확인해 주었다. 선거가 범죄적이었다고 외치는 것은 속물근성으로 추락했음을 의미하는 것은 물론이고 대놓고 추문을 일으키는 수준으로까지 추락했음을 의미한다.

누군가를 "죽이고 싶기"라도 하듯 "눈물을 흘리고" "비탄에 잠겨"(327쪽, 란게의 발언) 문제를 본질을 놓고 논의하는 것을 회피했다. 소수파는 "신경질적 흥분"(325쪽)으로 인해, 심지어 "타인의 영혼을 훔쳐보는 짓"을 하고 선거가 "범죄적"이라고 읍소하고 그와 유사한 허용될 수 없는 수단들을 쓰는 상태에까지 이르렀다.

속물근성과 당 정신의 투쟁, 조악한 "인신공격"과 정치적 사고의 투쟁, 불쌍한 말들과 혁명적 임무에 대한 기본적 개념의 투쟁, 바로 이것이 우리 대회 제30차 회의에서 6인조와 3인조를 두고 벌어진 투쟁이었다.

3인이 기권한 가운데 19 대 17의 다수결로 대회가 구 편집국 전원을 승인하자는 발의를 기각하고(330쪽과 **정오표**를 보라.) 이전 **편집국원들**이 회의장으로 돌아온 제31차 회의에서 마르또프 동지는 "이전 편집국 다수파의 이름으로 낸" 자신의 "성명서"(330~331쪽)에서 예의 그 동요하는 불안정한 정치적 입장과 **정치적 개념**을 한층 더 심하게 드러냈다. 이 집단적 **성명**과 나의 답변(332~333쪽)의 각 항목을 좀 더 자세히 분석해 보자.

구 편집국이 승인받지 못하자 마르또프 동지는 이렇게 말했다. "이제부터 옛 『불꽃』은 존재하지 않으며 따라서 편집국의 명칭을 바꾸는 것이 좀 더 일관성 있을 것이다. 어떤 경우건, 우리가 대회의 새로운 결정에서 목도하게 되는 것은 대회 첫 회의들 가운데 하나에서 승인된 『불꽃』에 대한 신임 투표의 본질적 한계다."

마르또프 동지 일당은 많은 측면에서 정말 흥미롭고 교훈적인 정치적 일관성이라는 문제를 제기했다. 나는 『불꽃』이 승인될 때 모든 사람이 무슨 말을 했는지를 인용하는 것으로 이미 이에 대해 답변했다(『의사록』 349쪽, 앞의 82쪽[43] 참조). 우리 앞에는 참으로 확연한 정치적 비일관성의 사례 가운데 하나가 있다. 그러나 그 사례가 어느 쪽에서 나왔는지는, 즉 대회 다수파 쪽인지 아니면 구 편집국 다수파 쪽인지는 독자들의 판단에 맡기겠다. 때마침 마르또프 동지 일당은 또 다른 두 가지 문제를 제기했는데, 이 역시 우리는 독자들이 결정하도록 맡기겠다. 1) 중앙기관지 편집국의 당직자 선거를 실시한다는 대회 결정에서 "『불꽃』에 대한 신임 투표의 한계"를 보려는 마음이 드러내는 것은 속물적 관점인가 당적 관점인가? 2) 옛 『불꽃』이 실제로 존재하지 않게 된 것은 어느 순간부터인가? ― 우리가 쁠레하노프와 둘이서 관리하기 시작했던 제46호부터인가 아니면 구 편집국 다수파가 지도했던 제53호부터인가? 첫 번째 것이 흥미롭기 이를 데 없는 원칙의 문제라면 두 번째 것은 흥미롭기 이를 데 없는 사실의 문제다.

마르또프 동지는 계속 말했다. "이제 3인 편집국을 선출하기로 결정한 이상 나는 나 자신과 다른 3인의 동지를 대표하여 우리 가운데 어느 누구도 이 새로운 편집국에 참여하지 않을 것임을 선언한다. 나 자신에 대해 덧붙여 말하자면, 만일 몇몇 동지가 나의 이름을 이 '3인조'의 후보 가운데 하나로 기입했으면 했다고 한 것이 사실이라면, 나는 이것을 내가 당할 이유가 없는 모욕으로(sic[원문 그대로]!) 생각해야만 한다. 이런 말을 하는 것은 편집국을 변경하기로 결정한 상황 때문이다. 이 결정은 모종의 '알력'*때문에, 이전 편집국의 무능함 때문에 내려진 것인데다 대회는 편집국에 이 알력에 관해 문의하지도 않고 하다못해 그 무능함 문제를 제기할 위원회를 지명하지도 않은 채 특정한 목적을 갖고 이 문제를 결정했다."…… (소수파 가운데 어느 누구도 "편집국에 문의할 것"을, 또는 위원회를 지명할 것을 대회에 제안해야 한다는 것을 알아차리지 못했다는 것은 이상한 일이다! 그렇게 된 것은 『불꽃』 조직이 분열하고 마르또프 동지와 스따로베르 동지가 글에 썼던 협상이 실패한 후 그것이 소용없어졌기 때문이 아닌가?)…… "이러한 상황에서 몇몇 동지가 내가 그렇게 개편된 편집국에서 일하는 데 동의하리라고 추정하는 것을 나는 나의 정치적 명성을 더럽히는 것으로 생각지 않을 수 없다. ……."**

---

* 아마 마르또프 동지가 염두에 두고 있는 것은 뽀싸돕스끼 동지의 "들쭉날쭉함"이라는 표현일 것이다. 반복하건대, 뽀싸돕스끼 동지는 자신이 말하고 싶었던 것이 무엇인지 대회에 설명하지 않았지만, 같은 표현을 사용했던 무라비요프 동지는 대회의 토론에서 드러났던 원칙의 들쭉날쭉함을 말한 것이라고 설명했다. 독자들은 편집국원 넷(빨레하노프, 마르또프, 악쎌로트, 나)이 참여했던 정말 원칙적인 유일한 토론의 사례가 규약 제1조를 다룬다는 것이었다는 점과 마르또프 동지와 스따로베르 동지가 "기회주의라는 허위 비난"이 편집국 변경의 논거 가운데 하나라고 서면으로 불평했던 점을 기억할 것이다. 마르또프 동지는 이 편지에서는 "기회주의"와 편집국 변경 계획의 명백한 연관성을 간파했지만 대회에서는 "모종의 알력"이라고 모호하게 암시만 하고 있었다. "기회주의라는 허위 비난"은 이미 잊어버리고!

** 마르또프 동지는 또 덧붙여 말했다. "랴자노프는 그러한 역할에 동의하겠지만 마르또프는 아니다. 나는 여러분이 그의 활동을 보고 그를 알 것이라고 생각한다." 이는 랴자노프에 대한 인신공격이기 때문에 마르또프 동지는 이를 철회했다. 하지만 랴자노프가 대회에서 부정적 이름으로 상징된 것은 그의 개인적 성격 때문이 전혀 아니라(성격을 언급하는 것은 부적절했을 것이다.) 투쟁그룹의 정치적 면모 때문이었고 그 그룹의 정치적 오류들 때문이었다. 마르또프 동지가 추정적인 것이든 실제로 행해진 것이든 인신에 대한 모욕을 철회한다면 무척 잘한 일이지만, 그렇다고 해서 당에 하나의 교훈이

나는 대회 이후에 그토록 화려하게 만개한 일, 사소한 말다툼이라고밖에는 달리 부를 수 없는 그 일의 표본과 그 시작을 독자에게 보여 주기 위해 이 발언을 일부러 통째로 인용했다. 나는 이 표현을 「『불꽃』 편집국에 보내는 편지」에서 이미 쓴 바 있는데, 이 표현이 옳다는 것은 논란의 여지가 없기 때문에 편집국의 불만에도 불구하고 이를 반복하지 않을 수가 없다. 사람들은 사소한 말다툼이 (새 『불꽃』 편집국이 추리하듯) "비열한 동기"를 전제로 한다고 잘못 생각하고 있다. 우리의 유형지와 정치적 망명지를 잘 알고 있는 혁명가라면 누구라도 "신경질적 흥분"과 비정상적이고 침체된 생활 조건으로 인해 어리석기 그지없는 비난, 의심, 자책, "인신공격" 등등이 생겨나 되풀이되는 수십 가지 사소한 말다툼을 보아 왔을 것이다. 분별 있는 사람이라면 아무도 이러한 사소한 말다툼이 아무리 비열한 양상을 띤다 해도 거기서 반드시 비열한 동기를 찾으려 하지는 않을 것이다. 또한 내가 인용한 마르또프 동지의 발언 한 단락과 같은 어리석음, 인신공격, 황당한 공포, 영혼 훔쳐보기, 억지 모욕, 누명 따위로 복잡하게 얽힌 실타래를 설명해 줄 수 있는 것은 그야말로 "신경질적 흥분"이라는 것밖에 없다. 침체된 생활 조건으로 인해 우리는 이런 사소한 말다툼을 수백 번 하게 된 것인데, 만일

돼야 할 이러한 정치적 오류들을 망각해서는 안 된다. 투쟁그룹은 우리 대회에서 "어떠한 원칙적 고려를 한다 해도 일어날 수 없는 분열"과 "조직적 혼란"을 초래했다는 비난을 받았다(38쪽, 마르또프 동지의 발언). 그러한 정치적 행동은 무조건 비난받아 마땅한데, 이는 당대회 이전에, 즉 일반적 혼란의 시기에 소규모 그룹에서 그런 행동이 보일 때뿐만 아니라 당대회 이후 혼란이 없어진 시기에 설령 "『불꽃』 편집국 다수파와 노동해방그룹 다수파"에게서 그런 행동이 보일 때에도 마찬가지다.

정치적 당이 자신의 병을 진정한 이름으로 부르고 냉정한 진단을 내리고 치료법을 모색할 용기가 없다면 그 당은 존경받을 자격이 없다.

이 실태래에서 어떤 원칙적인 것을 분리해 낼 수 있는 한, 필연적으로 도달하는 결론은 "선거는 정치적 명성에 먹칠을 하는 것과는 아무런 상관이 없다."라는 점, "새로운 선거를 하고 당직자 구성을 다양하게 변경하고 그로부터 전권을 위임받은 편집국을 개편할 대회의 권리를 부정하는 것"은 문제를 뒤죽박죽으로 만든다는 점, (내가 대회에서 명백히 말했던 것처럼, 332쪽) "구 편집국 일부분에 대한 선거를 허용하는 것에 대해 마르또프 동지가 갖는 시각은 정치적 개념의 지극한 혼란을 보여 준다."라는 점 따위다.

누구로부터 3인조 계획이 시작됐는지에 대한 마르또프 동지의 "개인적" 언급은 건너뛰고 구 편집국을 승인하지 않은 사실이 지니는 의미에 그가 부여하는 "정치적" 성격으로 넘어가겠다. …… "지금 일어나고 있는 일은 대회 후반부에 있었던 투쟁의 마지막 장이다." …… (맞다! 그리고 이 후반부는 마르또프가 규약 제1조 문제에서 아끼모프의 끈덕진 포옹에 몸을 맡긴 순간부터 시작된 것이다.) …… "이 개혁에서 문제는 '업무 능력'이 아니라 중앙위원회에 대한 영향력 투쟁이라는 것은 모두에게 비밀이 아니다." …… (첫째, 문제가 여기서 업무 능력이기도 하고 중앙위원회 구성을 두고 갈라선 것이기도 했다는 것은 모두에게 비밀이 아니다. 왜냐하면 "개혁" 계획이 제출됐던 시기는 우리가 두 번째로 갈라서는 것이 아직 있을 수 없는 일이었을 때,

우리가 마르또프 동지와 함께 편집국의 일곱 번째 참가자로 빠블로비치 동지를 선출했던 그때였기 때문이다! 둘째, 우리는 이미 서면 자료를 기반으로 문제는 중앙위원회의 인적 구성이었음을, à la fin des fins[결국은] 글레보프―뜨라빈스끼―뽀뽀프라는 명단과 글레보프―뜨로쯔끼―뽀뽀프라는 명단의 차이였음을 보여 준 바 있다.) …… "편집국 다수파는 중앙위원회를 편집국의 도구로 변질시키기를 원하지 않는다는 것을 보여 주었다." …… (이런 것이 아끼모프 식 노래다. 언제 어디서나 어떤 당대회에서나 어떤 다수파든 다수의 도움으로 중앙기관에 대해 공고화하기 위해 투쟁하는 그 영향력이라는 문제가 마르또프 동지가 조금 뒤에 334쪽에서 말했던 것 같이 **편집국의 "도구"**라거나 편집국의 **"단순한 부속물"**이라는 기회주의적 유언비어의 영역으로 옮겨가고 있다.)…… "바로 이것이 편집국 인원을 줄일 필요가 있었던 이유다.(!!) 그리고 그런 까닭에 나는 그런 편집국에 들어갈 수가 없다."…… (이 **"그런 까닭에"**라는 말을 주의 깊게 보시라. 편집국이 어떻게 중앙위원회를 부속물이나 도구로 변질시킬 수 있을까? 편집국이 평의회에서 세 표를 가지고 이 우월성을 **악용**하는, 그런 경우에만 그럴 수 있다. 이는 명백하지 않은가? 마찬가지로, 세 번째로 선출된 마르또프 동지가 갖가지 악용을 항상 막을 수 있고 **그 자신의 한 표만으로도** 평의회에서 편집국의 모든 우월성을 없애 버릴 수 있다는 것 또한 명백하지 않은가? 따라서 문제는 바로 중앙위원회의 인적 구성으로 귀결되고, 도구와 부속물에 관한 얘기는 유언비어라는 것이 확인된다.) …… "구 편집국 다수파와 함께 나는 대회가 당내의 '계엄 상태'에 종지부를 찍고 당에 정상적 상태를 확립할 것이라고 생각했다. 실제로는, 특정 그룹을 겨냥한 예외법과 함께 계엄 상태가 계속되고 있으며 심지어 더 첨예해지고 있다. 오직 구 편집국 전원이 그 구성에 포함될 때만 우리는 규약에 의해 편집 국에 주어진 권리가 당에 해악을 끼치지 않을 것임을 보증할 수 있다."……

이것이 마르또프 동지의 발언 중에서 그가 '계엄 상태'라는 악명 높은 슬로건을 최초로 투입한 부분 전체이다. 그리고 이제 그에게 내가 했던 답변을 한 번 보라.

……"나는 두 개의 3인조 계획이 개인적 성격의 것이라는 마르또프의 언명을 바로잡기는 하겠지만, 나 또한 구 편집국을 승인하지 않음으로써 우리가 디딘 한 걸음의 '정치적 의의'에 관해 마르또프가 주장했던 바를 부인할 생각은 없다. 반대로, 나는 이 조치가 대단한 정치적 의의를 갖는다는 점에서 마르또프 동지에게 완전히, 무조건 동의하는 바다. 단지 마르또프 동지가 부여한 그런 의미가 아닐 뿐이다. 그는 이것이 러시아에 있는 중앙위원회에 대한 영향력을 위한 투쟁 행위라고 말했다. 나는 마르또프 동지보다 더 멀리 나가겠다. 영향력을 위한 투쟁은 지금까지 하나의 개별 그룹으로서 『불꽃』이 했던 모든 활동이었다. 그런데 이제 문제는 영향력 장악을 위한 투쟁을 넘어서는 더 크고 조직적인 영향력의 공고화다. 우리가 여기서 마르또프 동지와 정치적으로 얼마나 심각하게 갈라서고 있는지는 마르또프 동지는 중앙위원회에 영향을 미치려는 이러한 바람을 나의 잘못으로 여기고 있는 반면에 나는 조직적으로 이 영향력

을 공고화하려고 애썼고 지금도 애쓰고 있다는 것을 나의 공헌으로 여기는 것을 보면 알 수 있다. 우리는 심지어 서로 다른 언어로 말하고 있는 것임이 확인된다. 만일 완전한 영향력 획득과 강화가 아니라 영향력을 위한 동일한 낡은 투쟁이 끝이라면, 우리의 모든 활동, 우리의 모든 노력이 무엇 때문에 필요했단 말인가? 그렇다, 마르또프 동지는 전적으로 옳다. 우리가 디딘 한 걸음은 우리 당의 향후 활동에서 지금 드러난 지향성 가운데 하나가 선택됐음을 입증하는 대단한 정치적 걸음임이 분명하니까 말이다. 그리고 '당내의 계엄 상태'니 '특정 인물과 그룹을 겨냥한 예외법'이니 등등의 무시무시한 말들은 나에게 조금도 위협이 되지 않는다. 우리는 불안정하고 동요하는 부류에 대해 '계엄 상태'를 조성할 수 있을 뿐더러 그렇게 할 의무가 있다. 또 그토록 수많은 정치적 모호성의 근원에게는 우리 당의 규약 전체, 그리고 대회에서 이제 승인된 우리의 중앙 집중주의가 '계엄 상태'와 다를 바 없다. 설령 예외법이라 할지라도 이러한 모호성에 대항하여 그야말로 필요한 것이 특별법이고, 대회는 그러한 법과 조치들을 위한 견고한 기반을 만들어 냄으로써 올바른 정치적 지향성을 정한 한 걸음을 내디딘 것이다."

나는 대회에서 내가 한 발언의 이 부분에서 마르또프가 자신의 『계엄 상태』에서 생략하고자 했던 문구(16쪽)를 강조해서 표시했다. 그에게는 이 문구가 마음에 들지 않았고 그가 그 분명한 의미를 이해하고 싶지 않았다는 것은 놀라운 일이 아니다.

"무시무시한 말들"이라는 표현은 무엇을 의미하는가, 마르또프 동지?

그것은 조소를 의미한다. 자그마한 일에 커다란 명칭을 갖다 붙이고 단순한 문제를 과장된 공문구로 혼란스럽게 만드는 사람들에 대한 조소를 의미한다.

단 한가지지만 마르또프 동지를 "신경질적 흥분" 상태로 만든 계기가 될 수 있었고 또 그렇게 됐던 단순하고 작은 사실은 마르또프 동지가 대회에서 중앙기관의 인적 구성 문제에서 패배를 겪었다는 것 뿐이다. 이 단순한 사실의 정치적 의미는 당대회 다수파가 승리를 통해 당의 지향성에서도 다수파가 됐고, 규약에 힘입어 동요, 불안정성, 모호성이라고 간주했던 것에 대한 투쟁을 위한 조직적 기반을 창출함으로써 영향력을 공고히 했다는 것이다.* 이에 대하여 두려운 듯한 눈으로 "영향력을 위한 투쟁"에 대해 말하고 "계엄 상태"라고 불평하는 것은 과장된 공문구이자 무시무시한 말들일 뿐 다른 어떤 것도 아니다.

마르또프 동지는 이에 동의하지 않는가? 그렇다면 다수파가 자신이 획득한 영향력을 1) 중앙기관을 지도함으로써, 2) 동요, 불안정성, 모호성을 무력하게 하기 위한 권력을 부여받음으로써, 공고히 하지 않는 그런 당대회가 세상에 어디 있는지, 그런 당대회를 일반적으로 상상할 수 있는지 우리에게 보여 주어야 하지 않겠는가?

선거를 앞두고 우리 대회는 중앙기관지와 중앙위원회에 대

---

* 대회에서 『불꽃』 소수파의 불안정성, 동요, 모호성은 어디서 발현됐는가? 첫째, 규약 제1조에 대한 기회주의적 문구에서, 둘째, 대회 후반에 급속도로 강해진 아끼모프, 리베르 동지들과의 연합에서, 셋째, 중앙기관지 당직자 선출 문제를 속물근성, 불쌍한 말들의 수준으로, 심지어 타인의 영혼 훔쳐보기의 수준으로까지 전락시키는 능력에서. 친근한 이 모든 것은 대회 후에 작은 꽃봉오리에서 꽃과 열매로 성장해 갔다.

한 투표수의 1/3을 당 다수파에게 주어야 하는지 아니면 당 소수파에게 주어야 하는지를 결정해야 했다. 6인조 편집국과 마르또프 동지의 명단은 1/3을 우리에게, 그리고 2/3를 마르또프의 지지자들에게 주는 것을 의미했다. 중앙기관지 3인조와 우리 명단은 우리에게 2/3를, 마르또프 동지 지지자들에게 1/3을 주는 것을 의미했다. 마르또프 동지는 우리와 협상하거나 양보하기를 거부하고 대회에서 결투를 하자고 서면으로 도발했다. 대회에서 패배를 겪은 뒤 그는 눈물을 흘리면서 "계엄 상태"라고 불평을 터뜨리기 시작했다! 자, 과연 이것이 사소한 말다툼이 아니란 말인가? 과연 이것이 지식인적 유약함의 새로운 발현이 아니란 말인가?

이와 관련하여, 얼마 전에 카우츠키가 이러한 성격을 사회심리학적으로 탁월하게 규정했던 일을 떠올리지 않을 수 없다. 동일한 질병을 여러 나라의 사회민주주의당들이 지금 겪고 있는 경우가 종종 있기 때문에 경험 많은 동지들에게서 올바른 진단과 올바른 치료법을 배우는 것이 우리로서는 매우, 매우 유익한 일이다. 그렇기 때문에 카우츠키가 몇몇 지식인의 성격을 규정한 것은 우리 주제를 벗어나 보이지만 단지 그렇게 보이는 것일 뿐이다.

...... "현재 우리에게 다시 생생하게 흥미로운 문제는 지식인[*]

---

[*] 나는 독일어 Literat와 Literatum을 지적인 사람이나 지식인이라고 번역했는데, 그 독일어 단어들은 문필가만이 아니라 교육을 받은 사람 모두를 일반적으로 포괄하고 있어서, 자유로운 직업을 가진 사람도 가리키고 영어에서 육체노동자와 구별하여 쓰는

과 프롤레타리아트 사이의 적대다. 나의 동료들"(카우츠키 자신이 지식인이자 문필가, 편집자다.) "은 내가 이 적대를 인정하는 것에 대해 언제나 분노할 것이다. 하지만 그것은 실제로 존재하는 것이기에 사실을 부정함으로써 그것을 벗어나려 애쓰는 것은"(다른 경우들과 마찬가지로 여기서도) "가장 비합리적인 전술이 될 것이다. 이 적대는 사회적 적대이고, 개인 차원에서가 아니라 계급 차원에서 발현되는 것이다. 개별 자본가와 마찬가지로 개별 지식인도 프롤레타리아트의 계급투쟁에 전면적으로 합류할 수 있다. 그런 일이 일어날 경우 그 지식인은 자신의 성격을 바꾸게 된다. 그런데 이하의 글에서 주로 다루게 될 것은 지금까지는 아직 자기 계급 가운데서 예외에 속하는 이러한 유형의 지식인이 아니다. 이하의 글에서 특별한 단서가 없다면, 지식인이라는 말을 사용하여 내가 의미하는 것은 부르주아사회에 기반을 두고 있고 지식계급의 특징적 대표자인 보통의 지식인뿐이다. 이 계급은 프롤레타리아트에 대해 일정한 적대 관계에 있다.

이 적대는 노동과 자본 사이의 적대와는 다른 종류의 것이다. 지식인은 자본가가 아니다. 사실, 그의 생활수준은 부르주아적이며, 룸펜으로 전락하지 않는 한 그는 이 수준을 유지할 수밖에 없다. 하지만 그와 동시에 그는 자기 노동의 산물을, 때로는 자신의 노동력도 팔지 않을 수 없으며, 자본가로부터 착취당하거나 특정한 사회적 치욕을 겪는 경우도 드물지 않다. 이처럼 지식인은 프롤레타리아트에 대해 경제적으로는 어떠

---

brain worker[지능노동자]도 가리킨다.

한 적대 관계에도 있지 않다. 하지만 그의 삶의 지위와 노동조건은 프롤레타리아적이지 않으며, 정서적이고 사상적인 분명한 적대는 그로부터 생겨나는 것이다.

프롤레타리아는 고립된 개인으로 남아 있는 한 아무것도 아니다. 그는 자신의 모든 힘, 진보를 향한 자신의 모든 능력, 모든 희망과 절망을 조직으로부터, 동지들과 함께하는 체계적 공동 활동으로부터 얻는다. 그는 위대하고 강한 조직의 일부분을 이룰 때 자신이 위대하고 강하다고 느낀다. 그에게는 이 유기체가 전부다. 반면에 개인이라는 것은 그에 비하면 매우 작은 것이다. 프롤레타리아는 어떤 자리에 배치되건 그곳에서 자신의 의무를 수행하고 자신의 모든 감정과 모든 사고에 스며드는 규율에 복종하면서, 이름 없는 대중의 한 조각으로서 개인적 이익과 개인적 영예를 고려하지 않고 위대하게 자신을 희생하며 투쟁한다.

지식인은 상황이 완전히 다르다. 그는 어떤 힘이 아니라 논리를 사용하여 투쟁한다. 그의 무기는 그의 개인적 지식이자 개인적 능력이고 개인적 신념이다. 그는 오직 자신의 개인적 자질 덕분에 일정한 의의를 지닐 수 있다. 자신의 개성이 완전히 자유롭게 발현되는 것이 그에게는 성공의 일차적 조건이다. 그가 특정한 전체에 복무하는 일부분으로서 전체에 복종하는 것은 힘겨운 일일 뿐 자발적 동기에 의한 것이 아니다. 그는 대중에 대해서만 규율의 필요성을 인정할 뿐 선택된 사람들에 대해서는 그렇지 않다. 그는 물론 자기 자신 역시 선택된 사람으로 간주한다. ……

자기 자신의 고유한 개성을 최고로 발전시키는 것이 모든 것이며 그 어떤 위대한 사회적 목적이라 해도 그런 목적에 자신의 개성을 종속시키는 것은 저속하고 멸시할 일이라고 여기는 초인 숭배의 니체 철학, 이 철학이 지식인의 진정한 세계관이다. 이 철학은 지식인이 프롤레타리아트의 계급투쟁에 참여하는 것을 전혀 적합지 않은 일로 만든다.

니체와 더불어, 지식인 정서에 부합하는 이 계급의 세계관의 탁월한 대표자는 입센이다. (『인민의 적』에 나오는) 그의 의사 스톡만은 많은 사람이 생각하는 것 같은 사회주의자가 아니라 프롤레타리아운동, 일반적으로는 모든 인민운동에서 활동하려 시도하면 그 운동과 필연적으로 충돌하게 돼 있는 유형의 지식인이다. 왜냐하면 온갖 민주주의*운동이 다 그렇듯 프롤레타리아운동의 기본은 대다수 동지에 대한 존경이기 때문이다. 스톡만 같은 전형적인 지식인은 '결집된 다수'에서 파괴돼야 하는 괴물을 본다.……

지식인의 이상적 표본, 프롤레타리아적 정서에 철저히 물들어 있고 뛰어난 작가이면서 지식인 특유의 정신을 버렸던 사람, 아무런 불평 없이 대오에서 걷고 임명된 온갖 직책에서 일하고 우리의 위대한 대의에 자신을 통째로 바쳤던 사람, 입센과 니체에 길들여진 지식인들이 소수파로 남을 경우 그들에게서 흔히 듣게 되는 억압당한 개성에 대한 무기력한 넋두리

---

* 우리의 마르또프파가 모든 조직 문제에 불러일으킨 그 뒤죽박죽 상태에서 대단히 특징적인 것은 그들이 아끼모프에게로, 그리고 당치않은 민주주의로 전향했으면서도, 그런 한편으로 모든 사람이 사전에 정해 놓은 대회 선거인 편집국의 민주주의적 선거 때문에 화가 났다는 점이다! 이것이야말로 아마도 당신들 원칙이 아니던가, 신사 양반들?

(weichliches Gewinsel)를 경멸했던 사람, — 사회주의운동이 필요로 하는 그러한 지식인의 이상적 표본은 리프크네히트였다. 맑스 또한 여기에서 거명할 수 있다. 그는 단 한 번도 상석을 차지하려 한 적이 없었고 자신이 여러 차례 소수파로 남았던 인터내셔널에서 당의 규율에 모범적으로 복종했다."[*]

마르또프 일당이 구 서클이 승인받지 못한 사건 단 하나 이후 직책을 거부한 것, 계엄 상태와 "특정 그룹을 겨냥한" 예외법에 대해 불평한 것은 바로 이러한, 소수파로 남은 지식인의 무기력한 넋두리 이상의 아무것도 아니다. 마르또프에게 그 법들은 『남부 노동자』와 『노동자의 대의』가 해산될 때에는 전혀 소중하지 않았지만 자신의 동료들이 해산되는 상황에서는 소중한 것이 되고 말았다.

"결집된 다수파"를 향한 이 모든 끝없는 불평, 질책, 암시, 책망, 유언비어, 비방 따위는 우리 당대회에서 (그리고 그 이후에는 훨씬 더 많이) 마르또프로부터 청산유수처럼 쏟아져 나왔는데[**], 이 모든 것이야말로 소수파로 남은 지식인들의 그 같은 무기력한 넋두리였다.

소수파는 결집된 다수파가 비공개 회합을 가졌다고 몹시 한탄했다. 하지만 사실상 소수파는 자신들에게 불쾌한 사실, 즉 자신들이 자신들의 비공개 회합에 초청했던 대의원들은 그 회합에 참석하기를 거부한 반면에 기꺼이 가려 했던 사람들(예고

---

[*] 칼 카우츠키, 「프란츠 메링」, 『신시대』 XXII, I, 101~103쪽, 1903년 제4호.

[**] 『대회 의사록』 337쪽, 338쪽, 340쪽, 352쪽 등등을 보라.

로프들, 마호프들, 브루께르들)은 대회에서 서로 간에 투쟁이 있은 이후 초청할 수 없었다는 사실을 무엇으로든 은폐해야만 했다.

소수파는 "기회주의라는 허위 비난"에 대해 몹시 한탄했다. 하지만 소수파는 반『불꽃』파를 따르는 경우가 훨씬 많았던 **그야말로 기회주의자들이** — 그리고 이 반『불꽃』파 스스로가 — 사실은 일정 부분 결집된 소수파를 구성하여 당 기관들 내의 속물근성, 기회주의적 논증, 당 업무의 속물근성, 지식인적 동요와 유약함을 무조건 지지했다는 불쾌한 사실을 무엇으로든 은폐해야만 했다.

우리는 다음 장에서 대회 말미에 "결집된 다수파"가 형성된 흥미진진한 정치적 사실이 무엇으로 설명될 수 있는지를, 그리고 왜 소수파가 모든 요구에도 불구하고 다수파 형성의 **원인과 역사**라는 문제를 그토록 치밀하고도 치밀하게 **피해** 가는지를 보여 줄 것이다. 그러나 우선 대회의 토론에 대한 분석을 끝마치도록 하자.

중앙위원회 선거에서 마르또프 동지는 지극히 특징적인 결의안을 제출했다(336쪽). 그 결의안의 세 가지 기본적 특징을 나는 "세 수로 된 외통수"라고 부르곤 했다. 그 특징들은 이렇다. 1) 개별 후보자에게 투표하는 것이 아니라 중앙위원회 후보자 **명단**에 투표한다. 2) 명단을 열람한 후 두 번의 회의를 허용한다(물론 논의를 위해서). 3) 절대다수의 표를 얻은 명단이 없을 경우, 두 번째 투표를 최종 투표로 인정한다. 이 결의안은 아주 잘 고안된 전략이어서(적이라도 정당한 평가를 해 주어야 한다.), 예고로프 동지는 이에 동의하지 않았지만(337쪽), 분트파 7인과 『노동자의 대의』파가 대회에서 퇴장하지 않았다면 마르또프에게 완전한 승리를 보장했을 것임이 거의 확실했다. 이 전략은 『불꽃』 소수파가 분트 및 브루께르와는 물론이고 예고로프들 및 마호프들과도 "직접적 합의"를 하지 않았고 할 수가 없었던 바로 그러한 사정에서 나온 것이다.

연맹 대회에서 마르또프 동지가 "기회주의라는 허위 비난"은 자신이 분트와 직접 합의한 것을 전제로 한 것이라고 불평했음을 상기해 보라. 반복하건대, 이는 공포에 빠진 마르또프 동지에게 그렇게 보였던 것이고, 예고로프 동지가 명단 투표에 동의하지 않은 것 자체(예고로프 동지는 "자신의 원칙을 아직 잃지 않고 있었다." ─ 아마도 민주주의의 보장이 갖는 절대적 의의에 관한 평가에서 그 자신과 골드블라트 동지를 연합하게 만들었음이 분명한 그 원칙일 것이다.)가 명료하게 보여 주는 바는 심지어 예고로프 동지와도 "직접적 합의"는 있을 수 없었다는 대단히 중요한 사실이다. 하지만 예고로프와 브루께르 누구와도 연합이 있을 수 있었고 또 있었는데, 그것은 마르또프파가 우리와 심각하게 충돌했을 때, 그리고 아끼모프와 그의 친구들이 차악을 선택해야 했을 때, 그럴 때마다 마르또프가 그들의 지지를 확보했다는 의미에서의 연합이다. 차악으로서, 즉 『불꽃』의 목적이 잘 달성되지 못하게 한다(규약 제1조에 관한 아끼모프의 발언과 그가 마르또프에게 걸었던 "희망"을 보라.)는 것으로서 아끼모프 동지와 리베르 동지가 한결같이 6인 중앙기관지와 마르또프의 중앙위원회 명단을 선택했을 것이라는 점에는 일말의 의혹도 없었고 또한 없을 것이다. 명단에 투표하는 것, 두 번의 회의를 허용하는 것, 재투표를 기획해 낸 것은 바로 어떠한 직접적 합의 없이도 거의 기계적으로 정확하게 이러한 결과를 달성하기 위해서였다.

하지만 우리의 결집된 다수파가 결집된 다수파로 남아 있는 한, 마르또프 동지의 우회로는 시간 끌기에 불과했고 우리는 그가 포기하게 만들지 않을 수 없었다. 소수파는 서면으로(성명서를 통해, 341쪽) 이에 대한 불평을 쏟아 냈고 **마르띠노프와 아끼모프의 예를** 따라 "선거가 진행된 조건들을 고려하여" 중앙위원회 선거에서 **투표를** 거부했다. 대회 이후 선거 조건이 비정상적이었다는 불평(『계엄 상태』 31쪽을 보라.)이 사방에서 당의 수백 가지 잡담으로 쏟아져 들어왔다. 대체 무엇이 **비정상적이**었단 말인가? 비밀투표가 비정상적이었단 말인가? ─ 비밀투표는 대회 의사규칙에 따라(제6조, 『의사록』 11쪽) 이전에 이미 규정돼 있었던 것이어서, 비밀투표에서 "위선"이나 "불공정함"을 찾는 것은 우스운 일이다. 아니면 다수파의 형성이 비정상적이었단 말인가? ─ 다수파의 형성은 무기력한 지식인들에게는 "괴물"이었다. 아니면 대회를 앞두고 대회의 모든 선거를 인정한다고 했던(380쪽, 대회 규약 제18조) 자신들의 약속을 깨는 이 존경받는 지식인들의 비정상적 욕망이 비정상적이었단 말인가?

뽀뽀프 동지는 선거 당일 대회에서 "사무국은 참석자 절반이 투표를 거부한다고 해도 대회의 결정이 유효하고 적법하다고 확신하는가?"라고 직설적으로 질문하고 나섬으로써 이러한 욕망을 살며시 암시한 바 있다. 사무국은 물론 확신한다고 답변했고, 아끼모프와 마르띠노프 동지의 사건을 상기시켰다. 마르또프 동지는 사무국에 동의하며 뽀뽀프 동지가 틀렸다고, "대회의 결정은 적법하다."라고 직설적으로 선언했다(343쪽). 당 앞에 했던 이러한 선언과 대회 이후의 행동이나 "당의 절반의 반란이 대회에서 이미 시작됐다."라는 『계엄 상태』의 문구를 비교해 보면 드러나는 — 대단히 정상적임에 틀림없다고 여겨야 하는 — 이러한 정치적 일관성에 대해서는 독자들 스스로가 판단하도록 하자. 마르또프 동지에게 걸었던 아끼모프 동지의 희망은 마르또프 자신의 허망한 선의를 넘어서는 것이었다.

아끼모프 동지, "당신이 이겼소!"

* * *

이제는 영원히 희비극적 의미를 갖게 된 "계엄 상태"라는 악명 높은 문구가 어느 정도로 "무시무시한 말"이었는지를 살펴보는 데 도움이 될 수 있는 것들은 다소 사소하게 보이지만 본질적으로 매우 중요한, 선거 이후 있었던 대회 말미의 특징들이다. 마르또프 동지는 지금 이 희비극적 "계엄 상태"에 엄청난 관심을 쏟아 부으면서, 자신이 지어낸 이 위협이 "다수파"가 "소수파"를 비정상적으로 박해하고 중상하고 괴롭히고 있음을

---

* 342쪽. 평의회의 다섯 번째 위원 선출에 관한 말이다. (총 44표 가운데) 24장의 투표용지가 나왔는데, 그 가운데 2장은 백지였다.

뜻한다고 진지하게 자기 자신과 독자들을 설득하고 있다. 우리는 이제 대회 이후 상황이 어떠했는지를 보여 줄 것이다. 하지만 대회 말미만 한 번 살펴보더라도 선거 이후에 괴롭힘을 당하고 부당한 대우를 받고 사형에 처해진 이 불행한 마르또프파를 "결집된 다수파"가 박해하지 않았을 뿐더러 반대로 스스로 그들에게 (랴도프의 입을 빌려) 의사록위원회의 세 자리 가운데 두 자리를 제안했음(354쪽)을 알게 될 것이다. 전술 문제 및 다른 문제들에 관한 결의안들(355쪽 이하)을 한 번 보라. 그러면 그 결의안들을 입안한 동지들의 서명에 괴물 같은 결집된 "다수파"의 대표들과 "천대 받고 모욕당한" "소수파" 지지자들이 섞여 있는 상황에서 (355, 357, 363, 365, 367쪽) 내용상 순전히 실무적인 논의가 이루어진 것을 알게 될 것이다. 이것이 "파면"과 다른 온갖 "괴롭힘" 같은 것이라니, 정말 그런가?

본질적으로 흥미로웠던 ─ 그러나 유감스럽게도 너무나 짧았던 ─ 단 하나의 논쟁은 자유주의자들에 관한 스따로베르의 결의안을 둘러싸고 일어난 것이었다. 그 결의안이 대회에서 채택된 것은 거기에 붙은 서명을 보면 판단할 수 있는 것처럼 3인의 "다수파" 지지자(브라운, 오를로프, 오씨쁘프)가 그 안과 쁠레하노프의 결의안 사이의 화해할 수 없는 모순을 간파하지 못하고 두 안에 다 찬성투표를 했기 때문이었다. 얼핏 보면 그것들 사이에 화해할 수 없는 모순은 없다. 왜냐하면 쁠레하노프안은 일반적 원칙을 규정하고 러시아의 부르주아 자유주의에 대한 특정한 원칙적, 전술적 태도를 표현하고 있는 한편, 스따로베르 안은 "자유주의 또는 자유민주주주의 경향"과의 "일시적 협정"이 허용되는 구체적 조건을 규정하려 하고 있기 때문이다. 두 결의안의 주제는 서로 다르다. 하지만 스따로베르 안은 그야말로 정치적 모호성이라는 병을 앓고 있으며 이 때문에 지엽적이고 사소하다. 그 안은 러시아 자유주의의 계급적 내용을 규정하고 있지 않으며 그것을 표현하는 특정한 정치적 경향을 지적하지 않으며, 이러한 특정한 경향에 대한 프롤레타리아트의 선전과 선동이라는 기본적 임무를 설명하지 않는다. 그 안은 (그 모호성으로 인해) 학생운동과 『해방』 같은 서로 다른 것들을 혼동하며, "일시적 협정"이 허용되는 구체적 조건 세 가지를 너무나 지엽적이고 궤변적으로 지정하고 있다. 정치적 모호성은 다른 많은 경우에 그런 것처럼 이 경우에도 결국 궤변에 이르게 된다. 일반적 원칙의 부재와 "조건"을 열거하려는 시도는 결국 이러한 조건들을 지엽적으로, 엄격히 말하자면 그릇되게 지정하는 데 이르게 된다. 실제로 스따로베르의 이 세 가지 조건을 살펴보라. 1) "자유주의 경향 또는 자유민주주의 경향"은 "전제 정부와 투쟁하면서 자신들이 러시아 사회민주주의 편에 단호히 선다고 명백하고 확실하게 선언"해야 한단다. 자유주의 경향과 자유민주주의 경향은 어떤 점에서 차이가 있는가? 결의안은 이 문제에 답변이 될 만한 어떠한 자료도 주지 않는다. 자유주의 경향은 부르주아지 가운데 정치적으로 가장 진보적이지 않은 계층의 입장을 표현하고 자유민주주의 경향은 부르주아지와 소부르주아지 가운데 가장 진보적인 계층의 입장을 표현하는가? 만일 그렇다면, 스따로베르 동지는 가장 진보적이지 않은 (하지만 그럼에도 진보적인. 그렇지 않다면 자유주의에 대해 전혀 말할 수 없으므로) 부르주아층이 "사회민주주의 편에 단호히 선다는 것"이 정말 가능하다고 생각하는가? 말이 안 되는 일이다. 그리고 설령 그러한 경향의 대표자들이 "이를 명백하고 확실하게 선언"한다(전적으로 불가능한 가정이다.) 하더라도 우리, 프롤레타리아트의 당에게는 그들의 선언을 믿지 않아야 할 의무가 있다. 자유주의자가 되는 것과 사회민주주의 편에 단호히 서는 것, — 이는 상호 배제하는 일이다.

더 나아가 보자. 전제정치와 투쟁하면서 "자유주의 경향 또는 자유민주주의 경향"이 **사회주의자혁명가당 당원들** 편에 단호히 선다고 명백하고 확실하게 선언하는 경우를 가정해 보자. 이러한 가정은 (사회주의자혁명가당 당원들의 지향성의 본질이 부르주아민주주의이기 때문에) 스따로베르 동지의 가정보다 훨씬 가능성이 크다. 그의 결의안의 의미에 따르자면, 그 모호성과 궤변성으로 인해서 **그런 경우에는** 그 같은 자유주의자들과 **일시적 협정을 맺는 것이 허용될 수 없다**는 결론이 나온다. 이와 동시에, 스따로베르 동지의 결의안에서 나오는 이 필연적 결론은 **정확히 그릇된** 명제에 도달한다. 일시적 협정은 사회주의자혁명가당 당원들(이들에 관한 대회의 결의안을 보라.)과도 맺을 수 있고, **따라서** 사회주의자혁명가당 당원들 편에 서 있는 자유주의자들과도 맺을 수 있는 것이다.

두 번째 조건. 만일 이러한 경향이 "노동자계급 및 민주주의의 이해관계 전반과 대치되는, 또는 그들의 의식을 흐리게 하는 요구들을 자신들의 강령에 내걸지 않는다면." 여기에도 똑같은 오류가 있다. 노동자계급의 이해관계와 대치되고 그들(프롤레타리아트)의 의식을 흐리게 하는 요구들을 강령에 내걸지 않을 자유민주주의 경향은 있었던 적도 없고 있을 수도 없다. 심지어 우리의 자유민주주의 경향 중 가장 민주주의적인 분파 가운데 하나인 사회주의자혁명가당 당원들조차도 자신의 강령 — 모든 자유주의 강령처럼 뒤죽박죽인 강령 — 에 노동자계급의 이해관계에 대치되고 그들의 의식을 흐리게 하는 복잡하게 얽힌 요구들을 내걸고 있다. 이러한 사실에서 내려야 할 결론은 "부르주아지 해방운동의 제한성과 불충분함을 폭로하는 것"이 필요하다는 것이지 일시적 협정이 허용될 수 없다는 것이 결코 아니다.

마지막으로, (자유민주주의자들은 전반적으로 평등선거, 비밀선거, 직접선거의 권리를 자기 투쟁의 슬로건으로 만들도록 해야 한다는) 스따로베르 동지의 세 번째 "조건"은 그가 알고 있는 일반적 설정에서 볼 때 그릇된 것이다. 제한선거제 헌법, "반토막" 헌법 슬로건을 내세우고 있는 그런 자유민주주의 경향과는 어떤 경우에도 일시적이고 개별적인 협정을 맺어서는 안 된다고 선언하는 것은 어리석기 때문이다. 요컨대, 『해방』그룹의 "경향"이 딱 이에 해당될 것인데, 설령 가장 겁쟁이 자유주의자들이라 할지라도 그들과 "일시적 협정"을 맺는 것을 미리 금지하여 자신의 손발을 묶는 것은 맑스주의 원칙에 부합하지 않는 정치적 단견일 것이다.

결론. 마르띠노프 동지와 악쎌로트 동지 역시 서명했던 스따로베르 동지의 결의안은 잘못된 것이며 따라서 제3차 대회가 이를 폐기하는 것이 현명한 행동이다. 그 결의안은 이론적이고 전술적인 입장에서는 정치적 모호성이라는 병을 앓고 있으며, 그로부터 요구되는 실천적 "조건"에서는 궤변이라는 병을 앓고 있다. 그 결의안은 1) 온갖 자유민주주의 경향의 "반혁명적이고 반프롤레타리아트적" 특징을 폭로하고 이 특징들에 맞서 투쟁해야 할 의무와 2) 그러한 어떤 경향과도 일시적이고 개별적인 협정을 맺을 조건이라는 두 가지 문제를 혼동하고 있다. 그 결의안은 해야 할 것(자유주의의 계급적 성격 분석)은 하지 않고 할 필요가 없는 것("조건"의 지정)을 하고 있다. 특정한 상대편, 즉 협정이 가능한 대상도 없는 상태에서 당대회에서 일시적 협정의 구체적 "조건들"을 작성하는 것은 일반적으로 어리석은 일이다. 그런 "대상"이 현재 있다고 하더라도, 당 중앙기관들이 일시적 협정의 "조건들"을 정하도록 맡기는 것이 백배는 더 합리적인 일일 것이고, 대회에서 이미 사회주의자혁명가당의 "경향"에 대해 그렇게 한 바가 있다. (악쎌로트 동지의 결의안 끝부분을 쁠레하노프가 수정한 것을 보라. ―『의사록』362쪽과 15쪽.)

쁠레하노프의 결의안에 대한 "소수파"의 반박에 대해 논하자면, 마르또프 동지가 말한 유일한 논거는 쁠레하노프의 결의안이 "한 문필가를 폭로해야 한다는 초라한 결론으로 끝난다. 이것은 '도끼 들고 파리 잡으러' 가는 것 아니겠는가?"라는 것이다(358쪽). 신랄한 말 ― "초라한 결론" ― 로 사상의 부재를 은폐하고 있는 이 논거는 과장된 문구의 새로운 전형을 우리에게 보여 준다. 첫째, 쁠레하노프의 결의안은 "부르주아지 해방운동의 제한성과 불충분함이 발현되는 곳이면 어디서든 프롤레타리아트에게 그 제한성과 불충분함을 폭로하는 것"에 대해 말하고 있다. 그러므로 "모든 관심이 한 명의 자유주의자인 스뜨루베 한 사람에게 쏠려 있음이 분명하다."라는 마르또프 동지의 주장(연맹 대회에서의 주장, 『의사록』 88쪽)은 하찮기 그지없는 말이다. 둘째, 러시아 자유주의자들과 일시적 협정을 맺을 가능성에 대해 논할 때 스뜨루베 씨를 "파리"에 비유하는 것은 정치적으로 자명한 기초적 일을 신랄함의 희생양으로 삼는 것이다. 스뜨루베 씨는 파리가 아니라 정치적 거물이다. 그것은 개인적으로 그가 무척 대단한 인물이어서가 아니다. 정치적 거물의 의미를 그에게 부여하는 것은 그의 지위, 즉 비합법 세계에 있는 러시아 자유주의 — 조금이라도 활동능력을 갖추고 있는 조직된 자유주의 — 의 유일한 대표자라는 지위다. 그러므로 러시아 자유주의에 대해, 또 그것에 대한 우리 당의 태도에 대해 말하면서 바로 이 스뜨루베 씨를, 바로 이 『해방』을 고려하지 않는 것은 아무것도 말하지 않기 위해 말한다는 것을 뜻한다. 아니면 혹시 마르또프 동지는 조금 거리감이 있어도 좋으니 현재의 『해방』의 경향과 비교될 수 있는 "자유주의 경향 또는 자유민주주의 경향"을 단 하나라도 우리에게 보여 주려고 시도할 것인가? 그러한 시도를 지켜본다면 재미있을 것이다!*

---

* 연맹 대회에서 마르또프 동지는 쁠레하노프 동지의 결의안에 반대하며 또다시 그런 논거를 가져왔다. "이 결의안에 반대하는 주요한 생각과 이 결의안의 주요한 결함의 핵심은 전제정치에 맞선 투쟁에서 자유민주주의적 부류와 연합하는 것을 피하지 않는 것이 우리 의무라는 점을 전적으로 무시하고 있다는 것이다. 레닌 동지라면 이같은 경향을 마르띠노프 경향이라 할 것이다. 새 『불꽃』에는 이 경향이 이미 발현되고 있다."(88쪽)
이러한 이중 행보는 그 찬란함으로 볼 때 희귀한 "진주"를 모아 놓은 듯하다. 1) 자유

"스뜨루베라는 이름은 노동자들에게 아무런 말도 아니다." 꼬스뜨로프 동지는 이런 말로 마르또프 동지를 지지했다. 꼬스뜨로프 동지와 마르또프 동지가 화내지 않기를 바라지만, — 이것은 이미 아끼모프 식 논거다. 이는 프롤레타리아트가 소유격으로 쓰였다는 것과 비슷한 말이다.[44]

어떤 노동자들에게 쁠레하노프 동지의 결의안에 호명된 "스뜨루베라는 이름이 (그리고 『해방』이라는 이름이) 아무런 말도 아닐까?" 러시아의 "자유주의적 경향과 자유민주주의 경향"에 대해 아는 것이 거의 없거나 전혀 모르는 이들에게 그렇다. 그런 노동자들에 대한 우리 당대회의 태도는 어떤 것이어야 하는지 묻게 된다. 당원들은 이런 노동자들에게 러시아에서 유일하게 명확한 자유주의 경향을 알게 해 주도록 해야 하는가? 아니면 말 그대로 정치를 잘 모르기 때문에 노동자들이 거의 모르고 있는 이름에 대해서는 아무 말도 하지 않아야 하는가? 아끼모프 동지를 따라 첫 걸음을 내디딘 꼬스뜨로프 동지가 두 번째 걸음도 그를 따라가고 싶지 않다면, 그는 이 문제에 분명 첫 번째 의미로 답할 것이다. 그리고 첫 번째 의미로 답하고 나면 그의 논

주의자들과 연합한다는 말은 대단한 뒤죽박죽이다. 마르또프 동지, 연합에 관해 말한 사람은 아무도 없으며 단지 일시적이거나 개별적인 협정에 관해 말했을 뿐이오. 여기에는 큰 차이가 있다. 2) 만일 쁠레하노프가 결의안에서 있음직하지 않은 연합을 무시하고 "지지"에 관해서만 일반적으로 말한다면 이는 결함이 아니라 그 결의안의 장점이다. 3) 마르또프 동지는 "마르띠노프 경향"이 일반적으로 어떤 특징을 지니는지 우리에게 과연 설명하려 노력할 것인가? 그는 이 경향이 기회주의에 대해 갖는 태도를 우리에게 과연 이야기해 줄 것인가? 이 경향이 규약 제1조에 대해 갖는 태도를 그는 과연 추적할 것인가? 4) 나는 마르또프 동지로부터 새 『불꽃』의 어떤 점에 "마르띠노프 경향"이 발현되고 있는지를 듣고 싶어 견딜 수가 없을 지경이다. 마르또프 동지, 제발 내가 기다림의 고통에서 빨리 벗어나게 해 주시오!

거가 얼마나 근거 없는 것인지를 알게 될 것이다. 어떤 경우이건 쁠레하노프의 결의안에 있는 "스뜨루베"와 『해방』이라는 말이 스따로베르의 결의안에 있는 "자유주의 경향과 자유민주주의 경향"이라는 말보다 노동자들에게는 훨씬 더 많은 것을 의미할 수 있다.

현재 러시아의 노동자는 『해방』을 통하지 않고 다른 방식으로는 우리의 자유주의라는 다소 노골적인 정치적 경향을 실제로 알 수가 없다. 합법적 자유주의 문헌은 그 모호성 때문에 여기에 적합지 않다. 우리는 다가오는 혁명의 시기에 변혁의 민주주의적 성격을 축소시키려는 『해방』파 신사들의 필연적 시도를 러시아 프롤레타리아트가 무기의 비판으로 무력화시킬 수 있도록 『해방』파를 겨냥한 우리의 비판의 무기를 가능한 한 견실하게 (또한 가능한 한 더 광범위한 노동자 대중 앞에서) 겨누어야 한다.[45]

———

반정부 운동과 혁명운동에 대한 우리의 "지지"라는 문제와 관련하여 앞에서 내가 언급한 예고로프 동지의 "의혹"을 제외하면 결의안에 대한 토론에는 별 흥미로운 자료들이 없다. 사실, 토론이 거의 없었다.

———

대회의 결정들은 모든 당원에게 의무적이라는 점을 의장이 간략하게 상기시키는 것으로 대회는 끝났다.

N. 대회에서 벌어진 투쟁의 전체 그림.
당의 혁명 진영과 기회주의 진영

　대회에서 있었던 토론과 투표들에 대한 분석을 끝냈으니 이제는 대회 전체의 자료를 기반으로 대회를 총괄해야 하는데, 이는 다음과 같은 물음에 답하기 위해서다. 우리가 선거에서 보았고 얼마 후 우리 당이 근본적으로 분열하게 된 그 최종적인 다수파와 소수파가 어떤 부류, 그룹, 색조로 형성됐던가? 대회 의사록이 풍부하게 제공하고 있는 원칙적, 이론적, 전술적 색조에 관한 모든 자료를 총괄해야 한다. 대회 전체와 표결 시의 중요한 모든 분파 형성의 전체 그림이 없다면, 이를 전체적으로 "보고"하지 않는다면, 이 자료들은 너무 세분화되고 뒤죽박죽돼 있어 얼핏 보기에는 개별적인 이런저런 분파 형성이 우연적인 것으로 보일 것이다. 대회 의사록을 독자적이고 전면적으로 연구하는 수고를 하지 않는 사람에게는 특히 그럴 것이다. (그런데 이러한 수고를 한 독자들이 과연 많겠는가?)

　영국 의회의 보고서에서 자주 마주치는 특징적인 단어는 division[46] – 구분이다. 특정한 문제의 표결에 대해 의회가 어떤 다수파와 소수파로 "구분됐다"고 말하곤 하는 것이다. 대회에서 논의된 다양한 문제들을 둘러싼 우리 사회민주주의 의회의 "구분"이 보여 주는 당내 내부 투쟁의 그림, 당의 색조와 그룹들의 그림은 그 유형으로 보아 유일하고 그 풍부함과 정확성으로 보자면 무엇과도 대체가 불가능한 것이다. 이 그림을 생생하게 그려 내기 위해, 앞뒤가 연결되지 않고 자잘하게 분리된 고립된 사실들의 덩어리가 아니라 진짜 그림을 알기 위해, 개별적 표결에 관한 끝없고 무의미한 논쟁(누가 누구에게 투표했고 누가 누구를 지지했는가?)에 종지부를 찍기 위해, 나는 도표 형태로 우리 대회의 모든 주요한 유형의 "구분"을 묘사해 보기로 했다. 이러한 방식은 많은 이에게 분명 무척 이상해 보이겠지만, 가능한 한 충분하고 가장 정확하게, 정말 종합적이고 총괄적으로 결과를 서술할 다른 방법을 찾을 수 있을 것이라는 생각이 들지 않는다. 어떤 대의원이 특정한 발의에 찬성투표를 했는지 반대투표를 했는지 여부는 기명투표의 경우 절대적으로 정확하게 확정할 수 있으며, 몇몇 중요한 무기명투표에 관해서는 의사록에 근거하여 최대한의 개연성을 가지고 충분히 진실에 근접한 결정을 내릴 수 있다. 이 과정에서 모든 기명투표와 어느 정도 중요한 (예를 들어 토론 상황과 열의로 판단할 때) 문제들을 다룬 무기명투표에 주의를 기울인다면, 주어진 자료를 가지고 최대한 객관적으로 우리 당내 투쟁의 그림이 그려질 것이다. 이 과정에서 우리는 각각의 표결을 개별적으로 그리는 것, 즉 사진처럼 묘사하는 것 대신에, 사태를 혼란시키기만 할 뿐인 상대적으로 덜 중요한 곁가지와 변형들은 무시하고 모든 주요한 유형의 표결을 인용하여 그 그림을 그려 보이려 노력할 것이다. 어떤 경우에건, 의사록에 근거하여 누구든지 우리 그림에 나온 선 하나하나를 검사할 수 있고, 원한다면 어떤 특정한 표결이라도 추가할 수 있다. 한마디로, 개개의 사건들을 판단하고 의심하고 지적하는 방식은 물론이고 같은 자료에 근거하여 다른 그림을 그려 내는 방식으로 그것을 비판할 수 있다는 말이다.

표결에 참여한 각각의 대의원을 도표에 넣으면서 우리는 대회의 토론 과정 전체에서 우리가 상세히 추적했던 네 가지 주요 그룹, 즉 1) 『불꽃』 다수파, 2) 『불꽃』 소수파, 3) "중앙파" 4) 반 『불꽃』파를 별개의 명암으로 표시할 것이다. 우리는 이들 그룹 간의 원칙적 색조 차이를 수많은 예를 통해 보아 왔는데, 이 그룹들의 명칭이 갈지자 행보를 좋아하는 사람들에게 『불꽃』 조직과 『불꽃』의 지향성을 지나치게 상기시킨다며 마음에 들지 않는 사람이 있다면, 우리는 그들에게 문제는 명칭이 아니라고 대답해 줄 것이다. 대회의 모든 토론에서 우리가 그 색조를 추적해 온 지금이라면, (누군가의 귀에는 심히 거슬리는) 이미 확립돼 있고 익숙한 당내 별칭들을 이 그룹들의 본질적 색조의 성격을 규정하는 것으로 대체하는 것이 용이할지도 모른다. 그렇게 대체할 경우 이 네 가지 그룹들은 다음과 같은 명칭을 얻게 될 것이다. 1) 일관된 혁명적 사회민주주의자들, 2) 소 기회주의자들, 3) 중 기회주의자들, 4) 대 기회주의자들(우리 러시아의 기준으로 '대'). 언제부턴가 자기 자신과 다른 사람들에게 『불꽃』이 마치 하나의 "지향성"이 아니라 단지 하나의 "서클"을 표시하는 이름이라고 강변하기 시작한 사람들에게는 이러한 명칭들이 덜 충격적일 것이라고 기대해 보자.

이제 첨부한 도표("대회에서 벌어진 투쟁의 대체적인 그림")에 어떤 유형의 표결들이 "포착돼 있는지" 자세히 서술하는 것으로 옮겨가 보자.

첫째 유형의 표결(A)은 "중앙파"가 『불꽃』파와 함께 반『불꽃』파, 또는 그들의 일부에 반대했던 경우들을 포괄하고 있다.

대회에서 벌어진 투쟁의 전체 그림

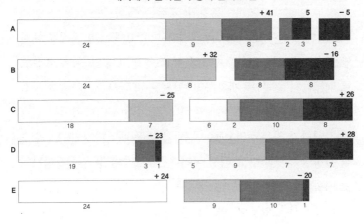

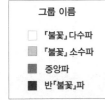

그룹 이름

□ 「불꽃」다수파
▨ 「불꽃」소수파
▧ 중앙파
■ 반「불꽃」파

숫자에 있는 + 와 − 는 특정 문제에 찬성 혹은 반대표를 던진 총 투표수를 의미한다.
막대 하단에 있는 숫자는 네 개 그룹 각각의 투표수를 의미한다. A~E로 표기된 투표가 어떤 종류의 것인지는 본문에 설명되어 있다.

강령 일반에 관한 표결(아끼모프 동지만이 홀로 기권, 나머지는 찬성), 연방제를 반대하는 원칙적 결의안에 관한 표결(분트파 5표를 제외하고는 모두 찬성), 분트 규약 제2조에 관한 표결(분트파 5표가 우리에 반대, 마르띠노프, 아끼모프, 브루께르, 2표를 가진 마호프 등 5표 기권, 나머지는 우리와 함께함). 도표 A에 나와 있는 것은 이런 표결이다. 더 나아가, 『불꽃』을 당 중앙기관지로 승인하는 문제에 관한 세 번의 표결 역시 이 유형이었다. 편집국(5표)은 기권했고, 2인(아끼모프와 브루께르)이 세 번의 표결에서 모두 반대했으며, 이밖에도 『불꽃』의 승인 이유에 관

한 표결에서는 분트파 5인과 마르띠노프 동지가 기권했다.[*]

　지금 살펴보고 있는 유형의 표결은 대회 "중앙파"가 언제 『불꽃』파와 함께했는가라는 극히 흥미롭고 중요한 문제에 대한 답을 주고 있다. 그것은 자잘한 예외(강령의 승인, 이유 불문으로 『불꽃』의 승인)를 제외하면 반『불꽃』파 역시 우리와 함께 찬성했을 때였거나, 아니면 아직은 직접적으로 특정한 정치적 입장을 강제하지 않는 성명서들이 문제가 됐을 때였다. (『불꽃』의 조직 활동을 승인한다고 해서 아직은 그 조직의 정책을 집행하라고 개별 그룹들에게 실제로 강제하지는 않는다. 또한 마호프 동지의 예에서 보았듯이, 연방제를 배척한다고 해서 구체적인 연방제 초안 문제에서 기권하지 못하는 것은 아니다.) 대회에서의 분파 형성이 갖는 의미에 관해 말하면서, 우리는 이미 앞에서 공식적 『불꽃』의 (마르또프의 입을 통한) 공식적 진술에서 이 문제가 얼마나 잘못 나타나 있는지를 보았다. 공식적 『불꽃』은 반『불꽃』파 역시 우리와 함께했던 경우들을 거론하면서 『불꽃』파와 "중앙파"의 차이, 일관된 혁명적 사회민주주의자들과 기회주의자들의 차이를 지워 버리고 얼버무리고 있다! 심지어 독일과 프랑스의 사회민주주의당 내의 가장 "우파"들조차 강령 전반의 승인 같은 항목에 대해서는 반대투표를 하지 않는다.

---

[*]　작성된 도표에 이른바 분트 규약 제2조에 관한 표결은 왜 들어가 있는가? 『불꽃』의 승인 문제에 관한 표결로는 충분치가 못했기 때문이고, 연방제 강령에 관한 표결은 구체적이고 명확한 정치적 결정을 별로 다루고 있지 않기 때문이다. 일반적으로, 동일한 유형의 무수한 표결에서 어떤 것을 선택한다고 해도 그림의 기본적인 성격은 전혀 변하지 않을 것이고, 그에 상응하는 변화를 만들어 내 보면 누구라도 쉽게 이를 확신하게 될 것이다.

둘째 유형의 표결(B)은 일관된 『불꽃』파와 일관되지 못한 『불꽃』파가 모든 반『불꽃』파 및 모든 "중앙파"에 반대하여 함께했던 경우들을 포괄하고 있다. 이 경우들은 주로 『불꽃』식 정책의 구체적이고 특정한 계획들을 실행에 옮기는 것, 『불꽃』을 말로만 승인하는 것이 아니라 실제로 승인하는 것과 관련된 문제들에 대한 것이다. 조직위원회 사건[*], 당내 분트의 지위 문제를 제일차적으로 상정하는 것, 『남부 노동자』그룹의 해산, 농업 강령에 관한 두 번의 표결, 그리고 마지막, 여섯 번째로 국외러시아사회민주주의자동맹[39](『노동자의 대의』)에 반대하는 표결, 즉 연맹[5]을 유일한 국외 당 조직으로 승인하는 것 등등이 여기 해당된다. 당 이전의 낡은 서클 근성, 기회주의적 조직이나 그룹들의 이해관계, 맑스주의에 대한 협소한 이해가 여기서 혁명적 사회민주주의의 철저하고 일관된 정치와 싸우고 있었다. 『불꽃』소수파는 일련의 경우, (조직위원회, 『남부 노동자』, 『노동자의 대의』관점에서 볼 때) 극히 중요한 일련의 표결에서 아직 그들 자신의 서클 근성, 그들 자신의 비일관성이 문제가 되지 않았을 때까지는 여전히 우리와 함께하고 있었다. 우리 원칙들

---

[*] 바로 이 표결이 도표 B에 묘사돼 있다. 『불꽃』파는 32표를, 분트파 결의안은 16표를 얻었다. 이 유형의 표결 중에 기명투표는 단 하나도 없었음을 지적해야 하겠다. 대의원들의 분포를 보여 주는 것은 다음과 같은 — 개연성이 아주 높다고 할 수 있는 — 두 가지 종류의 증거다. 1) 토론에서 『불꽃』양 그룹 발언자들이 찬성 의사를 표명했고 반『불꽃』파와 "중앙파" 발언자들은 반대를 표명했다. 2) "찬성"표는 언제나 33에 매우 근접했다. 대회의 토론을 분석해 볼 때 표결과는 별도로, 민주주의적 요구의 절대적 가치 문제, 반정부파 부류에 대한 지지 문제, 중앙 집중주의 제한 등의 무수한 경우에 "중앙파"는 반『불꽃』파(기회주의자들)와 함께 우리를 반대했다는 것을 지적하는 것 또한 잊어서는 안 된다.

을 실행하는 것과 관련된 여러 문제들에서 "중앙파"가 반『불꽃』파와 함께했으며 우리보다 그들에게 훨씬 가까웠다는 점, 사실상 사회민주주의의 혁명 진영보다는 기회주의 진영에 훨씬 더 경도돼 있었다는 점이 확인됐음은 지금 살펴보고 있는 유형의 "구분"이 생생히 보여 주고 있다. 『불꽃』파라고 불렸지만 『불꽃』파인 것을 부끄러워했던 이들은 자신의 본성을 드러냈으며 투쟁이 불가피해지자 적지 않은 격분이 일어났다. 생각이 얕고 매우 감성적인 인물들은 그러한 격분으로 인해 이 투쟁에 숨어 있는 원칙적 색조를 보지 못하게 됐다. 하지만 투쟁의 열기가 어느 정도 가라앉고 의사록이 수많은 열띤 전투의 객관적 추출물로 남게 된 지금은, 오직 눈을 감은 사람들만이 마호프들 및 예고로프들의 아끼모프들 및 리베르들과의 연합이 우연이 아니었으며 우연일 수도 없었다는 점을 보지 못한다. 이제 마르또프와 악쎌로트에게 남은 일은 의사록을 전면적이고 정확하게 분석하는 것을 피하고 갖가지 유감 표명으로 대회에서 자신들이 한 행동을 뒤늦게 개작하려 애쓰는 것뿐이다. 정책 차이와 견해 차이를 없앨 수 있는 것이 바로 이 유감인 것이다! 제2차 대회에서 재건된 우리 당으로 하여금 『불꽃』파와 반『불꽃』파가 대회 거의 전 기간 동안 벌였던 투쟁에 대해 잊도록 만들 수 있는 것은 정확히 마르또프와 악쎌로트가 아끼모프, 브루께르, 마르띠노프와 맺은 현재의 연합이다!

도표의 다섯 부분 가운데 마지막 세 부분(C, D, E)을 포괄하는 대회의 셋째 유형의 표결이 갖는 특징은 『불꽃』파의 적은 일부가 이탈하여 반『불꽃』파 쪽으로 옮겨가고 이로써 이들이 승리한다는 것이다. (반『불꽃』파가 대회에 남아 있는 동안)『불꽃』소수파와 반『불꽃』파의 이 유명한 연합, 그것을 언급하는 것만으로도 마르또프가 대회에서 신경질적인 편지를 쓰게 만들었던 이 연합의 발전을 완전히 정확하게 추적할 수 있도록 여기에 속하는 세 가지 주요한 유형의 기명투표를 전부 제시하겠다. C는 언어 평등권 문제에 관한 표결이다. (이 항목에 관한 세 번의 기명투표 가운데 가장 완전한 마지막 것을 취했다.) 모든 반『불꽃』파와 "중앙파" 전체가 우리에 반대하여 벽을 이루고 있고, 『불꽃』파 역시 다수파와 소수파로 분리됐다. 어떤『불꽃』파가 대회의 기회주의적 "우파"와 최종적이고 견고한 연합을 맺을 수 있을지는 아직 드러나지 않는다. 다음으로, D 유형의 표결은 규약 제1조에 관한 것이다. (두 번의 투표 가운데 더 명확한 것, 즉 아무도 기권하지 않았던 것을 취했다.) 연합이 더욱 두드러진 형태로 그려지고 더욱 공고하게 구축되고 있다.*『불꽃』소수파 전원이 이미 아끼모프와 리베르 쪽에 서고『불꽃』다수파 가운데서는 매우 적은 수가 그렇게 했지만, "중앙파" 가운데 3인과 반『불꽃』파 가운데 1인이 우리 쪽으로 넘어와서 이는 상쇄됐다. 그저 도표를 보기만 해도, 어떤 부류가 우연적이고 일시적으로 이 진영 저

---

* 모든 것에 근거하여 판단해 볼 때, 규약에 관한 네 번의 표결 역시 이와 같은 유형이었다. 278쪽 — 27표가 포민 지지, 그에 반대하여 우리를 지지한 것이 21표. 279쪽 — 26표가 마르또프 지지, 그에 반대하여 우리를 지지한 것이 24표. 280쪽 — 27표가 나를 반대, 22표가 나를 찬성. 같은 쪽 — 24표가 마르또프 지지, 그에 반대하여 우리를 지지한 것이 23표. 이는 중앙기관 호선 문제에 관한 투표들이며, 내가 이미 앞에서 다룬 바 있다. 기명투표는 없다(하나가 있었지만 유실). 분트파(전부 아니면 일부)가 마르또프를 구한 것이 분명하다. (연맹 대회에서) 마르또프가 이러한 유형의 표결에 대해 잘못 주장한 것은 앞에서 바로잡아 놓은 바 있다.[47]

진영으로 넘어갔고 어떤 부류가 주체하지 못하고 아끼모프와 굳건한 연합의 길을 가게 됐는지를 알 수 있다. 다수파와 소수파의 그야말로 최종적 분열을 가져온 마지막 표결(E － 중앙기관지, 중앙위원회, 당 평의회 등의 선거)에서는 『불꽃』 소수파와 "중앙파" 전원, 남아 있던 반『불꽃』파의 완전한 결합이 확실하게 보인다. 8인의 반『불꽃』파 가운데 그때까지 대회에 남아 있었던 이는 브루께르 동지 하나였다. (아끼모프 동지가 그에게 이미 그의 오류를 설명했고, 그는 마르또프파 대열에서 자신의 정당한 자리를 차지했다.) 가장 "우파"인 기회주의자들 7인이 퇴장함으로써 선거의 운명은 마르또프의 패배로 결정됐다.[*]

자, 이제 온갖 유형의 표결에 관한 객관적 자료들에 근거하여 대회를 총괄해 보자.

우리 대회 다수파는 "우연한" 것이었다는 말들이 많이 있었다. 마르또프 동지는 오직 이 논거 하나로 『다시 한 번 소수파가 되어』에서 자신을 위로했다. 도표에서 명백히 보이듯, 한 가지 의미에서, 하지만 오직 한 가지 의미에서만 다수파는 우연한 것이었다고 할 수 있는데, 이는 바로 가장 기회주의적인 7인의 "우파"가 — 추측컨대 — 우연히 퇴장했다는 의미에서다. 이 퇴장이 우연한 것이었던 만큼 딱 그만큼(그 이상은 아님) 우리 다수파도 우연한 것이었다. 이 7인이 있었더라면 어느 편에 섰을지는

---

[*] 제2차 대회에서 퇴장한 7인의 기회주의자들은 5인의 분트파(분트는 제2차 대회에서 연방제 원칙이 기각된 후 당을 나갔다.)와 2인의 『노동자의 대의』파인 마르띠노프 동지와 아끼모프 동지였다. 이들 후자는 『불꽃』에 가까운 연맹이 유일하게 당의 국외 조직으로 승인된 후, 즉 『노동자의 대의』의 국외러시아사회민주주의자동맹이 해산된 후 대회에서 퇴장했다. (저자가 1907년판에 붙인 주.)

기나긴 논증보다 도표를 그냥 한 번 보는 것으로 더 잘 알 수 있다.* 하지만 이 7인의 퇴장이 정말 어느 정도 우연한 것이었던가 하는 질문이 나온다. 바로 이것이 다수파의 "우연한" 성격에 관해 흔쾌히 말하는 사람들이 스스로에게 묻기를 꺼리는 질문이다. 그들에게는 이것이 불쾌한 질문인 것이다. 우리 당의 **좌익이** 아니라 가장 열렬한 우익의 대표자들이 퇴장한 것이 과연 우연한 것인가? **일관된 혁명적 사회민주주의자들이** 아니라 기회주의자들이 퇴장한 것이 과연 우연한 것인가? 대회 전 기간 동안 일어났고 우리 도표에 그토록 생생하게 드러나고 있는 기회주의 진영에 대한 투쟁과 이 "우연한" 퇴장이 과연 아무런 관련이 없는가?

다수파의 우연한 성격에 대한 이야기로 어떤 사실이 은폐되고 있는지를 명확히 하려면 소수파에게 불쾌한 이 문제를 제기하기만 하면 된다. 소수파가 우리 당에서 기회주의에 가장 쏠리는 사람들로 이루어졌다는 것은 논란의 여지가 없는 분명한 사실이다. 소수파는 이론적으로 가장 불안정하고 원칙적으로 가장 확고하지 못한 부류로 구성됐다. 소수파는 바로 당의 우익으로 형성됐던 것이다. 다수파와 소수파의 구분은 사회민주주의자가 혁명파와 기회주의파로, 산악파와 지롱드[18]로 구분된 것의 직접적이고도 필연적인 연장이어서, 단지 어제 러시아의 노동자당 하나에만 생겨난 일이 아니며 분명 내일 사라지지도 않을 것이다.

이 사실은 우리가 갈라서게 되는 과정의 우여곡절과 원인을 규명하는 작업에서 근본적 중요성을 지닌다. 대회의 투쟁과 그

---

* 우리는 대회 이후에 아끼모프 동지와 그와 가장 친밀했던 보로네슈위원회가 직설적으로 "소수파"에 대한 공감을 표현했던 것을 뒤에 보게 될 것이다.[48]

과정에서 불거진 원칙적 색조를 부정하거나 얼버무림으로써 이 사실을 피해 가려 애쓰는 것은 자기 자신의 지적, 정치적 빈곤을 완벽하게 증명하는 것이다. 이 사실을 반박하려면 다음과 같은 것을 보여 주어야 한다. 첫째, 우리 당대회의 표결과 "구분"의 일반적 정황이 내가 인증한 것과 같지 않다는 것을 보여 주어야 한다. 둘째, 대회가 "구분되게" 만들었던 그 모든 문제의 본질로 볼 때 가장 일관된 혁명적 사회민주주의자들, 러시아에서 『불꽃』파라는 이름으로 불렸던 사람들[*]이 틀렸다는 것을 보여 주어야 한다. 이를 보여 주시게나, 신사 양반들!

한편, 소수파가 당의 가장 기회주의적이고 가장 불안정하며 가장 확고하지 못한 부류로 구성됐다는 사실은 사태를 잘못 알고 있거나 문제를 제대로 생각하지 못하는 대부분의 사람들이 다수파에게 보내고 있는 수많은 의혹과 반론에 대한 답을 준다. 사람들은 우리에게 마르또프 동지와 악쎌로트 동지의 작은 오류 때문에 갈라서게 됐다고 설명하는 것은 좀스럽지 않느냐고 말하고들 한다. 그렇다, 신사 양반들, 마르또프 동지의 오류는

***

[*] 마르또프 동지를 위한 주석. 지금 마르또프 동지가 『불꽃』파라는 것이 하나의 지향성의 지지자를 의미하는 것이지 서클의 일원을 의미하는 것이 아니라는 것을 잊었다면, 우리는 뜨로쯔끼 동지가 아끼모프에게 이 문제를 설명한 것을 대회 의사록에서 읽어 보라고 충고하는 바다. 『불꽃』파 서클은 대회에서 (당과 관련하여) 세 개가 있었다. 노동해방그룹, 『불꽃』 편집국, 『불꽃』 조직이 그것이다. 이 셋 가운데 두 서클은 자진 해산할 정도로 분별력이 있었다. 세 번째는 그렇게 할 만큼 당 정신을 충분히 보이지 않았기에 대회에 의해 해산됐다. 가장 광범위한 『불꽃』파 서클인 『불꽃』 조직은 대회에서 총 16인이었는데, 이 가운데 11인에게만 표결권이 있었다. 어떤 『불꽃』파 "서클"에도 속하지 않았지만 지향성으로 보아 『불꽃』파였던 사람들이 나의 계산으로는 27인이며 33표를 갖고 있었다. 말하자면, 『불꽃』파 가운데 『불꽃』파 서클에 속했던 사람들은 절반 이하였던 것이다.

그리 대단치 않았다. (그리고 나는 대회에서도 투쟁의 열기 속에서 이 점을 지적한 바 있다.) 하지만 무수한 오류를 범했고 무수한 문제에서 기회주의와 원칙적 비일관성으로 확연히 경도됐던 대의원들이 마르또프 동지를 자신들 편으로 끌어당긴 것 때문에 이 작은 오류로부터 수많은 해악이 생겨날 수 있었(고, 실제로 그랬)다. 마르또프 동지와 악쎌로트 동지에게서 불안정성이 표출된 것은 개인적이고 중요치 않은 사실이었지만, 가장 불안정한 부류 전원이,『불꽃』의 지향성을 전혀 승인하지 않고 그에 대해 직접 싸웠거나 말로는 승인했지만 실제로는 거의 언제나 반『불꽃』파와 행보를 같이 했던 사람들 전원이 소수파의 정말 큰 부분을 형성한 것은 개인적 사실이 아니라 당적 사실이며 중요치 않은 사실이 전혀 아니었다.

옛『불꽃』편집국이라는 작은 서클을 지배했던 냉담한 서클 근성과 혁명적 속물근성으로 인해 갈라서게 됐다고 설명하는 것은 우습지 않은가? 아니, 우습지 않다. 왜냐하면 대회 전 기간 동안 온갖 서클 근성을 위해 싸웠던 우리 당내의 모든 이, 혁명적 속물근성을 딛고 일어설 수가 도무지 없었던 모든 이, 이러한 해악을 정당화하고 보존하기 위해 속물적이고 서클적인 해악의 "역사적" 성격을 거론했던 모든 이가 이러한 개별적 서클 근성을 지지하며 일어났기 때문이다.『불꽃』편집국이라는 작은 서클에서 협소한 서클적 이해관계가 당 정신보다 우위를 점했다는 것은 여전히 우연한 일로 생각할 수도 있다. 하지만 저 유명한 보로네슈위원회와 악명 높은 뻬쩨르부르크 "노동자조직"[49]의 "역사적 계승성"을 적잖이 (많이는 아니더라도) 소중하게 여겼던 아끼모프들과 브루께르들, 『노동자의 대의』를 "죽인 것"에 대해 구 편집국을 "죽인 것"에 대해서 만큼이나 비통하게 (그보다 더 비통하게는 아닐지라도) 눈물을 흘렸던 예고로프들, 그리고 마호프들 등등이 이러한 서클 근성을 열과 성을 다해 지지하며 일어났다는 것은 우연이 아니었다. 친구를 보면 그 사람을 안다는 것이 세상의 지혜다. 여러분의 정치적 동맹자가 누구인지, 누가 여러분에게 투표하는지를 말해 보라. 그러면 여러분의 **정치적 면모**가 어떤지 말해 주겠다.

마르또프 동지와 악쎌로트 동지의 사소한 오류는 그 오류가 우리 당의 기회주의 진영 전체와 그들의 **공고한 연합**을 위한 출발점이 되기 전까지는, 또한 그 오류가 이 연합에 힘입어 기회주의로 **도지기 전까지는**, 『불꽃』과 싸워 왔으며 **지금**은 크나큰 기쁨에 젖어 혁명적 사회민주주의의 일관된 지지자들에게 **울분**을 터뜨리려고 하는 모든 이가 복수를 향해 내닫기 전까지는, **사소한 것이었고** 사소한 것으로 남게 될 수도 있었다. 그런데 대회 이후의 사건들은 새 『불꽃』에서 이른바 기회주의의 도짐, 아끼모프와 브루께르 등의 복수(보로네슈위원회의 리플릿[48]을 보라.), 증오하는 『불꽃』을 통해 과거의 온갖 한탄을 날리며 마침내 (마침내!) 증오하는 "적"에게 발길질을 할 수 있게 된 마르띠노프들의 환희 따위를 우리가 보게 되는 결과를 적시에 가져왔다. 이는 우리에게 『불꽃』의 "계승성"을 보존하기 위해 "『불꽃』 구 편집국을 재건하는 것"(1903년 11월 3일자 스따로베르 동지의 최후통첩[50]에서 나온 말)이 얼마나 필요했는지를 특히 생생하게 보여 주고 있는 것이다. ……

대회가 (그리고 당이) 좌익과 우익, 혁명 진영과 기회주의 진영으로 구분되었다는 사실은 그 자체로는 아직 그 어떤 끔찍함도, 위기도 나타내지 않을 뿐만 아니라, 심지어 엄밀히 말하자면 비정상적인 것도 전혀 아니다. 반대로, 러시아 (비단 러시아뿐만 아니라) 사회민주주의 역사의 최근 10년 전체가 필연적이고 불가피하게 이러한 구분을 가져온 것이다. 우익의 일련의 정말 **사소한** 오류, (상대적으로) 정말 중요치 않은 견해차가 구분의 근거였다는 (피상적인 관찰자와 속물적인 사람에게는 충격적으로 여겨지는) 이러한 사정은 **우리 당 전체가 크게 한 걸음 앞으로 나아갔음을** 의미했다. 우리는 이전에는 때때로 분열이 정당화될 수도 있는 굵직한 문제들로 인해 갈라서기도 했다. 우리가 이미 크고 중요한 모든 점에서 일치를 이룬 지금은 단지 **색조만**이, 그로 인해 논쟁할 수도 있고 또 **논쟁해야만 하는** 색조만이 우리를 구분하고 있지만, 그 색조를 놓고 갈라선다는 것은 (우리가 다시 보게 될 「무엇을 하지 말아야 할 것인가」라는 흥미로운 기고문에서 쁠레하노프 동지가 이미 매우 올바르게 말했던 것처럼) 어리석고도 유아적인 짓일 것이다. **대회 이후** 소수파의 **무정부주의적 행동**으로 당이 거의 분열에 이르게 된 **지금**, 잘난 척하는 사람들의 이런 말을 자주 접하게 된다. '조직위원회 사건, 『남부 노동자』 그룹 해산이나 『노동자의 대의』 해산, 규약 제1조, 구 편집국의 해산 등과 같은 사소한 문제들 때문에 대회에서 싸우는 것이 과연 의미가 있었던가?' 이렇게 판단하는 사람[*]

---

[*] 이와 관련하여 대회에서 내가 어떤 "중앙파" 대의원과 나누었던 대화를 떠올리지 않을 수 없다. 그는 내게 이렇게 불평했다. "어찌 이토록 무거운 분위기가 우리 대회에

은 당의 일을 그야말로 서클적 관점으로 보는 사람이다. 당내에서 색조의 투쟁은, 그것이 무정부주의와 분열에 이르지 않는 한, 모든 동지와 당원이 공동으로 동의한 틀 내에서 이루어지는 한, 필연적이고 필요한 것이다. 그리고 대회에서 당의 우익에 대해, 아끼모프와 악쎌로트에 대해, 마르띠노프와 마르또프에 대해 우리가 했던 투쟁은 결코 이 틀을 벗어나지 않았다. 이는 두 가지 사실을 상기하는 것만으로도 논란의 여지없이 증명된다. 1) 마르띠노프 동지와 아끼모프 동지가 대회에서 퇴장할 때 우리는 모두 어떻게든 "모욕당했다"라는 생각을 없애 주려 하고 있었으며, 이들 동지들에게 해명하는 선에서 만족하고 자신들의 성명서를 철회하도록 권하자는 뜨로쯔끼 동지의 결의안을 (32표로) 채택한 바 있다. 2) 중앙기관들의 선거 문제에 이르렀을 때 우리는 중앙기관지에는 마르또프를, 중앙위원회에는 뽀뽀프를 넣음으로써 대회 소수파(또는 기회주의 진영)가 양 중앙기관의 소수파가 되도록 했다. 대회 이전에 이미 두 개의 3인조를 선출하기로 우리가 결정한 이상, 우리는 당적 관점에서 달리 행동할 수가 없었다. 만일 대회에서 드러난 색조 차이가 대단치 않았다면, 이 색조의

팽배해 있는지 모르겠소! 이 격렬한 투쟁, 서로가 서로에 반대하는 이 선동, 이 신랄한 논쟁, 이 비동지적 태도!……" 나는 그에게 이렇게 말했다. "우리 대회가 어찌 이리 훌륭한지 모르겠소! 공개적이고 자유로운 투쟁이 있소. 의견들이 표명됐소. 색조가 뚜렷해졌소. 그룹들이 표면에 나타났소. 거수하여 결정이 채택됐소. 한 단계를 통과한 것이오. 앞으로 갔단 말이오! 이게 내가 이해한 바요. 이것이 생활이오. 문제를 해결했기 때문이 아니라 그냥 말하기 지쳐서 그만둬 버리는 지식인들의 끝없고 지루한 말장난이 아니란 말이오.……"
"중앙파" 동지는 당혹스런 눈빛으로 나를 바라보더니 어깨를 으쓱했다. 우리는 서로 다른 언어로 말하고 있었던 것이다.

투쟁으로부터 우리가 내린 **실천적 결론**도 사실 그랬다. 그 결론은 양쪽 3인조의 2/3를 당대회 다수파에게 주어야 한다는 것**뿐**이었다.

당대회 소수파가 중앙기관 소수파가 되는 데 동의하지 않는다는 한 가지 사실 때문에, 처음에는 패배한 지식인들의 "무기력한 넋두리"가 나오고, 그 다음으로는 **무정부주의적 문구**와 무정부주의적 행동이 나온 것이었다.

결론을 맺으면서, 중앙기관 구성이라는 문제의 관점에서 도표를 다시 한 번 돌아보자. 색조의 문제 **외에도 인물들의 적합성,** 업무 능력 등등의 문제가 선거 과정에서 대의원들 앞에 놓여 있었음은 지극히 당연한 일이다. 지금 소수파는 마음먹고 이 문제들을 혼동시키고 있다. 이것이 서로 다른 문제라는 점은 한 가지 단순한 사실만 보아도 자명하다. 마르또프와 악쎌로트가 마르띠노프, 아끼모프와 연합할 것임을 어느 누구도 예견할 수 없었던 시기인 **대회 전**에 이미 중앙기관지를 **애초의 3인조**로 선출하기로 돼 있었던 것이다. 서로 다른 문제에는 서로 다른 방식으로 답을 구해야 한다. 색조 문제에 대한 답은 대회 **의사록**에서, 모든 사항에 대한 공개 논의와 표결에서 찾아야 한다. 인물의 적합성 문제에 관해 말하자면, 대회에서 모든 사람은 **비밀투표**로 정하기로 결정을 내렸다. 왜 **대회 전체가 만장일치**로 이 같은 결정을 채택했는가? 이는 길게 들여다보는 것이 이상할 정도로 기본적인 문제다. 하지만 소수파는 (선거에서 자신들이 패배한 이후에는) 기본조차도 망각하기 시작했다. 우리는 구 편집국을 옹호하는 격렬하고 신경질적이고 거의 무책임할 정도로 격앙돼

쏟아지는 말들을 들었지만, 6인조냐 3인조냐 하는 투쟁과 연관
돼 대회에서 나온 색조에 관해서는 정확히 아무 말도 듣지 못했다.
우리는 중앙위원회에 선출된 인물들의 무능함, 부적합성, 음흉
함 등등에 관한 말들과 헛소문들을 온갖 곳에서 듣고 있지만,
중앙위원회에서 우위를 점하기 위해 투쟁했던 대회의 색조에
관해서는 정확히 아무 말도 듣지 못했다. 나에게는 대회 밖에서 인
물들의 품성과 행동에 관해 말하고 헛소문을 내는 것이 무례하
고 경멸받을 짓으로 보인다. (왜냐하면 이러한 행동들은 십중팔
구 조직의 기밀로서 당의 최고 심급에서만 밝혀져야 할 것들이
기 때문이다.) 내 생각으로는, 대회 밖에서 그러한 헛소문을 수단
으로 투쟁한다는 것은 유언비어를 퍼뜨리는 행동이다. 이러한 말
들에 관해 내가 공적으로 할 수 있는 유일한 답변은 대회의 투
쟁을 가리키는 것이다. 당신들은 얼마 안 되는 다수파가 중앙위
원회를 선출했다고 말한다. 맞는 말이다. 하지만 이 얼마 안 되
는 다수파는 가장 일관되게, 말이 아니라 실제로 『불꽃』의 계획
을 수행하기 위해 투쟁해 온 사람들로 이루어져 있었다. 따라서
이 다수파의 도덕적 권위는 그 형식적 권위와는 — 비교할 수도
없이 — 높은 것이다. 『불꽃』의 지향성을 계승하는 것을 『불꽃』
의 이런저런 서클을 계승하는 것보다 소중하게 여기는 모든 사
람에게는 말이다. 『불꽃』의 정책을 수행하는 데 필요한 인물들
의 적합성 여부를 판단할 수 있는 자격을 더 많이 갖춘 사람이 누
구인가? — 이 정책을 대회에서 수행한 사람들인가 아니면 무
수한 경우에 이 정책과 싸우고 온갖 후진성, 온갖 허섭스레기,
온갖 속물근성을 고수해 온 사람들인가?

O. 대회 이후. 두 가지 투쟁 방식

　대회 이후 있었던 모든 일은 우리가 방금 정리한 대회의 토론과 표결에 대한 분석을 통해 사실상 in nuce[맹아적으로] 설명되기 때문에, 우리는 이후 우리 당의 위기들을 단계별로 간략하게 명시하면 된다.

　마르또프와 뽀뽀프가 선거를 거부하자 그 즉시로 당내 색조사이의 투쟁에 사소한 말다툼의 분위기가 형성됐다. 선출되지 못한 편집국원들이 아끼모프와 마르띠노프 쪽으로 전향하기로 진지하게 결정한 것을 믿을 수 없는 일이라고 생각한 글레보프 동지는 무엇보다 우선적으로 이 사태를 격분에서 비롯된 것으로 설명하면서 대회가 끝난 바로 다음 날 쁠레하노프와 나에게 평화롭게 일을 마무리 짓자고, 평의회 대표권을 편집국에 보장한다는 (즉, 2인의 대표 가운데 1인은 반드시 당 다수파에 속해야 한다는) 조건 하에 4인 전원을 "호선"하자고 제안했다. 이 조건에 동의한다는 것은 대회에서 범한 오류를 암묵적으로 인정한다는 것, 전쟁이 아니라 평화를 바란다는 것, 아끼모프, 마르띠노프, 예고로프, 마호프보다는 쁠레하노프와 우리에게 더 가까이 있기를 바란다는 것을 의미하기 때문에 쁠레하노프와 나는 이 조건을 합리적이라고 생각했다. 이렇게 해서, "호선"에 대한 부분적 양보는 개인적 성격을 띠게 됐기에, 격분을 잠재우고 평화를 재건하게 될 개인적 양보를 거부할 이유가 없었다. 따라서 나와 쁠레하노프는 동의를 표했다. 편집국 다수파는 이 조건을 거부했다. 글레보프는 떠났다. 마르또프가 자신이 대회에서 ("중앙파"

대표인 뽀뽀프 동지에 반대하여) 서 있었던 충성스러운 입장에 남을 것인가 아니면 그가 좇아갔던, 분열에 경도된 불안정한 부류가 우위를 차지할 것인가, 우리는 결과를 기다리기 시작했다.

우리는 문제에 부딪혔다. 마르토프 동지가 (si licet parva componere magnis[작은 일을 큰일에 비유한다면], 마치 1895년에 베벨과 폴마르의 연합[34]이 고립을 가져왔던 경우처럼) 대회에서의 자신의 "연합"을 고립을 가져온 정치적 사실로 간주하기를 택할 것인가, 아니면 이 연합을 공고히 하기를 바라고, 대회에서 오류를 범한 것은 바로 쁠레하노프와 우리임을 증명하고, 우리 당의 기회주의 진영의 진정한 지도자가 되고자 모든 노력을 기울일 것인가? 이 문제를 다른 말로 정식화하면, 사소한 말다툼인가 아니면 당의 정치투쟁인가다. 대회 다음날 우리 셋 가운데 유일하게 자리에 있던 중앙기관 위원인 글레보프는 어느 누구보다 더 이 문제가 전자의 것이라 생각한 쪽이어서, 사이가 틀어진 아이들을 화해시키려고 누구보다 애썼다. 쁠레하노프는 어느 누구보다 더 이 문제가 후자의 것이라고 생각했기에, 흔히 말하듯 어찌 해 볼 수가 없는 상태였다. 나는 이번에는 스스로 "중앙파" 또는 "늪"파의 역할을 맡아서 설득하며 호소하려 노력했다. 구두로 이루어진 그 설득을 지금 복기하려 해 보는 것은 부질없는 시도일 것이기에, 나는 마르또프 동지와 쁠레하노프 동지의 나쁜 선례를 따르지 않겠다. 하지만 내가 『불꽃』소수파 어떤 동지[51]에게 보낸 서면 설득 가운데서 일부를 되살릴 필요는 있다고 생각한다.

"……마르또프가 편집국을 거부한 것, 그와 당의 다른 문필가들이 협력을 거부한 것, 많은 이가 중앙위원회에서 일하기를 거부한 것, 보이콧과 수동적 저항을 선전한 것, 이 모든 것은 마르또프와 그의 친구들의 의지에 반할지 몰라도 불가피하게 당 분열을 가져올 것입니다. 심지어 마르또프가 충성스러운 입장에 남아 있는다 할지라도 다른 이들은 그렇지 않을 것이기에 내가 지적한 결말이 필연적일 것입니다……

그래서 나는 이렇게 스스로에게 묻습니다. 실제로 무엇 때문에 우리가 갈라서게 되는 것인가? …… 대회의 모든 사건과 인상을 생각하며, 내가 종종 끔찍할 정도로 격분하여 '미친 듯이' 행동하고 움직였다는 것을 깨닫습니다. 분위기, 반응, 반박, 투쟁 등등으로 인해 자연스럽게 일어난 일을 과오라고 불러야 한다면, 나는 이러한 나 자신의 과오를 누구 앞에서라도 기꺼이 인정할 마음이 있습니다. 하지만 광기 서린 투쟁으로 달성한 결과물과 성취한 결과를 아무런 광기 없이 바라보는 지금, 나는 그 결과들에서 당에 해악이 되는 그 어떤 것도, 정말로 그 어떤 것도, 그리고 소수파에 대한 그 어떤 모욕이나 경멸도 전혀 발견할 수가 없습니다.

물론 소수파로 남을 수밖에 없었다는 것이 이미 모욕적인 일이 아닐 수 없지만, 우리가 누군가에게 '오점을 남기려' 했다는, 우리가 누군가를 능멸하고 경멸하기를 원했다는 생각에는 단호히 반대합니다. 그 같은 일은 전혀 없었습니다. 정치적으로 갈라서게 된 것을 놓고 상대편이 비양심적이고 비열하고 음모적이라고 비난하고, 또 마음에 드는 다른 아무 말로나 비난하는 방식으로 사태를 해석하는 것은 추호도 허용될 수 없습니다. 그런데 분열이 임박한 분위기에서 그런 말들을 더욱 더 자주 듣게 될 것입니다. 이는 추호도 허용할 수 없습니다. 왜냐하면 그런 것은 적어도 nec plus ultra[극도로] 비합리적이기 때문입니다.

우리는 마르또프와 이전에 수십 번 갈라서곤 했던 것처럼 정치적으로 (그리고 조직적으로) 그와 갈라섰습니다. 규약 제1조 문제에서 패한 상태였던 나는 나에게 (그리고 대회에) 남아 있던 것을 기반으로 전력을 다해 설욕을 위해 매진하지 않을 수 없었습니다. 나는 한편으로는 엄격한 『불꽃』과 중앙위원회를 위해, 다른 한편으로는 3인조 편집국을 위해 매진하지 않을 수 없었습니다. …… 나는 이 3인조가 가족주의와 나태함에 기반을 둔 기관이 아니라 직무 기구의 역량을 갖춘 유일한 것이라고 생각하며, 개인적인 모든 것을 떠나, 모욕이니 퇴장이니 하는 등등에 관한 온갖 의견을 떠나, 그런 것에 irrespective[상관없이] 매번, 그리고 언제나 당적 관점을 제출하고 또 고수하는 진정한 중앙기관이 될 유일한 것이라고 생각합니다.

대회에서 여러 사건들이 있은 후 이 3인조는 정치적, 조직적 노선을 마르또프에 반대하는 한 가지 측면에서 확실히 자리잡게 했습니다. 의심의 여지가 없습니다. 이것 때문에 갈라져야 합니까? 이것 때문에 당을 쪼개야 합니까? 시위 문제에 관해서 마르또프와 쁠레하노프는 나를 반대하지 않았던가요? 강령 문제에 관해서 나와 마르또프는 쁠레하노프를 반대하지 않았던가요? 어떤 3인조든지 3인조는 다 어떤 한 사람을 자기 편으로 하여 다른 사람을 반대하게 되지 않는가요? 『불꽃』 다수파가 『불꽃』 조직에서도, 그리고 대회에서도 조직적, 정치적 측면에서 마르또프 식 노선의 이 특별한 색조가 잘못된 것이라는 점을 찾아냈다고 해서 이를 무슨 '음모,' '사주' 등등으로 설명하려 시도한다면, 이것이 실제로 분별없는 짓이 아니란 말입니까? 이 다수파를 '쓰레기'라고 욕하면서 이러한 사실에 대해 발뺌하는 것이 분별없는 짓이 아니란 말입니까? 반복해서 말합니다. 나는 대회의 『불꽃』 다수파와 마찬가지로 마르또프가 잘못된 노선을 취했으며 그를 바로잡아야 했다고 깊이 확신하는 바입니다. 이렇게 바로잡는 문제를 두고 모욕감을 쌓아 두고 그로부터 모멸이니 하는 것을 끌어내는 것은 비합리적입니다. 우리는 그 누구에게도 어떤 것으로 '오점을 남기지' 않았고 또 그렇게 하고 있으며 그 누구도 **활동에서 배제**하지 않습니다. 중앙기관에서 배제됐다는 것 때문에 분열을 일으키는 것은 나로서는 이해하기 힘든 어리석은 짓입니다."*

서면으로 된 나의 이 언명들을 지금 복기할 필요가 있다고 생각한 것은 다수파가 분명한 선을 그으려 노력하고 있다는 점을, 즉 공격의 신랄함과 "광기" 때문에 있을 수 있는 (그리고 열

---

* 이 편지가 쓰였을 때는 아직 9월(신력)이었다. 그 가운데에서 내가 볼 때 사태와 관련이 없는 것은 생략했다. 만일 이 편지의 수신인이 생략된 부분이야말로 중요한 것이라고 생각한다면, 그 부분을 채우는 것은 그에게 쉬운 일일 것이다. 말이 난 김에 덧붙이겠다. 나의 반대자들이 유용하다고 여긴다면 나의 모든 사적인 편지를 언제라도 그들에게 제공하여 출판할 수 있도록 할 생각임을 밝힌다.

띤 투쟁에서는 불가피하기도 한) 개인적 한탄과 개인적 격분을 한편으로 하고, 명확한 정치적 오류, 정치적 노선 (우익과의 연합)을 다른 한편으로 하여 그 사이에 즉각 분명한 선을 그으려 노력하고 있다는 점을 그 언명들이 정확히 보여 주고 있기 때문이다.

이 언명들은 소수파의 소극적 저항이 대회가 끝난 직후 시작됐음을 증명했으며, 우리로 하여금 즉각 다음과 같은 점을, 즉 소수파의 저항이 당 분열을 향한 한 걸음이라는 점, 또 그것은 대회에서 했던 충성의 선언에 정면으로 배치된다는 점, 당원 가운데 누구를 활동에서 배제시킨다고 어느 누구도 결코 생각한 적이 없으므로 중앙기관지들에서 배제된 것(정확히 말해 선출되지 못한 것)만이 분열의 유일한 원인이 될 것이라는 점, (대회에서 노선의 오류를 범한 것이 마르또프냐 아니면 우리냐라는 문제가 여전히 밝혀지지 않고 해결되지 않는 한 불가피한) 우리 사이의 정치적 갈라섬이 욕설과 의혹을 동반한 사소한 말다툼으로 점점 더 왜곡되기 시작한다는 점 등등을 경고하게 만들었다.

하지만 경고는 아무런 도움이 되지 못했다. 소수파의 행동은 가장 불안정하고 당을 제일 아끼지 않는 부류가 그들 사이에서 우위를 점하고 있음을 보여 주었다. 이 때문에 쁠레하노프와 우리는 글레보프의 제안에 대한 동의를 철회해야 했다. 실제로, 만일 소수파가 원칙이라는 영역에서뿐만 아니라 기본적인 당적 충성이라는 영역에서도 자신들의 정치적 불안정성을 스스로의 행위로 증명한 이상, 저 악명 높은 "계승성"에 관한 말들이 무슨 의미를 가질 수 있었겠는가? 새롭게, 그리고 점점 더 많이 의견을 달리한다고 대놓고 천명하는 그런 사람들로 당 편집국 다수파를 "호선"하자는 말도 안 되는 요구에 대해 쁠레하노프만큼 뛰어난 기지로 비웃었던 사람은 아무도 없었다! **새로운 견해차를 당 앞에서, 인쇄물로 해명하기도 전에 당 중앙기관들 내 다수파에게 스스로 소수파가 되라고 하는, 그런 경우가 세상에 어디 있단 말인가?** 견해차를 우선 기술하게 하고, 당이 그 깊이와 의미를 논의하게 하고, 만일 어떠한 오류들이 증명될 경우 제2차 대회에서 범한 오류를 당이 자체적으로 바로잡게 하자! 아직 알려지지도 않은 견해차를 **호소**하며 그 같은 요구를 제기한다는 사실, 바로 그것이 이미 그처럼 요구하는 사람들의 완전한 불안정성, 정치적 갈라섬을 완전히 묻어 버리게 하는 사소한 말다툼, 당 전체와 자신들의 개인적 신념에 대한 완전한 멸시 따위를 보여 준 것이다. **원칙적으로 신념이 확고한 사람 가운데 자신들이 변모시키려는 기관에서 (비밀스런 방식으로) 다수파가 되기도 전에 사람들을 설득하기를 포기하는 그런 사람들은 세상천지에 여태껏 없었으며 앞으로도 없을 것이다.**

결국, 10월 4일에 쁠레하노프 동지는 이 어리석은 사태를 종결하기 위한 **마지막 시도**를 하겠다고 발표했다. 중앙위원회의 새 위원 한 사람[*]이 참석한 가운데 6인의 구 편집국 전체 회합이 열렸다. 쁠레하노프 동지는 꼬박 세 시간 동안 "소수파" 소속 4인과 "다수파" 소속 2인을 "호선하자"라는 요구가 불합리함을 입증했다. 그는 한편으로는 우리가 누군가를 "때리고" 억누르

---

[*] 또한 이 중앙위원회 위원[52]은 특별히 소수파와 일련의 개인적, 집단적 대화를 가지면서 황당한 헛소문을 반박하고 당의 의무에 대해 호소했다.

고 포위하고 처형하고 매장하고 싶다는 따위의 온갖 공포를 제거하기 위해, 다른 한편으로는 당 "다수파"의 권리와 지위를 보호하기 위해 2인을 호선하자고 제안했다. 2인 호선 역시 거부됐다.

10월 6일에 쁠레하노프와 나는 『불꽃』 구 편집국 전원과 뜨로쯔끼 동지에게 다음과 같은 내용을 담은 공식 서한을 썼다.

존경하는 동지들! 중앙기관지 편집국은 여러분이 『불꽃』과 『여명』에 참여할 것을 철회한 것에 관해 공식적으로 유감을 표명할 의무가 있다고 생각합니다. 제2차 당대회 직후에, 그리고 그 이후에도 반복적으로 협력할 것을 수차례 요청했음에도 불구하고, 우리는 여러분으로부터 단 하나의 기고문도 받지 못했습니다. 중앙기관지 편집국은 여러분이 협력을 철회한 것이 편집국으로 인해 일어난 일이 결코 아니라는 점을 공표하는 바입니다. 어떠한 개인적 격분도 당 중앙기관지 활동을 방해해서는 안 된다는 것은 당연한 일입니다. 만일 여러분이 협력을 철회하기로 한 것이 여러분과 우리의 견해가 여러 가지로 불일치해서 일어난 일이라면, 그러한 견해차를 자세하게 서술하는 것이 당을 위해 극히 유익할 것이라고 생각합니다. 더 나아가, 우리는 이러한 견해차의 성격과 깊이를 우리가 편집하는 간행물의 지면에서 당 전체 앞에 가능한 한 신속히 해명되도록 하는 것이 극히 바람직하다고 생각했습니다.*

***

* 마르또프 동지에게 보내는 편지에는 어떤 소책자 문제와 다음의 문구가 더 포함돼 있었다. "마지막으로, 우리는 지금도 당신이 공식적으로 당신의 모든 견해를 당의 최고 기관에서 천명하고 옹호할 수 있는 기회를 주기 위해 당신을 중앙기관지 편집국으로 호선할 용의가 있다는 것을 대의를 위해 다시 한 번 알리는 바입니다."

독자들이 보다시피, "소수파"의 행위를 지배했던 것이 개인
적 격분이었는지 아니면 기관지(와 당)에 **새로운 노선**을 제공하
고자 하는 바람이었는지, 그렇다면 그것은 정확히 어떤 것이고
그 핵심은 무엇인지가 우리에게는 여전히 전혀 명확하지 않은
상태였다. 나는 지금이라도 해설자 일흔 명을 투입시켜서 어떤
문헌이든, 어떤 증거든 원하는 대로 사용하여 이 문제를 밝혀보
라고 하더라도, 그들 역시 결코 이 뒤죽박죽을 결코 분석하지
못할 것이라고 생각한다. 사소한 말다툼은 해명할 수가 없다.
끊어 내든지 아니면 거기서 한 발 물러나든지 해야 한다.[*]

악쎌로트, 자쑬리치, 스따로베르, 뜨로쯔끼, 꼴쪼프는 10월 6
일자 편지에 대해 우리에게, 아래에 서명한 사람들은 『불꽃』이
신 편집국 수중에 넘어간 때부터 거기에 일절 참여하지 않고 있
다고 두 줄로 답변했다. 마르또프 동지는 좀 더 말이 많아서 다
음의 답변을 통해 우리에게 경의를 표했다.

러시아사회민주주의노동자당 중앙기관지 편집국에게.

존경하는 동지들!
여러분의 10월 6일자 편지에 대한 답변으로 나는 다음과 같
이 천명하는 바입니다. 나는 10월 4일에 중앙위원회 위원 1인
이 참석한 가운데 열렸던 회의 이후 하나의 기관지에서 공동

---

[*] 쁠레하노프 동지라면 분명 여기다 이렇게 덧붙였을 것이다. "아니면 사소한 말다툼
을 일으킨 사람들의 각각의 모든 요구를 충족시키든지." 우리는 이것이 왜 불가능했던가
를 알게 될 것이다.

활동을 하는 문제에 대한 우리의 모든 설명이 종결됐다고 생각합니다. 그 회의에서 여러분은 레닌 동지를 평의회의 우리 "대표"로 반드시 선출하기로 우리가 약속한다는 조건 하에 악쎌로트, 자쑬리치, 스따로베르, 그리고 내가 편집국에 들어간다는 내용으로 우리에게 했던 제안을 여러분이 무슨 이유로 철회했는지에 대해 답변을 거부했습니다. 위에 언급한 회의에서 여러분이 증인들 앞에서 했던 자신들의 성명을 정식화하기를 여러 차례 회피한 이후, 나는 현재의 상황에서 내가 『불꽃』에서 활동하는 것을 거부한 이유를 여러분에게 편지로 설명할 필요가 있다고 생각하지 않습니다. 만일 필요하다면, 나는 당 전체가 보는 앞에서 이에 대해 상세히 의견을 표명할 것입니다. 당은 여러분이 반복하고 있는, 편집국과 평의회에 들어오라는 제안을 지금 내가 왜 거부했는지를 제2차 대회 의사록을 통해 알게 될 것입니다. ……*

L. 마르또프.

이 편지가 앞의 문서들과 합쳐지면, 마르또프 동지가 자신의 『계엄 상태』에서 (느낌표와 점선으로) 그토록 주도면밀하게 회피하는 보이콧, 조직 해체, 무정부, 분열의 준비 따위의 문제에 대해, ― 충직한 투쟁 수단과 불충한 투쟁 수단의 문제에 대해 ― 논박의 여지가 없는 해석을 제공하게 된다.

우리는 마르또프 동지와 다른 이들에게 견해차를 설명하도록 제안했고, 도대체 무엇이 문제인지, 그들의 의도는 어떤 것인

---

* 그 당시 다시 출판하고 있던 마르또프의 소책자에 관한 그의 답변은 생략한다.

지를 직설적으로 말하라고 요청했고, 변덕은 그만 부리고 (그들이 우익으로 전환하는 오류와 애초에 관련된) 제1조를 차분하게 분석하라고 설득했다. — 하지만 마르또프 동지 일당은 대화를 거부했고, 이렇게 소리친다. "나는 포위당하고 있다. 나는 맞고 있다!" "무시무시한 말들"에 대해 비웃는 것으로도 이 희극적 울부짖음의 열기를 가라앉히지는 못했다.

자, 함께 활동하기를 거부하는 사람을 어떻게 포위할 수 있을까? — 우리가 마르또프 동지에게 물었다. 소수파가 소수파가 되기를 거부할 때 어떻게 소수파를 모욕하고 "때리고" 탄압할 수 있단 말인가? 사실, 소수파로 있다는 것은 그 어떤 경우든 소수파로 남은 사람들에게는 반드시, 그리고 어쩔 수 없이 일정한 불이익을 의미한다. 어떤 문제들에 관해 표에서 패배할 기관에 들어갈 수밖에 없거나, 아니면 그 기관 밖에 서서 그 기관을 공격해 결과적으로 잘 구축된 포병 중대의 포화를 받게 되거나 하는 불이익을 의미한다는 것이다.

마르또프 동지가 "계엄 상태"에 관해 외치는 것은 사람들이 소수파로 남은 사람들과 싸우고 있었거나 부당하고 불충하게 그들을 좌지우지하고 있었음을 뜻하는 것인가? (마르또프의 눈에는) 오직 이러한 논리만이 조금이나마 합리적이다. 반복해서 말하지만, 소수파로 있다는 것은 일정한 불이익을 반드시, 그리고 어쩔 수 없이 감수하게 되는 것이기 때문이다. 하지만 마르또프 동지가 대화를 거부하는 한 아무리 해도 그와 싸울 수 없었다는 것, 바로 그것이 우스운 것이다! 소수파가 소수파 되기를 거부하는 한 아무리 해도 그들을 좌지우지할 수는 없었다!

뽈레하노프와 내가 편집국에 있었을 때 편집국이 과잉 권력을 행사했거나 권력을 남용했다는 단 한 가지 사실도 마르또프 동지는 입증하지 못했다. 중앙위원회 측의 소수파 활동가들 역시 중앙위원회와 관련하여 그러한 단 한 가지 사실도 입증하지 못했다. 마르또프 동지가 자신의 『계엄 상태』에서 아무리 교묘하게 발뺌하여도 계엄 상태라는 울부짖음 속에는 "무기력한 넋두리" 외의 그 어떤 것도 없었다는 것은 전혀 반박할 수 없음이 확인된다.

마르또프 일당이 대회가 임명한 편집국에 반대하는 합리적 논거를 완전히 결여하고 있음을 그 무엇보다 더 잘 보여 주고 있는 것은 "우리는 농노가 아니다."라는 그들의 말이다(『계엄 상태』 34쪽). 자신들을 대중 조직과 대중적 규율 위에 서 있는 "선민"으로 여기는 부르주아 지식인의 심리가 여기서 눈에 띄게 선명히 부각된다. 당내 활동을 거부하는 것을 "우리는 농노가 아니다."라는 것으로 설명하는 것이 의미하는 것은 불만에 대한 논거를 완전히 결여하고 있음을, 근거를 제시하기에 완전히 역부족임을, 합리적 이유를 완전히 결여하고 있음을 온몸으로 고백한다는 것이다. 뽈레하노프와 우리는 우리 측에서 그러한 거부를 유발한 것은 결코 아니라고 생각한다는 점을 밝히고 견해차를 설명하라고 요청하지만 우리가 들은 답변은 "우리는 농노가 아니다."다. (덧붙이자면, 호선 문제에 관해서 우리는 아직 결정하지 못한 상태였다.)

규약 제1조에 관한 논쟁에서 이미 드러났고 기회주의적 논거와 무정부주의적 문구에 경도돼 있음을 드러냈던 지식인의 개인주의에게는, 온갖 종류의 프롤레타리아 조직과 규율이 농노제로 보인다. 이들 "당원들"과 당의 "당직자"들에게는 새로운 당대회조차 "선민"들로서는 끔찍하고 견딜 수 없는 농노적 기관으로 여겨진다는 것을 독자 대중은 곧 알게 될 것이다…… 당원 자격을 칭호로는 기꺼이 누리고 싶지만 이 칭호가 당의 이해관계와 당의 의지에 상응하는 것은 아니라고 느끼는 사람들에게는, 이런 "기관"이 실제로는 무시무시한 것이다.

새 『불꽃』 편집국에 보내는 나의 편지에 열거된 바 있고 마르또프 동지의 『계엄 상태』에 게재된 바 있는 위원회 결의문들은 소수파의 행위가 처음부터 끝까지 대회의 결정들에 대한 전적인 불복종이자 적극적 실천 활동에 대한 교란이었음을 사실상 증명하고 있다. 『불꽃』을 혐오하는 자들과 기회주의자들로 구성된 소수파는 정직하고 충실한 방법으로는(인쇄물이나 대회에서 사태를 해명하는 것으로는) 제2차 대회에서 자신들을 겨냥하여 제기됐던 기회주의 및 지식인적 불안정성이라는 비난을 결코 반박해 낼 수 없다고 느끼면서, 대회에서 자신들이 겪은 패배에 대해 복수하기를 바라며 당을 찢어 놓고 그 활동을 망치고 교란시켰다. 그들은 당을 납득시킬 수 없다는 것을 인식하면서 당을 교란시키고 온갖 활동을 방해하는 것에 일조했다. 그들은 (대회에서 혼란을 초래함으로써) 우리 그릇에 금이 가게 만들었다는 비난을 받았다. 그들은 이러한 비난에 대해 금이 간 그릇을 완전히 깨기 위해 전력을 다해 노력하며 책망하는 것으로 답했다.

개념이 뒤죽박죽된 나머지, 활동 기피와 보이콧이 "정직한"* 투쟁 "수단"으로 설명될 정도였다. 마르또프 동지는 이제 이 미묘한 지점에 대해서는 어떻게든 교묘히 발뺌하고 있다. 마르또프 동지는 너무나 "원칙적이었던" 나머지, 자신이 소수파로 행동할 때는 보이콧을 옹호하고 우연히 다수파가 된 자신에게 보이콧이 위협이 될 때에는 그것을 단죄한다!

나는 이것이 사소한 말다툼인지 아니면 사회민주주의 노동자정당 내의 정직한 투쟁 수단과 관련된 "원칙적 견해차"인지는 분석하지 않아도 무방하다고 생각한다.

―――

(10월 4일과 6일에) "호선"을 둘러싸고 역사를 만들기 시작한 동지들에게서 해명을 들으려는 시도가 실패한 이후, 그들이 말로 약속한 충성스런 투쟁이 실제로 어떻게 될 것인지는 그저 지켜보는 수밖에 없었다. 10월 10일, 중앙위원회는 연맹 규약을 작성하기 시작한 사실을 공표하고 연맹원들에게 협조를 요청하며 연맹 측에 회람(『연맹 의사록』 3~5쪽을 보라.)을 보냈다. 연맹 집행부는 당시에 연맹 대회를 기각시킨 상태였다. (2표 대 1표로. 같은 문서 20쪽을 보라.) 이 회람에 대한 소수파 지지자들의 답변은 대회의 결정을 인정하고 그것에 충성한다는 저 악명 높은 말은 단지 문구에 불과했다는 것, 실제로 소수파는 통일된 활동을 하자는 중앙기관들의 요구에 대해 궤변과

---

* 탄광 지역 결의안(『계엄 상태』 38쪽).

무정부주의적 문구로 가득한 형식적 회답으로 답하면서 당 중앙
기관들에 무조건 **복종**하기 않기로 결정했다는 것을 곧바로 보여
주었다. 집행부 위원인 데이치의 저 악명 높은 공개서한(10쪽)
에 대해 쁠레하노프 및 다수파의 다른 지지자들과 함께 우리는
"연맹의 책임 있는 인물이 당 규율을 야비하게 위반하고, 그렇
게 함으로써 당 기관의 조직 활동에 제동을 걸고 다른 동지들에
게 규율과 규약을 마찬가지로 위반하도록 촉구한 것에 대한 항
의"를 다음과 같이 단호히 표현하는 것으로 답했다. " '중앙위원
회의 요청에 따라 그러한 활동에 참여할 권리가 있다고 나는 생
각하지 않는다.' 라거나 '동지들! 우리는 어떠한 경우에도 그것
(중앙위원회)이 연맹의 새 규약을 작성하도록 해서는 안 된다.'
등등의 문구들은 당과 조직, 당의 규율이라는 개념이 무엇을 뜻
하는지를 정말 조금이라도 이해하는 사람이라면 누구라도 분
노하지 않을 수 없는 그런 종류의 선동 방법에 속합니다. 그러
한 방법이 이제 막 창설된 당 기관을 대상으로 사용되고 있다는
점이 더더욱 분개할 일이며, 그러한 방법은 당의 동지들 사이에
그 기관에 대한 신뢰에 의혹이 생기도록 만들려는 시도임에 분
명한데, 게다가 그런 것이 중앙위원회의 등 뒤에서 연맹 집행부
위원의 이름으로 사용되고 있는 것입니다."(17쪽)

이러한 조건에서, 연맹 대회는 오로지 추문이 될 수밖에 없
을 것이었다.

마르또프 동지는 애초부터 "영혼 훔쳐보기"라는 자신의 대
회 전술을 계속했는데, 이번에는 쁠레하노프를 대상으로 사적
대화를 왜곡하는 방식을 통해서였다. 쁠레하노프 동지가 이에

항의하자 마르또프 동지는 비난을 철회하지 않을 수 없었으니 (『연맹 의사록』 39쪽, 134쪽), 그 비난은 경박하거나 격분에 찬 것이었다.

순서는 보고에 이르게 됐다. 나는 당대회에서 연맹의 대의원 이었다. 나의 보고(43쪽 이하 참조)의 개략을 단순히 조회하는 것으로도 독자들은 내가 이 소책자의 주요 내용으로 정리해 놓기도 한 대회의 투표 분석 자체의 윤곽을 볼 수 있다. 그 보고의 전체 무게중심은 바로 마르또프 일당이 자신들이 행한 오류로 인하여 우리 당의 기회주의 진영에 남게 됐다는 것을 증명하는 일이었다. 몹시 격앙된 반대자들 다수 앞에서 행한 보고였음에도 그들은 그 보고에서 충직한 방식에 의한 당적 투쟁과 논쟁으로부터 벗어난 것은 그야말로 단 하나도 발견할 수 없었다.

이에 반해, 마르또프의 보고는 나의 서술에 대한 사소하고 개별적인 "정정" 외에는 병적 신경이 만들어 낸 그 무엇이었다.

다수파가 이런 분위기에서 투쟁하기를 거부했던 것은 놀라운 일이 아니다. 쁠레하노프 동지는 "꼴사나운 광경"(68쪽)에 항의를 표하고 ─ 이것은 정말로 진짜 "꼴사나운 광경"이었으니까! ─ 자신이 보고 내용에 대해 미리 준비했던 반론을 진술하고 싶지 않다며 대회장을 떠나 버렸다. 다수파의 거의 모든 나머지 지지자도 마르또프 동지의 "부적절한 행동"에 대한 항의서를 제출한 뒤 대회에서 퇴장했다(『연맹 의사록』 75쪽).

소수파의 투쟁 방법은 모든 이 앞에 적나라한 모습을 드러냈다. 우리는 소수파가 대회에서 보인 정치적 오류와 그들이 기회주의로 전향한 점, 그들이 분트파와 아끼모프들, 브루께르들,

예고로프들 및 마호프들과 연합을 맺은 점을 비난했다. 소수파는 대회에서 패배했고 지금은 끝없이 다양한 형태의 개별적 맹공격, 돌격, 습격 등등을 포괄하는 두 가지 투쟁 방법을 "만들어 냈다."

첫 번째 방법 – 당의 모든 활동을 교란시키는 것, 대의를 손상시키는 것, "이유를 설명하지 않고" 모든 것에 제동을 걸려 애쓰는 것.

두 번째 방법 – "꼴사나운 광경"을 연출하는 것 등등.*

이 "두 번째 투쟁 방법"은 연맹의 저 악명 높은 "원칙적" 결의안들에서도 나타난다. 다수파는 당연히도 그 결의안들의 논의에 참석하지 않았다. 마르또프 동지가 지금 자신의 『계엄 상태』에 다시 게재한 그 결의안들을 살펴보자.

뜨로쯔끼, 포민, 데이치 등등의 동지들이 서명한 첫 번째 결의안은 당대회 "다수파"를 반대하는 두 가지 테제를 담고 있다. 1) "본질적으로 볼 때 『불꽃』의 이전 정책에 정면으로 배치되는 경향이 대회에서 나타난 것으로 인해, 당 규약을 작성하면서 중앙위원회의 독립성과 권위를 보호할 수 있도록 충분한 보장책을 만들어 내는 데 마땅한 관심을 기울이지 못한 것에 대해 연맹은 깊은 유감을 표한다."(『연맹 의사록』 83쪽)

---

* 이미 나는 망명과 유형이라는 분위기에서 흔히 있는 이러한 사소한 말다툼이 가장 비열한 형태로 발현되는 것을 비열한 동기로 귀결시키는 것은 어리석은 일이라고 지적한 바 있다. 이는 그 어떤 비정상적인 생활 조건에서, 그 어떤 불안한 신경 상태에서 전염병처럼 퍼지는 일종의 질병이다. 이러한 투쟁 체계의 진정한 성격을 내가 여기서 되살려 내야 했던 이유는 마르또프 동지가 자신의 『계엄 상태』에서 그러한 투쟁을 통째로 반복했기 때문이다.

우리가 이미 보았던 것처럼, 이 "원칙적" 테제는 아끼모프 식 문구로 귀결된바, 뽀뽀프 동지마저 그 기회주의적 성격을 당대회에서 폭로하고 말았던 바 있다! 사태의 본질로 볼 때, "다수파"가 중앙위원회의 독립성과 권위를 보호하려 하지 않았다는 주장은 유언비어에 불과한 것으로 확인됐다. 이는 쁠레하노프와 우리가 편집국에 있었을 때에는 평의회에서 중앙기관지가 중앙위원회보다 우위에 있었던 적은 없었으나 마르또프파가 편집국에 들어오자 평의회에서 중앙기관지가 중앙위원회에 대해 우위를 확보했다는 것을 지적하는 것으로 충분하다! 우리가 편집국에 있었을 때에는 평의회에서 러시아 실천가들이 국외 문필가들보다 우위를 점하고 있었다. 마르또프파가 편집국을 맡았을 때는 그 반대였다. 우리가 편집국에 있었을 때에는 평의회는 단 한 번도 실천적 문제에 개입하려 획책하지 않았다. 그 같은 개입이 시작된 것은 만장일치 호선 시기부터였는데, 독자 대중은 조만간 이에 대해 상세히 알게 될 것이다.

지금 살펴보고 있는 결의안의 다음 테제는 이런 것이다. "…… 당의 공식적 중앙기관을 설립할 때 대회는 사실상 형성돼 있던 중앙기관과의 계승 관계를 무시했다……."

이 테제는 온전히 중앙기관의 인적 구성 문제로 귀결된다. "소수파"는 대회에서 구 중앙기관들이 자신들의 부적합성을 입증하고 일련의 오류를 저질렀다는 사실을 회피하는 쪽을 선호했다. 하지만 무엇보다 우스꽝스러운 것은 조직위원회에 대한 "계승성"을 거론한 것이다. 우리가 보았듯이, 대회에서 조직위원회 구성 전체를 승인하자고 암시했던 사람은 단 한 명도 없었다. 대회에서 마르또프는 격앙된 상태에서 3인 조직위원회 명단이 자신을 조롱하는 것이라고 소리쳤다. 대회에서 "소수파"는 조직위원회 위원 1인이 포함된 자신들의 **최종** 명단(**뽀뽀프**, 글레보프 아니면 포민, 그리고 뜨로쯔끼)을 제시한 반면 "다수파"는 3인 가운데 조직위원회 위원이 2인인 명단(**뜨라빈스끼, 바씰리예프**, 글레보프)을 작성했다. 우리는 묻게 된다. "계승성"을 이렇게 거론하는 것을 과연 "원칙적 견해차"라고 부를 수 있을까?

악쎌로트 동지와 4인의 구 편집국원이 서명한 다른 결의안으로 넘어가 보자. 우리는 여기서 나중에 인쇄물에서 수차례 반복됐던 "다수파"에 대한 주요한 모든 비난을 만나게 된다. 편집국이라는 서클의 구성원들이 정식화해 놓은 그대로 그 비난들을 검토하는 것이 가장 편리할 것이다. 이 비난들은 "당의 전제적이고 관료주의적인 통치 체계," "진정한 사회민주주의의 중앙 집중주의"와는 달리 "내적 단결이 아니라 외적, 형식적 통일, 즉 순전히 기계적으로 개인의 창발성과 집단의 독자성을 체계적으로 억압하여 실현되고 보호되는 그런 형식적 통일을 제일차적인 것으로 내세우는 관료주의적 중앙 집중주의"를 향한 것이었다. 따라서 그것은 "그 본질상 사회를 구성하는 부류를 유기적으로 단결시킬 수가 없다."라는 것이다.

악쎌로트 동지 일당이 여기서 말하는 이 "사회"가 어떤 것인지는 신만이 알고 있다. 악쎌로트 동지는 자신이 바람직한 통치 개혁에 관한 젬스뜨보[53] 연설문을 쓰고 있는 것인지 아니면 "소수파"의 불만을 내쏟고 있는 것인지, 스스로도 잘 알지 못했음이 분명하다. 불만을 가진 "편집국원들"이 외치고 있는 당내의 "전제정치"라는 것은 무엇을 의미할 수 있는가? 전제정치는 통제받지 않고 책임지지 않으며 선출되지 않는 한 개인의 최고 권력이다. "소수파" 문건을 보면 다른 누구도 아닌 나를 그러한 전제군주로 생각한다는 것을 매우 잘 알게 된다. 우리가 살펴보고 있는 결의안이 작성되고 채택됐을 때 나는 쁠레하노프와 함께 중앙기관지에 있었다. 따라서 악쎌로트 동지 일당은 쁠레하노프와 중앙위원회의 모든 위원이 자신들의 견해에 따라 대의에 도움이 되도록 "당을 통치한" 것이 아니라 레닌이라는 전제군주의 의지에 따라 그렇게 했다고 확신하고 있다고 표현하고 있는 것이다. 전제적 통치라는 비난은 전제군주를 제외하고 통치에 참여한 나머지 모든 이가 타인 수중에 있는 단순한 도구이자 장기의 졸이요 타인의 의지를 집행하는 자라는 것을 인정하는 결론에 필연적으로 도달하게 된다. 그러므로 우리는 다시, 또 다시 한 번 묻는다. 이것이 정말 존경해마지 않는 악쎌로트 동지의 "원칙적 견해차"란 말인가?

그 다음. 당대회에서 지금 막 돌아왔고 대회 결정들의 적법성을 엄숙히 인정했던 우리 "당원들"이 여기서 말하는 외적, 형식적 통일이라는 것은 무엇인가? 그들은 어느 정도라도 견고한 원칙하에 조직된 당내에서 당대회 외에 통일을 이룰 수 있는 다른 수단을 알고 있단 말인가? 그렇다면 그들은 도대체 왜 자신들이 제2차 대회를 적법한 대회로 인정하지 않는다고 똑바로 말할 용기가 없는가? 그들은 왜 조직됐다는 그 당이라는 것 내에서 통일을 이룰 자신들의 새로운 사상과 새로운 수단을 우리에게 설명하려 하지 않는가?

그 다음. 바로 얼마 전에 우리의 개인주의적 지식인들 앞에서 당 중앙기관지는 그들의 견해차를 설명해 줄 것을 **부탁했지**만 그들은 **그렇게 하는 대신** "호선"에 대해 흥정한 바 있다. 이러한 이들이 무슨 "개인의 창발성의 억압"을 말하는가? 쁠레하노프와 우리가 또는 중앙위원회가 우리와 함께하는 **일체의** "**활동**"을 거부했던 사람들의 창발성과 독자성을 도대체 어떻게 억압할 수 있었단 말인가! 억압당하는 사람이 **참여를 거부한** 그런 기구나 기관에서 누군가를 어떻게 "억압할" 수 있는가? 선출되지 않은 편집국원들이 "**통치되기를**" 거부한 마당에 어떻게 "통치체계"에 대해 불평할 수 있는가? 우리 동지들이 우리 지도 아래 활동한 것이 전혀 아니라는 저 단순한 이유로 인해, 우리는 그 동지들을 지도하면서 어떤 오류도 저지를 수 **없었던** 것이다.

저 악명 높은 관료주의라는 외침은 중앙기관의 인적 구성에 대한 불만을 단순히 은폐하는 것이자 대회에서 엄숙하게 했던 약속을 깨 버린 것을 가리는 무화과 잎사귀라는 것이 명백해 보인다. 당신은 관료주의자다. 왜냐하면 당신은 대회에서 나의 의지에 따라서가 아니라 그에 반하여 임명됐기 때문이다. 당신은 형식주의자다. 왜냐하면 당신은 나의 동의가 아니라 대회의 형식적 결정에 의지하고 있기 때문이다. 당신은 거칠고 기계적으로 행동하고 있다. 왜냐하면 호선되고 싶은 나의 바람을 중시하지 않고 당대회의 "기계적" 다수파를 구실로 삼고 있기 때문이다. 당신은 전제군주다. 왜냐하면 대회가 서클 근성을 정확히 거부한 것 때문에 기분이 나쁘면 나쁠수록 더욱 정력적으로 자신들의 서클적 "계승성"을 고수하는 낡고 훈훈한 집단의 손에 권력을 넘겨주기를 원하지 않기 때문이다.

관료주의라는 이 외침 속에는 위에 지적된 것 말고는 그 어떤 현실적 내용도 담겨 있지 않았다.* 그리고 바로 이러한 투쟁 방법이야말로 소수파의 지식인적 불안정성을 한 번 더 보여 주는 것일 뿐이다. 그들은 중앙기관들의 선거가 실패했다고 당을 설득하고 싶었다. 무엇으로 설득할 것인가? 쁠레하노프와 우리가 이끌었던 그 『불꽃』을 비판하는 것으로? 아니, 그들은 그렇게 할 능력이 없었다. 그들은 당의 일부가 증오스러운 중앙기관의 지도 아래 활동하기를 거부하는 방식을 통해 그것을 설득하고 싶었다. 그러나 세상에 있는 그 어떤 당의 그 어떤 중앙기관도 지도를 따르려 하지 않는 사람들을 지도하는 능력을 보여 줄 수는 없을 것이다. 중앙기관의 지도에 따르기를 거부하는 것은 당에 있기를 거부하는 것과 같고 당을 와해시키는 것과 같으며, 이는 설득의 수단이 아니라 파괴의 수단이다. 그런데 설득을 이렇게 파괴로 대체한 것이야말로 그들의 사상에 원칙적 일관성이 결여돼 있음을, 신념이 결여돼 있음을 보여 준다.

관료주의에 대해 말들을 한다. 관료주의는 러시아어로 문벌주의로 번역할 수 있다. 관료주의는 대의의 이해관계를 출세의 이해관계에 종속시키는 것, 지위에 엄청난 관심을 기울이고 업무를 무시하는 것, 사상 투쟁 대신 호선을 위해 난투를 벌이는 것 따위를 의미한다. 정말이지, 이러한 관료주의는 절대적으로

---

* 쁠레하노프 동지가 은혜로운 호선을 실시한 이후 소수파 눈에는 그가 더 이상 "관료주의적 중앙 집중주의" 지지자가 아니었다는 것을 지적하는 것으로 충분하다.

당에 바람직하지 않고 유해한 것으로서, 나는 우리 당내에서 지금 싸우고 있는 두 진영 가운데 어느 쪽이 그러한 관료주의를 범하고 있는지를 조용히 독자들의 판단에 맡겨 두겠다……. 거칠고 기계적인 통합 방식에 대해 말들을 한다. 거칠고 기계적인 방법이 유해하다는 것은 말할 필요도 없다. 하지만 나는 낡은 것과 새로운 지향성이 투쟁하는 방법 중에서, 새로운 관점의 올바름을 당에 확신시키기도 전에, 이 관점을 당에 설명하기도 전에 당 기관에 사람들을 들여놓는 것보다 더 거칠고 더 기계적인 방법을 생각할 수 있는지 다시 한 번 독자들께 판단을 맡기겠다.

그러나 이번 경우 "전향"의 출발점이 된 것이 분명했던 사소하고 사적인 계기와는 상관없이, 소수파의 구호들이 어쩌면 어떤 원칙적 의의를 갖고 있으며 어떤 특별한 사상집단을 표현하는 것은 아닐까? "호선"을 둘러싼 난투에서 한발 물러서서 보면, 이 구호들은 어쩌면 다른 견해 체계를 구현한 것은 아닐까?

이러한 측면에서 문제를 검토해 보자. 그에 앞서 우리는 연맹 대회에서 이러한 검토를 제일 처음 했던 사람이 쁠레하노프 동지이며 그는 소수파가 **무정부주의와 기회주의로** 전향했다고 지적한 바 있다는 사실과 (모든 사람이 자신의 입장을 원칙적 입장으로 인정하려 하지 않는 것에 몹시 화가 난*) 마르또프 동

---

* 레닌이 원칙적 견해차를 보기를 원치 않는다거나 부정한다는 새 『불꽃』의 이러한 한탄보다 더 희극적인 것은 없다. 당신들이 사태를 원칙적으로 대했다면, 기회주의로 전향한 것에 대한 나의 반복된 지적을 당신들은 더 일찍 검토했을 것이다. 당신들의 입장이 원칙적이었다면, 사상투쟁을 자리 챙기기로 떨어뜨리는 짓은 덜 할 수 있었을 것이다. 당신들이 자신들을 원칙적인 사람들로 볼 수 없도록 만드는 모든 짓을 스스로

지가 자신의 『계엄 상태』에서 이 사건을 완전히 피해 가는 쪽을 선택했다는 사실을 지적해야 한다.

연맹이나 위원회가 스스로를 대상으로 작성하는 규약은 중앙위원회의 승인을 받지 않더라도, 또 중앙위원회의 승인에 반하여도 유효한가라는 일반적 문제가 연맹 대회에서 제기됐다. 이 문제는 명백하고도 명백해 보였다. 규약은 조직의 형식적 표현이며, 우리 당 규약 제6조는 위원회를 조직할 권한을 단연코 중앙위원회에 부여하고 있다. 규약은 위원회의 자율성의 한계를 규정하고 있으며, 이 한계의 규정에서 표결권을 갖는 것은 당의 중앙기관이지 지역기관이 아니다. 이는 기초이며, (마치 연맹 자신은 형식적 규약에 근거하여 조직되려는 바람을 독자적으로 표현하지 않기라도 한 듯이) "조직한다는 것"이 "규약을 승인한다는 것"을 항상 전제하지는 않는다고 심오하게 논하는 것은 순전히 어린아이 같은 짓이다. 하지만 마르또프 동지는 사회민주주의의 기초조차도 (우리는 일시적인 것이기를 바라지만) 망각했다. 그의 의견에 따르면, 규약이 승인을 받아야 한다고 요구하는 것은 "이전의 혁명적 『불꽃』파의 중앙 집중주의가 관료주의로 대체되고 있다."라는 것만을 표현한다(『연맹 의사록』 95쪽). 게다가 마르또프 동지는 같은 발언에서 그는 바로

한 이상, 자기 자신을 비난하라. 그런데 마르또프 동지는 이와는 반대로 『계엄 상태』에서 연맹 대회에 대해 말하면서 무정부주의에 관해 쁠레하노프와 벌인 논쟁에 대해서는 침묵하면서, 그 대신에 레닌이 전제군주라고, 레닌이 눈만 한 번 깜박이면 중앙기관이 통제된다고, 중앙위원회는 승자라도 된 듯이 연맹 대회에 왔다고 말한다. 이러한 화젯거리들을 선택한 것 그 자체로 마르또프 동지가 자신의 심오한 사상과 원칙을 증명했다는 것을 나는 의심하지 않는다.

여기서 사태의 "원칙"을 본다고 천명했다(96쪽). — 자신의 『계 엄 상태』에서는 피해 가는 쪽을 택했던 그 원칙!

빨레하노프 동지는 즉각 마르또프에게 답하면서 관료주의, 거만한 관리 등과 같이 "대회의 품위를 손상시키는" 표현들은 삼가 달라고 부탁했다(96쪽). 마르또프 동지와 몇 번 발언이 오 갔는데, 빨레하노프는 이러한 표현 속에 "특정한 지향성이 가 진 원칙적 성격"이 있다고 했다. 다수파 지지자들이 모두 그랬 던 것처럼 빨레하노프 동지는 당시에는 이러한 표현들을 그 구 체적 의미 속에서 파악했으며 이 표현들이 원칙적인 것이 아니 라, 이렇게 표현해도 된다면, 오로지 "호선"과 관계된 의미라는 것을 명백히 파악하고 있었다. 그러나 그는 마르또프들과 데이 치들의 주장에 양보하고(96~97쪽) 이른바 원칙적 견해라는 것 을 원칙적으로 검토하는 방향으로 이동했다. 그는 이렇게 말했 다. "만일 그렇다면 (즉, 만일 위원회들이 자신들의 조직을 만 들고 규약을 작성하는 데 자율적이라면), 그 위원회들은 당이 라는 전체에 대해서도 자율적일 것이다. 이는 이미 분트적 관점 이 아니라 정확히 무정부주의적 관점이다. 실제로, 무정부주의 자들은 그렇게 사고한다. 개인의 권리는 무제한적이라고. 그 권 리들은 충돌할 수도 있다고. 각각의 개인은 자기 권리의 한계를 스스로 정한다고. 자율의 한계는 그룹 스스로 규정하는 것이 아 니라 그 그룹이 속해 있는 전체가 규정해야 한다. 이러한 원칙 을 어긴 명료한 예로 볼 수 있는 것이 분트다. 말하자면 자율의 한계는 대회가 또는 대회를 창출한 최고 심급이 정하는 것이다. 중앙기관의 권력은 도덕적, 지적 권위에 기반을 두어야 한다.

나는 물론 이 점에 동의한다. 조직의 대표는 누구나 그 기관이 도덕적 권위를 가질 수 있도록 신경을 써야 한다. 하지만 이로부터, 권위가 필요하다면 권력은 필요 없다는 결론이 나와서는 안 된다…… 권력의 권위와 사상의 권위를 대립시키는 것, 이는 무정부주의적 문구로서 그것이 설 자리는 여기에 없다."(98쪽) 이러한 명제들은 극히 기초적인 것이자 표결에 붙인다는 것조차가 이상한 진정한 공리(102쪽)여서 이에 대해 의문을 던지는 것은 오직 "개념이 지금 뒤죽박죽돼 있기 때문이다."(같은 쪽) 하지만 소수파는 지식인적 개인주의로 인해 대회를 깨고 다수파를 따르지 않으려는 바람을 갖는 지경에 이르렀다. 이러한 바람은 **무정부주의적 문구**를 사용하지 않고는 달리 정당화할 수가 없는 것이다. 기회주의니 무정부주의니 하는 등등의 지나치게 강한 표현을 사용한 것에 대해 쁠레하노프에게 **불평한 것** 말고는 소수파가 아무것도 표현할 수 없었다는 것은 정말 우스꽝스럽기 짝이 없다. 쁠레하노프는 합당하게도 이러한 불평을 비웃으며 이러한 "조레스주의와 무정부주의라는 말을 사용하는 것은 불편하고 lèse - majesté[군주 능멸], 거만한 관리라는 말을 사용하는 것은 괜찮은 이유는 무엇이냐?"라고 물었다. 답변은 없었다. 이런 특유한 qui pro quo[오해]는 마르또프들과 악쎌로트 일당에게는 항상 있는 일이다. 그들의 새로운 말들 속에는 "짜증"이 분명하게 각인돼 있다. ― 그것을 지적하면 우리가 원칙적인 사람들이라며 화를 내는 것을 보면 말이다. 하지만 당신들이 만일 전체에 대한 부분의 복종을 **원칙적으로** 거부한다면, 사람들은 당신들이 무정부주의자들이라고 말한다. 그러면 화가 난다 — 표현이 너무 강하다! 달리 말하자면, 그들은 쁠레하노프와 싸우고 싶긴 하지만, 조건이 있으니, 그가 진정으로 그들을 공격하지는 않는다는 것이다!

마르또프 동지와 다른 모든 "멘셰비끼"는 나에게 다음과 같은 "모순"이 있다고 얼마나 숱하게 유치한 폭로를 해댔는지 모른다. 『무엇을 할 것인가?』에서 또는 『한 동지에게 보내는 편지』에서 사상적 영향, 영향력을 위한 투쟁을 말한 부분을 인용하고, 그런 다음 규약을 통한 "관료주의적" 영향력, 권력에 의지하려는 "전제주의적" 열망 등을 대비시킨다. 순진한 사람들이로군! 예전에 우리 당은 정식으로 조직된 하나의 전체가 아니었고 단지 개별 그룹들의 총합이었으며 따라서 이 그룹들 사이에 사상적 영향 외에는 다른 관계라는 것이 있을 수 없었다는 것을 이들은 벌써 잊어버렸다. 이제는 우리가 조직된 당이 됐고, 이는 또한 권력이 창출됐음을, 사상의 권위가 권력의 권위로 전환됐음을, 하급 기관들이 당의 최고 심급에 복종함을 의미한다. 자신의 옛 동지들에게 이런 기초를 씹어먹이듯 설명해야 한다는 것이 어쩌면 거북하기까지 한 것이 사실이다. 특히 문제가 단지 소수파가 선거에 관해 다수파에게 복종하지 않으려는 것으로 귀결된다는 것을 느낀다면 말이다! 그러나 **원칙적으로** 나에 대한 이 모든 끝없는 폭로는 결국 **전적으로 무정부주의적 문구로 귀결**된다. 새 『불꽃』은 당 기관이라는 칭호와 권리는 누리고 싶지만 당 다수파에게 복종하고 싶지는 않은 것이다.

만일 관료주의에 관한 문구들 속에 원칙이 있다면, 만일 그것이 전체에 복종해야 하는 부분의 의무를 무정부주의적으로 부정하는 것이 아니라면, 그렇다면 우리 앞에 있는 것은 프롤레타리아트의 당 앞에서 개별 지식인의 책임을 약화시키고 중앙 기관들의 영향력을 약화시키고 가장 일관성이 부족한 당내 부류의 자율성을 강화시키고 조직 관계를 순전히 관념적으로 말로만 인정하려 애쓰는 기회주의 원칙이다. 우리는 이를 당대회에서 보았으니, 아끼모프들과 리베르들이 "괴물 같은" 중앙 집중주의라고 하며, 연맹 대회에서 마르또프 일당의 입에서 흘러나왔던 말과 정확히 똑같은 말을 했던 것이다. 기회주의가 러시아에서뿐만 아니라 전 세계에서 마르또프와 악쎌로트 같은 조직에 관한 "견해"를 초래하는 것은 우연이 아니라 그 본성이라는 것을 우리는 뒤에서 악쎌로트 동지와 새 『불꽃』의 기고문들을 분석하면서 보게 될 것이다.[54]

P. 작은 불쾌함이 큰 만족을 막아서는 안 된다.

연맹의 규약은 중앙위원회의 승인을 받아야 한다는 결의안을 연맹이 기각한 것(『연맹 의사록』105쪽)은 당대회 다수파 전원이 그 즉시 지적한 것처럼 "당 규약의 심각한 위반"이었다. 이러한 위반을 원칙적인 사람들의 행위로 간주해 본다면 그것은 완전한 무정부주의였지만, 대회 이후 투쟁의 상황에서 그것은 당 소수파가 당 다수파에게 "원한을 갚는다는" 느낌을 불가피하게 불러일으켰고(『연맹 의사록』112쪽), 당에 복종하고 당에 있기를 바라지 않는다는 것을 의미했다. 규약을 변경해야 한다는 중앙위원회의 성명에 관한 결의안 채택을 연맹이 거부하자

(124~125쪽), 당 조직의 회합으로 간주되기를 바라면서도 그와 동시에 당 중앙기관에는 복종하지 않으려 했던 그 회합이 불법임을 인정하게 되는 것은 필연적이었다. 당 다수파 지지자들은 저급한 희극에 동참하지 않으려고 이 사이비 당 회합을 즉시 떠났다.[6]

이처럼, 규약 제1조 문제에 관한 사고의 동요 속에서 드러난 지식인적 개인주의는 그 관념적 조직 관계 인식과 함께 실천에서 그 논리적 종결점인 당 조직의 붕괴에 이르게 된바, 나는 그렇게 될 것을 이미 한 달 반 전인 9월에 예언한 바 있었다. 그리고 연맹 대회가 끝난 바로 그날 저녁에 이번에는 쁠레하노프 동지가 당의 양 중앙기관 동료들에게 자신은 "자기 사람들에게 발포할 수가 없다."라고, "분열하느니 이마에 총알이 박히는 게 더 낫다."라고, 요컨대 (제1조에 관한 잘못된 입장에서 보이는 원칙들 때문이라기보다는 그것과는 비교할 수 없을 만큼의) 개인적 양보를 둘러싸고 파멸적 투쟁이 벌어지고 있는 만큼 더 큰 해악을 피하기 위해서는 최대한의 개인적 양보를 해야 한다고 선언했다. 분명 전 당적 중요성을 가졌던 쁠레하노프 동지의 이러한 전향이 갖는 성격을 좀 더 정확하게 규정하기 위해 나는 사적 대화나 사적 편지들(이는 최후의 보루다.)이 아니라, 당 전체 앞에서 쁠레하노프 자신이 한 발언에 의거하고, 내가 중앙기관지 편집국에서 사퇴(1903년 11월 1일)하고 마르또프파가 호선되기(1903년 11월 26일) 전인 연맹 대회 직후에 『불꽃』 제52호에 실린 쁠레하노프의 기고문 「무엇을 하지 말아야 할 것인가」에 의거하는 것이 더 타당하다고 생각한다.

「무엇을 하지 말아야 할 것인가」라는 기고문의 기본적 사상은 정치에서 고지식하고 경우에 맞지 않게 신랄하고 고집불통이어서는 안 된다는 것, 분열을 피하기 위해 가끔은 (우리와 가까운, 또는 일관성 없는) 수정주의자들과 무정부주의적 개인주의자들에게 양보할 필요가 있다는 것이다. 이 추상적인 일반적 명제들이 『불꽃』 독자들을 전반적으로 당혹스럽게 했음은 너무도 당연하다. (이후의 기고문들에서) 사람들이 자신을 이해하지 못했던 것은 자신의 사상이 새롭기 때문이고 사람들이 변증법을 알지 못했기 때문이라고 했던 쁠레하노프 동지의 대단하고 거만한 주장은 웃지 않고는 읽을 수가 없다. 실제로, 「무엇을 하지 말아야 할 것인가」가 쓰였을 당시에 그것을 이해할 수 있었던 사람들은 주네브 근교에 있는, 이름의 첫 글자가 똑같은 두 지역[55]에 있던 겨우 10인 남짓한 이들뿐이었다. 쁠레하노프 동지의 불행은 대회 이후 소수파와 투쟁하면서 생긴 모든 우여곡절에 참여했던 이 10인의 사람들만을 대상으로 했던 암시, 비난, 대수 기호, 수수께끼 등의 종합물을 수만 명의 독자들에게 유통시켰다는 데 있다. 쁠레하노프 동지가 이러한 불행에 빠진 것은 그가 언급했던 그 변증법의 기본 명제, 즉 현실과 괴리된 진리란 없으며 진리는 언제나 구체적이라는 것을 그가 깨뜨렸기 때문이다. 바로 그런 이유로 연맹 대회 이후 마르또프파에 양보한다는 매우 구체적인 생각을 추상적 형태로 덮어씌운 것은 부적절했던 것이다.

양보 — 쁠레하노프 동지가 내건 새로운 전투 용어 — 라는 것은 두 가지 경우에 정당하고 필수적이다. 양보하는 사람이 양

P. 작은 불쾌함이 큰 만족을 막아서는 안 된다.

보를 얻는 사람들의 올바름을 확신했을 때(정직한 정치 활동가들은 이 경우에 자신의 오류를 직설적이고 공개적으로 인정한다.)거나 더 큰 해악을 피하기 위해 불합리하고 해로운 요구에 대해 양보가 이루어지는 때다. 우리가 살펴보고 있는 기고문으로부터 매우 분명해지는 사실은 저자가 두 번째 경우를 염두에 두고 있다는 것이다. 그는 수정주의자들과 무정부주의적 개인주의자들(즉, 연맹 의사록을 통해 지금은 모든 당원이 알고 있는 것처럼 마르또프파)에 대한 양보, 분열을 피하기 위해 반드시 해야 하는 양보라고 직설적으로 말하고 있으니까 말이다. 보다시피, 쁠레하노프 동지의 그 새로운 사상이라는 것은 결국, 작은 불쾌함이 큰 만족을 막아서는 안 된다는, 작은 기회주의적 어리석음과 대단치 않은 무정부주의적 문구가 커다란 당 분열보다는 낫다는, 그다지 새롭지 않은 삶의 지혜가 되고 만다. 그 기고문을 썼을 때 쁠레하노프 동지는 소수파가 우리 당의 기회주의 진영이며 그들이 무정부주의적 방법으로 싸우고 있다는 것을 명백히 알고 있었다. 쁠레하노프 동지는 (다시 한번, Si licet parva componere magnis[작은 일을 커다란 일에 비유한다면]) 독일 사회민주주의당이 베른슈타인과 싸웠던 것과 같은 개인적 양보를 통해 이 소수파와 싸운다는 계획을 제출했다. 베벨은 당대회에서 자기가 아는 한 베른슈타인 동지(이전에 쁠레하노프 동지가 즐겨 불렀던 것처럼 베른슈타인 씨가 아니라 베른슈타인 동지다.)보다 환경의 영향을 더 많이 받는 사람은 없다고 공개적으로 천명하며 이렇게 말한 바 있다. 그러니 그를 우리의 환경으로 데려오자. 그러니 그를 제국의회 의원으로 만들자. 그러니 수정주의에 맞서 싸우자. 하지만 (쏘바께비치-빠르부스 식의) 경우에 맞지 않는 신랄함으로 수정주의자에 맞서 싸우는 것이 아니라 "kill him with kindness[수정주의자를 친절하게 죽일 것이다]." — 이 말은 나의 기억으로 M. Beer[M. 비어] 동지가 영국 사회민주주의자들의 한 회합에서 영국인 쏘바께비치-하인드만의 공격에 대해 독일인이 보인 양보심, 평화 애호, 부드러움, 유연함, 신중함을 옹호하면서 했던 말이다. 쁠레하노프 동지도 이와 꼭 마찬가지로 악쎌로트 동지와 마르또프 동지의 작은 무정부주의와 작은 기회주의를 "친절하게 죽이기"를 원했다. 사실, 쁠레하노프 동지는 "무정부주의적 개인주의자들"에 대해서는 매우 명백하게 암시하면서, 수정주의자들에 대해서는 마치 자신이 염두에 두고 있는 것은 기회주의로부터 정통으로 전향하고 있는 『노동자의 대의』파이지 정통에서 수정주의로 전향하기 시작한 악쎌로트와 마르또프가 아니라는 듯 일부러 불분명하게 표현했다. 하지만 이것은 순진한 군사 계략[*]

---

[*] 마르띠노프, 아끼모프, 브루께르 동지들에 대한 양보는 당대회 이후에는 있을 수 없는 일이었다. 그들 역시 "호선"을 요구했다는 말을 나는 듣지 못했다. 나는 스따로베르 동지 또는 마르또프 동지가 자신들의 원고와 "메모"를 "당의 절반"의 이름으로 우리에게 보내면서 브루께르 동지와 과연 상의를 했는지조차 의심스럽다. …… 연맹 대회에서 마르또프 동지는 불굴의 정치 투사의 깊은 분노를 표출하며 "랴자노프 또는 마르띠노프와의 연합," 그들과의 "거래"의 가능성, 또는 (편집자로서) 공동의 "당 직무" 같은 것이라도 하겠다는 생각 자체를 일축했다(『연맹 의사록』 53쪽). 연맹 대회에서 마르또프 동지는 "마르띠노프 경향들"을 비난했으며, "아끼모프 동지와 마르띠노프 동지와 다른 동지들 또한 모여서 자신들을 위한 규약을 작성하고 그들 마음대로 그에 따라 행동할 권리를 인정하고 있다."라고 악쎌로트와 마르또프가 생각한다고 오르또독스 동지가 세밀하게 암시하자 마르또프파는 베드로가 예수 그리스도를 부인했던 것처럼 이를 부인하기 시작했다(100쪽. "아끼모프, 마르띠노프 등등에 대한" "오르또독스 동지의 우려"는 "근거 없는 것이다.").

P. 작은 불쾌함이 큰 만족을 막아서는 안 된다.

이었고 당의 공개성이라는 포화를 버텨낼 수 없는 불량한 요새였다.

그런데 우리가 지금 묘사하고 있는 정치적 시기의 구체적 국면을 알고 있는 사람이라면, 쁠레하노프 동지의 심리를 통찰하고 있는 사람이라면, 내가 당시에 행동했던 것 외에 어떻게 달리 행동할 방법이 없었다는 것을 이해할 것이다. 이 말은 편집국을 넘겨주려 한다고 나를 책망했던 다수파 지지자들에게 하는 말이다. 쁠레하노프 동지가 연맹 대회 이후에 다수파 지지자에서 전향하여 사태가 어떻게 되든 화해를 지지하는 쪽이 됐을 때, 나는 이러한 전향을 가장 좋은 의미로 해석해야만 했다. 아마도 쁠레하노프 동지는 자신의 기고문에서 훌륭하고 정직한 평화의 강령을 제출하고 싶었던 것이 아닐까? 그러한 강령은 그것이 어떤 것이건 간에 쌍방의 오류를 진실하게 인정하는 결론에 도달한다. 쁠레하노프 동지는 다수파의 어떤 오류를 지적했던가? 수정주의자들을 향한 응당하지만 시의적절하지 않은, 쏘바께비치 같은 거친 말이 그것이다. 쁠레하노프가 이렇게 지적하면서 염두에 두고 있던 것이 자신이 했던 당나귀에 관한 날카로운 말인지[56] 아니면 — 악쎌로트 앞에서 — 무정부주의와 기회주의에 대해 자신이 아무 조심 없이 언급했던 일인지는 알 수가 없다. 쁠레하노프 동지가 "현실과 괴리되게," 베드로를 가리키는 식으로 표현하는 쪽을 택했으니까 말이다. 물론 이것은 취향의 문제다. 하지만 어쨌든 나는 『불꽃』파에게 보낸 편지에서, 그리고 연맹 대회에서 나 자신이 했던 개인적인 신랄한 말들에 대해서 인정한 바다. 다수파의 그러한 "오류"를 내가 어찌 인정하지 않을 수 있겠는가? 소수파에 관해 말하자면, 쁠 레하노프 동지는 그들의 오류를 분명하게 지적했다. 분열에 이르게 한 수정주의(당대회에서 그가 했던 기회주의에 대한 언급과 연맹 대회에서 그가 했던 조레스주의에 대한 언급을 참조하라.)와 무정부주의가 그것이다. 개인적 양보와 온갖 "kindness"(정중함, 온화함 등등)을 통해 이러한 오류를 인정하게 하고 그로부터 생길 해악을 차단하려는 시도를 내가 막을 수 있었겠는가? 쁠레하노프 동지가 「무엇을 하지 말아야 할 것인가」라는 기고문에서 "단지 약간 일관성이 없어서" 수정주의자가 된 수정주의자들에 속하는 "반대자들을 용서하자"라고 직설적으로 설득하는데, 내가 그러한 시도를 막을 수 있었겠는가? 만일 내가 이러한 시도를 신뢰하지 않았다 하더라도, 중앙기관지에 대해 개인적으로 양보하고 다수파의 입장을 옹호하기 위해 중앙위원회로 옮겨가지 않고 달리 행동할 수 있었겠는가?* 나는 그러

---

* 마르또프 동지는 이에 대해 내가 avec armes et bagages[무기와 짐을 들고] 옮겨갔다고 말했는데, 이는 매우 적확한 표현이었다. 마르또프 동지는 연맹에 대한 공세, 교전, 불치의 부상 등과 같은 군사적 비유를 즐겨 사용했다. 고백하자면, 나 역시 군사적 비유를 매우 좋아한다. 특히 태평양에서 오는 소식을 정말 흥미진진하게 좇고 있는 지금은 특히 더 그렇다. 하지만 마르또프 동지, 군사적으로 말하자면 사실 사태는 다음과 같은 식이었소. 우리가 당대회에서 두 개의 요새를 점령한다. 당신들은 연맹 대회에서 그 요새들을 공격한다. 최초의 가벼운 상호 사격 이후 나의 동료이자 한 요새의 사령관이 적에게 문을 열어 준다. 당연히도 나는 소규모인 나의 포병대를 모아 거의 보강이 안 된 다른 요새로 이동하여 수적으로 압도적인 적을 피해 "요새 속에 자리를 지키고 있다." 심지어 나는 강화를 제안하기까지 한다. 두 강적과 어디서 싸울 수가 있겠는가? 하지만 강화 제안에 대한 답으로 새로운 동맹군들은 나의 "남아 있던" 요새를 폭격한다. 나는 반격한다. 그러자 나의 옛 동료인 그 사령관은 대단히 분개하며 소리친다. "선량한 사람들이여, 한 번 보라. 이 체임벌린 같은 자가 얼마나 평화를 사랑하지 않는지를!"

한 시도의 가능성을 완전히 부정하고 위협적 분열에 대한 책임을 혼자서 질 수는 없었다. 왜냐하면 10월 6일자 편지에서 나 자신이 이 싸움을 "개인적 격분"으로 설명하는 쪽으로 기울어져 있었기 때문이다. 한편 나는 다수파의 입장을 옹호하는 것을 나 자신의 정치적 의무라고 생각했고 지금도 그렇게 생각하고 있다. 이러한 입장에서 쁠레하노프 동지를 신뢰하는 것은 어렵고 위험을 감수하는 것이었다. 그 이유는 모든 것으로 보아 쁠레하노프 동지는 "프롤레타리아트의 지도자는 자신의 전투적 성향이 정치적 판단에 대립될 때 그 성향에 복종할 권리가 없다."라는 자신의 말을 변증법적으로 해석하려 하고 있었던 것이 분명하기 때문이다. — 만일 사격을 해야 한다면 (11월의 주네브 날씨를 고려할 때) 다수파를 쏘는 것이 더 실속 있다는 의미로 해석하려 하고 있었던 것이 분명하기 때문이다…… 다수파의 입장을 옹호하는 것이 필요했다. 왜냐하면 쁠레하노프 동지가 — 구체적이고 전면적인 검토를 요구하는 변증법이라는 것을 비웃으며 — 혁명가의 자유(?)의지라는 문제를 다루면서 **혁명가에 대한 신뢰**라는 문제, 당의 특정 진영을 지도하는 "프롤레타리아트의 지도자"에 대한 신뢰라는 문제를 적당히 회피했기 때문이다. 무정부주의적 개인주의에 대해 말할 때, 규율 위반에 대해 눈을 "잠깐" 감고 혁명 사상에 대한 헌신과는 아무런 관련도 없는 감정에 뿌리를 둔 지식인적 방종에 "때로는" 양보하라고 조언할 때, 쁠레하노프 동지는 당 다수파의 자유의지 또한 고려해야 한다는 것, 무정부주의적 개인주의자들에 대한 양보의 **정도**를 결정하는 것은 **그야말로 실천가들**에게 맡겨야 한다는 것을 망각했음이 분명하다. 유치한 무정부주의적 헛소리에 대해 문필로 투쟁을 벌이는 것이 쉬운 일인 만큼이나 무정부주의적 개인주의자와 하나의 조직에서 실천 활동을 하는 것은 어려운 일이다. 문필가가 실천에서 무정부주의에 대해 어느 정도 양보가 가능한지 결정할 책임을 스스로 떠맡으려 할 때, 그는 오직 그 자신의 과도하고 진실로 현학적인 문필가적 자만심을 드러내게 될 뿐이다. 쁠레하노프 동지는 새로운 분열이 있을 경우 노동자들은 우리를 더 이상 이해하지 않을 것이라고 (바자로프의 표현처럼, 위엄을 내보이려고) 당당하게 말했다. 그와 동시에 그는 노동자들은 물론이고 세상의 모든 사람이 도저히 그 진정하고 구체적인 의미를 이해할 수 없는 글들을 새 『불꽃』에 끝없이 계속 게재하기 시작했다. 중앙위원회의 한 위원[57]이 「무엇을 하지 말아야 할 것인가」의 교정쇄를 읽고 쁠레하노프 동지에게, 몇몇 출판물(『당대회 의사록』과 『연맹 대회 의사록』)의 분량을 다소 줄이려는 그의 계획은 이 기고문 때문에 좌절될 것이라고, 이 기고문은 호기심에 불을 붙이고 뭔가 자극적이면서 동시에 오리무중인 어떤 것을 보통 사람들에게 판단하라고 하는 것이며* "무슨 일이 일어났는가?"라는 당혹스러운 질문을 필연적으

---

* 우리는 문이 닫힌 어떤 곳에서 뜨겁고 열성적으로 논쟁을 벌이고 있다. 갑자기 우리 가운데 한 사람이 뛰어 일어나더니 거리로 난 창문을 열고 쏘바께비치들, 무정부주의적 개인주의자들, 수정주의자들 등에 반대한다고 외치기 시작한다. 당연히, 거리에는 호기심 어린 구경꾼들이 모여들고 우리 적들은 이 재난을 고소하게 여긴다. 논쟁에 가담했던 다른 사람들 역시 창문으로 다가가서 아무도 알지 못하는 암시 같은 말 대신 사태를 처음부터 조리 있게 이야기하겠다고 한다. 그러자 **사소한 말다툼**에 관해 말할 필요가 없다면서 창문이 쾅 닫힌다(『불꽃』 제53호 8쪽 두 번째 단 아래에서 24째 줄). 쁠레하노프 동지, "사소한 말다툼"에 관한 이야기를 『불꽃』에서 시작할 필요는 없었

로 야기하게 된다고 경고한 것은 놀라운 일이 아니다. 쁠레하노프의 바로 이 기고문이 그 추상적 논증과 불명확한 암시들로 인해 사회민주주의의 적들 대열에서 큰 환호를 —『혁명 러시아』지면의 **캉캉춤**과『해방』의 일관된 수정주의자들의 기쁨에 겨운 찬양을 — 불러일으킨 것은 놀라운 일이 아니다. 쁠레하노프 동지가 나중에 그토록 우스꽝스럽고 그토록 서글프게 벗어나 보려 했던 이 모든 우스꽝스러운 오해와 서글픈 오해[59]의 근원은 구체적 문제들은 그 모든 구체성 속에서 분석해야 한다는 변증법의 기본 명제를 위반한, 바로 그 점에 있다. 특히, 스뜨루베 씨의 기쁨은 너무도 자연스러운 일이었다. 그에게는 쁠레하노프 동지가 추구했던 (하지만 이룰 수 없었던) "좋은" 목적 (kill with kindness[친절하게 죽이기]) 같은 것은 아무 것도 아니었다. 지금은 모든 사람이 아는 것처럼, 스뜨루베 씨는 새『불꽃』에서 시작된 우리 당의 기회주의 진영으로의 전향을 환영했고 환영하지 않을 수 없었다. 비록 아주 사소하고 일시적이라 할지라도 사회민주주의당 내에서 일어나는 기회주의로의 전향을 환영하는 모든 사람이 러시아의 부르주아민주주의자들 혼자만은 아니다. 똑똑한 적의 판단이 순전히 오해인 경우는 극히 드물다. 그래서 여러분을 칭찬하는 사람을 보면 여러분이 무슨 잘못을 했는지 알 수 있는 법이다. 쁠레하노프 동지가 무심한 독자들을 대상으로 삼아, 다수파는 당의 좌익이 우익으로 이동하는 것에 반대한 것이 아니라 호선에 관한 개인적 양보에 절대적으로 반대

소.[58] — 바로 이것이 진실일 것이다!

하여 일어섰다는 식으로 사태를 상정한 것은 헛된 짓이다. 문제의 핵심은 쁠레하노프 동지가 분열을 피하기 위해 개인적 양보를 했다는 것이 전혀 아니며(이는 정말 칭찬받을 일이다.), 그가 일관성 없는 수정주의자들 및 무정부주의적 개인주의자들과 **논쟁해야** 함을 충분히 인식했음에도 불구하고 다수파와 논쟁하는 쪽을 택했으며 그가 무정부주의에게 가능한 실천적 양보의 **정도** 때문에 다수파와 갈라섰다는 것이다. 문제의 핵심은 쁠레하노프 동지가 편집국의 인적 구성을 변경했다는 것[60]이 전혀 아니라, 그가 수정주의 및 무정부주의와 논쟁하는 자신의 입장을 저버리고 당 중앙기관지에서 더 이상 이를 옹호하지 않게 됐다는 것이다.

당시 다수파의 유일한 조직적 대표였던 중앙위원회에 관해 말하자면, 쁠레하노프 동지가 당시 중앙위원회와 갈라서게 된 이유는 오로지 무정부주의에 대해 가능한 실천적 양보의 정도 때문이었다. 내가 사퇴함으로써 kill with kindness[친절하게 죽이기] 정책이 날개를 달게 된 11월 1일 이후 거의 한 달이 지나갔다. 쁠레하노프 동지에게는 온갖 관계를 동원하여 이 정책의 적합성을 시험할 충분한 기회가 있었다. 쁠레하노프 동지는 이 시기에, 말하자면 마르또프파를 편집국에 들어오게 할 유일한 입장권이었던 ─ 그리고 여전히 그러한 ─「무엇을 하지 말아야 할 것인가」를 출판했다. 이 입장권에는 슬로건 ─ (반대자를 용서하면서 해야 하는 논쟁 상대인) 수정주의와 (친절하게 죽이면서 아첨해야 하는) 무정부주의적 개인주의 ─ 이 눈에 확 띄는 굵은 글씨체로 인쇄돼 있다. 신사 양반들, 제발 들어오시오, 내가 당

---

242   P. 작은 불쾌함이 큰 만족을 막아서는 안 된다.

신들을 친절하게 죽여줄 테니. ― 이것이 쁠레하노프 동지가 이 초청장을 통해 자신의 편집국 새 동료들에게 하고 있는 말이다. 당연히도, 중앙위원회가 할 수 있었던 마지막 일은 자신의 관점에서 볼 때 무정부주의적 개인주의에 대해 어느 정도의 실천적 양보가 허용될 수 있는지를 최종적으로 말하는 것(최후통첩 ― 있을 수 있는 평화에 대한 마지막 말)밖에 없었다. 당신들이 평화를 원한다면 ― 우리의 유순함, 평화 애호, 양보심 등등을 입증하는 만큼의 자리가 당신들 앞에 있으니 (당내 평화를 보장하되 논쟁하지는 않는다는 의미에서가 아니라 무정부주의적 개인주의에 의해 당이 붕괴되도록 하지 않는다는 의미에서 더 이상의 평화는 줄 수가 없다.) 이 자리를 차지하고 조금씩 다시 아끼모프에게서 쁠레하노프에게로 방향을 바꾸시오. 그렇지 않고 당신들이 자신들 관점을 고수하고 발전시켜 (비록 조직 문제 영역만이라 해도) 아끼모프에게로 최종적으로 전향하고 싶다면, 또 쁠레하노프를 반대하며 당신들이 옳다고 당을 설득하고 싶다면 ― 문필가 그룹을 만들고 대회에서 대표성을 획득하여 정직한 투쟁과 공개적 논쟁을 통해 스스로 다수파 자리를 쟁취하는 일을 시작하시오. 1903년 11월 25일자 중앙위원회의 최후통첩으로(『계엄 상태』와 「연맹 의사록 주석」을 보라.[*]) 마르또프

---

[*] 물론 나는 중앙위원회의 이 최후통첩[61]에 대해 마르또프가 『계엄 상태』에서 뒤엉키게 해 놓은 실뭉치를 사적 대화를 인용하여 풀지는 않을 것이다. 이는 내가 앞 장에서 규정한 "두 번째 투쟁 방법"인데, 그러한 방법으로 문제를 성공적으로 풀어낼 수 있는 사람은 신경과 의사밖에 없을 것이다. 마르또프 동지는 협상 내용을 출판하지 않기로 중앙위원회와 합의가 있었다고 주장하고 있지만 아무리 뒤져보아도 지금까지 그러한 합의는 찾을 수 없었다고 말하는 것으로 충분하다. 중앙위원회를 대표하여 협상했던 뜨라빈스끼 동지는 내게 서면으로 편집국에 보낸 나의 편지를 『불꽃』이 아닌 다른

파 앞에 명명백백하게 던져진 이 양자택일, 즉 개인적 격분인가 (그렇다면 **최악의 경우를 대비하여** "호선"할 수도 있다.) 아니면 원칙적 불일치인가(그렇다면 먼저 당을 설득하고 그런 다음 중앙기관의 인적 구성 변경에 관해 이야기해야 한다.)라는 문제는 쁠레하노프와 내가 구 편집국에 보낸 11월 6일자 편지와 완전히 합치하는 것이다. 중앙위원회는 이러한 민감한 딜레마의 해결을 마르또프파 스스로에게 맡겨둘 수 있었다. 더군다나 마르또프 동지가 자신의 profession de foi[62](『다시 한 번 소수파에서』)에 다음과 같은 구절들을 썼던 바로 그 시기에 말이다.

"소수파는 하나의 명예, 즉 우리 당의 역사에서 '패배한' 것으로 확인돼도 새로운 당을 형성하지 않을 수 있다는 최초의 예를 보여 주는 명예를 자처하는 바다. 소수파의 이런 입장은 당의 조직적 발전에 대한 자신들의 모든 견해로부터, 이전의 당 활동에 대한 자신들의 굳건한 관계에 대한 인식으로부터 나온다. 소수파는 '지면 혁명'이라는 신비적 힘을 믿지 않으며 **생활 속에**

데서 출판할 권리가 나에게 있다고 생각한다고 통보한 바 있다.

내가 특별히 좋아했던 마르또프 동지의 말이 딱 하나 있다. "가장 형편없는 유형의 보나빠르뜨주의"라는 말이 그것이다. 나는 마르또프 동지가 이러한 범주를 매우 적시에 제시했다고 생각한다. 이 개념이 무엇을 의미하는지 냉정하게 살펴보자. 나의 생각으로 그것은 **형식적으로는** 적법하지만 **본질적으로는** 인민의(또는 당의) 의지에 반하는 권력의 획득을 의미한다. 그렇지 않은가, 마르또프 동지? 만약 그렇다면, 누가 이러한 "가장 형편없는 유형의 보나빠르뜨주의"였던가는 공중이 판단하도록 두어도 괜찮을 듯하다. 제2차 대회의 의지에 의거하여 마르또프파가 허용되지 않도록 자신이 가진 **형식적 권리**를 사용할 수도 있었지만 그 권리를 사용하지 않았던 레닌과 모 동지[61]인가, — 아니면 본질적으로는 제2차 대회의 의지에 부응하는 것이 아님을 알고 제3차 대회에서 이 의지가 검증되는 것을 두려워하면서도 **형식적으로는** 올바르게("만장일치 호선") 편집국을 차지했던 사람들인가?

깊이 근거하여 노력한다면 당 내부에서 순전히 사상적인 선전을 통해 자신들의 조직 원칙이 승리를 획득할 수 있을 것이라고 생각한다." (강조는 내가 한 것.)

이 얼마나 멋지고 당당한 말인가! 또한 이것이 단지 말일 뿐이라는 것을 경험으로 확인했을 때는 얼마나 쓰라렸던가…… 마르또프 동지, 당신은 이제 나를 용서할 것이므로 나는 다수파를 대표하여 당신들이 누릴 자격이 없는 이 "명예"가 우리 것이라고 선언하는 바다. 이 명예는 정말 대단한 것이기에 쟁취하기 위해 싸울 가치가 있다. 왜냐하면 서클 근성의 전통이 우리에게 유산으로 남긴 것은 흔치 않은 가벼운 분열이고, 또 흔치 않은 규칙, 즉 "싸우든가 악수하든가"라는 규칙을 열심히 적용하는 것이기 때문이다.

———

(통일된 당을 갖는다는) 큰 기쁨은 (호선으로 인한 사소한 말다툼 형태로 나타난) 작은 불쾌함을 넘어서야 했고 넘어섰다. 나는 중앙기관지에서 사퇴했고, (쁠레하노프와 내가 중앙기관지 편집국에서 당 평의회로 파견했던) 어떤 동지[63]도 평의회에서 사퇴했다. 마르또프파는 평화에 관한 중앙위원회의 마지막 말에 대해 선전포고나 다름없는 편지(인용된 발행물들을 보라.)로 답했다. 그때, 오로지 그때서야 나는 공개성에 관해 편집국에 편지(『불꽃』 제53호)[6]를 쓰게 됐다. 만일 수정주의를 말하고 비일관성, 무정부주의적 개인주의, 여러 지도자들의 패배에 관해 논쟁한다면, 신사 양반들, 사태를 있었던 그대로, 모

든 것을 털어놓고 이야기합시다. — 이것이 공개성에 관한 그 편지의 내용이다. 편집국은 이에 대해 성난 욕설과 장엄한 훈계로 답했다. "서클 생활의 시시한 일들과 사소한 말다툼"을 일으킬 생각을 하지 말라고(『불꽃』 제53호). 나는 속으로 생각했다. 과연 "서클 생활의 시시한 일들과 사소한 말다툼"일까?…… es ist mir recht[맞소], 신사 양반들, 나도 동의하는 바요. 이것이야말로 당신들이 "호선"을 둘러싼 소동을 대놓고 서클적 시시한 말다툼으로 여기고 있음을 의미하는 것이오. 이는 사실이다. 하지만 만일 동일한 제53호의 사설에서 동일한 (아무래도 동일해 보이는) 편집국이 관료주의, 형식주의, 그리고 기타 다른 것들에 관한 소문을 일으킨다면 — 이 무슨 불협화음이란 말인가.[*] 중앙기관지 호선 투쟁은 사소한 말다툼이므로 그 문제를 제기할 생각은 하지 말란다. 그런데 우리는 중앙위원회 호선 문제를 제기할 것이고, 그것을 사소한 말다툼이 아니라 "형식주의"에 관한 원칙적 불일치라 부를 것이다. 나는 스스로에게 다음과 같이 말했다. 아니오, 친애하는 동지들, 내가 당신들에게 그렇게 하지 못하게 해 주시오. 당신들은 나의 요새를 포격하기를 원하면서 나에게는 나의 포를 당신들에게 넘겨달라고 요구하고 있소. 웃기는 사람들이군! 그래서 나는 『불꽃』과는 별개로 「편집국에 보내는 편지」(「나는 왜 『불꽃』 편집국을 나왔는가?」)[64]

---

[*] 나중에 밝혀진 것처럼 "불협화음"은 중앙기관지 편집국원들 사이에서 생긴 정말 단순한 것으로 설명되는 것이었다. — "사소한 말다툼"에 관해 글을 쓴 사람은 쁠레하노프였고(제57호의 「서글픈 오해」에서 그가 인정한 것을 보라.), 「우리의 대회」라는 사설을 쓴 사람은 마르또프였다(『계엄 상태』 84쪽). 그들은 손발이 전혀 맞지 않았던 것이다.

를 써서 출판하여 거기다 사태가 어떤 것이었는지를 간략하게 이야기하고 다시 또 다시 물었다. 당신들에게는 중앙기관지를 주고 우리에게는 중앙위원회를 주는 식으로 분배하는 것에 근거한 평화는 가능하겠냐고. 그렇게 되면 어느 한 쪽도 당내에서 "소외"를 느끼지 않을 것이고 우리는 기회주의로의 전향에 관해 우선은 문건에서, 그 다음에는 아마도 제3차 당대회에서 논쟁할 것이라고.

이러한 평화 언급에 대한 답으로 평의회까지 포함하여 적들의 모든 포가 포문을 열었다. 포탄이 사방으로 흩어져 떨어졌다. 전제군주, 슈바이쩌, 관료주의자, 형식주의자, 초超중앙기관, 일방적, 직선적, 옹고집, 편협한, 의심이 많은, 사교성 없는······ 아주 훌륭하군, 나의 친구들! 이제 끝났는가? 당신들에게 남은 탄약은 이제 더 이상 없는가? 형편없는 화력이라 말할 수밖에 없군······.

이제 내가 말할 차례다. 조직에 관한 새『불꽃』의 새로운 견해의 내용과 이 견해가 우리 당이 "다수파"와 "소수파"로 분열된 것에 대해 어떤 관계가 있는지를 살펴보자. 이 분열의 진정한 성격은 내가 제2차 대회의 토론과 표결을 분석하여 보여 준 바 있다.

Q. 새『불꽃』. 조직 문제에서의 기회주의

새『불꽃』의 원칙적 입장을 분석하기 위한 기초로 삼아야 하

는 것은 악쎌로트 동지의 기사 두 편임이 틀림없다.[*] 그가 좋아
했던 무수한 말의 구체적 의미를 우리는 이미 앞에서 상세하게
보여 준 바 있다. 이제는 이 구체적 의미에서 한 발 떨어져서,
"소수파"를 (이러저러한 작고 소소한 것과 연계하여) 다른 어
떤 슬로건들이 아니라 특정한 슬로건들에 도달하게 한 사고의
과정을 파고들어서, 그 슬로건들의 기원과는 상관없이, "호선"
과는 상관없이, 그 슬로건들의 원칙적 의미를 살펴보도록 노력
해야 한다. 우리는 지금 양보의 깃발 아래 살고 있다. 그러므로
악쎌로트 동지에게 양보하여 그의 "이론"을 "신중하게" 한 번
보자.

악쎌로트 동지의 기본 테제(『불꽃』 제57호)는 이런 것이다.
"우리 운동은 그 시작부터 두 가지 대립적 경향을 내포하고 있
었으며, 그 둘의 상호 적대는 운동의 자체 발전과 나란히 그 속
에서 발전하고 반영되지 않을 수 없었다." 다시 말하자면, "원
칙적으로 (러시아에서) 운동의 프롤레타리아적 목표는 서구의
사회민주주의와 동일한 것이다." 하지만 우리 나라에서는 노동
자 대중에 대한 영향력이 "그들과는 소원한 사회주의적 부류에
게서," 즉 급진적 지식인에게서 생겨난다고 한다. 이런 식으로,
악쎌로트 동지는 우리 당내의 프롤레타리아 경향과 급진적 지
식인 경향 사이에 있는 적대를 확인한다.

이 점에서 악쎌로트 동지는 절대적으로 옳다. 이러한 적대가
현존한다(러시아사회민주주의당 하나에만 그런 것이 아니라)

---

[*] 이 기사들은 『2년간의 『불꽃』』이라는 선집(성 뻬쩨르부르크, 1906년) 제2부 122쪽
이하에 포함돼 있다. (저자가 1907년판에 붙인 주.)

는 점은 의심의 대상이 아니다. 그것으로는 부족하다. 현재의 사회민주주의가 왜 (정통파라고도 알려진) 혁명파와 기회주의 파(수정주의, 입헌주의, 개량주의)로 나뉘어져 있는지를 상당 정도 설명해 주는 것이 바로 이러한 적대임은 모든 사람이 알고 있다. 러시아에서도 우리 운동의 지난 10년 동안 이러한 분열이 충분히 드러난 바 있다. 프롤레타리아 경향이 바로 정통 사회민주주의를 표현하고 민주주의적 지식인의 경향이 기회주의적 사회민주주의를 표현하고 있다는 것 또한 모든 사람이 알고 있다.

하지만 악쎌로트 동지는 모두가 알고 있는 이런 사실에 아주 가까이 다가가서는 겁을 먹고 뒷걸음질하기 시작한다. 그는 지적된 이 분열이 일반적으로는 러시아 사회민주주의의 역사에서, 그리고 특수하게는 우리 당대회에서 어떻게 발현됐는지 분석하려는 **시도**를 조금도 하지 않는데, 심지어 악쎌로트 동지가 쓰고 있는 것이 바로 당대회에 관한 글임에도 그렇다! 새『불꽃』편집국원 전원이 그러하듯, 악쎌로트 동지는 이 대회 의사록을 앞에 두고 **극도의 두려움**을 내보이고 있다. 앞에서 서술한 모든 일이 있은 후이기에 이것이 우리에게 놀라운 일이 아님이 분명하긴 하지만, 우리 운동의 다양한 경향을 연구한다는 "이론가"의 입장에서 보면 이는 독창적인 **진리 공포증**의 예다. 자신의 이러한 성향으로 인해 우리 운동의 경향에 대한 가장 정확한 최신의 자료를 옆으로 제쳐 두고 악쎌로트 동지는 즐거운 공상 속에서 구원을 찾는다. 그는 이렇게 말한다. "합법적 맑스주의 또는 반+맑스주의는 실상 우리의 자유주의자들에게 문필 지도자를 선사하지 않았나? 역사라는 장난꾸러기가 왜 혁명적 부르주아민주주의에게는 혁명적 정통 맑스주의파 지도자를 제공하지 않아야 한단 말인가?" 악쎌로트 동지가 즐기는 이 공상에 관해 우리가 말할 수 있는 것이란 만일 역사가 우연히 장난을 친다 해도 이 역사를 분석할 책임이 있는 사람의 생각이 장난치는 것은 정당화되지 않는다는 것이 전부다. 반¥맑스주의의 지도자가 자유주의자임이 증명됐을 때 그의 "경향"을 추적하기를 원했던 (그리고 그렇게 할 수 있었던) 사람들은 역사가 장난칠 가능성이 아니라 이 지도자의 수십, 수백 가지의 심리와 논리의 예를 인용했고, 부르주아 문헌에 맑스주의가 반영되도록 했던 그의 모든 문필적 면모의 특징을 인용했다.[65] "우리 운동 내의 범汎혁명적이고 프롤레타리아적인 경향"을 분석하는 일에 착수한 악쎌로트 동지는 그가 혐오하는 당 정통 진영 지도자들의 특정한 경향을 조금도, 정말 조금도 입증하거나 보여 주지 못했고, 이로써 그는 엄숙한 빈곤 증명서를 자기 자신에게 발급했을 뿐이었다. 역사의 장난이 있을 수 있다는 것을 언급하는 것 외에 할 일이 아무것도 없다면 악쎌로트 동지의 일은 완전히 형편없는 것임이 분명하다!

악쎌로트 동지의 또 다른 언급 — "자꼬뱅"[18]에 대한 언급 — 은 더욱 많은 가르침을 준다. 악쎌로트 동지는 오늘날 사회민주주의가 혁명파와 기회주의파로 분열된 것이 이미 오래전부터이며 — 러시아 하나에만 국한된 것이 아니라 — "프랑스대혁명 시대에 있었던 것과 역사적으로 유사한 것"이라는 근거가 있다는 것을 아마도 모르지 않을 것이다. 악쎌로트 동지는 오늘날 사회민주주의의 지롱드가 반대자들의 성격을 규정하기 위해 언제 어디서나 "자꼬뱅주의," "블랑끼주의" 등등의 용어에 의존하고 있다는 것을 아마도 모르지 않을 것이다. 우리는 악쎌로트 동지의 진리 공포증을 모방하지 않을 것이며, 대회 의사록을 조회하여, 우리가 이야기하고 있는 경향과 우리가 분석하고 있는 것과 유사한 어떤 것을 검토하고 분석하기 위한 자료들이 우리 대회 의사록에 있는지 없는지 살펴볼 것이다.

첫 번째 예. 강령에 관한 당대회 논쟁. 아끼모프 동지는 (마르띠노프 동지에게 "전적으로 동의하며") 이렇게 천명한다. "정치권력의 획득(프롤레타리아독재)에 관한 단락은 — 다른 모든 사회민주주의당 강령과 비교해 볼 때 — 지도 조직의 역할이 그 조직이 지도하는 계급을 뒤로 물러나게 하고 전자를 후자로부터 분리시켜야 한다는 의미로 해석될 수 있는 표현 방식으로 돼 있고, 실제로 쁠레하노프는 그렇게 해석했다. 따라서 우리의 정치적 임무의 정식화는 '인민의 의지'[14]의 경우와 완전히 동일하다."(『의사록』124쪽) 쁠레하노프 동지와 다른 『불꽃』 파들은 아끼모프 동지에게 반론을 제기하며 그의 기회주의를 질타한다. 악쎌로트 동지, 이 논쟁이 우리에게 사회민주주의의 **오늘날의 자꼬뱅**과 **오늘날의 지롱드**를 보여 준다는 것을 진정 모르겠는가? 악쎌로트 동지가 자꼬뱅에 관해 이야기하기 시작한 것은 자신이 (자신이 범한 오류로 인해) 사회민주주의의 **지롱드** 무리에 있음을 확인했기 때문은 아닌가?

두 번째 예. 뽀싸돕스끼 동지가 "민주주의 원칙의 절대적 가치"라는 "기본적 문제"를 둘러싸고 "심각한 견해차"가 있다는 문제를 제기한다(169쪽). 쁠레하노프와 그는 그 원칙의 절대적 가치를 부정한다. "중앙파" 아니면 "늪"파(예고로프), 그리고 반『불꽃』파(골드블라트)의 지도자들이 이에 반대하며 단호히 일어서서 쁠레하노프가 "부르주아 전술"을 모방하고 있다고 비난한다(170쪽). 이것은 바로 악쎌로트 동지가 가진 정통 경향과 부르주아 경향 사이의 관계에 대한 생각이며, 차이가 있다면 악쎌로트 동지의 경우에는 이 생각이 허공에 떠 있는 반면 골드블라트의 경우에는 특정한 토론에 관계돼 있다는 것뿐이다. 우리는 다시 한 번 묻는다. 악쎌로트 동지는 이 논쟁이 우리 당대회에서 오늘날 사회민주주의의 자꼬뱅과 지롱드의 적대를 우리 눈앞에 생생히 보여 주고 있다는 걸 모르겠는가? 악쎌로트 동지가 자꼬뱅을 반대하여 소리치고 있는 것은 자신이 지롱드 무리에 있음을 확인했기 때문은 아닌가?

세 번째 예. 규약 제1조에 관한 논쟁. "우리 운동 내에서 프롤레타리아 경향"을 고수하는 이는 누구인가? 노동자는 조직을 두려워하지 않으며 프롤레타리아는 무정부주의에 공감하지 않으며 "조직되라"라는 격려를 소중하게 여긴다는 것을 강조하는 자는 누구인가? 기회주의에 철저히 물든 부르주아 지식인에 대해 경고하는 자는 누구인가? 자꼬뱅 사회민주주의다. 당내에 급진적 지식인을 끌어들이는 자는 누구인가? 교수와 고등학생, 비조합원, 급진적 청년을 배려하는 자는 누구인가? 지롱드파 리베르와 지롱드파 악쎌로트다.

악쎌로트 동지는 우리 당대회에서 노동해방그룹[32] 다수파를 겨냥해 공개적으로 유포됐던 "기회주의라는 허위 비난"으로부터 얼마나 서투르게 자신을 변호했던가! 그는 자꼬뱅주의, 블랑끼주의 등등에 관한 베른슈타인의 낡아빠진 멜로디를 다시 반복함으로써 그 비난이 옳음을 확인시켜 주는 방식으로 자신을 변호하고 있다. 그는 급진적 지식인에 대한 배려가 넘쳐나던 자신의 당대회 발언을 무마하기 위해 급진적 지식인은 위험하다고 소리친다.

이 "무시무시한 말들" — 자꼬뱅주의 등등 — 로 표현하고 있는 것은 기회주의 말고는 아무것도 없다. 프롤레타리아트 — 자신의 계급적 이해관계를 의식하고 있는 프롤레타리아트 — 의 조직과 불가분하게 연결돼 있는 자꼬뱅이 혁명적 사회민주주의자다. 교수들과 고등학생들을 그리워하고 프롤레타리아독재를 두려워하며 민주주의적 요구라는 절대적 가치를 동경하는 지롱드가 기회주의자다. 정치투쟁을 음모로 축소시키는 사고가 문헌에서 수천 번 논파되고 생활을 통해서도 이미 오래전에 논파되고 구축된 상황에서, 대중적 정치 선동의 근본적 중요성이 밝혀지고 지겨울 정도로 자세히 설명된 상황에서, 지금도 여전히 음모 조직에서 위험성을 느낄 수 있는 사람들 역시 기회주의자들밖에는 없다. 음모에 대한, 블랑끼주의에 대한 이러한 두려움의 현실적 기반은 (베른슈타인 일당이 보여 주려 오랫동안 헛되이 애쓴 것과 같은) 실천 운동에서 드러난 여러 특징이 아니라 부르주아 지식인의 지롱드 식 소심함이며, 지식인의 이러한 심리는 오늘날의 사회민주주의자들 사이에서 너무나 자주 불거져 나오고 있다. 40년대와 60년대 프랑스의 음모적 혁명가들의 전술을 경계한다는 식으로 (한때 수백 번 거론됐던) 새로운 말을 하려는 새 『불꽃』의 이러한 헛된 시도만큼 우스운 것도 없다

(제62호 사설).[66] 오늘날의 사회민주주의 지롱드는『불꽃』의 근간 호를 통해 우리에게 40년대 프랑스 음모가 그룹을 인용해 보일 것이 분명한데, 이 그룹에게는 노동자 대중 속에서의 정치 선동이 지니는 의미와 당이 계급에 영향을 미칠 수 있는 기반으로서 노동자 신문이 지니는 의미를 오래전에 배워 익힌 기초였다.

그러나 새로운 것을 말하겠다는 구실을 대며 오래된 일을 반복하고 기초를 되씹으려는 새『불꽃』의 노력은 전혀 우연한 일이 아니며, 우리 당의 기회주의 진영으로 빠져들어 간 악쎌로트와 마르또프가 처한 상황의 필연적 결과다. 상황이 사태를 강제하고 있다. 대회의 투쟁이라는 관점에서, 그리고 대회에서 형성된 색조와 당 분열이라는 관점에서 옹호될 수 없는 자신들의 입장을 정당화할 만한 그 무엇이라도 먼 과거에서 찾아내기 위해, 그들은 기회주의적 문구를 반복해야 하고 뒷걸음질해야 한다. 악쎌로트 동지는 자꼬뱅주의와 블랑끼주의에 대한 아끼모프 식 심오한 사상에다 "경제주의자들"은 물론 "정치주의자들"까지도 "일면적"이었고 지나치게 "심취했다"는 등등의 아끼모프 식 한탄을 덧붙인다. 모든 일면성과 심취를 넘어섰다고 우쭐거리며 주장하는 새『불꽃』에서 이 주제에 대한 허풍에 찬 논증을 읽으면 당혹스럽게 자문하게 된다. 이들은 누구의 초상화를 그리고 있는 것인가? 이들은 이런 이야기들을 어디서 듣는 것인가?[67] 러시아 사회민주주의자들이 경제주의자와 정치주의자들로 분열된 것은 이미 옛날 옛적이라는 것을 모르는 사람이 도대체 누구인가? 당대회가 있기 전 최근 1~2년간의『불꽃』

을 다시 한 번 보라. 그러면 "경제주의자들"에 대한 투쟁은 이미 1902년에 가라앉고 완전히 중단됐다는 것을 알게 될 것이다. 예를 들어 1903년 7월(제43호)에는 "경제주의의 시대"가 "완전히 지나갔다"라고 말하고 있으며 경제주의를 "완전히 잊힌 것으로" 간주하고 있으며 정치주의자들의 심취는 명백히 간헐적으로만 나타나는 유전으로 보고 있음을 알게 될 것이다. 그런데 도대체 무슨 근거로 『불꽃』신 편집국은 이 완전히 잊힌 분열로 되돌아가는 것인가? 우리가 대회에서 아끼모프들과 투쟁한 것이 그들이 2년 전에 『노동자의 대의』에서 저질렀던 오류 때문이란 말인가? 만일 우리가 그랬다면 우리는 완전히 백치들일 것이다. 하지만 우리가 그렇게 행동하지 않았다는 점, 우리가 대회에서 아끼모프들과 싸운 것은 『노동자의 대의』의 지난날의 오류, 완전히 잊힌 그 오류 때문이 아니라 대회에서 그들이 논증하고 표결하면서 저지른 **새로운 오류** 때문이라는 점은 모든 이가 알고 있다. 우리는 어떤 오류가 정말 다 지나간 일이고 어떤 오류가 아직도 살아서 논쟁하지 않을 수 없게 만드는지를 『노동자의 대의』에서 그들이 보였던 입장이 아니라 대회에서 그들이 보인 입장을 보고 판단했다. 대회가 있었던 무렵에는 경제주의자와 정치주의자라는 지난날의 분열은 이미 존재하지 않았지만, 다양한 기회주의 경향들, 즉 일련의 문제에 대한 토론과 표결에서 나타났고 결국은 당을 "다수파"와 "소수파"로 새롭게 분열되게 만든 경향들은 여전히 계속 존재했다. 요점은 쉽게 이해할 수 있는 이유 때문에 『불꽃』신 편집국이 우리 당에 있는 **오늘날의 기회주의**와 이 새로운 분열 사이의 관계를 얼버무리려 애쓰고 있다는 것이며, 따라서 신 편집국은 새로운 분열로부터 지난날의 분열로 뒷걸음질하지 않을 수 없다는 것이다. 새로운 분열의 정치적 근원을 설명할 능력이 없기 때문에 (또는 양보라는 이름으로* 이 근원을 비밀에 부치고 싶어서) 오래전에 진부해진 지난날의 분열을 곱씹고 있는 것이다. 조직 원칙(규약 제1조)에 관한 논쟁으로 시작돼 무정부주의자들에 걸맞은 "실천"으로 끝난 조직 문제에 관한 불일치가 새로운 분열의 토대라는 것은 모든 사람이 아는 일이다. 경제주의자들과 정치주의자들로 나뉜 지난날의 분열은 주로 전술 문제에 관한 불일치를 토대로 했던 것이다.

더 복잡하고 정말 긴박한 당의 현재 문제들을 놓아두고 오래전에 해결됐는데 인위적으로 발굴돼 나온 문제들로 이렇게 퇴각한 것을 새 『불꽃』은 가소롭게도 심오한 생각에 의한 것이라고 정당화하려 애쓰고 있으니, 이는 꽁무니주의[19]라고밖에는 달리 부를 수가 없다. 악쎌로트 동지의 성공적 예에 따라 새 『불꽃』의 모든 글쓰기에서는, 내용이 형식보다 중요하다, 강령과 전술이 조직보다 중요하다, "한 조직의 생존 능력은 그 조직이

---

* 『불꽃』 제53호에 실린 "경제주의"에 관한 쁠레하노프의 기고문을 보라. 이 기고문의 부제에는 약간의 오류가 들어 있는 듯하다. "제2차 당대회에 관한 생각"이 아니라 "연맹 대회에 대한 생각," 혹은 괜찮다면 "호선에 대한 생각"이라고 읽어야 함이 분명하다. 일정한 조건에서 개인적 요구에 대해 양보하는 것이 적절하다면, 그런 만큼, 당을 뒤흔드는 문제들을 혼동하는 것, 그리고 정통에서 기회주의로 전향하기 시작한 마르또프와 악쎌로트의 새로운 오류를 이제 어쩌면 수많은 강령과 전술 문제에서 기회주의로부터 정통으로 전향하려 할지도 모르는 마르띠노프들과 아끼모프들의 지난날의 오류(지금 이를 회상하는 사람은 새 『불꽃』 말고는 아무도 없다.)라는 문제로 덮는 것은 (속물적 관점이 아니라 당의 관점에서는) 허용될 수 없다.

운동에 불어넣은 내용의 양과 중요성에 정비례한다," 중앙 집
중주의는 "자족적인 어떤 것"이 아니며 "모든 것을 구원하는 부
적도 아니다"라는 등등의 심오한 "생각"이 두드러지게 나타나
고 있다. 심오하고 위대한 진실이다! 정말이지 강령은 전술보
다 중요하고 전술은 조직보다 중요하다. 철자가 어원론보다 중
요하고 어원론은 구문론보다 중요하다. 하지만 구문론 시험에
서 낙제하고 한 해 유급하고 있는 것을 지금 거드름 피우며 자
랑하는 사람들에 대해 무슨 말을 할 것인가? 악쎌로트 동지는
조직의 원칙들(제1조)에 대해서는 기회주의자처럼 논했고, 조
직 내부(연맹 대회)에서는 무정부주의자처럼 행동했다. ─ 그
리고 지금 그는 사회민주주의를 심화하고 있다. 신 포도로군!
사실, 조직이란 무엇인가? 어쨌든 그것은 형식일 뿐이다. 중앙
집중주의란 무엇인가? 어쨌든 그것은 부적은 아니다. 구문론이
란 무엇인가? 어쨌든 그것은 어원론보다 덜 중요하다. 그것은
어원론의 요소들을 결합시키는 형식일 뿐이다……『불꽃』신
편집국은 의기양양하게 질문을 던진다. "규약이 아무리 완전해
보인다 할지라도 대회에서 규약 채택보다 강령 작성이 당 활동
의 중앙 집중화를 더 촉진했다고 우리가 말한다면, 알렉싼드로
프 동지는 우리에게 동의하지 않을 것인가?"(제56호 부록) 이
고전적 금언은 사회민주주의는 인류가 그런 것처럼 항상 실행
가능한 임무를 스스로에게 부여한다는 끄리쳅스끼 동지의 저
유명한 문구만큼이나 광범위하고 항구적인 역사적 명성을 얻을
것이 기대된다. 사실 새『불꽃』의 이 심오한 생각은 완전히 그
와 동일한 부류인 것이다. 끄리쳅스끼 동지의 문구를 사람들은

왜 비웃었던가? 특정한 일부 사회민주주의자가 전술 문제에서 보인 오류 — 정치적 임무를 올바르게 상정하지 못한 무능함 — 를 자신이 철학으로 가장하려던 상투적인 말로 정당화했기 때문이다. 새 『불꽃』도 그와 꼭 마찬가지로 특정한 일부 사회민주주의자가 조직 문제에서 보인 오류 — 무정부주의적 문구까지 동원하는 특정한 동지들의 지식인적 불안정성 — 를 강령이 규약보다 중요하다느니, 강령 문제가 조직 문제보다 더 중요하다느니 하는 상투적인 말로 정당화하고 있다! 이것이 과연 꽁무니주의가 아니란 말인가? 이것이 과연 한 해 유급한 것을 자랑하는 것이 아니란 말인가?

강령 채택이 규약 채택보다 활동의 중앙 집중화를 더 촉진한다. 철학을 가장한 이 상투적인 말에는 사회민주주의보다 부르주아의 퇴폐적 경향에 훨씬 더 가까이 있는 급진적 지식인의 향기가 진동한다! 중앙 집중화라는 말이 이 유명한 문구에서는 완전히 **상징적** 의미로 이해되고 있다. 아무리 생각할 능력이 없거나 생각하고 싶지 않다 하더라도, 이 문구의 저자들은 최소한 분트파와 함께한 강령 채택이 우리의 전반적 활동을 중앙 집중화하기는커녕 우리의 분열을 막지도 못했다는 단순한 사실 정도는 떠올릴 수 있을 것이다. 강령과 전술 문제에서의 통일은 당 통합을 위한, 당 활동의 중앙 집중화를 위한 필수적 조건이지만 아직 충분조건은 아니다. (오 신이시여! 모든 개념이 혼동돼 있는 현재 이런 기초를 씹어먹이듯이 설명해 줘야 하다니!) 게다가 당 활동의 중앙 집중화를 위해서는 조직 통일 또한 필수적인데, 가족적 서클의 틀을 넘어 어느 정도 성장한 당에서는 형식을 갖춘 규약이 없다면, 소수파가 다수파에 복종하지 않는다면, 부분이 전체에 복종하지 않는다면, 그런 통일은 생각할 수가 없다. 우리가 강령과 전술의 기본 문제에서 통일돼 있지 않았던 동안, 우리는 분열과 서클 근성의 시대에 살고 있다고 솔직히 말했고 통합에 앞서 경계를 그어야 한다고 솔직히 천명했다. 우리는 공동 조직의 형태에 관해서는 이야기를 시작하지도 않았고 기회주의에 맞선 강령과 전술의 투쟁이라는 새로운 (당시로서는 정말 새로운 것이었다.) 문제만을 말하고 있었다. 우리 모두가 인정하듯이, 지금은 이 투쟁을 통해 당 강령에서, 그리고 전술에 관한 당 결의안들에서 정식화된 형태로 이미 충분한 통일이 확보됐다. 그러므로 이제 우리는 다음 발걸음을 내디뎌야 했고 우리 모두의 합의에 따라 그 걸음을 내디뎠다. 모든 서클을 하나로 융합하는 단일한 조직의 형식을 만들어 낸 것이다. 지금 이 형식은 절반이 파괴됐고 우리는 뒤로 끌려왔다. 무정부주의적 행동을 향해, 무정부주의적 문구를 향해, 당 편집국 대신 서클의 부활을 향해 끌려온 것이다. 그리고 이제 어법에 맞는 말을 쓰는 데는 구문론을 아는 것보다 철자가 도움이 된다면서 이렇게 한 걸음 뒤로 물러선 것이 정당화되고 있다!

3년쯤 전에 전술 문제에서 꽃피웠던 꽁무니주의 철학이 지금은 조직 문제에 적용돼 부활하고 있다. 신 편집국의 다음 논법을 한 번 살펴보자. 알렉싼드로프 동지는 말한다. "당내에서 전투적 사회민주주의라는 지향성은 사상투쟁 하나에 의해서가 아니라 조직의 일정한 형식들을 통해서도 실현돼야 한다." 편집국은 우리를 가르친다. "사상투쟁과 조직 형식의 이러한 대비는 상당히 훌륭하다. 사상투쟁은 과정이고 조직 형식은 단지……"— 제56호 부록 4쪽 첫째 단 아랫쪽에 정말 이렇게 게재돼 있다. —"흘러가고 발전하는 내용, 즉 발전하는 당의 실천 활동을 감싸게 돼 있는 형식일 뿐이다." 이는 완전히 총알은 총알이고 폭탄은 폭탄이라는 식의 장난이다. 사상투쟁은 과정이고 조직 형식은 내용을 감싸는 형식일 뿐이라니! 문제는 우리의 사상투쟁이 더 높은 형식, 당의 모든 조직에 강제력이 있는 형식으로 구현될 것인가 아니면 낡은 분열과 낡은 서클 근성의 형식으로 구현될 것인가 하는 점이다. 그런데 이들은 더 높은 형식에서 더 원시적인 형식으로 우리를 뒤로 끌고 와서는 사상투쟁은 과정이고 형식은 단지 형식일 뿐이라는 것으로 이를 정당화하고 있다. 끄리쳅스끼 동지가 그 옛날 우리를 계획으로서의 전술로부터 과정으로서의 전술로 끌고 갔던 것과 정확히 똑같은 짓이다.[68]

"프롤레타리아트의 자기 교양"에 대해 말하는 새 『불꽃』의 이 허세 부리는 문구들을 한 번 보라(제58호 사설). 이 문구들은 형식 때문에 내용을 간과하게 될 것으로 생각되는 사람들을 겨냥한 것이다. 이것이 아끼모프 정신 제2호 아니겠는가? 아끼모프 정신 제1호는 사회민주주의 지식인 일부가 전술적 임무를 상정할 때 보인 후진성을 "프롤레타리아 투쟁"의 좀 더 "심오한" 내용을 언급하는 것으로, 또 프롤레타리아트의 자기 교양을 언급하는 것으로 정당화시킨 바 있었다. 아끼모프 정신 제2호는 조직 이론과 조직의 실천 문제에서 사회민주주의 지식인의 일부가 보인 후진성을 조직은 단지 형식일 뿐이며 핵심은 프롤레타리아트의 자기 교양이라는 똑같이 심오한 언급을 통해 정당화하고 있다. 동생을 걱정하는 신사 양반들, 프롤레타리아트는 조직과 규율을 두려워하지 않소! 프롤레타리아트는 조직에 들어가길 원치 않는 대단한 교수들과 고등학생들을 그저 조직의 통제 아래 활동한다는 이유로 당원으로 인정하는 일 따위는 하지 않을 것이다. 프롤레타리아트는 자신의 생활 일체를 통해 수많은 지식인보다 훨씬 급진적으로 조직에 맞게 교육된다. 우리 강령과 우리 전술을 조금이라도 인식하게 되면 프롤레타리아트는 형식이 내용보다 덜 중요하다는 언급을 통해 조직의 후진성을 정당화하지는 않을 것이다. 조직과 규율의 정신에서, 무정부주의적 문구에 대한 적개심과 경멸의 정신에서, 자기 교양이 부족한 것은 프롤레타리아트가 아니라 우리 당내의 일부 지식인이다. 제1호 아끼모프들이 프롤레타리아트는 정치투쟁에 나설 준비가 돼 있지 않다고 비난했던 것과 똑같이 제2호 아끼모프들은 프롤레타리아트는 조직될 준비가 돼 있지 않다고 비난한다. 의식화된 사회민주주의자가 돼 자신이 당원이라는 것을 직감하는 프롤레타리아는 전술 문제에서의 꽁무니주의를 배격한 것과 똑같이 조직 문제에서의 꽁무니주의를 경멸하며 배격할 것이다.

마지막으로, 새 『불꽃』의 "실천가"의 심오한 생각을 한번 보자.[1] 그는 이렇게 말한다. "진정하게 이해된 '전투적인' 중앙 집중적 조직의 사상, 혁명가들의 **활동**(심화용 강조)을 통합하고 중앙 집중화하는 그러한 조직의 사상은 그런 활동이 있을 경우에만 자연스럽게 실현된다."(새롭고도 지혜롭다.) "형식으로서의 조직 그 자체는"(들어 보라!) "그 내용을 구성하는 혁명 활동이 성장하는 것과 **동시에** 성장할 수 있을 뿐이다."(이 인용문 전체에서 강조는 원저자의 것이다.)(제57호) 이 말을 들으면 장례 행렬 앞에서 "날라도 날라도 끝이 없네요."라고 외쳤던 민담의 주인공이 계속 생각나지 않는가?[69] 우리 당내에서 우리의 활동 형식(즉, 조직)이야말로 아주 오래도록 내용보다 뒤떨어져 있다는 것을, 절망적일 정도로 뒤떨어져 있다는 것을 알지 못하는 실천가, 뒤떨어져 있는 사람들을 향해 '보조를 맞추어 걸으시오! 앞지르지 마시오!'라고 소리치는 것은 오직 당내의 바보 이반들에게나 어울리는 짓임을 알지 못하는 실천가(인용부호 없음)는 단 한 명도 없다고 나는 확신한다. 예를 들어, 하다못해 우리 당을 분트와 한 번 비교해 보라. 우리 당의 활동 내용[*]이 분트의 경우에 비해 헤아릴 수 없을 정도로 더 풍부하고 다면적이며 더 넓고 깊다는 것에 일말의 의문도 들지 않을 것이다. 이론의 규모는 더 방대하고, 강령은 더 발전돼 있으며, (단지 조직된 숙련공들에 대해서만이 아니라) 노동자 대중에 대해서 영향력은 더 폭넓고 깊으며, 선전과 선동은 더 다면적이다. 전위와 일반 대중의 정치 활동의 맥박은 더 생기 넘치고, 시위와 총파업에서 인민운동은 더 위대하며, 비非프롤레타리아층들

---

* 대회에서 우리의 당적 활동의 내용이 혁명적 사회민주주의의 정신으로 (강령과 기타 등등에) 윤곽을 드러낼 수 있었던 것은 오로지 저 반『불꽃』파와 "늪"파에 맞서 **투쟁**한 대가였다는 것, 저들의 대표들이 우리의 "소수파"를 수적으로 장악하고 있다는 것은 더 이상 말하지 않겠다. "내용"이라는 문제를 보자면, 예를 들어 옛『불꽃』여섯 호(제46호부터 제51호)와 새『불꽃』열두 호(제52호부터 제63호)를 비교해 보는 것 역시 흥미로운 일이겠다. 하지만 이것은 언제 다른 기회로 넘기기로 하자.

사이에서 벌이는 활동은 더 정력적이다. 그런데 "형식"은? 분트의 형식에 비해 우리의 활동 "형식"은 용인될 수 없는 수준으로 뒤떨어져 있으니, 자기 당의 일을 "코나 후비면서" 바라보지 않는 사람이라면 누구라도 눈이 아프고 수치스러워 얼굴이 붉어질 정도로 뒤떨어져 있었던 것이다. 당의 내용과 비교해 볼 때 활동 조직의 후진성은 우리의 취약점이며, 대회가 있기 오래전부터, 중앙위원회가 형성되기 오래전부터 취약점이었다. 형식이 발전되지 못하고 견고하지 않으면 향후에 내용을 발전시킬수 있는 중요한 발걸음을 내디딜 수 없게 되고, 수치스러운 정체 상태를 불러오며, 세력 약화와 말과 행동 사이의 불일치가 생기게 된다. 이러한 불일치로 인해 모두들 고통을 겪은 바 있다. 그런데 여기 악쎌로트들과 새『불꽃』의 "실천가"가 나타나 깊은 뜻을 담아 훈계한다. 형식은 내용과 동시에 자연스럽게 성장할 수 있을 뿐이라고!

당신들이 헛소리를 심화하고 기회주의적 문구에 철학적 근거를 부여하려 생각한다면, 조직 문제(제1조)에 관한 작은 오류가 이를 곳은 바로 거기다. 느린 발걸음으로, 소심하게 갈지자로![70] — 우리는 전술 문제에 적용되던 이러한 곡조를 들어 왔다. 이제 우리는 이것이 조직 문제에 적용되는 것을 듣고 있다. 조직 문제에서의 꽁무니주의는 무정부주의적 개인이 (처음에는 우연한 것일 수도 있는) 자신의 무정부주의적 탈선을 특수한 원칙적 견해차로, 관점의 체계로 격상시키기 시작할 때 그러한 개인의 심리에서 생겨나는 당연하고 필연적인 결과물이다. 우리는 연맹 대회에서는 이러한 무정부주의의 시작을 목격했고, 새『불꽃』에서는 그것을 관점의 체계로 격상시키려는 시도를 목격하고 있다. 이러한 시도는 사회민주주의에 합류하고 있는 부르주아 지식인의 관점과 자신의 계급적 이해관계를 인식하게 된 프롤레타리아의 관점의 차이에 관해 당대회에서 이미 표명된 의견을 두드러지게 확인시켜 준다. 예를 들어, 새 『불꽃』의 그 "실천가"는 우리가 이미 알게 된 심오한 생각을 품고서, 당을 중앙위원회라는 형태의 감독이 거느리는 "거대한 공장"으로 생각한다고 나에 대해 폭로한다(제57호 부록). "실천가"는 자신이 내세운 무시무시한 말이 프롤레타리아 조직의 실천도, 이론도 전혀 알지 못하는 부르주아 지식인의 심리를 곧바로 드러내고 있다는 것을 짐작도 하지 못한다. 어떤 사람에게는 그저 괴상한 어떤 것으로만 보이는 공장이야말로, 프롤레타리아트를 단결시키고 그들에게 조직화를 가르치고 그들을 착취당하며 일하는 나머지 모든 계층의 선두에 서게 만든 자본주의적 협업의 최고 형태다. 자본주의에 의해 훈련된 프롤레타리아트의 이데올로기인 맑스주의야말로 공장의 착취적 측면(아사의 공포에 기반을 둔 규율)과 그 조직적 측면(기술적으로 고도로 발달된 생산 조건에 의해 결합된 공동 노동에 기반을 둔 규율) 사이의 차이를 불안정한 지식인들에게 가르쳤고 또 가르치고 있다. 부르주아 지식인이 그토록 힘겹게 받아들이는 규율과 조직을 프롤레타리아트는 바로 공장이라는 이 "학교" 덕분에 정말 쉽게 체화한다. 이 학교를 극도로 두려워하고 그것이 조직화에서 갖는 중요성을 전혀 이해하지 못하는 것이 소부르주아적 생존 조건을 반영하는 사고방식, 또 독일 사회민주주의자들은 Edelanarchimus, 즉

"고귀한" 신사의 무정부주의라고 부르지만 나라면 귀족적 무정부주의라고 부를 그러한 종류의 무정부주의를 생기게 만드는 사고방식의 특징이다. 이 귀족적 무정부주의는 특히 러시아 허무주의자들의 고유한 성격이다. 그들은 당 조직을 괴물 같은 공장으로 여기고, 전체에 대한 부분의 복종, 다수파에 대한 소수파의 복종을 "노예화"로 여기며(악쎌로트의 기사를 보라.), 중앙기관 지도 아래 이루어지는 분업을 보면 사람들을 "톱니바퀴와 수레바퀴"로 변질시키는 것이라며 희비극적 비명을 지른다. (편집자들을 기고자로 만드는 것은 특히 살인적 형태의 이러한 변질로 간주된다.) 당의 조직 규약을 상기시키면 깔보듯 얼굴을 찡그리며, 규약이라는 것은 전혀 없어도 된다고 ("형식주의자들"을 향해) 경멸 어리게 지적한다.

믿기 어렵지만, 마르또프 동지는 『불꽃』 제58호에서 설득력을 높이려고 내가 『한 동지에게 보내는 편지』에 썼던 말을 그대로 인용하면서 나에게 바로 그렇게 훈계조로 지적한 바 있다. 무질서의 시대, 서클의 시대의 사례들을 가지고 당의 시대에 서클 근성과 무정부주의가 유지되고 찬양되는 것을 **정당화한다면** 이것이 과연 "귀족적 무정부주의"가 아니란 말인가, 과연 꽁무니주의가 아니란 말인가?

예전에 우리는 왜 규약이 필요하지 않았던가? 어떠한 조직적 관계로도 묶여있지 않던 개별 서클들로 당이 구성됐기 때문이다. 한 서클에서 다른 서클로 옮기는 것은 오로지 개인의 "자유의지"에 따른 일이었고, 그 개인은 전체의 의지를 정형화하여 표현할 일이 전혀 없었다. 서클 내부에서 논란이 되는 문제들은 규약에 따라서가 아니라 "투쟁을 통해, 나가겠다는 협박을 통해" 해결되곤 했다. 이는 내가 『한 동지에게 보내는 편지』에서 표현했듯이, 일반적으로 여러 서클들의 경험에, 그리고 특수하게는 우리 자신의 6인 편집국의 경험에 근거하여 하는 말이다. 서클의 시대에는 그러한 현상이 당연하고 불가피했지만, 어느 누구도 그것을 칭송하고 이상적인 것으로 여긴다는 생각은 해 본 적이 없었다. 이러한 무질서에 대해 모두 탄식했고, 그 때문에 고통 받았으며, 분산돼 있는 서클들이 정형화된 하나의 조직으로 융합되기를 열망했다. 그런데 이 융합이 이루어진 지금, 우리를 뒤로 잡아끌고, 더 높은 조직적 견해를 빙자하여 우리에게 무정부주의적 문구를 선사하고 있다! 가족적이고 서클적인 방만한 생활의 느슨한 가운과 슬리퍼에 익숙한 사람들에게 형식적 규약은 협소한 것으로, 제한적인 것으로, 성가신 것으로, 저급한 것으로, 관료주의적인 것으로, 농노적인 것으로, 자유로운 사상투쟁의 "과정"을 제한하는 것으로 여겨진다. 협소한 서클 관계를 폭넓은 당적 관계로 대체하기 위해서야말로 형식적 규약이 필요하다는 것을 귀족적 무정부주의는 이해하지 못한다. 서클 내부의 관계나 서클 간의 관계는 정형화할 필요가 없었고 그렇게 하는 것이 불가능했다. 이 관계는 친분이나 본능적이고 근거 없는 "신뢰"를 바탕으로 지속되고 있던 것이기 때문이다. 당적 관계는 그러한 것들을 바탕으로 지속될 수도 없고 또 그렇게 돼서도 안 되기에, 그야말로 형식적이고 "관료주의적으로"(방종한 지식인의 관점에서 볼 때) 성문화된 규약에 기초해야 하는 것이다. 규약을 엄격하게 준수하는 것만이 서클적 전횡, 서클적 변덕, 자유로운 사상투쟁 "과정"이라는 이름의 서클적 난투 방식으로부터 우리가 벗어날 수 있도록 보장해 준다.

새 『불꽃』 편집국은 "신뢰라는 것은 결코 가슴과 머리에 두들겨 박을 수 없는 민감한 것"이라는 훈계조의 지적으로 알렉싼드로프를 반대하며 으스댄다(제56호 부록). 편집국은 신뢰, 벌거벗은 신뢰의 범주를 이렇게 제기하는 것이야말로 자신들의 귀족적 무정부주의와 조직적 꽁무니주의를 다시 한 번 저도 모르게 드러내는 것임을 이해하지 못한다. 내가 단지 어느 한 서클 — 6인 편집국이건 『불꽃』 조직이건 — 의 구성원이었을 때는 그저 본능적이고 근거 없는 불신을 X 동지와 일하고 싶지 않은 구실로 삼을 정당한 권리가 나에게 있었다. 그러나 당원이 된 이상 나에게는 개인적 불신만을 구실로 댈 권리가 없다. 그 같은 구실은 낡은 서클 근성의 온갖 전횡과 온갖 변덕스러움이 활개 칠 수 있도록 만들 것이기 때문이다. 나에게는 나의 "신뢰"나 "불신"에 대해 형식적 논거를 통해, 다시 말해 우리의 강령, 전술, 또는 규약에 형식적으로 규정된 여러 조항을 인용하여 근거를 제시할 의무가 있다. 나는 본능적 "신뢰"나 "불신"에 머물러서는 안 되며, 나에게는 나의 결정이 — 그리고 일반적으로 당의 어떠한 부분의 결정이라도 — 전부 당 전체 앞에 책임을 진다는 것을 인정할 의무가 있다. 나에게는 "불신"을 표현하기 위해, 이러한 불신으로부터 생겨나는 견해와 원망을 실행하기 위해, 형식적으로 정해진 절차를 밟아야 할 의무가 있다. 우리는 이미 본능적 "신뢰"라는 서클적 관점으로부터 당적 관점으로 올라섰다. 당적 관점은 신뢰를 표현하고 검증하는, 형식적으로 정해진 책임감 있는 방식을 준수할 것을 요구한다. 그런데 편집국은 우리를 뒤로 끌어당기면서 자신들의 꽁무니주의를 조직에 관한 새로운 견해라고 부르고 있다!

우리의 이른바 당 편집국이 편집국의 대표권을 요구할 수도 있는 문필가 그룹들에 대하여 어떻게 판단하고 있는지 한 번 보라. 귀족적 무정부주의자들은 우리에게 이렇게 설교한다. "우리는 분개하지 않을 것이고 규율에 대해 외치기 시작하지도 않을 것이다."그들은 언제 어디서나 그곳에 있는 규율이라는 것을 아래로 내려다보는 사람들이다. 그들은 말하기를, 유능한 그룹이라면 그 그룹과 "협정에 들어갈 것이며"(sic[원문 그대로]!) 그렇지 않다면 그 그룹의 요구를 비웃을 것이란다.

저속한 "공장의" 형식주의에 맞서 여기 얼마나 거만한 고상함이 등장하는지 한 번 생각해 보라! 그러나 실제로 우리 앞에 있는 것은 자신을 당 기관이 아니라 낡은 서클의 잔존물이라고 느끼는 편집국이 당에 선사한 새로이 혁신된 서클 근성의 어법이다. 이러한 입장의 내적 기만성은 필연적으로 **무정부주의적** 심오한 사고, 즉 말로는 이미 다 지나간 일이라고 위선적으로 선언된 저 무질서를 사회민주주의 조직의 **원칙**으로 격상시키는 심오한 사고로 귀결된다. 당의 상급 및 하급 기관과 당국자의 위계질서라는 것은 전혀 필요하지 않단다. — 귀족적 무정부주의는 그러한 위계질서를 성, 국 등과 같은 틀에 박힌 고안물로 생각한다. (악쎌로트의 기사를 보라.) 전체에 대한 부분의 복종이라는 것은 전혀 필요하지 않으며 "협정에 들어가는," 또는 경계를 정하는 **당적** 수단들을 "형식적이고 관료주의적으로" 규정하는 것도 전혀 필요하지 않단다. "진정으로 사회민주주의적인" 조직화 방식이라는 미사여구로 낡은 서클적 난투를 신성화시키도록 내버려 두자.

"공장"이라는 학교를 통과한 프롤레타리아가 무정부주의적 개인주의에 가르침을 줄 수 있고 주어야 하는 지점이 바로 여기다. 의식화된 노동자는 지식인을 지식인이라고 회피했던 그런 유아기를 벗어난 지 이미 오래다. 의식화된 노동자는 사회민주주의자 지식인들에게서 발견되는 더욱 풍부한 지식의 보고와 더욱 폭넓은 정치적 식견을 높이 살 줄 안다. 하지만 진정한 당을 형성해 감에 따라, 의식화된 노동자는 프롤레타리아 군대의 전사가 지닌 심리와 무정부주의적 문구를 과시하는 부르주아 지식인의 심리를 구별하는 법을 배워야 한다. 평당원에게는 물론이고 "최상층 인사들"에게도 당원의 의무를 이행하라고 요구하는 법을 배워야 한다. 그 옛날 전술 문제의 꽁무니주의에게 보냈던 것과 똑같은 경멸로 조직 문제의 꽁무니주의를 대하는 법을 배워야 한다!

조직 문제에서 새 『불꽃』의 입장이 갖는 마지막 특성은 지롱드주의[18] 및 귀족적 무정부주의와 불가분하게 연관된 것이다. 그것은 바로 중앙 집중주의를 반대하며 **자율주의를 옹호**한다는 것이다. 관료주의와 전제주의에 대한 절규, (대회에서 자율주의를 옹호했던) "비『불꽃』파에 대한 온당치 않은 무시"에 대한 유감, "절대적 복종" 요구에 대한 희극적 외침, "거만한 관리"에 대한 쓰디쓴 불평 등등이 바로 그러한 원칙적 의미를 갖고 있

269

는 것들이다. (만일 그런 것이 있다면 말이다.*) 당의 모든 기회주의 진영은 강령적인 것이건, 전술적인 것이건, 조직적인 것이건 간에 온갖 종류의 후진성을 옹호하고 정당화한다. 새 『불꽃』이 조직적 후진성(꽁무니주의)을 옹호하는 것은 **자율주의 옹호**와 긴밀하게 연결돼 있다. 사실, 일반적으로 말하자면, 자율주의는 옛 『불꽃』의 3년간의 설파에 의해 이미 그 위신이 너무도 떨어졌기에 새 『불꽃』으로서는 **아직까지 그것을 공개적으로 지지하기가 부끄러울** 정도다. 새 『불꽃』은 아직은 자신들이 중앙 집중주의에 공감하고 있다고 우리를 설득하지만, 이를 입증하는 것은 중앙 집중주의라는 단어를 굵은 글씨체로 쓰고 있다는 것뿐이다. 실제로, 새 『불꽃』의 "진정한 사회민주주의적"(무정부주의가 아니고?) 사이비 중앙 집중주의 "원칙"에 가장 가벼운 수준의 비판을 적용하기만 해도 모든 행보에서 자율주의 관점이 발견된다. 악쎌로트와 마르또프가 조직 문제에서 아끼모프 쪽으로 전향했다는 것이 이제는 누구에게나 명백하지 않은가? "비 『불꽃』파에 대한 온당치 않은 무시"라는 의미심장한 말 속에서 그들 스스로가 이를 엄숙하게 인정한 것 아니던가? 또한 아끼모프와 그의 동료들이 우리 당대회에서 자율주의를 옹호하지 않았단 말인가?

연맹 대회에서 마르또프와 악쎌로트가 부분이 전체에 복종할 필요는 없으며 전체에 대한 관계를 자율적으로 규정할 수 있으며 이러한 관계를 정식화하고 있는 국외연맹의 규약은 당 다

---

* 나는 이 장에서 일반적으로 그런 것처럼 여기서, 이러한 절규가 "호선"과 관련하여 지니는 의미는 옆으로 제쳐 두고 있다.

수파의 의지와는 정반대로, 또 당 중앙기관의 의지와는 정반대로 유효하다는 점을 우스울 만큼 열성적으로 입증했을 때, 그들이 옹호했던 것은 (무정부주의가 아니라면) 바로 자율주의였다. 지금 마르또프 동지가 중앙위원회가 지역위원회 위원들을 임명하는 문제와 관련하여 새『불꽃』(제60호) 지면에서 공개적으로 옹호하고 있는 것이 바로 자율주의다.[71] 나는 마르또프 동지가 연맹 대회에서, 그리고 새『불꽃』에서 자율주의를 옹호하면서 구사했던 저 유치한 궤변에 대해서는 말하지 않겠다.* — 여기서 중요한 것은 **중앙 집중주의에 반대하여 자율주의를 옹호하는 경향**이 조직 문제에서 기회주의의 고유한 원칙적 속성이라는 점을 지적하는 것이다.

아마도 관료주의 개념을 분석하려는 거의 유일한 시도는 새『불꽃』(제53호)에서 "형식적 민주주의 원칙"(강조는 원저자의 것)을 "형식적 관료주의"에 대립시키고 있는 것이다. 이 대립(유감스럽게도, 비『불꽃』파를 가리키는 말이 그랬던 것처럼 이 부분도 더 발전되고 해명되지 않았다.)은 일말의 진실을 내포하고 있다. 관료주의 versus[대] 민주주의, 이는 중앙 집중주의 versus 민주주의이자, 중앙 집중주의 versus 자율주의, 혁명적 사회민주주의의 조직 원칙 versus 기회주의적 사회민주주의의 조직원칙이다. 후자는 아래로부터 위로 가려고 애쓰며, 따라서 가

---

* 규약의 여러 조항을 선별해서 다루면서 마르또프 동지는 다른 것이 아니라 중앙위원회가 "당의 역량들을 배치한다."(제6조)라는, 부분과 전체의 관계에 대한 조항을 **빠뜨렸다**. 활동가들을 이 위원회에서 저 위원회로 옮기지 않고 역량을 배치하는 것이 가능한가? 이런 기초적인 것을 자세히 다루어야 한다는 것은 사실 귀찮은 일이다.

능한 어떤 곳에서나, 가능한 만큼 자율주의, "민주주의"를 옹호하며 (열성적이지만 이성적이지 않은 사람들은) 무정부주의에 이르게 된다. 전자는 위로부터 출발하려 애쓰며 부분에 대한 중앙기관의 권리와 전권을 확대하자고 주장한다. 무질서와 서클 근성의 시대에 혁명적 사회민주주의가 조직적 출발점으로 삼으려고 애썼던 상층부는 서클 가운데서 그 활동과 그 혁명적 일관성으로 인해 가장 영향력 있는 하나의 서클(우리 경우에는『불꽃』조직)이 될 수밖에 없었다. 당이 사실상의 통일로 재건되고 이러한 통일에서 낙후된 서클들이 해산되는 시대에는 당의 최고 기관인 당대회가 그러한 상층부가 되는 것이 필연적이다. 대회는 활동 중인 조직의 모든 대표를 가능한 한 결합시키고 중앙기관들을 임명하여 (흔히 당의 후진적 부류보다는 선진적 부류가, 기회주의 진영보다는 혁명 진영이 만족하도록 구성되곤 한다.) 이들이 다음 대회까지 상층부가 된다. 적어도 유럽 사회민주주의의 경우에는 일이 이렇게 되곤 하는데, 무정부주의자들이 원칙적으로 증오하는 이러한 경우가 아주 조금씩이기는 하지만, — 어려움과 투쟁, 사소한 말다툼이 없지는 않지만 — 아시아 사회민주주의로도 퍼지기 시작하고 있다.

조직 문제에서 내가 지적한 기회주의의 원칙적 성격들(자율주의, 귀족적이거나 지식인적인 무정부주의, 꽁무니주의, 지롱드주의)이 전 세계의 모든 사회민주주의당에서, 혁명 진영과 기회주의 진영의 분열이 있는 곳이라면 어디서나(그렇지 않은 곳이 있는가?) mutatis mutandis[적절히 변형된 형태로] 관찰되고 있다는 점을 언급하는 것은 극도로 흥미롭다. 아주 최근에는 독일 사회민주주의당에서 이 점이 만천하에 뚜렷하게 대두됐으니, 작센 제20 선거구 선거에서 당이 패배함으로써(이른바 괴레 사태*) 당 조직의 원칙이 의사일정에 올랐을 때 그랬다. 이 사태와 관련하여 원칙적 문제가 제기된 데는 독일 기회주의자들의 열정이 한몫했다. 괴레(목사 출신으로서 『Drei Monate Fabrikarbeiter[공장 노동자의 3개월]』이라는 제법 알려진 책의 저자이자 드레스덴 대회의 "영웅들" 가운데 한 사람)는 가장 열성적인 기회주의자였으며, 일관된 독일 기회주의자들의 기관지 『Sozialistische Monatshefte[월간 사회주의]』가 즉시 그를 비호했다.

강령의 기회주의는 당연히도 전술의 기회주의, 조직 문제의 기회주의와 연관돼 있다. "새로운" 관점을 설명하는 일을 맡은 이는 볼프강 하이네 동지였다. 사회민주주의에 가담하여 자신의 기회주의적 사고 습성을 도입시킨 이 전형적 지식인의 면모를 독자들에게 설명하자면, 볼프강 하이네 동지는 독일판 아끼모프 동지보다는 조금 덜하고 독일판 예고로프 동지보다는 조금 더한 사람이라고 말하는 것으로 충분할 것이다.

볼프강 하이네 동지는 악셀로트 동지가 새 『불꽃』에서 했던 것만큼이나 화려하게 『월간 사회주의』로 진군해 갔다. 「괴레 사태에 대한 민주주의적 단평」(『월간 사회주의』 제4호, 4월)이라

---

* 괴레는 1903년 작센 제15선거구에서 당선됐으나 드레스덴 대회 이후 스스로 사퇴했다. 로제노프의 사망으로 궐석이 된 제20선거구의 유권자들은 괴레를 다시 입후보시키려 했다. 당 중앙위원회와 작센 지역위원회는 이에 반대했으며, 괴레의 입후보를 막을 권리가 형식적으로 없었음에도 괴레로 하여금 입후보를 포기하도록 만들고 말았다. 사회민주주의당은 이 선거에서 패배했다.

는 기고문의 제목 하나만 봐도 그렇다. 게다가 내용은 더 우레와 같다. 하이네 동지는 "선거구의 자율성 침해"에 반대하여 일어나서 "민주주의적 원칙"을 옹호하며 인민의 대표자들을 뽑는 자유로운 선거에 "임명된 당국"(즉, 당의 중앙 집행부)이 개입한 것에 대해 항의한다. 하이네 동지는 이 문제는 하나의 우연한 사건이 아니라 "당내 관료주의와 중앙 집중주의에 경도된" 일반적 "경향"이자 과거에도 관찰되었지만 지금은 특히 위험하게 된 경향이라고 우리를 가르친다. "당의 지역기관들이 당 생활의 담당자들이라는 원칙이 인정되어야"(마르또프 동지의 소책자 『다시 한 번 소수파에서』에서 표절한 것) 한단다. "모든 중요한 정치적 결정이 하나의 중앙으로부터 나오는 데 익숙해져서는" 안 되며, 당이 "생활과의 관계를 잃어버린 교조적 정책"("생활이 제 힘을 발휘할 것이다."라는 취지로 마르또프 동지가 당대회에서 한 말을 차용한 것)을 취하는 것을 경계해야 한단다. 하이네 동지는 자신의 논거를 심화하면서 이렇게 말한다. "……만일 사물의 근간을 들여다본다면, 언제나 그렇듯이 여기서도 적지 않은 역할을 한 개인적 충돌에서 한 발 물러선다면, 수정주의자들을 이렇게 통렬하게 반대하는 것에서(강조는 원저자가 한 것이며, 수정주의에 대한 투쟁이라는 개념과 수정주의자들에 대한 투쟁이라는 개념의 차이에 대해 생각해야 한다는 것을 암시한다.) 우리가 주로 발견하게 되는 것은 '국외자'(하이네는 계엄 상태와의 투쟁에 관한 소책자를 아직 읽지 않은 것이 분명하며, 그렇기 때문에 Outsidertum[국외자]라는 영국식 표현에 의존하고 있다.)에 대한 당의 공식 인사들의 불신, 흔치 않은 일에 대한 전통의 불신, 개인적인 것에 대한 몰개성적 기관의 불신(개인의 창발성 억압에 관한 악쎌로트 동지의 연맹대회 결의안을 보라.)이다. — 한마디로, 우리가 앞에서 관료주의와 중앙 집중주의에 경도된 경향이라고 규정했던 바로 그 경향이다."

하이네 동지에게 "규율"이라는 개념은 악쎌로트 동지에게 그랬던 것만큼이나 고상한 분노를 일으킨다.…… 그는 이렇게 쓰고 있다. "당의 통제 아래 있지 않기 때문에 사회민주주의 잡지로 인정하는 것조차 꺼려했던 잡지인 『월간 사회주의』에 글을 썼다는 이유로 수정주의자들을 규율이 부족하다고 질타했다. '사회민주주의'라는 개념을 축소하려는 이러한 시도 하나만으로도(기억하라: 사상투쟁은 조직 형식은 형식일 뿐인 과정이다.), 절대적 자유가 군림해야 하는 사상적 생산 영역에서 규율을 이렇게 요구하는 것 하나만으로도, 관료주의와 개성 억압을 향한 경향이 입증되는 것이다." 하이네는 "모든 것을 포괄하는 거대한 조직, 가능한 한 중앙 집중화된 하나의 전술, 하나의 이론"을 만들어 내려는 이 혐오스러운 경향에 대해 가능한 모든 방법을 다해 한참이나 더 맹렬한 비난을 퍼붓고, "무조건적 복종"과 "맹목적 종속"을 요구하는 것에 대해, "단순화된 중앙 집중주의" 등등에 대해 말 그대로 "악쎌로트 식으로" 맹렬히 비난한다.

하이네가 일으킨 그 논쟁은 격렬하게 불타올랐다. 독일의 당 내에서는 호선을 둘러싼 사소한 말다툼으로 그 논쟁이 엉망이 되는 일이 전혀 없었기 때문에, 또한 독일의 아끼모프들은 자신들의 면모를 대회에서뿐만 아니라 고유의 간행물에서도 항상적으로 분명히 하고 있기 때문에, 논쟁은 조직 문제에서 정통과 수정주의라는 원칙적 경향을 분석하는 방향으로 빠르게 귀결됐다. (우리 당도 그렇듯이, 말할 것도 없이 "독재," "종교재판," 그리고 다른 무시무시한 것들이라고 비난받는) 혁명적 지향성의 대표자 가운데 한 사람으로 칼 카우츠키가 나섰다(1904년 『신시대』 제28호 기고문 「Wahlkreis und Partei[선거구와 당]」). 그가 말한 바에 따르면, 하이네의 기고문은 "모든 수정주의적 지향성의 사고 과정을 보여 주고 있다." 독일에서뿐만 아니라 프랑스와 이탈리아에서도 기회주의자들은 자율주의와 당 규율 약화, 당 규율 무화를 철벽처럼 옹호하고 있으며, 그들의 경향은 어디서나 **조직을 해체시키고** "민주주의적 원칙"을 **무정부주의**로 왜곡시키는 결과를 가져온다. 칼 카우츠키는 조직이라는 주제에 대해 기회주의자들에게 이렇게 알려준다. "민주주의는 권위의 부재를 뜻하지 않는다. 민주주의는 무정부주의를 뜻하지 않는다. 민주주의는 인민의 가짜 공복이 실제로는 인민의 주인인 다른 형태의 지배들과는 구별되는, 대중의 대표권을 위임받은 사람들에 대한 대중의 지배다." 칼 카우츠키는 다양한 나라에서 기회주의적 자율주의가 조직을 해체시키는 역할을 하는 것을 상세히 추적하고 "다수의 **부르주아 분자***"가 사회민주주의에 합류하는 것이야말로 기회주의, 자율주의, 규율 파괴 경향

---

* 카우츠키는 조레스를 하나의 예로 거명한다. 기회주의로 경도돼 감에 따라 이러한 사람들에게 "당 규율은 필연적으로 자신들의 자유로운 개성을 구속하는, 허용될 수 없는 것이라고 여겨지게 돼 있었다."

따위를 강화시킨다는 것을 보여 주고, "프롤레타리아트가 스스로를 해방시킬 수 있도록 만드는 무기가 바로 조직이며" "계급 투쟁에서 프롤레타리아트 본연의 무기가 바로 조직이라는" 것을 거듭 상기시킨다.

프랑스나 이탈리아보다 기회주의가 약한 독일에서 "자율주의 경향"은 아직까지는 "독재자와 거대한 종교재판관들을 반대하는, 그리고 교회의 파문*과 이단자 색출에 반대하는 감동적 열변으로만, 또 분석하면 끝없는 말싸움만 하게 되는 끝없는 트집 잡기와 사소한 말다툼으로만 귀결될 뿐이었다."

당내의 기회주의가 독일보다 훨씬 더 약한 러시아에서 자율주의 경향이 발생시킨 사상은 더 적고 "감동적 열변"과 사소한 말다툼은 더 많았다는 것은 놀라운 일이 아니다.

카우츠키가 다음과 같이 결론을 내린 것은 놀라운 일이 아니다. "아마도 그 모든 형태와 색조의 다양성에도 불구하고 조직 문제처럼 모든 나라의 수정주의가 갖고 있는 동일성이 더 잘 보이는 문제는 단 하나도 없을 것이다." 또한 카우츠키는 이 영역에서 "무시무시한 말"의 도움을 빌려 정통의 기본적 경향과 수정주의의 기본적 경향을 관료주의 versus 민주주의라고 정식화한다. 카우츠키가 말하듯이, 우리는 지역 선거구의 (의원) 후보자 선출에 영향을 행사할 권리를 당 지도부에 주는 것은 "민주주의 원칙을 침해하는 부끄러운 짓인바, 민주주의 원칙은 모든 정치 활동이 대중의 자주성에 의해 아래로부터 위로 전개되도

---

* Bannstrahl: 파문. 이 독일어는 러시아의 "계엄 상태"나 "예외법"과 같은 말이다. 독일 기회주의자들의 "무시무시한 말"인 것이다.

록 하는 것이지 관료주의적 방식으로 위에서 아래로 이루어지도록 하는 것이 아니다 …… 하지만 만약 진실로 민주주의적인 그 어떤 원칙이라는 것이 있다면 이는 다수파가 소수파에 대해 우월성을 가져야 한다는 것이지 그 반대가 아니다……"라는 말을 듣게 된다. 일반적으로, 의원 선출은 당 전체의 중요한 문제이며, 당은 위임한 사람들(*Vertrauensmänner*)을 통해서라도 후보 지명에 영향을 미쳐야 한다. "이것이 지나치게 관료주의적이거나 중앙 집중주의적이라고 여기는 사람이 있다면 그 누구라도 언제나 전 당원의 직접선거(*sämtliche Parteigenossen*)로 후보를 지명하자고 제안하도록 하라. 그런 것이 실행 불가능하다고 생각한다면, 다른 많은 경우처럼 당 전체에 관계된 이러한 직무를 당의 한 기관이나 몇몇 기관이 실행하는 것을 민주주의의 부족이라고 결코 불평해서는 안 된다." 독일의 당에서는 이전에도 개별 선거구들이 후보자 선정에 관해 당 집행부와 "동지적으로 협의해 온" 것이 "불문율"이었다. "하지만 당은 이제 이러한 암묵적 불문율이 통하기에는 너무 커져 버렸다. 불문율은 그것이 당연한 어떤 것으로 더 이상 인정되지 않을 때, 그것이 규정한 내용, 그리고 심지어 그것의 존재 자체가 논쟁 대상이 될 때 더 이상 법이 아니게 된다. 그렇게 되면 그 법을 정확하게 정식화하여 성문화하는 것……," 조직의 엄격성(*größere Straffheit*)을 강화하는 것과 더불어 더욱 "정확한 규약의 공고화*(*statutarische*

---

* 암묵적으로 승인된 불문율을 형식적으로 규약으로 공고화된 법으로 대체하는 것에 대한 카우츠키의 이 언급을 일반적으로 우리 당, 특수하게는 편집국이 당대회 이후 겪고 있던 "교체"와 대조해 보면 배울 점이 극히 많다. 이 교체의 완전한 의미를 깨닫지

Festlegung)로 나아가는 것이 필요해진다."

이처럼 여러분은 다른 정국에서 당의 기회주의 진영과 혁명 진영이 조직 문제에서 벌이는 동일한 투쟁을, 그리고 자율주의와 중앙 집중주의, 민주주의와 "관료주의," 조직과 규율의 엄격성을 약화시키는 경향과 강화시키는 경향, 불안정한 지식인의 심리와 확고한 프롤레타리아의 심리, 지식인적 개인주의와 프롤레타리아적 결속성 따위 사이의 동일한 충돌을 보게 된다. 이러한 충돌에 대해 **부르주아민주주의**는 어떤 태도를 취하는가라는 질문이 나온다. 역사라는 장난꾸러기가 악쎌로트 동지에게 언젠가 비밀리에 보여 주기로 약속한 그 부르주아민주주의가 아니라 우리의 『해방』과 신사들 못지않게 똑똑하고 관찰력 있는 대표들을 독일에서도 확보하고 있는 현실의 부르주아민주주의 말이다. 독일의 부르주아민주주의는 — 러시아의 부르주아민주주의처럼, 그리고 언제 어디서나 그렇듯이 — 이 새로운 논쟁에 즉각 호응하며 사회민주주의당의 기회주의 진영을 지지하며 굳건히 일어났다. 독일 증권자본의 탁월한 기관지인 『Frankfruter Zeitung[프랑크푸르트 신문]』은 우레와 같은 사설을 들고 나온바(『Frankf. Ztg』[프랑크푸르트 신문], 1904년 4월 7일, 제97호 Abendblatt[석간]), 이 사설은 악쎌로트를 양심 없이 표절하는 것이 독일 언론에서 그야말로 하나의 질병이 돼 가고 있다는 것을 보여 주고 있다. 프랑크푸르트 주식거래소의 이 준엄한 민주주의자들은 사회민주주의당 내의 "전제주의," "당

못한 것처럼 보이는 자쑬리치의 발언을 참조하라(『동맹 대회』 66쪽 이하).

독재,""당 지휘부의 권위적 통치,""수정주의 일체를 응징하기 위해"이용하려 하는 "교회의 파문"("기회주의라는 허위 비난"을 상기하라.), 저 "맹목적 복종"과 "사기를 저하시키는 규율"의 요구, 당원을 "정치적 송장"으로 만들어 버리는 저 "노예적 예속"의 요구(이것이 나사와 바퀴보다 훨씬 더 강력할 것이다!) 따위에 대해 혹독하게 비판한다. 이 주식거래소의 기사들은 사회민주주의의 반反민주주의적 질서에 다음과 같이 분개한다. "모든 개인의 독특함과 모든 개성이 희생당할 것이 분명하다. 왜냐하면" 작센 사회민주주의자들의 당대회에서 "이 문제에 관해 보고했던 진데르만이 직설적으로 천명한 것처럼, 그런 것들로 인해 프랑스식 체계, 즉 조레스주의와 밀레랑주의를 초래하게 될까 봐 걱정하고 있기 때문이다."

———

이처럼, 조직 문제에 관한 새 『불꽃』의 새로운 말들 속에 원칙적 의미가 있다면 그것이 기회주의적인 것이라는 점은 조금도 의심할 수가 없다. 이러한 결론은 혁명 진영과 기회주의 진영으로 분열됐던 우리 당대회에 대한 전반적 분석을 통해서도, 또 조직 문제의 기회주의가 똑같은 경향들, 똑같은 비난들, 또 아주 빈번히 똑같은 말들로 표현되곤 하는 모든 유럽 사회민주주의정당의 사례에 의해서도 확증된다. 물론, 다양한 당의 민족적 특수성과 다양한 나라의 서로 다른 정치적 조건은 자신들만의 특징이 있는 법이어서, 독일 기회주의가 프랑스 기회주의와, 프랑스 기회주의가 이탈리아 기회주의와, 이탈리아 기회주의가 러시아 기회주의와 서로 흡사한 것은 아니다. 하지만 이 모든 당이 혁명 진영과 기회주의 진영으로 기본적으로 나뉜다는 동질성, 조직 문제에서의 기회주의의 사고 과정과 경향의 동질성은 지적한 모든 조건의 차이에도 불구하고 뚜렷하게 나타난다.[*] 우리 맑스주의자들과 우리 사회민주주의자들의 대열에 급진적 지식인의 대표가 많아지게 되면서 그들의 심리로 인해 파생되는 기회주의가 정말 다양한 영역에서 정말 다양한 형태로 존재하게 되는 것은 불가피한 일이었고 또 불가피하다. 우리는 기본적 세계관 문제에서, 강령 문제에서 기회주의와 싸워 왔으니, 우리의 합법적 맑스주의를 타락시킨 자유주의자들과 사회민주주의자들은 목표가 완전히 달랐기에 서로 간에 변경할 수 없는 경계를 긋게 될 수밖에 없었다. 우리는 전술 문제에서 기회주의자들과 싸워 왔으니, 중요성이 덜한 이 문제들에서 끄리쳅스끼와 아끼모프와 갈라선 것은 당연히도 일시적인 것이었을 뿐 다른 당을 만들게 되는 결과를 수반하지는 않았다. 우리는 이제 조직 문제, 즉 강령과 전술의 문제보다 당연히도 훨씬 덜 근본적이지만 이 시점에서 우리 당 생활의 전면에 부각된 문제에서

---

[*] 비록 한편으로는 마르띠노프 동지와 아끼모프 동지의 차이가, 그리고 다른 한편으로는 폰 폴마르 동지와 폰 엘름 동지의 차이와 조레스 동지와 밀레랑 동지의 차이가 아무리 크다 해도, 러시아 사회민주주의자들이 전술 문제에서 기회주의자들과 정치주의자들로 오래전에 분열된 것과 국제 사회민주주의운동 전체가 기회주의자들과 혁명주의자들로 분열된 것이 동일한 종류의 것임을 의심하는 사람은 현재 아무도 없을 것이다. 이와 꼭 마찬가지로 정치적 권리가 없는 나라와 정치적으로 자유로운 나라의 조건이 비록 엄청나게 다르다고 해도 조직 문제에서의 근본적 분열이 동일한 종류의 것이라는 점 역시 의심의 여지가 없다. 새 『불꽃』의 원칙적인 편집자들이 카우츠키와 하이네의 논쟁을 피상적으로 다루면서(제64호) 조직 문제에서 온갖 기회주의와 온갖 정통의 원칙적 경향 문제를 소심하게 피해 갔다는 점은 극히 특징적이다.

마르또프 및 악쎌로트의 기회주의와 싸워야 한다.

기회주의에 대한 투쟁을 말할 때 오늘날의 기회주의 전반이 갖가지 영역에서 보이는 특징들, 즉 그 모호성, 불명료함, 포착하기 미묘함 등을 결코 잊어서는 안 된다. 기회주의자는 자신의 바로 이 본성으로 인해 분명하고 단호한 문제 제기를 항상 회피할 것이며, 양손에 떡을 쥐는 길을 모색할 것이며, 상호 배타적인 관점들 사이에서 뱀처럼 꾸불꾸불 기어가고 이쪽저쪽에 모두 "동의하려" 애쓰고 자신의 견해차를 자잘한 수정, 의혹, 선량하고 순진한 바람 같은 것으로 만들 것이다. 강령 문제의 기회주의자 에두아르트 베른슈타인 동지는 당의 혁명적 강령에 "동의"하고 있으며, 비록 그 강령의 "근본적 개정"을 원했지만 이것이 시의적절하지 않고 목적에 부합하지 않는다고, 또한 (주로 부르주아민주주의로부터 무비판적으로 차용한 원칙과 말들로 이루어지는) "비판의" "일반적 원칙"을 해명하는 것만큼 중요하지는 않다고 생각하고 있다. 전술 문제의 기회주의자 폰 폴마르 동지 역시 혁명적 사회민주주의의 전술에 동의하면서도 그 어떤 분명한 "입각入閣" 전술도 결코 제출하지 않고 열변을 토하고 수정하고 조소를 보내는 것에 그치고 있다. 조직 문제의 기회주의자들인 마르또프 동지와 악쎌로트 동지 역시 직접적으로 요구하고 있음에도 불구하고 지금까지 "규약으로 공고해질" 수 있는 어떤 분명한 원칙적 테제도 내놓지 않았다. 그들 역시 우리 조직 규약을 "근본적으로 개정"하기를 절대적으로 원했을 터이지만(『불꽃』제58호 제2쪽 세 번째 난) 그들은 "조직의 일반적 문제들"에 먼저 매달리는 쪽을 택했다. (왜냐하면 사실 제1조에도 불구하고 여전히 중앙 집중주의적인 우리 규약을 근본적으로 개정하면 새 『불꽃』의 정신으로 만들어진 그 규약이 자율주의로 귀결되는 것이 불가피할 것인데, 마르또프 동지로서는 자신에게 **원칙적으로** 자율주의 경향이 있다는 것을 심지어 자기 자신에게도 인정하고 싶지 않기 때문이다.) 따라서 그들의 조직 "원칙"은 무지개 색으로 나타나고 있다. 그 대표적인 것이 전제주의와 관료주의에 관한, 맹목적 복종에 관한, 나사와 바퀴에 관한 순진하고 감동적인 열변이며, 그런 열변들은 너무나 순진무구한 나머지 그 속에서 실제 원칙의 중요성과 실제 호선의 중요성을 구분하는 것이 어려울 정도다. 하지만 갈수록 태산이다. 그들이 증오하는 "관료주의"를 정확히 규정하고 분석하려고 시도하면 불가피하게 자율주의에 이르게 되고, "심화"와 쇄신을 시도하면 어김없이 후진성의 정당화, 꽁무니주의, 지롱드주의 문구에 이르게 된다. 끝으로, 유일하고 정말 명확하고, 따라서 실천에서 특히 분명하게 대두되는 (실천은 언제나 이론을 앞서 간다.) 원칙으로 **무정부주의** 원칙이 등장한다. 규율에 대한 냉소 – 자율주의 – 무정부주의, 우리의 조직적 기회주의는 바로 이 계단을 오르락내리락하면서 계단의 이 칸에서 저 칸으로 건너뛰고, 자신의 원칙을 명확하게 정식화하는 일은 어떤 것이라도 능숙하게 피해간다.* 정확히 이와 똑같은 점진적

---

* 제1조에 관한 토론을 기억하는 사람이라면, 제1조와 관련된 마르또프 동지와 악쎌로트 동지의 오류는 발전되고 심화되면 **필연적으로** 조직 문제의 기회주의로 귀결된다는 것을 알게 될 것이다. 마르또프 동지의 기본적 사상, 즉 당원의 자체 등록이라는 것은 그야말로 허구적 "민주주의"이며 당을 아래로부터 위로 건설한다는 사상이다. 반대로 나의 사상은 당이 위로부터 아래로, 당대회로부터 개별 당 조직에 이르도록 건설

이행이 강령과 전술의 기회주의에서도 관찰된다. "정통," 협소성, 확고부동 따위에 대한 냉소 - 수정주의적 "비판"과 입각주의 - 부르주아민주주의가 그것이다.

일반적으로 오늘날의 모든 기회주의자의, 그리고 특수하게는 우리 소수파의 모든 글에서 **모욕**이라는 지루한 노랫가락이 쉴 새 없이 울려 나오는 것은 규율을 증오하는 심리와 밀접한 연관이 있다. 그들은 박해당하고, 내몰리고, 배척당하고, 포위당하고, 얻어맞고 있단다. 이런 말들 속에는 맞는 자와 때리는 자에 관해 즐겁고 재치 있는 농담을 한 필자 자신이 어렴풋이 느끼는 것보다 훨씬 더 큰 심리적이고 정치적인 진실이 있다.[72] 실제로 우리 당대회 의사록을 한 번 보기만 하면, 소수파란 모욕감을 느끼는 모든 사람, 이러저러한 때 이러저러한 이유로 혁명적 사회주의에게 모욕을 받은 모든 사람이라는 것을

된다는 의미에서 "관료주의적"이다. 또한 부르주아 지식인의 심리와 무정부주의적 문구들, 기회주의적이고 꽁무니주의적인 사상의 심화, ― 이 모든 것이 제1조에 관한 토론에서 이미 드러난 바 있었다. 마르또프 동지가 자신의 『계엄 상태』(20쪽)에서 말한 바에 따르면, 새 『불꽃』에서 "사상 활동이 시작되고 있다." 그와 악쏄로트가 제1조에서 시작하여 실제로 새로운 방향으로 사상을 옮겨가고 있다는 의미에서 이는 맞는 말이다. 이 방향이 기회주의적인 것이라는 점이 비극적일 뿐이다. 그들이 이 방향에서 더 "활동"할수록, 이 활동은 호선에 관한 사소한 말다툼의 허울을 벗게 되며 늪으로 더 깊숙이 빠져 들어가게 된다. 쁠레하노프 동지는 이미 당대회에서 이를 분명히 감지한 바 있으며 「무엇을 하지 말아야 할 것인가」라는 기고문을 통해 그들에게 다시 한 번 경고했다. "나는 심지어 당신들을 호선할 용의도 있다. 단, 오로지 기회주의와 무정부주의에 이를 수밖에 없는 이 길을 따라가지만 말라." 마르또프와 악쏄로트는 이 선의의 충고를 듣지 않았다. "어떡하라고? 가지 말라고? 호선이 하나의 사소한 말다툼일 뿐이라는 레닌의 말에 동의하라고? 절대 못하지! 우리는 그에게 우리가 원칙적인 사람들이라는 것을 보여 줄 것이다!" 그리고 그들은 보여 주었다. 그들에게 새로운 원칙이 있다면, 그것은 기회주의 원칙이라는 것을 모든 사람에게 똑똑히 보여 준 것이다.

알게 될 것이기 때문이다. 우리가 "모욕해서" 대회에서 퇴장하기까지 했던 사람들은 저 분트파와 『노동자의 대의』파이고, 일반적으로는 조직의 말살로 인해, 특수하게는 자기 조직의 말살로 인해 치명적으로 모욕당했던 사람들은 저 『남부 노동자』파다. 또 발언할 때마다 모욕당했던 이는 저 마호프 동지다(매번 정확히 망신을 당했으므로). 그리고 마지막으로 규약 제1조 때문에 "기회주의라는 허위 비난"을 받고 선거에서 패배함으로써 모욕당했던 사람들은 저 마르또프 동지와 악쎌로트 동지다. 이 모든 쓰디쓴 모욕은 지금까지 매우 많은 속물이 생각하듯이 허용될 수 없는 조롱, 신랄한 적대 행위, 광기 서린 논쟁, 문 쾅 닫기, 주먹으로 위협하기 등이 낳은 우연한 결과가 아니라 3년에 걸친 『불꽃』의 사상 활동이 낳은 필연적인 정치적 결과였다. 우리가 이러한 3년의 기간 동안 말장난만 치고 있었던 것이 아니라 실행에 옮겨야 할 신념을 표현하고 있었던 것이라면, 대회에서 우리는 반『불꽃』파 및 "늪"파와 싸우지 않을 수 없었다. 그리고 우리가 투구를 젖힌 채 제일 앞에서 싸웠던 마르또프 동지와 함께 그렇게 많은 사람에게 모욕을 준 상황에서 우리가 할 수 있었던 마지막 일은 별로 남아 있지 않았으니, 악쎌로트 동지와 마르또프 동지에게 모욕을 주는 정도였던 것이다. 양이 질로 전화됐다. 부정의 부정이 일어났다. 모욕당한 모든 사람은 서로에게 앙갚음할 생각은 잊어버리고 흐느끼며 달려들어 서로를 끌어안고서 "레닌주의에 대한 반란*"이라는 기치를 들어올

---

* 이 놀라운 표현을 쓴 사람은 마르또프 동지다(『계엄 상태』, 68쪽). 마르또프 동지는 나 한 사람에 대한 "반란"을 일으키기 위해 자신이 다섯 사람으로 불어날 때까지 기다

렸다.

반란이란 선진적 부류가 반동적 부류에 대해 일으킬 때 멋진 것이다. 혁명 진영이 기회주의 진영에 대해 반란을 일으킨다면 훌륭한 일이다. 기회주의 진영이 혁명 진영에 대해 반란을 일으킨다면 추한 일이다.

쁠레하노프 동지는 말하자면 전쟁 포로로서 이 추한 일에 참여할 수밖에 없게 됐다. 그는 "다수파"에 유리한 결의안 작성자들의 잘못된 문구들을 따로 떼어내서 "울분을 터뜨리려" 하고, 그러면서 "가여운 레닌 동지! 그의 정통파 지지자들은 얼마나 훌륭한가!"라고 소리친다(『불꽃』제63호 부록).

자, 쁠레하노프 동지, 내가 가엾다면 새 『불꽃』편집국은 이미 거지인 셈이다. 내가 아무리 가엾다 해도 나는 당대회에 대해서는 눈을 감고 재치를 키우기 위해 소위원회 결의안들에서 자료를 찾아내지 않으면 안 될 만큼 절대적 궁핍에 이르지는 않았다. 내가 아무리 가엾다 해도, 나는 우연치 않게 이런저런 어리석은 문구를 발설하는 것이 아니라 모든 문제 — 조직, 전술, 또는 강령 — 에서 혁명적 사회민주주의 원칙에 대립되는 원칙들을 완강히, 그리고 확고히 견지하는 그런 지지자들이 있는 사람들보다는 천 배나 낫다. 내가 아무리 가엾다 해도, 나는 아직 그런 지지자들이 나에게 선사한 찬사를 사람들 앞에서 숨겨야 하는 지경에는 이르지 않았다. 새 『불꽃』편집국은 그렇게 해야 하는 데 말이다.

렸다. 마르또프 동지의 논증은 매우 서툴렀다. 최상의 칭찬을 하는 방식으로 자신의 반대자를 제거하고자 했으니 말이다.

독자 여러분, 여러분은 러시아사회민주주의당 보로네슈위원회가 어떤 것인지 알고 있는가? 만일 이 위원회를 모른다면 당 대회 의사록을 읽어 보라. 그 의사록을 보면 당신들은 이 위원회의 지향성을 완벽하게 표현하고 있는 사람들이 아끼모프 동지와 브루께르 동지라는 것을 알게 될 것이다. 이들은 대회에서 모든 노선과 관련하여 당의 혁명 진영에 반대하여 싸워 왔으며, 쁠레하노프 동지부터 뽀뽀프 동지까지 모든 사람이 수십 번이나 기회주의자로 치부했던 사람들이다. 그런데 여기 이 보로네슈위원회가 1월호 리플릿(제2호 1904년 1월)에서 다음과 같은 성명을 낸다.

끊임없이 성장하고 있는 우리 당에서 작년에 중차대한 사건이 하나 일어났다. 당 조직들의 대표자들이 모인 러시아사회민주주의노동자당의 제2차 대회가 성사된 것이었다. 당대회 소집은 매우 복잡한 일이고 군주제라는 조건에서는 무척 위험하고 어려운 일이다. 따라서 당대회 소집 작업이 완벽하게 이루어진 것은 전혀 아니었으며, 비록 대회가 순조롭게 진행됐다 하더라도 당이 대회에 제출했던 모든 요구를 충족시키지는 못했다는 것이 놀라운 일은 아니다. 1902년 협의회에서 대회 소집을 위임받았던 동지들이 체포됐기 때문에 대회를 꾸려 나갔던 사람들은 러시아사회민주주의의 단지 한 노선, 즉 『불꽃』 노선이 배치한 사람들이었다. 『불꽃』파가 아닌 많은 사회민주주의 조직은 대회 활동에 초청받지 못했다. 부분적으로는 이런 이유로 인해 당 강령과 규약 작성에 관련된 대회의 임무는 극히 불완전하게 수행됐다. 참가자들 스스로도 규약에 위험한 오해를 낳을 수 있는 큰 결함이 있었음을 인정하고 있다. 대회에서 『불꽃』파 자체도 분열됐으며, 이전에는 『불꽃』 행동 강령을 전체적으로 승인한 것처럼 보였던 러시아사회민주주의노동자당의 많은 거물급 활동가도 레닌과 쁠레하노프가 주로 이끌고 있는 『불꽃』의 많은 견해가 실행 불가능하다는 점을 인식하게 됐다. 비록 대회에서 이러한 견해들이 우위를 점했다 할지라도, 실제 생활의 위력과 모든 비『불꽃』파가 참여하고 있는 현실 활동의 요구는 이론가들의 오류를 빠르게 바로잡고 있으며 대회 이후 벌써 중요한 수정이 이루어진 바 있다. 『불꽃』은 완전히 바뀌었고 사회민주주의 활동가들의 전반적 요구에 대해 주의 깊게 귀를 기울이겠다고 약속하고 있다. 이처럼, 비록 대회의 활동이 다음 대회의 재검토 대상이라고 하더라도, 또 대회 참가자들 자신들에게 만족스럽지 못하고 따라서 논란의 여지가 없는 당의 결정이 될 수 없다는 점이 명백하다 할지라도, 대회는 당내 상황을 명확히 밝혔고 이후의 이론 및 조직 활동을 위한 많은 자료를 제공했으며 당의 전반적 활동을 위해 대단히 교훈적인 경험이 됐다. 대회의 결정과 대회가 작성한 규약은 모든 조직이 고려해야 할 대상이지만, 그 불완전성이 명백한 이상 그 결정들과 규약에 따라서만 지도받는 것을 많은 사람이 꺼리고 있다.

보로네슈위원회는 당의 전반적 활동의 중요성을 모두 이해하면서 조직에 관한 대회의 모든 문제에 활발히 호응해 왔다. 위원회는 대회에서 일어난 일의 중요성을 전부 인식하고 있으며, 중앙기관지(주요한 기관지)가 된 『불꽃』에서 이루어진 전향을 환영하는 바다.

비록 당과 중앙위원회 내의 상황이 우리에게는 여전히 만족
스럽지 않지만, 공동의 노력으로 당 조직의 어려운 활동이 완수
될 것이라고 우리는 믿는다. 허위적 소문들이 나돌고 있는 까닭
에 보로네슈위원회는 동지들에게 보로네슈위원회가 탈당한다
는 것은 있을 수 없는 일임을 알린다. 보로네슈위원회는 보로네
슈위원회 같은 노동자 조직이 러시아사회민주주의노동자당에
서 탈당하는 것이 얼마나 위험한 선례(사례)가 될 것인지, 이것
이 당에 어떤 비난을 안겨 줄 것인지, 또 그러한 사례를 따르는 노
동자 조직들에게 얼마나 손해가 될 것인지를 매우 잘 이해하고
있다. 우리는 새로운 분열을 만들어 내지 말아야 하고 의식화된
모든 노동자와 사회주의자를 하나의 당으로 단결시키기 위해
집요하게 매진해야 한다. 게다가 제2차 대회는 창립 대회가 아
니라 정기 대회였다. 당으로부터의 제명은 당의 재판을 통해서
만 가능하며, 그 어떤 조직에도, 중앙위원회 자체에도 어떤 사
회민주주의 조직을 당에서 제명시킬 권리는 없다. 더구나, 제2
차 대회에서는 모든 조직이 자신의 지역 사업에서 자율성을 지
닌다는 규약 제8조를 채택한 바 있다. 따라서 보로네슈위원회에
게는 당내에서, 그리고 생활 속에서 조직에 관한 자신의 견해를 실천
하고 수행할 충분한 권리가 있다.

새 『불꽃』 편집국은 제61호에서 이 리플릿을 인용하면서 인
용된 장광설의 일부분인 후반부를 다시 인쇄했는데, 큰 활자로

제시된 것이 그 부분이다. 작은 활자로 제시된 전반부를 편집국은 생략하는 쪽을 택했다.

부끄러웠던 것이다.

R. 변증법에 대한 몇 마디. 두 변혁.

우리 당의 위기 전개를 일반적으로 바라보면, 투쟁하는 양측의 기본 구성이 약간의 예외를 제외하고는 전 기간 내내 동일했다는 것을 쉽게 알게 될 것이다. 그것은 우리 당의 혁명 진영과 기회주의 진영의 투쟁이었다. 그러나 이 투쟁은 정말 다양한 단계를 통과했기에, 엄청난 양으로 쌓인 문건, 맥락에서 뚝 끊어져 나온 단편적인 수많은 증언, 개별적 비난 등등을 분석하고 싶은 사람이라면 누구라도 이 각각의 단계가 지닌 특수성을 정확히 알아야 한다.

명확하게 구분되는 이 주요 단계들을 열거해 보자. 1) 규약 제1조에 관한 논쟁. 조직의 기본 원칙에 관한 순전한 사상투쟁. 쁠레하노프와 우리는 소수파다. 마르또프와 악쎌로트는 기회주의적 정식화를 발의하고 기회주의자들 품에 안긴다. 2) 중앙위원회 후보자 명단 문제, 즉 5인조의 경우 포민이냐 바씰리예프냐, 3인조의 경우 뜨로쯔끼냐 뜨라빈스끼냐를 둘러싼『불꽃』조직의 분열. 쁠레하노프와 우리가 다수파가 된다(9 대 7). 부분적으로 이는 우리가 규약 제1조 문제에서 소수파였던 덕분이다. 마르또프와 기회주의자들의 연합은 조직위원회 사건으로 생겨난 나의 모든 우려를 실제로 확인시켜 주었다. 3) 규약의 세부 사항에 대한 논쟁의 계속. 기회주의자들이 또 다시 마르또프를 구원해 준다. 우리는 다시 소수파가 돼 중앙기관에서 소수파의 권리를 옹호한다. 4) 7인의 극단적 기회주의자들이 대회에서 퇴장한다. 우리는 다수파가 되고 표결에서 연합파(『불꽃』소수파, "늪"파, 반『불꽃』파)에 승리한다. 마르또프와 뽀뽀프는 우리 3인조에서 한 자리를 맡기를 거부한다. 5) 대회 후의 호선을 둘러싼 사소한 말다툼. 무정부주의적 행동과 무정부주의적 문구의 남발. "소수파"에서 가장 일관되지 못하고 불안정한 부류가 우위를 점한다. 6) 쁠레하노프는 분열을 피하려고 "kill with kindness[친절하게 죽이기]" 방침으로 옮겨간다. "소수파"는 중앙기관지 편집국과 평의회를 차지하고 전력을 다하여 중앙위원회를 공격한다. 사소한 말다툼이 계속해서 모든 것을 잠식해 간다. 7) 중앙위원회에 대한 첫 번째 공격이 격퇴된다. 사소한 말다툼이 약간 잠잠해지는 듯하기 시작한다. 당을 심하게 뒤흔드는 순전히 사상적인 두 가지 문제를 비교적 차분하게 논의할 가능성이 생겨난다. a) 제2차 대회에서 구체화됐고 초기의 모든 분열을 대체했던 우리 당의 "다수파"와 "소수파"로의 분열이 갖는 정치적 의의는 무엇이며 어떻게 설명되는가?, b) 조직 문제에 대한 새『불꽃』의 새로운 입장의 원칙적 의미는 무엇인가?

이들 각각의 단계에는 본질적으로 투쟁의 국면과 공격의 직접적 목적이 다르다는 특징이 있다. 말하자면, 각 단계는 하나의 총 원정에서 개별 전투다. 각 전투의 구체적 상황을 연구하지 않는다면 우리 투쟁에서 이해될 수 있는 것은 하나도 없다.

그러나 이를 연구하고 나면 우리는 발전이 정말로 변증법적으로, 모순을 통해 진행되는 것을 명백히 알게 될 것이다. 소수파가 다수파가 되고, 다수파가 소수파가 된다. 각 진영은 방어에서 공격으로, 공격에서 방어로 옮겨간다. 사상투쟁의 출발점(제1조)이 "부정되고" 모든 것을 잠식해 가는 사소한 말다툼에 자리를 넘겨준다.* 하지만 그 다음 "부정의 부정"이 시작되어, 서로 다른 중앙기관에서 하늘이 점지한 아내와 힘들어도 그럭저럭 "오순도순 살다가" 순전히 사상적인 투쟁이라는 출발점으로 되돌아온다. 그러나 이제 이 "테제"는 "안티테제"의 모든 결과물을 통해 풍부해져서 최고의 진테제로 전화한바, 이 전화가 일어난 것은 제1조에 관한 우연한 오류가 조직 문제에 관한 기회주의적 견해의 사이비 체계로 성장한 순간, 이러한 현상과 우리 당이 혁명 진영과 기회주의 진영으로 기본적으로 분열된 것 사이의 관계가 모든 사람 앞에서 더욱 더 일목요연하게 대두된 순간이다. 한마디로 귀리만 헤겔식으로 자라는 것이 아니라 러시아 사회민주주의자들 역시도 헤겔식으로 서로 싸우고 있는 것이다.

그러나 맑스주의가 받아들여 두 발로 바로 세운 헤겔의 위대한 변증법이란 것을 당의 혁명 진영과 기회주의 진영을 왔다 갔다 하는 정치 활동가들의 갈지자 행보를 정당화하는 저속한 방식과 혼동해서는 결코 안 된다. 또한 단일한 과정의 여러 단계

---

* 사소한 말다툼과 원칙적 불일치라는 어려운 문제는 이제 저절로 해결된다. 호선과 관계된 모든 것은 사소한 말다툼이다. 대회의 투쟁에 대한 분석에 관계된 것, 제1조 및 기회주의로의 전향에 관한 논쟁과 무정부주의에 관계된 것은 모두 원칙적 불일치다.

가 각각 발전해 가는 순간들과 그 각각의 언명들을 한 덩어리로 섞어 버리는 통속적 방식을 결코 혼동해서도 안 된다. 진정한 변증법은 개인적 오류를 정당화하는 것이 아니라 필연적 전향 轉向들을 연구하는 것이며, 그 발전을 구체성 속에서 최대한 상세하게 연구한 것에 근거하여 그러한 전향의 필연성을 입증하는 것이다. 변증법의 기본 명제는 추상적 진리는 없으며 진리는 언제나 구체적이라는 것이다…… 그리고 또한 이 위대한 헤겔의 변증법을 mettere la coda dove non va il capo(머리가 들어가지 않는 곳에는 꼬리를 집어넣어라.)라는 이탈리아의 속담으로 잘 표현되는 세상의 진부한 지혜와 혼동해서는 결코 안 된다.

우리 당내 투쟁의 변증법적 발전의 결과는 두 변혁이었다. 마르또프 동지가 자신의 『다시 한 번 소수파에서』에서 올바르게 지적했듯이, 당대회는 진정한 변혁이었다. "세계는 혁명으로 움직인다. 여기 우리가 혁명을 완수했다!"라고 말하는 소수파의 저 재기 넘치는 이들도 옳다. 그들은 대회 이후에 실제로 혁명을 단행했다. 그리고 일반적으로 말해서, 세계가 혁명으로 움직인다는 것 또한 사실이다. 하지만 각각의 구체적인 혁명의 구체적인 의미는 이러한 일반적 금언으로는 규정되지 않는다. 잊을 수 없는 마르또프 동지의 잊을 수 없는 말을 달리 표현하자면, 반동과 비슷한 혁명이 있는 것이다. 구체적인 어떤 혁명이 "세계를"(우리 당을) 앞으로 가게 했는지 아니면 뒤로 가게 했는지를 규정하기 위해서는, 혁명을 단행한 실제 세력이 당의 혁명 진영인지 기회주의 진영인지를 알아야 하고 투사들을 독려한 것이 혁명적 원칙인지 기회주의적 원칙인지를 알아야 한다.

우리 당대회는 그 유형으로 볼 때 러시아 혁명운동의 전 역사에서 유일하고 전례 없는 현상이었다. 비밀 혁명당이 지하의 어둠에서 세상 밖으로 나와서 우리 당내 투쟁의 과정과 결과 전체, 우리 당의 전모, 그리고 강령, 전술, 조직 등의 문제에서 어느 정도라도 두드러진 당의 각 부분의 전모 따위를 모든 이에게 보여 주는 일을 처음으로 해냈던 것이다. 서클적 분산성과 혁명적 속물근성에서 벗어나 그야말로 다양한 수십 개의 그룹을 모으는 일을 처음으로 해냈던 것이다. 이 그룹들은 종종 필사적으로 서로를 적대시했고 오로지 사상의 힘으로만 연결돼 있었지만, 사실상 처음으로 창출해 내는 위대한 완전체 — 당 — 를 위해 그룹의 온갖 고립성과 독자성을 희생할 각오가 (말하자면, 원칙적으로는) 돼 있었다. 하지만 정치에서 희생이라는 것은 그냥 주어지는 것이 아니라 싸워서 얻는 것이다. 조직의 말살을 둘러싼 전투는 무서울 정도로 격렬한 양상을 띠는 것이 불가피했다. 공개적이고 자유로운 투쟁이라는 신선한 미풍은 폭풍으로 변해 버렸다. 이 폭풍은 서클적 이해관계와 감정, 그리고 전통이 남긴 온갖 잔재를 예외 없이 쓸어내고 – 쓸어냈다는 건 멋진 일이다! – 실제로 당의 직무를 맡은 기구들을 처음으로 만들어 냈다.

하지만 스스로 칭하는 이름과 실제는 별개의 것이다. 당을 위하여 서클 근성을 원칙적으로 희생하는 것과 자신의 서클을 포기하는 것은 별개의 것이다. 케케묵은 속물근성에 익숙한 사람들에게 신선한 미풍은 여전히 너무 신선했다. 마르또프 동지가 자신의 『다시 한 번 소수파에서』에서 (본의 아니게) 올바르게 표현했듯이 "당은 첫 번째 대회를 감당해 내지 못했다." 조직의 말살로 인한 모욕감이 너무도 강했다. 광풍이 우리 당이라는 여울 밑바닥에 가라앉아 있던 모든 것을 피어오르게 했고 그 침전물들이 복수에 나섰다. 낡고 편협한 서클 근성이 아직은 젊은 당의 정신을 눌러 이겼다. 격파당한 당의 기회주의 진영은 우연히 얻은 아끼모프라는 전리품으로 스스로를 보강하여 혁명 진영에 승리를 ― 물론, 일시적으로 ― 거두었다.

그 결과가 새『불꽃』이고, 새『불꽃』은 당대회에서 그 편집자들이 저질렀던 오류를 발전시키고 심화하지 않을 수 없었다. 옛『불꽃』은 혁명 투쟁의 진리를 가르쳤다. 새『불꽃』은 양보와 사교성이라는 세상의 지혜를 가르친다. 옛『불꽃』은 전투적인 정통 기관지였다. 새『불꽃』은 우리에게 기회주의의 찌꺼기를 선물한다 ― 주로 조직 문제에서. 옛『불꽃』은 러시아 및 서유럽 기회주의자들의 미움을 받는 명예를 누렸다. 새『불꽃』은 "똑똑해져서" 자신을 향해 쇄도하고 있는 극단적 기회주의자들의 찬사를 금세 더 이상 부끄러워하지 않게 될 것이다. 옛『불꽃』은 자신의 목표를 향해 의연히 나아갔으며 말과 행동의 불일치가 없었다. 새『불꽃』에서는 그 입장의 내적 기만성으로 인해 ― 심지어 누구의 의지나 의식과도 무관하게 ― 정치적 위선이 도출될 것이 불가피하다. 그들은 서클 근성이 당 정신을 이긴 것을 은폐하기 위해 서클 근성을 반대하여 소리친다. 그들은 마치 어느 정도 조직된 당이라는 것 내에서 다수에 대한 소수의 복종 외에 분열을 막을 다른 어떤 방법이라는 것을 생각해 볼 수 있다는 듯이 위선적으로 분열을 단죄한다. 그들은 혁명적 여론을 중시할 필요가 있다고 천명하면서도 아끼모프들의 찬사를 숨기고서 당의 혁명 진영에 속한 위원회들에 대해 사소한 유언비어를 퍼뜨리는 일에 매진한다.* 이 얼마나 수치스러운 일인가! 그들은 우리 옛 『불꽃』에게 얼마나 망신을 주었는가!

한 걸음 앞으로 두 걸음 뒤로 …… 이는 개개인의 생활에서도, 민족의 역사에서도, 당의 발전에서도 한 번씩 일어나는 일이다. 혁명적 사회민주주의 원칙들, 프롤레타리아의 조직, 당 규율 등의 필연적이고 완전한 승리를 한 순간이라도 의심한다면, 이는 죄가 될 정도로 소심한 일일 것이다. 우리는 이미 아주 많은 것을 쟁취했으니, 실패에 낙심하지 말고 앞으로도 싸워야 한다. 서클적 난투라는 속물적 방식을 경멸하면서, 그러한 노력으로 만들어진 모든 러시아 사회민주주의자의 당적 관계를 지키면서 일관되게 싸워야 한다. 또한 끈질기고 체계적인 노력을 기울여서, 모든 당원, 특히 노동자들이 당의 의무와 제2차 당대회의 투쟁, 우리가 갈라서게 된 모든 원인과 그 우여곡절을 충분히, 그리고 의식적으로 알 수 있도록, 우리 강령과 전술의 영역에서 그런 것처럼 조직의 영역에서도 부르주아 심리에 무력하게 굴복하고 부르주아민주주의 관점을 무비판적으로 취하고 프롤레타리아트 계급투쟁의 무기를 무디게 만드는 기회주의의 모든 파멸성을 알 수 있도록 만들어야 한다.

권력투쟁에서 프롤레타리아트에게는 조직 외에는 다른 무기

---

* 이 즐거운 작업을 위해 판에 박힌 하나의 형식마저 이미 만들어 놓았으니, 다수파 X 위원회가 소수파 Y 동지를 형편없이 취급했다는 사실을 우리 통신원 Z가 알려왔다는 식이다.

가 없다. 부르주아 세계에서 무정부주의적 경쟁에 지배당하여 흩어져 있고 자본을 위한 강제 노동으로 혹사당하고 완전한 빈곤과 퇴보와 타락의 "밑바닥"에 내팽개쳐진 프롤레타리아트가 무적의 세력이 될 수 있고 또 필연적으로 그렇게 되는 것은 수백만의 노동자들을 노동자계급의 군대로 융합시키는 조직이라는 물질적 단결을 통해 맑스주의 원칙으로 사상적 단결을 강화할 때만 가능한 일이다. 노쇠한 러시아 전제주의 권력도, 노쇠해지고 있는 국제 자본의 권력도 이 군대를 이겨 내지 못할 것이다. 오늘날의 사회민주주의 지롱드의 기회주의적 문구들에도 불구하고, 낙후된 서클 근성의 자족적 찬사에도 불구하고, 번쩍거리며 야단법석을 떠는 지식인적 무정부주의에도 불구하고, 이 군대는 더욱더 긴밀하게 자신의 대오를 결속할 것이다.

———

부록

구쎄프 동지와 데이치 동지 사건

이 사건의 본질은 J장 본문에 인용해 놓은 마르또프 동지와 스따로베르 동지의 편지[73]에 나온 (마르또프 동지의 표현에 따르자면) 이른바 "날조된" 명단과 밀접하게 관련돼 있으며, 그 것은 다음과 같다. 구쎄프 동지가 빠블로비치 동지에게 알려준 바에 따르면, 슈쩨인, 예고로프, 뽀뽀프, 뜨로쯔끼, 포민 동지로 구성된 이 명단을 데이치 동지가 자신에게 통지했다고 한다(빠블로비치 동지의 『편지』12쪽). 이런 보고에 대해 데이치 동지 는 "고의적 중상"이라고 구쎄프 동지를 비난했으며, 동지 중재 재판은 구쎄프 동지의 "보고"가 "잘못된" 것임을 인정했다. (『불 꽃』제62호의 재판 결정문을 보라.) 『불꽃』편집국이 재판 결정 문을 게재한 이후 (이미 편집국원이 아니던) 마르또프 동지는 『동지 중재재판의 결정서』라는 제목으로 별도의 리플릿을 발행 했는데, 그는 거기에 재판 결정문뿐만 아니라 사건 검토 전체에 관한 보고서 전문과 자신의 후기까지도 통째로 다시 인쇄해 넣었다. 그런데 그 후기에서 마르또프 동지는 "분파 투쟁을 위해서 명단을 위조한 사실"은 "치욕스러운" 짓이라고 일컬었다. 이 리플릿에 대해 제2차 대회 대의원이던 랴도프 동지와 고린 동지는 『중재재판 방청자』라는 제목의 리플릿으로 응답했다. 이 리플릿에서 그들은 재판에서 구쎄프 동지의 보고가 잘못됐다는 것만을 확증했을 뿐 고의적 중상이 있었다는 것은 인정하지 않은 상황에서 "마르또프 동지가 재판 결정서에서 더 나아가 구쎄프 동지에게 악의적 동기가 있었다고 한 것에 대해 강력히 항의한다."라고 말했다. 고린 동지와 랴도프 동지는 구쎄프 동지의 보고가 매우 자연스러운 실수로 인해 생긴 것일 수 있다고 상세히 설명하면서, 마르또프 자신도 부정확한 성명을 여러 번 낸 적이 있는 (또 그의 리플릿에서도 계속 그렇게 하고 있다.) 상황에서 구쎄프 동지에게 악의적 의도가 있는 것으로 마음대로 추정한 마르또프 동지의 행동은 "부적절하다"라고 규정했다. 여기서 악의적 의도란 전혀 있을 수가 없었다고 그들은 말했다. 내가 실수하는 것이 아니라면, 이 문제에 관한 "문건"은 이것이 전부인바, 나에게는 이 문제를 해명하는 데 조력할 의무가 있다고 생각한다.

무엇보다 먼저, 독자들은 이 명단(중앙위원회 후보 명단)이 생겨난 시기와 조건에 대해 분명히 알 필요가 있다. 이 책의 본문에서 내가 지적했듯이,[74] 『불꽃』 조직은 대회에 공동으로 제출할 수 있을 중앙위원회 후보 명단에 관하여 대회에서 협의한 바 있었다. 그 협의는 의견 불일치로 끝났고, 결국 『불꽃』 조

직 다수파가 뜨라빈스끼, 글레보프, 바씰리예프, 뽀뽀프, 뜨로
쯔끼로 된 명단을 채택했지만, 소수파는 양보를 원치 않았고 뜨
라빈스끼, 글레보프, 포민, 뽀뽀프, 뜨로쯔끼로 된 명단을 고집
했다.『불꽃』조직의 양측은 이 명단들이 제출돼 표결에 부쳐진
이래로 회합을 갖지 않았다. 양측은 자신들을 갈라놓은 논란의
문제를 당대회 전체의 투표를 통해 해결하기를 기대하면서, 또
한 자기 진영으로 가능한 한 더 많은 대의원을 끌어들이려 노력
하면서 대회에서 자유로운 선동에 들어갔다. 대회에서의 이 자
유로운 선동은 즉각 한 가지 정치적 사실을 폭로했는데, 나는
그것을 이 책의 본문에서 다음과 같이 매우 상세히 분석한 바
있다. (마르또프를 수반으로 하는)『불꽃』소수파는 우리에게
승리하기 위해 "중앙파"("늪"파)와 반『불꽃』파에 의지해야만
했다. 반『불꽃』파와 "중앙파"의 급습에 맞서『불꽃』의 강령과
전술과 조직 계획을 일관되게 옹호해 온 대다수 대의원은 매우
빨리, 그리고 매우 굳건히 우리 편에 섰다. 반『불꽃』파에도, "중
앙파"에도 속하지 않았던 33인의 대의원(더 정확히는 표) 중에
서 우리는 매우 빨리 24인을 획득하여 "결집된 다수파"를 형성
했다. 마르또프 동지는 총 9표로 남게 됐다. 승리하기 위해서 그
에게는 반『불꽃』파와 "중앙파" 전원의 표가 필요하게 된 것이
다. ─ (규약 제1조에 관해서 그랬던 것처럼) 그는 이 그룹들과
함께 갈 수도 있었고 "연합할" 수도 있었다. 그들의 지지를 받
을 수 있었다는 것이다. 하지만 직접 합의할 수는 없었다. 그럴
수 없었던 까닭은 바로 대회 전체 기간 동안 우리가 이 그룹들
과 싸웠던 것만큼이나 그도 이들과 격렬하게 싸웠기 때문이다.

마르또프 동지의 희비극적 처지는 바로 그런 것이었다! 마르또프 동지는 자신의 『계엄 상태』에서 다음과 같은 지극히 독설적인 질문으로 나를 제거하고자 한다. "우리는 다음과 같은 질문에 직설적으로 답해 줄 것을 레닌 동지에게 정중하게 요청한다. ─ 대회에서 『남부 노동자』 그룹이 누구에게 국외자였나?"(23쪽 각주) 정중하고 직설적으로 답하겠다. 그들은 마르또프 동지에게 국외자였다. 내가 매우 빨리 『불꽃』파와 직접 합의했던 반면 마르또프 동지는 『남부 노동자』와도, 마호프들과도, 브루께르들과도 직접 합의하지 않았고 할 수도 없었다는 것이 그 증거다.

이러한 정치적 상황을 명료하게 이해하고 난 다음에야 저 악명 높은 "날조된" 명단이라는 골치 아픈 문제의 "핵심"이 어디에 있는지를 이해할 수 있다. 사태의 구체적 상황을 떠올려 보라. 『불꽃』 조직은 분열됐고 우리는 각자의 명단을 옹호하면서 대회에서 자유롭게 선동한다. 그 과정에서 수많은 사적인 개별 대화에서 명단은 숱하게 많은 조합으로 구성되면서 5인조 대신 3인조가 제안되기도 하고, 한 후보를 다른 후보로 대체하는 온갖 가능한 경우가 다 제안되기도 한다. 예를 들어, 나는 다수파의 비공개 대담에서 루쏘프, 오씨쁘프, 빠블로비치, 제도프 동지들이 후보자로 추천됐다가 나중에 논의와 논쟁 끝에 취소됐던 것을 잘 기억하고 있다. 아마도 내가 모르는 다른 후보들도 추천됐을 것이다. 대회 대의원들은 저마다 대담에서 자신의 의견을 개진하고 수정안을 제시했고 논쟁했다. 이런 일이 다수파 내에서만 일어났다고 가정하기는 극히 어렵다. 소수파 내에서도 똑같은 일이 있었다는 것은 의심의 여지가 없다. 우리가 마르또프 동지와 스따로베르 동지의 편지에서 보았듯이, 그들의 최초 5인조(뽀뽀프, 뜨로쯔끼, 포민, 글레보프, 뜨라빈스끼)가 3인조 — 글레보프, 뜨로쯔끼, 뽀뽀프 — 로 대체됐으며, 더우기 글레보프가 자신들의 마음에 들지 않자 그들은 그를 포민으로 기꺼이 대체했으니까 말이다. (랴도프와 고린 동지의 리플릿을 보라.) 내가 이 소책자에서 나누어 놓은 대회 대의원 그룹들은 post factum[사후에] 이루어진 분석에 근거하여 구분한 것이라는 점을 잊지 말아야 한다. 실제로 이 그룹들은 선거의 사전 선동 과정에서 비로소 눈에 띠게 된 것이고, 대의원들 사이에서는 완전히 자유로운 의견 교환이 이루어졌다. 우리 사이에는 그 어떤 "벽"도 없었으며 사적으로 대화를 나누고 싶으면 어떤 대의원들이건 관계없이 각자 그렇게 했다. 이런 상황에서 『불꽃』조직 소수파의 명단(뽀뽀프, 뜨로쯔끼, 포민, 글레보프, 뜨라빈스끼)과 나란히 그것과 큰 차이 없는 뽀뽀프, 뜨로쯔끼, 포민, 슈쩨인, 예고로프의 명단이 온갖 가능한 조합의 명단 가운데 나타났던 일 역시 조금도 놀라운 일이 아니다. 이러한 후보들의 조합이 생겨난 것이 극히 자연스러운 이유는 우리 후보자 글레보프와 뜨라빈스끼가 『불꽃』조직 소수파의 마음에 들지 않았던 것이 분명하기 때문이다. (J장 본문에 있는 그들의 편지를 보라.[73] 그 편지에서 그들은 3인조에서 뜨라빈스끼를 빼 버리고 글레보프에 대해서는 타협안이라고 대놓고 말한다.) 글레보프와 뜨라빈스끼를 조직위원회 위원인 슈쩨인과 예고로프로 대체하는 것은 전적으로 자연스러운 일이었기에 당 소수파 대의원 가운데 어느 누구라도 그렇게 대체하겠다고 한 번쯤 생각해 보지 않았다면 이상했을 일이다.

　이제 다음 두 가지 질문을 검토해 보자. 1) 예고로프, 슈쩨인, 뽀뽀프, 뜨로쯔끼, 포민으로 된 명단은 누구에게서 나온 것인가? 2) 마르또프 동지는 그 명단의 작성자로 지목된 것에 대해 왜 그렇게 격분했는가? 첫 번째 질문에 대해 **정확하게** 답하기 위해서는 대회의 모든 대의원에게 설문 조사를 해야 할 것이다. 이는 지금 불가능한 일이다. 특히,『불꽃』조직의 분열을 야기한 명단들에 관한 말을 대회에서 들었던 당 소수파(『불꽃』조직 소수파와 혼동해서는 안 된다.) 대의원이 누구누구인지, 또 이들이『불꽃』다수파와 소수파 각각의 명단들에 대해 어떤 태도를 취했는지, 그 명단들을 바람직한 방향으로 변경하자는 어떤 제안이나 의견을 들은 적이 있는지를 밝혀야 할 것이다. 유감스럽게도, 이러한 문제들은 중재재판에서도 제기되지 않았음이 분명한바, 중재재판은 (결정서 본문으로 판단해 볼 때)『불꽃』조직을 분열시킨 5인조 명단이 어떤 것인지도 정확히 알지 못한 상태였다. 예를 들어 (내가 "중앙파"로 여기는) 벨로프 동지는 "벨로프는 데이치와 우호적 동지 관계를 맺고 있었고 데이치 동지가 대회의 활동에 관해 받은 인상들을 벨로프에게 말해 주곤 했기 때문에 만일 데이치가 이런저런 명단에 관해 어떤 선동을 했다면 이에 관해 벨로프에게도 알려주었을 것이라고 증언했다." 데이치 동지가 대회에서『불꽃』조직의 명단에 대한 인상을 벨로프 동지와 공유했는지, 만약 그랬다면『불꽃』소수파가 제안한 5인조에 대해 벨로프 동지는 어떤 태도를 보였는지, 그 명단에 대해 바람직한 변경을 제안했거나 다른 사람들이 제안하는 것을 들었는지 여부가 규명되지 않은 채 남겨진 것은 유감스러운 일이 아닐 수 없다. 이러한 정황의 불명확성으로 인해 벨로프 동지와 데이치 동지의 증언에 모순이 생기는 것이고, 고린 동지와 랴도프 동지가 이를 이미 지적한 바 있으니, 그것은 바로 데이치 동지가 자신의 주장에도 불구하고 그와는 반대로 『불꽃』 조직이 지명한 "이런저런 중앙위원회 후보들을 위해서 선동했다."라는 점이다. 벨로프 동지는 더 나아가 다음과 같이 증언했다. "대회가 폐회되기 2~3일 전에 예고로프 동지와 뽀뽀프 동지와 하리꼬프위원회 대의원들을 만나서 사적 대화를 나누면서 대회에 나도는 명단에 관해 알게 됐다. 이때 예고로프는 자신의 이름이 중앙위원회 후보자 명단에 들어 있는 것에 대해 놀라움을 표현했는데, 왜냐하면 그의, 즉 예고로프의 생각으로는, 대회 다수파 대의원이나 소수파 대의원 모두가 자신이 후보가 되는 것에 공감하지 못할 것이기 때문이었다." 여기서 『불꽃』 조직의 소수파가 이야기되고 있다는 것은 분명 극히 특징적이다. 왜냐하면 당대회의 나머지 소수파 사이에서 조직위원회 위원이자 "중앙파"의 저명한 연설자인 예고로프 동지의 입후보는 공감을 얻을 수 있었을 뿐만 아니라 십중팔구 얻기도 했을 것이기 때문이다. 유감스럽게도 당 소수파에서 『불꽃』 조직에 속하지 않았던 당원들이 공감을 했는지 아닌지에 대해 우리는 벨로프 동지로부터 아무것도 알아내지 못한다. 그런데 이 문제가 중요한 것은 이 명단의 작성자로 『불꽃』 조직 소수파가 지목된 것에 대해 데이치 동지는 분노했지만 이 명단이 그 조직에 속하지 않았던 소수파로부터 나왔을 수도 있기 때문이다!

물론, 현재로서는 누가 처음에 이러한 조합의 명단을 제안했는지, 우리 각자는 누구에게서 이에 관한 말을 들었는지를 기억해 내는 것이 매우 어렵다. 예를 들어, 나의 경우, 이것은 물론이고 내가 언급했던 루쏘프, 제도프와 다른 이들로 된 후보자를 다수파에서 과연 누가 처음에 제출했는지도 기억해 낼 엄두가 안 난다. 온갖 가능한 후보자 조합에 대한 수많은 대화, 제안, 소문 가운데 나의 기억에 뚜렷이 남아 있는 것은 오직『불꽃』조직이나 다수파의 비공개 회합에서 직접 상정됐던 "명단들"뿐이다. 이 "명단들"은 대부분 구두로 전해졌다. (내가 쓴 「『불꽃』 편집국에 보내는 편지」 4쪽 아래에서 다섯 번째 행에서 내가 "명단"이라고 부르는 것은 바로 회합에서 내가 구두로 제안했던 5인 후보의 조합이다.) 하지만 쪽지에 적혀 대회 회의 시간에 대의원들 사이에서 건네졌다가 회의가 끝나고 나면 없어져 버리곤 하는 경우도 많았다.

이 악명 높은 명단의 출처에 관한 정확한 정보가 없는 상태에서는,『불꽃』조직 소수파가 알지 못하는 당의 어떤 소수파 대의원이 이 명단에 들어 있는 후보들의 조합에 찬성 의사를 표명하여 이 조합이 구두와 서면으로 대회에 돌아다니기 시작했다고 가정하거나『불꽃』조직 소수파 가운데 누군가가 대회에서 이 조합에 찬성 의사를 표명했다가 나중에 이를 잊어버렸다고 가정하는 수밖에 없는 것이다. 나는 후자의 가정이 더 신빙성이 있다고 생각하는데, 그 이유는 대회 때까지만 해도『불꽃』소수파는 슈쩨인 동지가 후보가 되는 것에 대해 **틀림없이** 호의

적이었고(이 소책자 본문을 보라.[75]), 이 소수파에게 예고로프 동지를 후보로 한다는 생각이 들었던 것은 대회 이후인 것이 분명하기 때문이다. (연맹 대회에서도, 그리고 『계엄 상태』에서도 조직위원회가 중앙위원회로 승인되지 않은 것에 대한 유감이 표명된 바 있는데, 예고로프 동지는 조직위원회 위원이었다.) 조직위원회 위원을 중앙위원회 위원으로 전환시킨다는 이러한 생각은 사전에 감지되고 있었던 것이 분명한데, 그것을 당대회에서도 어떤 소수파 당원이 사적 대화 중에 거론했다고 가정하는 것이 과연 자연스럽지 않은 일인가?

하지만 마르또프 동지와 데이치 동지는 자연스러운 설명 대신 어떤 **추잡함**, 모략, 부정직한 그 무엇, "비방을 **목적으로** 하는 고의적 허위 소문"유포, "**분파 투쟁을 위한 위조**"등등을 끊임없이 발견해 내려 한다. 이러한 병적 노력은 망명 생활의 음울한 조건이나 비정상적 신경 상태로만 설명이 가능한데, 만일 사태가 한 동지의 명예를 야비하게 훼손시키는 지경에 이르지 않았더라면 나는 이 문제를 아예 자세히 다루지도 않았을 것이다. 한 가지만 생각해 보라. 데이치 동지와 마르또프 동지는 무엇을 근거로 부정확한 보고, 부정확한 소문에서 추잡하고 악의적인 의도를 찾을 수 있단 말인가? 자신들의 병적 상상을 통해 그들이 그려 놓은 그림은 다수파가 소수파의 정치적 오류(제1조, 그리고 기회주의자들과의 연합)를 지적하는 방식이 아니라 "고의로 허위적인" "위조된" 명단을 소수파가 작성했다고 전가하는 방식으로 그들을 "비방했다"는 것이다. 소수파는 사태를 자신들의 오류가 아니라 다수파의 추잡하고 부정직하고 치욕스러운 수법으로 설명하는 쪽을 택했다! "잘못된 보고"에서 악의적 의도를 찾는 것이 얼마나 불합리한가를 우리는 앞에서 사태의 정황을 개략적으로 서술함으로써 이미 보여 준 바 있다. 어떤 비방도, 어떤 사악한 의도도, 어떤 치욕적인 것도 검증해 내지 못한 동지 중재재판 역시 이를 보여 주었다. 마지막으로, 선거가 있기 전에 이미 당대회에서『불꽃』조직 소수파가 이 부정확한 소문을 두고 다수파와 논쟁을 벌였으며 마르또프 동지는 심지어 다수파 대의원 24인 전원이 참석한 회합에서 낭독한 편지에서 자신의 입장을 설명하기까지 했다는 사실에 의해서도 그 무엇보다 더 확연하게 이 점이 입증되는 바다! 다수파는 그 같은 명단이 대회에 돌고 있다는 것을『불꽃』조직 소수파에게 감추려고 생각한 적도 없었다. 렌스끼 동지가 데이치 동지에게 이에 관해 말한 바 있다. (재판 결정문을 보라.) 쁠레하노프는 이에 관해 자쑬리치 동지에게 말했고(쁠레하노프 동지는 내게 이렇게 말했다. "그녀와는 말하는 게 불가능하다. 그녀는 나를 뜨레뽀프 대하듯 대하는 듯하다." 수차례 반복된 이 농담은 소수파의 비정상적 흥분 상태를 다시 한 번 보여 준다.), 나는 마르또프 동지에게 (그 명단이 그의, 즉 마르또프의 것이 아니라는) 그의 주장으로 충분하다고 말했다(『연맹 의사록』 64쪽). 그러자 마르또프 동지는 (내 기억으로는 스따로베르 동지와 함께) 대략 다음과 같은 내용이 적힌 쪽지를 우리 사무국으로 보냈다. "『불꽃』편집국 다수파는 우리에 대해 유포되고 있는 치욕적 소문을 반박하기 위해 다수파의 비공개 회합에 우리가 참석하도록 해 줄 것을 요청한다." 쁠레하노프와 나는 그 쪽지에다 다음과 같은 답을 적었다. "우리는 그 어떤 치욕적 소문도 들은 바가 없다. 만약 편집국 회합이 요구된다면 이에 관해 별도로 합의해야 한다. 레닌, 쁠레하노프." 다수파의 저녁 회합에서 우리는 이를 24인의 대의원 전원에게 이야기했다. 온갖 오해의 가능성을 없애기 위해 우리 24인 가운데 대표자들을 공동으로 선출하여 마르또프 동지 및 스따로베르 동지와 담판을 짓도록 파견했다. 선출된 대표들인 쏘로낀 동지와 싸블리나 동지가 가서 그 명단을 마르또프 동지나 스따로베르 동지가 작성한 것으로 추정한 사람은 딱히 아무도 없다는 점, 특히 그들의 성명서가 나온 이후에는 더욱 그렇다는 점과 이 명단이 『불꽃』 조직 소수파로부터 나온 것인지 아니면 『불꽃』에 속하지 않는 대회 소수파에서 나온 것인지는 전혀 중요하지 않다는 점을 설명했다. 사실, 대회에서 실제로 조사라는 것이 이루어지지도 않았다! 이 명단에 대해 모든 대의원에게 설문 조사를 하지도 않았으니까! 하지만 마르또프 동지와 스따로베르 동지는 이렇게 하는 것을 넘어서 공식적 반박문을 실은 편지[73]를 우리에게 또 보냈다. (J장을 보라.[72]) 우리에게 전권을 위임받은 쏘로낀 동지와 싸블리나 동지가 24인의 회합에서 이 편지를 낭독했다. 사태는 이미 종결된 것으로 생각될 수 있을 것 같았다. (만일 누가 이에 관심을 가진다면) 명단의 출처를 찾았다는 의미에서가 아니라 "소수파의 명예를 훼손하거나" 누군가를 "비방하거나" "분파 투쟁을 위해 위조"를 이용하려는 의도가 있었다는 생각 자체가 완전히 일소됐다는 의미에서 종결된 것 같았다는 것이다. 그런데 마르또프 동지는 연맹 대회에서(63~64쪽) 병적 상상이 만든 이

억지스러운 추잡한 일을 다시 끄집어내고 더욱이 (분명, 홍분된 상태 때문에) 무수한 **잘못된** 보고를 보낸다. 그는 그 명단에 분트파가 1인 있었다고 말했다. 이는 사실이 아니었다. 슈쩨인 동지와 벨로프 동지를 포함한 중재재판의 모든 증인이 그 명단에 예고로프 동지가 있었다는 것을 확인해 주었다. 마르또프 동지는 명단이 직접적 합의라는 의미에서 연합을 의미했다고 말했다. 내가 이미 설명했듯이 이는 사실이 아니다. 마르또프 동지는 『불꽃』 조직 소수파에서 나온 (그리고 대회 다수파가 이 소수파에서 등을 돌리게 만들 수 있는) 다른 명단들은 "심지어 위조된 것조차도 없었다."라고 말했다. 이는 사실이 아니다. 왜냐하면 당대회 다수파 전원이 마르또프 동지 일당에서 나왔다가 다수파의 동의를 얻지 못한 명단이 최소한 세 개는 있었다는 것을 알고 있기 때문이다. (랴도프와 고린의 리플릿을 보라.)

마르또프 동지는 이 명단 때문에 왜 그토록 격앙됐던가? 이 명단이 당의 우익을 향한 전향을 의미했기 때문이다. 당시에 마르또프 동지는 "기회주의라는 허위 비난"에 맞서 소리를 지르고 "자신의 정치적 입장이 잘못 규정된" 것에 대해 격분했다. 그런데 이제 모든 사람이 그 유명한 명단이 마르또프 동지와 데이치 동지의 것인가의 문제는 어떠한 정치적 의의도 지닐 수 없으며 이 **명단이건** 다른 어떤 **명단이건** 상관없이 본질적으로 그 비난이 허위가 아니라 진실이었고 정치적 입장의 성격 규정도 완전히 옳았다는 것을 보고 있는 것이다.

악명 높은 날조 명단에 대한 이 서글프고 지루한 일의 결론은 다음과 같다.

1) "분파 투쟁을 위해 명단을 위조한 치욕스런 사실"에 대해 외치면서 마르또프 동지가 구쎄프 동지의 명예를 훼손한 것은 고린 동지와 랴도프 동지가 말한 것처럼 부적절한 짓이라고 부르지 않을 수 없다.

2) 분위기를 회복시키고 병적인 온갖 돌발 행동을 심각하게 받아들이는 속박감에서 당원들이 벗어날 수 있도록 하기 위해 제3차 대회에서는 독일사회민주주의당의 조직 규약에 있는 것과 같은 규정을 정립해야 할 것 같다. 그 규약의 제2조는 다음과 같다. "당 강령의 원칙을 심하게 위반하거나 불명예스러운 행동을 한 책임이 있는 사람은 당에 소속될 수 없다. 당원 자격 유지 문제는 당의 집행부에 의해 소집되는 중재재판에서 결정한다. 재판관의 절반은 제명을 제안하는 사람이 임명하고 나머지 절반은 제명이 요구된 사람이 지명하며 의장은 당의 집행부가 지명한다. 중재재판의 결정에 대해 통제위원회나 당대회에 항소할 수 있다." 이와 같은 규정은 종류를 불문하고 어떤 불명예스러운 행위에 관해 경솔하게 비난을 가하거나 (소문을 퍼뜨리는) 모든 사람에 반대하는 훌륭한 투쟁의 무기가 될 수 있다. 이러한 규정이 존재할 경우, 비난하는 사람들이 고발자의 자격으로 당 앞에 나서서 해당 당 기관이 평결을 내리도록 만들 도덕적 용기가 없다면 그러한 모든 비난은 항상 부적절한 중상으로 분류될 것이다.

———

후주

[1] 레닌은 1904년 1월 15일 『불꽃』 제57호 부록에 실린 마까쥬프(빠닌)의 기고문 「우리 당의 임무라는 문제에 관하여. 조직에 관하여」를 염두에 두고 있다. 글에는 "실천가"라는 서명이 달려 있었다.

[2] 1902년 3월 23~28일 폴란드 비아위스토크에서 열린 러시아사회민주주의노동자당 지역위원회와 당 소속 조직의 대표자들의 협의회를 말한다. "경제주의자들"은 당내에서 자신의 입지를 강화하고 『불꽃』의 영향력을 약화시킬 생각으로 협의회를 러시아사회민주주의노동자당 제2차 대회로 삼을 계획이었다. 하지만 러시아에서 활동하고 있던 러시아사회민주주의노동자당 조직들 가운데 네 곳에서만 대표를 파견하는 등 구성이 제한돼 있었기 때문에 그 계획은 실패했다. 또한 이 협의회에서는 제2차 당대회 소집을 위한 조직위원회를 만들려 했으나, 위원 두 명이 체포됨으로써 활동에 착수할 수 없었다. 새로운 조직위원회는 1902년 11월에 구성됐다.

[3] 불꽃 제32호(1903년 1월 15일)에 실린 「조직위원회 구성을 알림」을 말한다. (V. I. 레닌 지음, 김탁 옮김, 『레닌저작집 2-1』, 전진, 1988년, 267~271쪽.)

[4] '리뚜아니아, 폴란드, 러시아 전유대인노동자동맹' (분트)은 1897년 빌노의 유대인사회민주주의그룹 창립 대회에서 결성되었으며, 성원들은 주로 러시아 서부 지역의 반半프롤레타리아들이었다. 러시아사회민주주의노동자당 제1차 대회에서 당에 가입하였으나 분리주의와 민족주의를 주장했다.

[5] 제2차 당대회 후에 1903년 10월 13~18일에 주네브에서 개최된 국외러시아혁명적사회민주주의자연맹 제2차 대회를 말한다. 이 대회는 멘셰비끼가 강력하게 요구하여 소집됐다. 마르또프가 멘셰비끼를 옹호하고 볼셰비끼를 비방하자, 논쟁이 무의미하다며 레닌과 볼셰비끼는 회의장을 떠났다. 그런 뒤에 연맹 대회 다수파인 멘셰비끼는 제2차 당대회 몇

가지 결정 사항에 반하는 규약과 결의안을 채택했고, 이 연맹 제2차 대회 이후 멘셰비끼는 당에 반대하는 투쟁의 거점이 됐다.

국외러시아혁명적사회민주주의자연맹은 국외에 있는 러시아 사회민주주의 조직들의 통합을 위해 1901년 9월 쮜리히에서 열린 대회에서 국외러시아사회민주주의자동맹(후주[39] 참조)이 "경제주의"에 반대한다는 이전 합의를 뒤집자 『불꽃』과 『여명』을 중심으로 1901년 10월에 결성한 단체다.

[6] 「『불꽃』에 보내는 편지」(『불꽃』 제53호, 1903년 11월 25일)를 말한다. (V. I. 레닌 지음, 김탁 옮김, 『레닌저작집 2-2』, 전진, 1988년, 106~109쪽.)

[7] 분트(후주[4] 참조)의 당내 위치 문제를 논의할 때(7월 19일) 분트는 대회에 자체 규약을 제출하고는 당 규약 채택 이전에 검토해 줄 것을 제안했으나 대회는 기각했고, 8월 5일에 대회는 활동에 제한을 받지 않는다는 분트 규약 제2조를 기각했다. 이에 대한 항의로 분트 대의원들은 러시아사회민주주의노동자당 탈퇴를 선언하고 대회장을 떠났다.

[8] 1900년 여름 빠리에서 만들어진 사회민주주의 그룹 '투쟁'을 말한다. 이 그룹은 러시아 사회민주주의운동에서 대립하던 그룹 사이의 화해를 시도하여 국외에서 사회민주주의 조직 대표자 협의회를 소집하자고 발의하기도 했다. 이 그룹은 출판물에서 맑스주의 혁명 이론을 왜곡하고 『불꽃』과 레닌의 당 건설 조직 원칙에 적대적 태도를 취했다. 러시아사회민주주의노동자당 제2차 대회의 결정에 의해 이 그룹은 해산됐다.

[9] '신조'를 뜻하는 Credo는 러시아의 사회 평론가 꾸스꼬바가 1899년에 쓴 글의 제목이다. 이 글에서 꾸스꼬바는 노동자계급은 "최소 저항 노선"을 따라 경제투쟁만 해야 하고 합법적 제도를 얻기 위한 정치투쟁은 "자유주의적 반정부파"에게 맡겨야 한다고 주장했다. 레닌은 『무엇을 할 것인가?』 여러 곳에서, 특히 제1장 제3절(최호정 옮김, 박종철 출판사, 2014년, 30~31쪽)에서 그 글을 분석하며 비판했다. 이어지는 "늪"에 대한 비유도 같은 책 제1장 제1절(같은 책, 18쪽)에 등장한다.

[10] 경제주의란 1900년대 초 러시아의 사회민주주의운동에서 유행했던

사조를 말하는데, 정치투쟁은 부르주아들이 맡고 프롤레타리아는 공장에서의 경제투쟁을 맡아야 한다는 것이 그 주장의 핵심이었다. 레닌은 『무엇을 할 것인가?』 곳곳에서 경제주의를 비판했다.

[11] 멘셰비끼『불꽃』편집국은 1904년 1월 15일자『불꽃』제57호의 부록에 경제주의자였던 마르띠노프의 글을 게재했고, 그 글에서 그는 볼셰비끼의 조직 원칙을 반대했다. 그 기사에 추가 글을 쓴 편집국은 필자의 몇몇 생각에는 동의하지 않는다는 단서를 달았지만 마르띠노프의 기본적 명제들에는 동의했다.

[12] 1902년에 하리꼬프와 보로셰슈 등에서 일어난 농민 반란을 말하며, 이 반란은 혁명적 노동자운동의 영향을 받아 일어난 최초의 것으로 평가된다.

[13] 1861년 알렉싼드르 2세의 "농노해방"에 따라 농노들도 토지를 구매할 수 있게 됐는데, 이때 지주들이 잘게 잘라 농노들에게 판매한 토지를 '절취지切取地'라 한다.

[14] 혁명적 인민주의자들이 1876년 가을에 뻬쩨르부르크에서 결성한 조직은 처음에는 '북부 혁명적 인민주의자 그룹'이었다가 1878년부터 '토지와 자유'로 알려졌다. 이들은 폭력혁명을 통해 인민에게 토지와 자유를 나누어주는 것을 당면 목표로 생각했다. 또한 엄격한 중앙 집중화의 원칙과 규율을 갖춘 조직을 유지했다. 하지만 정치적 테러의 문제를 두고 조직 내부의 견해차가 생겨, 1879년에 흑토재분배와 '인민의 의지'라는 두 개의 조직으로 분열했다.

흑토재분배는 '토지와 자유'의 강령을 거의 대부분 고수했다. 후에 흑토재분배의 일부(쁠레하노프, 악쎌로트, 자쑬리치, 데이치, 이그나또프 등)는 1883년에 러시아 최초의 맑스주의 조직인 노동해방그룹(후주 [32] 참조)을 결성했고, 여기에 참여하지 않은 이들은 '인민의 의지'에 참여했다.

'인민의 의지'는 1879년 8월에 생겨난 비밀 정치 조직이며, 지도부는 젤랴보프, 미하일로프, 뻬롭스까야 등으로 구성돼 있었다. 이들의 강령에는 짜르 전제주의 전복, 보통선거권의 기반 위에 선출되는 "상설 인민 대표부" 구성, 민주주의적 자유의 선포, 인민에 대한 토지 이양과 노

동자에 대한 공장 이양을 위한 조치 등이 포함돼 있다. '인민의 의지'
는 노동자 대중의 참여 없이 개인적 테러와 음모를 통해 사회 개혁을
달성한다는 생각을 품고 있었다. 1881년 이후에 '인민의 의지'는 와해
됐고, 조직을 재건하려 한 몇 번의 시도는 실패로 끝났다.

[15] 러시아사회민주주의노동자당 제2차 당대회에서 채택한 강령의 끝에
서 두 번째 문단을 말한다. 닐 하딩 엮음, 이성혁 옮김, 『러시아 맑스주
의. 1879~1906년의 주요문건』, 거름, 1987년, 432쪽.

[16] 1902년 9월에 쓴 『우리 조직상의 임무에 대하여 한 동지에게 보내는
편지』를 말한다. 슈니에르슨이라는 이름으로 레닌에게 상트뻬쩨르부
르크의 조직 활동 계획을 검토해 달라는 편지를 보낸 이가 있었는데,
그에 대한 답신이 이 『편지』다. V. I. 레닌 지음, 김탁 옮김, 『레닌저작집
2-1』, 전진, 1988년, 203~219쪽.

[17] 1904년 주네브에서 출판된 마르또프의 소책자 『러시아사회민주주의
노동자당 당내의 "계엄 상태"에 맞선 투쟁』을 말한다.

[18] 자꼬뱅과 지롱드는 18세기 말 프랑스 부르주아혁명 당시 부르주아지
의 두 분파를 일컫는 말이다. 절대주의와 봉건주의를 단호히 철폐해야
한다고 주장했던 부르주아지 내의 혁명적 민주주의를 대변하는 세력
을 산악파(자꼬뱅)라 불렀으며, 이와 달리 왕당파와 타협하는 길로 갔
던 세력을 지롱드라 불렀다.

[19] 레닌이 사회민주주의당의 역할을 운동의 '꽁무니'에 끌려 다니는 것
으로 생각하는 이들을 "꽁무니주의"라고 비판하는 것은 『무엇을 할 것
인가?』(최호정 옮김, 박종철출판사, 2014년, 77쪽, 126쪽, 245쪽)와
『민주주의혁명 시기 사회민주주의당의 두 가지 전술』(최호정 옮김, 박
종철출판사, 2014년, 26쪽, 30쪽, 59쪽, 69쪽, 72쪽, 84~86쪽, 103쪽,
133~134쪽) 여러 곳에도 나온다.

[20] 레닌 지음, 최호정 옮김, 『무엇을 할 것인가?』, 박종철출판사, 2014년,
173쪽.

[21] 레닌 지음, 최호정 옮김, 『무엇을 할 것인가?』, 박종철출판사, 2014년,
153쪽.

[22] 레닌 지음, 최호정 옮김, 『무엇을 할 것인가?』, 박종철출판사, 2014년,

163쪽.

[23] 1900년에 함부르크에서 벽돌공자유조합 조합원들은 파업 기간에도 개수임금으로 노동했는데, 이러한 파업 파괴 행위에 참가한 독일사회민주주의당 당원들은 당 중앙위원회에서 심의를 받았으나 제명당하지는 않았다.

[24] 레닌 지음, 최호정 옮김, 『무엇을 할 것인가?』, 박종철출판사, 2014년, 180~181쪽.

[25] V. I. 레닌 지음, 김탁 옮김, 『레닌저작집 2-1』, 전진, 1988년, 211쪽, 213쪽, 214쪽.

[26] V. I. 레닌 지음, 김탁 옮김, 『레닌저작집 2-1』, 전진, 1988년, 215쪽.

[27] 즈보롭스끼(꼬스찌치)가 제안했으나 대회에서 기각된 당 규약 제1조는 다음과 같았다. "당 강령을 승인하고 물질적 수단으로 당에 도움을 주고 당 조직 가운데 하나의 지도 아래 당에 규칙적으로 몸소 협조하는 사람은 누구나 당의 최하급 당원으로 간주한다."

[28] 1894년부터 1895년에 걸쳐 『신시대』 제27호에서 제29호에 실린 칼 카우츠키의 「지식인과 사회민주주의당」을 말한다.

[29] V. I. 레닌 지음, 김탁 옮김, 『레닌저작집 2-2』, 전진, 1988년, 110~116쪽. 이하 몇 쪽에서 저자가 특별한 언급 없이 인용하는 것의 출처는 모두 이 글이다.

[30] 러시아사회민주주의노동자당 제2차 대회에는 『불꽃』 조직원 16인이 참석했다. 그 가운데 레닌, 쁠레하노프, 끄룹스까야(싸블리나, 심의권만 있음), 제믈랴치까(오씨뽀프), 끄니뽀비치(제도프), 바우만(쏘로낀), 울리야노프(게르쯔), 끄라씨꼬프(빠블로비치), 노스꼬프(글레보프) 등 9인이 『불꽃』 다수파였고, 마르또프, 악쎌로트(심의권만 있음), 뽀뜨레쏘프(스따로베르, 심의권만 있음), 자쑬리치(심의권만 있음), 데이치, 뜨로쯔끼, 끄로흐말(포민) 등 7인이 『불꽃』 소수파였다.

[31] 그리스신화에 따르면, 아우게이아스 왕은 자신의 마구간을 30년 동안 한 번도 청소하지 않았는데, 헤라클레스가 강물을 끌어와 하루 만에 말끔히 치웠다고 한다.

[32] 쁠레하노프가 1883년에 주네브에서 창립한 러시아 최초의 맑스주의자

조직인 노동해방그룹은 러시아에서 맑스주의를 선전하고 대중화하는 데 크게 공헌했으며, 1903년 8월에 열린 러시아사회민주주의노동자당 제2차 대회에서 해체 성명을 발표했다.

[33] 이 책 301~310쪽을 보라.

[34] 1895년 10월 8일부터 12일까지 브레슬라우에서 열린 독일사회민주주의당 대회에서 베벨과 리프크네히트는 오류가 있던 당의 농업 강령 초안을 옹호해 당의 동료들에게 질책을 당했다. 그 초안은 카우츠키, 체트킨 및 다른 여러 사회민주주의자들에게 비판을 받고 기각됐다.

[35] 이 책 105쪽을 보라.

[36] 1895년 당대회에서 체트킨이 한 이 말은『파우스트』에서 마르가레테가 파우스트에게 메페스토펠레스와 가깝게 지낸다고 책망할 때의 대사다. (요한 볼프강 폰 괴테, 정서웅 옮김,『파우스트 1』, 민음사, 188쪽.)

[37] 이 책 161쪽을 보라.

[38] 볼셰비끼의 조직 원칙에 반대하는 악쎌로트의 기고문「러시아 사회민주주의의 통합과 그 임무」(『불꽃』제55호, 1903년 12월 15일)를 염두에 두고 말하는 것이다.

[39] 1894년 노동해방그룹(후주 [32] 참조) 주도로 주네브에서 결성된 국외러시아사회민주주의자동맹은 1898년 3월 러시아사회민주주의노동자당 제1차 대회에서 당의 국외 대표로 승인됐다. 국외러시아사회민주주의자동맹은 나중에 "경제주의자"가 장악했다.

[40] 제출된 규약 제13조는 국외러시아혁명적사회민주주의자연맹(후주 [5] 참조)을 러시아사회민주주의노동자당의 유일한 국외 조직으로 인정하는 것이다.

[41] V. I. 레닌 지음, 김탁 옮김,『레닌저작집 2-2』, 전진, 1988년, 112쪽 각주

[42] 끄르지자눕스끼(뜨라빈스끼)를 말한다.

[43] 이 책 152~155쪽을 보라.

[44] 러시아사회민주주의노동자당 제2차 대회에서 "경제주의자" 아끼모프는『불꽃』의 당 강령 초안에 대해, "프롤레타리아트"라는 단어가 주어

가 아니라 보어로 쓰였다고 비판하면서 이것이 프롤레타리아트의 이해관계로부터 당을 분리시키는 것이라고 주장했다.

[45] 레닌은 맑스가 1843년에 쓴 「헤겔 법철학 비판을 위하여. 서설」에 나오는 다음과 같은 구절을 염두에 두고 있다. "비판의 무기는 물론 무기의 비판을 대신할 수 없다."(『칼 맑스 프리드리히 엥겔스 저작 선집』 제I권, 박종철출판사, 9쪽)

[46] 영국 의회의 관습인 division이란 어떤 안건에 찬성하는 사람과 반대하는 사람이 따로 모여 표결하는 것을 말한다.

[47] 이 책 142~143쪽을 보라.

[48] 이 책 286~289쪽을 보라.

[49] 뻬쩨르부르크 노동자조직은 1900년 여름에 생겨난 "경제주의자들"의 조직이다. 1900년 가을에 이 조직은 러시아사회민주주의노동자당의 뻬쩨르부르크위원회로 인정된 뻬쩨르부르크노동자계급해방투쟁동맹에 통합됐다. 뻬쩨르부르크 당 조직에서 『불꽃』의 지향성이 승리한 후, "경제주의자들"의 영향력 아래 있던 일부 사회민주주의자는 뻬쩨르부르크위원회에서 떨어져 나와 독자적 조직을 재건했고 『불꽃』에 적대적 입장을 취했다.

[50] 뽀뜨레쏘프(스따로베르)는 쁠레하노프에게 편지를 보내, 『불꽃』 구 편집국을 복구하고 당 평의회와 중앙위원회에 멘셰비끼를 호선할 것과 국외러시아혁명적사회민주주의자연맹 제2차 대회(후주 [5] 참조)의 적법성을 인정할 것을 요구했다.

[51] 뽀뜨레쏘프(스따로베르)를 말한다.

[52] 나중에 주네브로 온 렌그니크(바씰리예프)를 말한다.

[53] 젬스뜨보란 16세기에 세금을 걷는 기관을 부르던 이름인데, 19세기 중반에는 과세권을 제외하곤 별 권한이 없었던 일종의 기초지방의회였으나 1864년에 러시아 최초로 선거로 젬스뜨보 의원을 선출했다.

[54] 이 책 247~280쪽을 보라.

[55] 아마도 다수파 지지자들이 살고 있던 까루즈Carouge와 소수파 지지자들이 살고 있던 클루즈Cluse를 말하는 듯하다.

[56] 이 책 42쪽의 각주를 보라.

[57] 렌그니크를 말한다.

[58] 레닌이 새『불꽃』제53호(1903년 11월 25일)에서 볼셰비끼와 멘셰비끼의 원칙의 차이에 대해 지면을 통해 논쟁을 벌이자고 제안하자 쁠레하노프는 "서클 생활의 사소한 말다툼"이라는 이유로 논쟁을 거부했다.

[59] 쁠레하노프의 글「우스꽝스러운 오해」(1903년 12월 15일『불꽃』제55호)와「서글픈 오해」(1904년 1월 15일『불꽃』제57호)를 염두에 둔 것이다.

[60] 1903년 11월 13일에 쁠레하노프는 러시아사회민주주의노동자당 제2차 대회에서『불꽃』편집국원으로 선출되지 못한 악쎌로트와 자쑬리치를 편집국으로 선출했다.

[61] 1903년 11월 12일 자 최후통첩에서 중앙위원회는 멘셰비끼 가운데 2인을 중앙위원회 위원으로 호선할 것을 제안했다.

[62] '신앙 고백'을 뜻하는 이 말은 1899년 말에 러시아사회민주주의노동자당 끼예프위원회가 작성한 소책자의 제목이기도 하며, 그 내용은 많은 점에서 "경제주의자들"의 Credo와 일치했다.

[63] 갈삐린을 말한다.

[64] V. I. 레닌 지음, 김탁 옮김,『레닌저작집 2-2』, 전진, 1988년, 110~116쪽.

[65] 1894년에 "합법적 맑스주의"의 가장 저명한 대표자인 스뜨루베는『러시아 경제 발전 문제에 관한 비판적 기록』이라는 책을 출판했고, 스뜨루베와 다른 "합법적 맑스주의자들"의 관점을 반대하여 그해 가을 레닌은 뻬쩨르부르크 맑스주의자 서클에서「부르주아 문헌에 나타난 맑스주의 반영」이라는 글을 발표했다.

[66] 마르또프는『불꽃』에 기고한「우리가 그렇게 준비하고 있는가?」에서 전 러시아적 무장봉기 준비를 유토피아이며 음모라고 반대했다.

[67] 레르몬또프의 시「기자, 독자, 작가」라는 시에 나오는 말이다.

[68] 레닌 지음, 최호정 옮김,『무엇을 할 것인가?』, 박종철출판사, 2014년, 152쪽.

[69] 러시아 민담「바보 이반」에서 이반은 장례 행렬을 마주치자, 수확한

곡물을 힘겹게 나르는 농부에게 해야 마땅할 "날라도 날라도 끝이 없
네요."라는 인사말을 건넨다.

[70] 마르또프가 1901년 4월 『여명』 창간호에 기고한 풍자시 「최신 러시아
사회민주주의자 찬가」에 나오는 구절이다.

[71] 1904년 2월 25일 『불꽃』에 실린 마르또프의 「줄을 서서」를 염두에 둔
것이다. 이 글에서 마르또프는 당 지역위원회의 인적 구성 문제 결정에
서 당 지역위원회가 러시아사회민주주의노동자당 중앙위원회에 대해
"독립성"을 가져야 한다고 주장하고, 모스크바위원회가 이 문제를 논
의하면서 당 규약 제9조에 의거하여 중앙위원회의 모든 명령에 복종한
다는 결의안을 채택한 것을 공격했다.

[72] 마르띠노프는 「러시아사회민주주의노동자당의 간략한 헌법」(『불꽃』
제58호, 1903년 1월 25일)에서, 다수파의 조직 원칙을 조롱하고 다수
파가 소수파를 부당하게 대우하고 있다고 불평하면서 다수파와 소수
파를 각각 암시하며 "때리는 자"와 "맞는 자"라고 했다.

[73] 이 책 114~116쪽을 보라.

[74] 이 책 121~122쪽을 보라.

[75] 이 책 110쪽을 보라.

인물 해설

갈낀 (고린) (1863~1925) — 1880년대부터 러시아 혁명운동에 참여했다. 싸
라또프위원회 대표로 러시아사회민주주의노동자당 제2차 대회에 대의
원으로 참석했고, 대회 이후에는 볼셰비끼로서 멘셰비끼와 투쟁했다.

게르쯔 — 울리야노프를 보라.

고르스끼 — 쇼뜨만을 보라.

고린 — 갈낀을 보라.

골드만 (리베르) (1880~1937) — 분트 중앙위원회 대표로 러시아사회민주주
의노동자당 제2차 대회에 대의원으로 참석했고, 대회에서는 반『불꽃』
입장을 취했으며 대회 이후에는 열성적 멘셰비끼가 됐다.

골드블라트 — 메젬을 보라.

골덴다흐 (랴자노프) (1870~1938) — 투쟁그룹 조직가의 한 사람. 『불꽃』이
작성한 당 강령과 레닌의 당 건설 조직 원칙에 반대했다. 러시아사회민
주주의노동자당 제2차 대회 이후 멘셰비끼가 됐다.

괴레 (1864~1928) — 독일의 개신교 신학자, 언론인, 정치인. 1900년에 개신
교 목사로는 최초로 사회민주주의당에 공개적으로 가입해 1903년에 독
일의회 의원으로 선출됐다.

구쎄프 — 드랍낀을 보라.

글레보프 — 노스꼬프를 보라.

긴즈부르크 (꼴쪼프) (1863~1920) — 러시아에서 인민주의자로서 활동을 시
작했다가 사회민주주의 진영으로 옮겨갔다. 심의권을 갖고 러시아사회
민주주의노동자당 제2차 대회에 참석했고, 대회에서는 『불꽃』 소수파
였으며 대회 이후에는 멘셰비끼의 출판물『사회민주주의자』에 협력했
다.

까르스끼 — 또뿌리제를 보라.

깔라파찌 (마호프) (1871~1940) — 니꼴라예프위원회 대표로 러시아사회민
주주의노동자당 제2차 대회에 대의원으로 참석했고, 대회에서는 "중앙

파"였고 대회 이후에는 멘셰비끼에 가담했다.

꼬스뜨로프 — 조르다니야를 보라.

꼬스찌치 — 즈보롭스끼를 보라.

꼴쯔프 — 긴즈부르크를 보라.

끄누니얀쯔 (루쏘프) (1878~1911) — 바꾸위원회 대표로 러시아사회민주주의 노동자당 제2차 대회에 대의원으로 참석했고, 대회에서는 『불꽃』 다수 파였다.

끄니뽀비치 (제도프) (1856~1920) — '인민의 의지'에서 활동하다가 1890년 대부터 사회민주주의자가 됐다. 북부연맹 대표로 러시아사회민주주의 노동자당 제2차 대회에 대의원으로 참석했고, 대회에서 『불꽃』 다수파 였다.

끄라씨꼬프 (빠블로비치) (1870~1939) — 끼예프위원회 대표로 러시아사회민 주주의노동자당 제2차 대회에 대의원으로 참석했고, 대회에서는 『불 꽃』 다수파였으며 대회 이후에는 멘셰비끼에 맞서 열성적으로 투쟁했 다.

끄로흐말 (포민) (1873~1933) — 우파위원회 대표로 러시아사회민주주의노 동자당 제2차 대회에 대의원으로 참석했고, 대회에서는 『불꽃』 소수파 였다.

끄룹스까야 (싸블리나) (1869~1939) — 뻬쩨르부르크노동자해방투쟁동맹 에서 함께 활동했고, 후에는 레닌과 결혼했다. 심의권을 갖고 러시아사 회민주주의노동자당 제2차 대회에 참석했다.

끄르지자놉스끼 (뜨라빈스끼) (1872~1959) — 레닌과 함께 뻬쩨르부르크노동 자계급해방투쟁동맹을 조직했다. 러시아사회민주주의노동자당 제2차 대회에서 궐석으로 중앙위원회 위원에 선출됐다.

끄리쳅스끼 (1866~1919) — 러시아 최초의 사회민주주의자 가운데 하나. 1890년대 초 망명하여 노동해방그룹에 참여했고, 1890년대 말 "경제주 의" 입장에 의거하여 국외러시아사회민주주의자동맹의 주도권을 장 악하고 기관지 『노동자의 대의』 편집자가 됐다.

나제주진 (1877~1905) — 1890년대의 러시아 인민주의자, 후에는 사회민주 주의자. "경제주의자"들을 지지하는 관점을 지녔으며, 테러를 설교했고, 레닌이 주도한 『불꽃』에 반대했다. 러시아사회민주주의노동자당 제2차 대회 이후 멘셰비끼가 됐다.

노스꼬프 (글레보프) (1878~1913) — 뻬쩨르스부르크노동자해방투쟁동맹 시절부터의 활동가. 심의권을 갖고 러시아사회민주주의노동자당 제2차 대회에 참석했고, 대회에서는 『불꽃』 다수파로 중앙위원이 됐으나, 대회 이후에는 멘셰비끼에 타협적인 입장을 취했다.

니꼴라예프 (메드베제프) (1866~?) — 하리꼬프위원회 대표로 러시아사회민주주의노동자당 제2차 대회에 대의원으로 참석했고, 대회에서는 "중앙파"였으며 대회 이후에는 멘셰비끼에 가담했다.

니끼찐 (스쩨빠노프) (1877~1944) — 1890년대부터 혁명운동에 참여한 러시아의 사회민주주의자. 끼예프위원회 대표로 러시아사회민주주의노동자당 제2차 대회에 대의원으로 참석했고, 대회에서는 『불꽃』 다수파였다.

니체, 프리드리히 (1844~1900) — 독일의 철학자, 생生철학의 대표자, 실존주의의 선구자.

데이치 (1855~1941) — 러시아 최초의 맑스주의 조직인 노동해방그룹에서 활동했고, 『불꽃』과 『여명』의 출판 및 배포에 참여했다. 노동해방그룹 대표로 러시아사회민주주의노동자당 제2차 대회에 대의원으로 참석했고, 처음부터 멘셰비끼가 됐다.

드랍낀 (구쎄프) (1874~1933) — 1896년에 뻬쩨르부르크노동자계급해방투쟁동맹에서 혁명 활동을 시작했다. 돈위원회 대표로 러시아사회민주주의노동자당 제2차 대회에 대의원으로 참석했고, 대회 이후 볼셰비끼가 됐다.

따흐따레프 (스뜨라호프) (1871~1925) — 1898년부터 사회민주주의운동에 참여하여 뻬쩨르부르크노동자계급해방투쟁동맹에 가입했다. 심의권을 갖고 러시아사회민주주의노동자당 제2차 대회에 참석했고, 대회 이후에 당이 분열하자 멘셰비끼에 공감했다.

또뿌리제 (까르스끼) (1871~1942) — 찌플리쓰위원회 대표로 러시아사회민주주의노동자당 제2차 대회에 대의원으로 참석했고, 대회에서는 『불꽃』 다수파였으나 대회 말미의 표결에서 『불꽃』 소수파와 함께했으며 대회 이후에는 멘셰비끼에 가담했다.

뜨라빈스끼 — 끄르지자놉스끼를 보라.

뜨레쁘프 (1812~1889) — 러시아의 관료이자 군인. 1877년 7월에 인민주의 정치범에게 태형 명령을 내려 사회의 공분을 샀고, 자쑬리치는 1878년 1월 그를 암살하려다 미수에 그쳐 체포됐다.

뜨로쯔끼 (1879~1940) — 시베리아연맹 대표로 러시아사회민주주의노동자당 제2차 대회에 대의원으로 참석했고, 대회에서는 『불꽃』 소수파였으며 대회 이후에는 멘셰비끼가 됐다.

란게 — 스또빠니를 보라.

랴도프 — 만젤슈땀을 보라.

랴자노프 — 골덴다흐를 보라.

레닌 (1870~1924) — 『불꽃』 러시아 조직과 국외러시아혁명적사회민주주의자동맹을 각각 대표하여 러시아사회민주주의노동자당 제2차 대회에 대의원으로 참석했다.

레비나 (이바노프) (1874~1905) — 하리꼬프위원회 대표로 러시아사회민주주의노동자당 제2차 대회에 대의원으로 참석했고, 대회에서는 "중앙파"였으며 대회 이후에는 멘셰비끼에 가담했다.

레빈 (예고로프) (1873~?) — 『남부 노동자』 그룹 대표로 러시아사회민주주의노동자당 제2차 대회에 대의원으로 참석했고, 대회에서는 "중앙파"였으며 대회 이후에는 멘셰비끼에 가담했다.

렌그니크 (바씰리예프) (1873~1936) — 러시아사회민주주의노동자당 제2차 대회에서 궐석으로 중앙위원회 위원 및 당 평의회 위원에 선출됐고, 대회 이후에는 멘셰비끼에 맞서 적극 투쟁했다.

렌스끼 — 빌렌스끼를 보라.

로께르만 (짜레프) (1880~1937) — 돈위원회 대표로 러시아사회민주주의노동자당 제2차 대회에 대의원으로 참석했고, 대회에서는 "중앙파"였으며 대회 이후에는 열성적 멘셰비끼가 됐다.

로자노프 (뽀쁘프) (1876~1939) — 『남부 노동자』 그룹 대표로 러시아사회민주주의노동자당 제2차 대회에 대의원으로 참석했고, 대회에서는 "중앙파"였으며 대회 이후에는 열성적 멘셰비끼가 됐다.

로제노프 (1871~1904) — 독일의 사회민주주의자, 기자.

루쏘프 — 끄누니얀쯔를 보라.

류보피 (오르또독스) (1868~1946) — 철학자, 문예이론가, 사회민주주의자. 러시아사회민주주의노동자당 제2차 대회 이후 처음에는 볼셰비끼에 가담했다가 나중에 멘셰비끼로 옮겨갔다.

리베르 — 골드만을 보라.

리보프 — 모신스끼를 보라.

리프크네히트 (1826~1900) — 공산주의자동맹과 제1인터내셔널 회원, 독일 사회민주주의당의 창립자이자 지도자의 한 사람.

마까쥬프 (빠닌) (1876~?) — 끄림연맹 대표로 러시아사회민주주의노동자당 제2차 대회에 대의원으로 참석했고, 대회에서는 『불꽃』 소수파였으며 대회 이후에는 멘셰비끼가 됐다.

마누일로프 (1861~1929) — 러시아의 경제학자이자 교수. 1890년대에는 자유주의적 인민주의자였으며, 나중에 입헌민주주의당 중앙위원회 위원이 돼 1905년 입헌민주주의당 농업 강령에 크게 영향을 주었다.

마르또프 (1873~1923) — 레닌과 함께 노동자계급해방투쟁동맹을 조직했다. 『불꽃』 대표로 러시아사회민주주의노동자당 제2차 대회에 대의원으로 참석했고, 대회 이후에는 멘셰비끼 지도부가 됐다.

마르띠노프 (1865~1935) — 1880년대 말에는 '인민의 의지'에 속했다가 시베리아 유형 중에 사회민주주의자가 됐고 국외러시아사회민주주의자동맹의 기관지 『노동자의 대의』 편집국원이 됐다. 러시아사회민주주의노동자당 제2차 대회에서 반『불꽃』파였으며 대회 이후에는 멘셰비끼가 됐다.

마호프 — 깔라파찌를 보라.

만젤베르크 (뽀싸돕스끼) (1870~?) — 시베리아연맹 대표로 러시아사회민주주의노동자당 제2차 대회에 대의원으로 참석했고, 대회에서는 『불꽃』 소수파였으며 대회 이후에는 멘셰비끼가 됐다.

만젤슈땀 (랴도프) (1872~1947) — 싸라또프위원회 대표로 러시아사회민주주의노동자당 제2차 대회에 대의원으로 참석했고, 대회에서는 『불꽃』 다수파였다.

말낀 (오를로프) (1880~1925) — 예까쩨리노슬라프위원회 대표로 러시아사
　　회민주의노동자당 제2차 대회에 대의원으로 참석했고, 대회에서는
　　『불꽃』 다수파였다가 대회 이후에는 멘셰비끼에 가담했다.
맑스 (1818~1883) — 독일의 철학자이자 혁명가.
메드베제프 — 니꼴라예프를 보라.
메젬 (골드블라트) (1879~1923) — 분트국외위원회 대표로 러시아사회민주주
　　의노동자당 제2차 대회에 대의원으로 참석했고, 대회에서 반『불꽃』파
　　였으며 대회 이후에는 멘셰비끼를 지지했다.
모신스끼 (리보프) (1875~1954) — 탄광지역노동자연맹 대표로 러시아사회
　　민주주의노동자당 제2차 대회에 대의원으로 참석했고, 대회에서 "중앙
　　파"였다가 대회 이후에는 멘셰비끼가 됐다.
무라비요프 — 미셰네프를 보라.
미셰네프 (무라비요프) (1876~1906) — 우파위원회 대표로 러시아사회민주주
　　의노동자당 제2차 대회에 대의원으로 참석했고, 대회에서『불꽃』다수
　　파였으며 대회 이후 볼셰비끼로서 멘셰비끼에 일관되게 맞섰다.
미슈낀 (1848~1885) — 러시아의 인민주의 혁명가.
밀레랑 (1859~1943) — 프랑스의 정치인. 사회주의자로서 최초로 부르주아
　　내각에 입각했고(1899~1902), 그 내각의 국방상은 빠리꼬뮌의 학살자
　　갈리페 장군이었다. 1904년에 프랑스사회주의당에서 제명돼 독립사회
　　당을 결성했고, 1920~1924년에 대통령으로 재임했다.
바씰리예프 — 렌그니크를 보라.
바우만 (쏘로낀) (1873~1905) —『불꽃』조직 창건자의 한 사람. 모스크바위
　　원회 대표로 러시아사회민주주의노동자당 제2차 대회에 대의원으로
　　참석했고, 대회에서『불꽃』다수파였다.
바자로프 — 뚜르게네프의 소설『아버지와 아들』에 등장하는, 과학적 실증주
　　의에 근거하여 기존의 가치 일체를 부정하는 인물.
베드로 (?~64) — 예수의 제자, 사도.
베른슈타인 (1850~1932) — 독일의 사회민주주의자. 독일사회민주주의당과
　　제2인터내셔널의 수정주의 진영의 지도자.
베벨 (1840~1913) — 독일사회민주주의당과 제2인터내셔널 창립자 가운데

한 사람.

벨로프 — 제이뜰린을 보라.

보나빠르뜨, 나폴레옹 (1769~1821) — 프랑스의 군인, 정치가, 황제.

브라운 — 스쩨빠노프를 보라.

브루께르 (1877~?) — "경제주의자." 러시아사회민주주의노동자당 제2차 대
회에 대의원으로 참석했고, 대회에서 열성적으로 『불꽃』에 반대했다.

블랑끼 (1805~1881) — 프랑스의 혁명가이자 유토피아 공산주의의 대표자.

비어 (1864~?) — 독일의 사회민주주의자. 사회주의의 역사를 다룬 일련의
저술을 통해 개량주의적 견해를 펼쳤다.

빌렌스끼 (렌스끼) (1880~1950) — 예까쩨리노슬라프위원회 대표로 러시아
사회민주주의노동자당 제2차 대회에 대의원으로 참석했고, 대회에서
는 『불꽃』 다수파였으며 대회 이후 1905년까지 볼셰비끼였다.

빠닌 — 마까쥬프를 보라.

빠르부스 — 헬판드를 보라.

빠블로비치 — 끄라씨꼬프를 보라.

뽀뜨레쏘프 (스따로베르) (1869~1934) — 『불꽃』 편집국원으로 심의권을 갖
고 러시아사회민주주의노동자당 제2차 대회에 참석했고, 대회에서 『불
꽃』 소수파였다가 대회 이후 멘셰비끼 지도부가 됐다.

뽀르뜨노이 (아브람손) (1872~1941) — 분트 중앙위원회 대표로 러시아사회
민주주의노동자당 제2차 대회에 대의원으로 참석했고, 대회에서 반 『불
꽃』파였다.

뽀뽀프 — 로자노프를 보라.

뽀싸돕스끼 — 만젤베르크를 보라.

쁠레하노프 (1856~1918) — 러시아 최초의 맑스주의 선전가이자 이론가.
1883년에 러시아 최초의 맑스주의 조직인 노동해방그룹을 결성했으
며, 1883년부터 1903년에 걸쳐 집필한 저술로 러시아사회민주주의당
의 이론 형성에 영향을 미쳤다. 노동해방그룹 대표로 러시아사회민주
주의노동자당 제2차 대회에 대의원으로 참석했고, 대회 이후에 멘셰
비끼 입장을 택했다.

쇼뜨만 (고르스끼) (1880~1937) — 뻬쩨르부르크 노동자계급해방투쟁동맹에

서 1899년부터 혁명 활동을 시작했다. 뻬쩨르부르크위원회 대표로 러시아사회민주주의노동자당 제2차 대회에 대의원으로 참석했고, 대회에서『불꽃』다수파였다.

셰드린 — 쌀띠꼬프를 보라.

슈바이쩌 (1833~1875) — 라쌀레가 죽은 뒤 전독일노동자협회에서 의장으로서 전권을 휘두른 노동자운동 활동가.

슈쩨인 — 알렉싼드로바를 보라.

스따로베르 — 뽀뜨레쏘프를 보라.

스또빠니 (란계) (1871~1932) — 북부연맹 대표로 러시아사회민주주의노동자당 제2차 대회에 대의원으로 참석했고, 대회에서는『불꽃』다수파였다.

스뜨라호프 — 따흐따례프를 보라.

스뜨루베 (1870~1944) — 러시아의 부르주아 경제학자이자 정치 평론가. "합법적 맑스주의"의 대표자,『해방』편집장(1902~1905), 해방연맹의 지도자.

스쩨빠노프 — 니끼찐을 보라.

스쩨빠노프 (브라운) (1876~1935) — 뚤라위원회 대표로 러시아사회민주주의노동자당 제2차 대회에 대의원으로 참석했고, 대회에서『불꽃』다수파였다.

스톡만 — 입센의 희곡『인민의 적』의 주인공.

싸블리나 — 끄룹스까야를 보라.

쌀띠꼬프 (셰드린) (1826~1889) — 러시아의 소설가이자 풍자 작가. 부르주아,귀족, 공직자 따위를 통렬하게 공격한『골로블료프가의 사람들』,『어떤 마을의 역사』등과 같은 작품을 썼다.

쏘로낀 — 바우만을 보라.

쏘바께비치 — 고골리의『죽은 혼』에 나오는 탐욕스럽고 야비하며 우둔한 지주.

아끼모프 (1872~1921) — 국외러시아사회민주주의자동맹 대표로 러시아사회민주주의노동자당 제2차 대회에 대의원으로 참석했고, 대회에서는『불꽃』에 반대했으며 대회 이후에는 열성적 멘셰비끼가 됐다.

아락체예프 (1769~1834) — 러시아의 정치인이자 군인. 야만적이고 압제적인 정책에 앞장섰다.

아브람손 — 뽀르뜨노이를 보라.

아우게이아스 — 그리스신화에 나오는 왕.

아이젠슈따트 (유진) (1867~1937) — 분트 중앙위원회 대표로 러시아사회민주주의노동자당 제2차 대회에 대의원으로 참석했으며, 대회에서는 반『불꽃』파였고 대회 이후에는 열성적 멘셰비끼가 됐다.

악쎌로트 (1850~1929) — 초기에는 바꾸닌주의자였다가, '토지와 자유'가 분열하자 흑토재분배에 참여한 러시아의 사회민주주의자. 1883년 노동해방그룹을 창립했고, 1900년부터는『불꽃』과『여명』편집국의 일원이었다.『불꽃』편집국원으로 심의권만 갖고 러시아사회민주주의노동자당 제2차 대회에 참석했고, 대회 이후에는 멘셰비끼 지도부가 됐다.

알렉싼드로바 (슈쩨인) (1864~1943) — 인민주의운동에 참여했다가 나중에 사회민주주의운동에 참여했다. 조직위원회 위원으로 심의권을 갖고 러시아사회민주주의노동자당 제2차 대회에 참석했고, 대회에서 멘셰비끼에 가담했다.

알렉싼드로프 — 1904년 1월 1일자『불꽃』제56호의 부록에 게재된「조직 문제(편집국에 보내는 편지)」의 필자.

알렉쎄예프 (1849~1891) — 최초의 러시아 노동자 출신 혁명가 가운데 한 사람. 1877년 3월 법정에서 짜르 전제주의 몰락이 불가피함을 예언했다.

엘름 (1857~1916) — 독일의 노동조합운동가, 사회민주주의자, 독일사회민주주의당 소속 의원.

예고로프 — 레빈을 보라

예수 (기원전 약 7~2년 ~ 기원후 4년 또는 26~36년)

오르또독스 — 류보피를 보라.

오를로프 — 말낀을 보라.

오씨뽀프 — 제믈랴치까를 보라.

울리야노프 (게르쯔) (1874~1943) — 레닌의 동생, 의사. 뚤라위원회 대표로 러시아사회민주주의노동자당 제2차 대회에 대의원으로 참석했고, 대회에서『불꽃』다수파였다.

유진 — 아이젠슈따트를 보라.

이바노프 — 레비나를 보라.

이반 — 러시아 민담「바보 이반」의 주인공.

이반 니끼포로비치 — 고골리의 단편소설「이반 이바노비치와 이반 니끼포로비치가 싸운 이야기」의 등장인물.

이반 이바노비치 — 고골리의 단편소설「이반 이바노비치와 이반 니끼포로비치가 싸운 이야기」의 등장인물.

입센 (1828~1906) — 노르웨이의 극작가, 시인.

자쑬리치 (1851~1919) — 초기에는 인민주의자였다가, 1880년에 국외로 망명하여 노동해방그룹 결성에 참여했고, 맑스의 여러 저작을 러시아어로 번역했다.『불꽃』편집국원으로 심의권을 갖고 러시아사회민주주의노동자당 제2차 대회에 참석했고, 대회에서『불꽃』소수파였다가 대회 이후에는 멘셰비끼 지도부가 됐다.

제도프 — 끄니뽀비치를 보라.

제믈랴치까 (오씨뽀프) (1876~1947) — 오데싸위원회 대표로 러시아사회민주주의노동자당 제2차 대회에 대의원으로 참석했고, 대회에서는『불꽃』다수파였고 대회 이후에는 중앙위원회 위원으로 호선됐다.

제이뜰린 (벨로프) (1877~?) — 모스크바위원회 대표로 러시아사회민주주의노동자당 제2차 대회에 대의원으로 참석했고, 대회에서 "중앙파"였으며 대회 이후에는 멘셰비끼에 가담했다.

젤랴보프 (1850~1881) — 러시아의 인민주의 혁명가, '인민의 의지'의 지도자. 1879년부터 1881년까지의 테러 계획 조직을 주도했으며, 알렉싼드르 2세를 암살하고 처형됐다.

조레스 (1859~1914) — 프랑스의 사회주의자. 프랑스공산당 기관지『인류 L' Humanité』를 창간했다(1904년).

조르다니야 (꼬스뜨로프) (1869~1953) — 심의권을 갖고 러시아사회민주주의노동자당 제2차 대회에 참석했고, 대회에서는『불꽃』소수파였고 대회 이후에는 깝까스 멘셰비끼의 지도자가 됐다.

즈보롭스끼 (꼬스찌치) (1879~1935) — 오데싸위원회 대표로 러시아사회민주
주의노동자당 제2차 대회에 대의원으로 참석했고, 대회에서는 『불꽃』
소수파였으며 대회 이후에는 열성적 멘셰비끼가 됐다.

진데르만 (1869~1922) — 독일의 사회민주주의자. 1899년부터 1922년까지
독일사회민주주의당 작센주 위원장, 1903년부터 1907년까지 제국의회
의원.

짜레프 — 로께르만을 보라.

체임벌린 (1836~1914) — 영국의 정치가. 제국주의 정책의 주창자.

체트킨 (1857~1933) — 독일의 사회민주주의자, 여성해방운동가. 독일사회
민주주의당 좌익 진영에서 베른슈타인의 견해를 비판했으며, 1892년부
터 1916년까지 사회민주주의 여성 잡지 『평등』을 발간하며 문화운동과
여성운동에 앞장섰다.

카우츠키 (1854~1938) — 독일의 사회민주주의자, 제2인터내셔널의 이론가,
『신시대』 편집자.

포민 — 끄로흐말을 보라.

폴마르 (1850~1922) — 독일의 사회민주주의자. 작센 주 의회, 독일 의회,
바이에른 주 의회 의원.

플라톤 (기원전 428 또는 427 ~ 424 또는 423) — 고대 그리스의 철학자.

하이네 (1861~) — 독일사회민주당 당원, 베른슈타인주의자.

하인드만 (1842~1921) — 영국의 사회주의자, 개량주의적 노동자운동의 지
도자.

할뚜린 (1856~1882) — 러시아노동자북부연맹을 조직하고 지도했으며, '인
민의 의지'에서 활동했다.

헬판드 (빠르부스) (1869~1924) — 유대계 러시아인으로서 1890년대 독일에
서 활동한 전투적 사회주의 저널리스트. 레닌의 『불꽃』에 잠깐 협력했
지만 곧 멘셰비끼에 가담했다.

간행물 해설

『남부 노동자』 — 『유주니 라보치』. 러시아의 사회민주주의 신문. 예까쩨린부르크, 스몰렌스크, 끼슈네프, 니꼴라예프와 다른 여러 도시에서 1900년 1월부터 1903년 4월까지 동일 명칭의 그룹에 의해 비합법 신문으로 발행됐다. 『남부 노동자』 그룹은 러시아에서 적극적인 혁명 활동을 수행했으나 『불꽃』과 동시에 전 러시아적 신문 창간이라는 계획을 제출했다. 러시아사회민주주의노동자당 제2차 대회는 이 그룹의 해산을 결정했다.

『노동자의 대의』 — 『라보체예 젤로』. 국외러시아사회민주주의자동맹의 기관지. 1899년 4월부터 1902년 2월에 걸쳐 주네브에서 부정기적으로 간행되었다. 끄리첩스끼와 마르띠노프 등 편집국은 "경제주의자들"의 국외 구심이었으며, 『불꽃』의 당 창건 계획에 반대하는 투쟁을 벌였다.

『노동자의 사상』 — 『라보체예 미슬』. "경제주의자들"의 기관지. 1897년 10월부터 1902년 12월까지 뻬쩨르부르크와 해외에서 발행했다.

『불꽃』 — 『이스끄라』. 1900년 12월에 레닌이 창간한 러시아 최초의 전국적 비합법 맑스주의 신문. 처음에는 라이프찌히에서, 그 후에는 뮌헨, 런던, 주네브에서 발행되었고, 해외의 사회민주주의자들이 신문 발행에 큰 도움을 주었다. 레닌은 러시아의 당 창건과 프롤레타리아트의 계급 투쟁 등 주요 문제들에 관한 여러 편의 글을 이 신문을 통해 발표했으며, 중요한 국제적 사건에 대한 논평을 실었다. 『불꽃』 편집국은 러시아사회민주주의노동자당 제2차 대회의 강령 초안을 작성하고 대회를 준비했고, 이 신문의 공로를 인정하여 대회는 『불꽃』을 당의 중앙기관지로 공표했다. 하지만 쁠레하노프가 대회를 통해 편집국에서 제외된 인물들을 다시 불러들이려 하자 레닌은 편집국에서 탈퇴했고, 멘셰비끼가 주도한 제52호부터 『불꽃』은 레닌에 반대하는 투쟁을 벌였다.

『신시대』 — 『노이에 자이트』. 독일사회민주주의당의 이론지. 슈투트가르트에서 1883년부터 1923년까지 발행되었다. 맑스와 엥겔스의 몇몇 저작들이 이 잡지를 통해 최초로 발표되기도 했다. 1890년대 후반부터 베른 슈타인을 비롯한 수정주의자들의 글이 실리기 시작했다.

『여명』 — 『자랴』. 맑스주의 관점에서 정치와 이론을 다룬 러시아의 잡지. 1901~1902년에 걸쳐 슈투트가르트에서 『불꽃』 편집국에 의해 합법적으로 발행되었다.

『월간 사회주의』 — 『조찌알리스티쉐 모나츠헤프테』. 1897년~1933년까지 독일 베를린에서 발행된 독일사회민주주의당 내 한 분파의 잡지. 제1차 세계대전 동안에는 사회-배외주의 입장을 취했다.

『프랑크푸르트 신문』 — 『프랑크푸르터 차이퉁』. 1856년부터 1943년까지 프랑크푸르크암마인에서 잘행된 독일 대형 주식 거래자들이 주도하던 일간신문. 1949년에 『프랑크푸르트 종합신문』(프랑크푸르터 알게마이네 짜이퉁)이라는 이름으로 다시 발행됐다.

『해방』 — 『오스보보주제니예』. 러시아 자유주의 부르주아지의 기관지. 1902년부터 1905년까지 슈투트가르트에서 발간됐으며, 그 후에는 스뜨루베 편집으로 빠리에서 발간됐다. 1905년 10월에 조직된 러시아의 대표적인 부르주아 정당인 입헌민주주당의 중핵을 이루었다.

『혁명 러시아』 — 『레볼류찌온나야 러시아』. 1900년 말부터 발행되었다가, 1902년 1월부터 1905년 12월까지 사회주의자혁명가당 공식 기관지가 된 신문.

통합을 이루려다 더 큰 분열로 끝난 제2차
당대회 ― 볼셰비끼와 멘셰비끼의 출현

김태호 (박종철출판사)

1. 창당 이후 활동을 멈춘 러시아사회민주주의노동자당

러시아의 사회민주주의자들은 1898년 3월 1일부터 사흘에 걸쳐 민스크에 모여 러시아사회민주주의노동자당을 창당한 바 있다. 대회의 공식 문서인 「러시아사회민주주의노동자당 제1차 대회 결의 사항」에 따르면, 대회에 참가한 조직은 "노동자계급 해방투쟁동맹", "『노동자 신문』 그룹", "리뚜아니아, 폴란드, 러 시아 전유대인노동자동맹"이었다. (닐 하딩 엮음, 이 성혁 옮김, 『1879~1906년의 주요문건. 러시아 맑스주의』, 거름, 1987년, 339~340쪽)

먼저 "노동자계급해방투쟁동맹"이란 1895년 가을에 레닌 주 도로 뻬쩨르부르크의 많은 맑스주의 노동자 서클을 통합하면서 뻬쩨르부르크노동자계급해방투쟁동맹이 설립된 후 그에 동조 하여 다른 도시에서 조직된 유사한 동맹들을 말한다. 레닌을 비롯한 뻬쩨르부르크의 활동가들은 1895년 12월에 상당수가 검거되어, 검거를 면한 랏첸꼬가 대회에 대표로 참석했고, 모스크바의 바놉스끼와 예까쩨리노슬라프의 뻬뜨루쎄비치 역시 이 그룹을 대표하여 대회에 참석했다.

"『노동자 신문』 그룹"이란 『노동자 신문』(『라보차야 가제따』)이라는 비합법 기관지를 제2호까지 발간하며 끼예프를 중심으로 활동하던 사회민주주의자 그룹을 말한다. 이 그룹을 대표하여 에이젤만, 비그도르치크, 뻬뜨루쎄비치가 대회에 참석했다.

마지막으로 "리뚜아니아, 폴란드, 러시아 전유대인노동자동맹", 곧 분트(후주 [4] 참조)는 1897년에 결성된 유대인 조직이다. 이들의 관심은 러시아 전역에 걸친 혁명보다는 민족자결권과 노동조합 활동에 쏠려 있었다. 분트는 경찰의 단속을 피해 장소를 준비하는 등 제1차 당대회 개최를 주도했다. 분트를 대표한 대회 참석자는 끄레메르, 무트니크, 까츠였다.

세 그룹을 대표해 셋씩 참석한 이 대회는 당명을 러시아사회민주주의노동자당으로 한다는 것, 중앙위원회와 지역위원회를 둔다는 것, 국외러시아사회민주주의자동맹(후주 [39] 참조)을 당의 국외 대표로 승인한다는 것, 끼예프에서 발간하던 『노동자 신문』을 당의 기관지로 한다는 것 등을 정했다. 아울러 각각의 그룹에서 한 명씩으로, 즉 끄레메르(1865년 생, 당시 32세), 에이젤만(1867년 생, 당시 30세), 랏첸꼬(1869년 생, 당시 28세)로 중앙위원회를 구성했으며, '합법적 맑스주의자' 스뜨루베에게 의뢰한 「러시아사회민주주의노동자당 선언」(닐 하딩 엮음, 이 성혁 옮김, 『1879~1906년의 주요문건. 러시아 맑스주의』,

거름, 1987년, 335~338쪽)을 채택했다. 제1차 대회는 강령, 규약, 당장의 투쟁 전술을 정하지는 못했지만, 1848년혁명의 투사들을 떠올리며 독일사회민주당에 서한도 보냈다.

하지만 대회가 끝나고 보름을 넘기지 못하고 중앙위원 둘이 체포되었고, 사실상 당의 활동은 멈추었다.

창당에 참여한 이들은 러시아의 특수성을 과도하게 주장하며 농민공동체에서 사회주의로 직접 이행할 수 있다고 주장했던 나로드니끼(인민주의자들)에 반대하던 사람들이었다. 러시아에 자본주의가 도래하였고, 러시아에서 사회주의를 이루기 위해서는 이 자본주의와의 대결, 곧 노동자계급을 중심으로 한 투쟁이 필요하다고 느낀 사람들이었다. 이들 러시아의 사회민주주의자들은 이 당을 자신들의 당으로 생각했고, 러시아사회민주주의노동자당 제2차 대회의 소집을 위해 분투했다.

2. '경제주의'의 등장과 당 정상화를 위한 '러시아 삼총사'와 국외파의 협력

뻬쩨르부르크노동자계급해방투쟁동맹 사건으로 유형에 처해 졌던 레닌(1870년 생)은 유형 막바지에 마르또프(1873년 생), 뽀뜨레쏘프(1869년 생)와 서신을 교환하며 이후 운동의 진로를 구상했다. 뽀뜨레쏘프는 스위스에 근거지를 둔 노동해방그룹(후주 [32] 참조)과 연계를 지니며 뻬쩨르부르크노동자계급해방투쟁동맹에 참여한 사람이었고, 마르또프는 레닌과 함께 동맹을 만든 사람이었다. 스스로를 "삼총사"라 부른 이들은 비숫한 시기에 유형을 마치고 의기투합하여 새로운 운동을 준비했고, 그 결실은 정치 신문『불꽃』과 잡지『여명』이 된다.

이들은 먼저 러시아 국내의 동지들에게 구상을 설명하고 계획을 협의하여 협력을 이끌어냈다. 신문과 잡지 계획을 들고 러시아 전역을 순회하며 사회민주주의자들을 만나, 각지에서 기사를 보내달라고 했고 제작에 필요한 인력과 비용을 분담하자고 했고 만들어진 신문을 배포할 방법을 찾았다.

당시는 '경제주의자'가 러시아 운동에서 세력을 넓히고 있을 때였다(후주 [10] 참조). "최소 저항 노선"에 따라 노동자계급은 경제투쟁에 집중하고 "자유주의적 반대자들"이 합법적 제도를 얻기 위한 투쟁, 곧 정치투쟁을 맡아야 한다는 논리였다.

국내에서 일정한 세력을 규합한 레닌 등은 러시아의 노장 혁명가들이 활동하고 있던 스위스로 향했다. 레닌은 이미 1895년에 노동해방그룹의 주요 인물들을 만난 바 있었고, 그때 쁠레하노프는 레닌이 러시아의 혁명에서 부르주아지 또는 자유주의자들의 역할을 과소평가한다고 지적했다. 레닌 등이 다시 찾았을 1900년 8월, 노동해방그룹의 악쎌로트(1850년 생), 자쑬리치(1851년 생), 쁠레하노프(1856년 생) 등은 국외러시아사회민주주의자동맹의 주도권을 경제주의자들에게 빼앗겼을 때였다. 이들은 동맹에서 나와 5월에 혁명조직 '사회민주주의자'를 결성해 독자적인 활동을 펴고 있었다.

러시아 운동의 미래를 놓고 벌어진 국내파와 국외파 두 세력 사이의 담판은 이런 정황에서 이루어졌다.

마르또프가 빠진 가운데 8월에 쁠레하노프, 자쑬리치, 악쎌로트, 레닌, 뽀뜨레쏘프 다섯 사이에 회합이 열렸다. 여러 문제를 두고 실랑이가 있었지만, 결론적으로 레닌, 쁠레하노프, 자쑬리치. 악쎌로트, 마르또프, 뽀뜨레쏘프 6인이 신문의 공동 편집인이며 쁠레하노프가 의사 결정에서 두 표를 행사하는 것으로 합의가 이루어졌다. 단, 신문은 스위스가 아니라 레닌이 머물던 독일에서 발간하기로 했다. (레닌이 협상 당시의 정황과 절망적 심경을 담아 1900년 9월에 쓴 「어떻게 하여 『불꽃』은 거의 꺼질 뻔했는가?」는 1924년에야 발표됐다. V. I. 레닌 지음, 김탁 옮김, 『레닌저작집 1』, 전진, 1988년, 120~131쪽.)

"이스끄라Искра"로도 잘 알려진 신문 이름은 데카브리스트("12월단원") 가운데 하나인 알렉싼더 오도엡스끼(1802~1839)가 뿌시낀에게 보낸 시의 한 구절, "불꽃 하나에서 불길이 치솟을 것이다"에서 따 온 것이다. 1900년 12월 1일 『불꽃』 창간호가 나왔다.

3. 대회의 준비

해외에 있던 레닌파(『불꽃』 편집부)가 러시아 국내의 상황을 파악하고 세력을 넓히기 위해 가동한 것은 러시아 주요 도시에 조직된 "『불꽃』 조직" 책임자, 곧 "임무 대행자"(수임자受任者)였다. 1901년 말, 임무 대행자는 9명이었다. 당대회 안건들에 대해 『불꽃』과 임무 대행자 사이에 암호로 처리된 편지가 오갔고, 그런 식으로 레닌은 러시아에 있는 혁명가들과 의견을 주고받았다.

1902년 3월 23~28일, 폴란드의 비아위스토크에서 몇몇 당 지역위원회와 당 소속 조직의 대표자가 회의(이름뿐이어도 '당'이었다!)를 열었다(후주 [3] 참조). 회의 소집을 주도한 것은 국외러시아사회민주주의자동맹과 분트였다. 『불꽃』 경향과 대립하고 있던 이 두 단체는 이 회의를 제2차 당대회로 삼아 당내에서의 자신들의 지위를 굳히고 당에 대한 『불꽃』의 영향력을 차단하려 했다. 계획은 『불꽃』 파의 항의로 성공하지 못했다. 오히려 회의에서는 당대회 소집을 위한 조직위원회를 구성해야 했다. 하지만 회의가 끝난 직후 두 명의 조직위원을 포함한 참석자 다수가 체포돼 당대회 소집은 미루어져야 했다. 제1차 대회가 반복되는 듯했다.

이번에는 『불꽃』이 주도하여 6월에 당대회 개최를 논의하기 위한 회의를 런던에서 열었고, 그때의 결정으로 11월에 프스꼬프에서 당대회조직위원회 결성을 위한 회의가 소집됐다. 누구를, 곧 어떤 조직을 대회에 초청할 것인지를 정하는 것이 당대회조직위원회의 역할이었다. 레닌을 포함한 9명으로 당대회조직위원회를 구성하기로 결정됐다. 공식적인 첫 당내 투쟁이 있었을 것이다. 12월에 조직위원회의 구성을 알리는 성명서(V. I. 레닌 지음, 김탁 옮김, 『레닌저작집 2- Ⅱ』, 전진, 1988년, 267~269쪽)가 발표되면서 대회 준비는 공식적인 일정이 됐다.

1903년 2월 오룔에서 열린 조직위원회 본회의에서 당대회 소집을 위한 규정 초안이 채택됐다. 그 후 조직위원회 위원들은 지역위원회를 각각 두 번에 걸쳐 방문하여 당대회 소집 규정을 토론했고, 그 후 당대회에 참석할 권한이 있는 조직이 확정됐고,

대회에 제출할 조직위원회 활동 보고서가 준비됐다. 조직위원회가 지역을 직접 방문한 것은 참가가 거론되는 인물들의 신원을 미리 확인하는 것이 필요했기 때문이었을 것이다. 언론을 통해 얼굴이 알려진 것도 아니고 본명을 사용한 것도 아니고 지금처럼 공인된 신분증도 없던 시절이었다. 대회에서 사용할 가명도 정했다. 레닌은 『한 걸음 앞으로 두 걸음 뒤로』를 비롯하여 이 시기 글들에서 당대회 장면을 묘사할 때는 이 가명을 사용했다.

이런 과정을 거쳐, 당대회 참가 조직과 각각의 조직에게 배정된 표결권 수가 확정됐다. 26개의 위원회 또는 조직에게 두 표 또는 한 표를 주고, 분트 중앙과 분트 재외위원회를 합쳐 다섯 표를 주기로 했다. 합계 51표. 분트에게 표를 더 준 것은 분트가 대회 자체에 매우 불만이 많았고 아마도 대회를 거치면서 결별할 것이 분명했으므로 명분을 얻기 위한 것으로 보인다.

한편, 『불꽃』과 옛 노동해방그룹 출신이 주도하는 잡지 『여명』은 함께 강령 초안을 비롯하여 대회에 제출할 안건을 준비해 갔다.

강령과 함께 당대회에서 결정해야 할 중요한 사항의 다른 하나는 규약이었는데, 규약의 초안을 준비할 임무를 맡을 위원회는 전 러시아적 신문 창간을 주장했던 두 그룹인 『불꽃』과 『남부 노동자』에서 각각 3 대 2로 참가하기로 합의하여, 레닌, 마르또프, 글레보프, 예고로프, 뽀뽀프 등으로 구성됐다.

대회에 제출할 안건을 성안하는 한편, 레닌은 다른 각도에서도 대회를 준비했다.

먼저, 대회를 앞두고 사회주의자혁명가당과의 결별을 분명히 해 두려 했고, 이를 통해 아직도 진행 중인 나로드니끼와의 투쟁에서 방향을 분명히 하려 했다. 사회주의자혁명가당은 맑스주의(사회민주주의)를 운동의 이념으로 삼는 혁명가들이 출현하기 전에 러시아 혁명운동의 전통을 이루던 농민 중심의 인민주의와 테러 전통을 이어받은 혁명가들이 1900년 12월에 창당한 당이었다. 레닌은 1902년 6월과 7월에 쓴 「왜 사회민주주의자들은 사회주의자혁명가당 당원들에 대해 단호하고 가차 없는 투쟁을 선언해야 하는가?」(V. I. 레닌 지음, 김탁 옮김, 『레닌 저작집 2-Ⅱ』, 전진, 1988년, 159~162쪽)에서 제목으로 던진 질문에 여섯 가지로 답했다. 특징적인 것은 경제주의자들과 투쟁할 때 방관했다는 점도 사회주의자혁명가당과 "가차 없는 투쟁"을 벌어야 하는 이유의 하나로 등장한다는 점이다.

또한 레닌은 1902년 9월에는 편지를 통해 조직 구상을 밝히는 것으로 당대회를 준비했다. 『한 걸음 앞으로 두 걸음 뒤로』에서도 여러 번 언급되는 『우리의 조직적 임무에 관하여 한 동지에게 보내는 편지』는 상트뻬쩨르부르크의 슈네예르쏜이라는 사회민주주의자가 보낸 편지에 답하며 쓴 글이다. 슈네예르쏜은 레닌에게 보내는 편지에서, 자신이 활동하는 지역에서 마련한 당 조직에 대한 구상을 검토해 달라고 요청한 바 있었다. 이에 대한 답신을 당대회가 열리기 직전인 1903년 6월에 서문과 후기를 붙여 독립된 소책자로 출판한 것으로 보아, 레닌은 당대회에서 자신이 주장하는 당 조직의 방침을 이 답신으로 밝히려 했던 것으로 보인다.

4. 대회 소집 당시의 세력 분포

러시아사회민주주의노동자당 2차 대회는 1903년 7월 17일에 벨기에 브뤼셀의 한 밀가루 창고에서 열렸다. 힘겨루기 끝에 얻은 표결권을 포기하는 일은 없어서, 참석이 어려운 사람은 자기 파벌에게 표결권을 위임했다. 그리하여 두 표를 행사하게 된 8명을 포함한 43명으로 대회가 열렸다. 대회가 시작될 때 표의 합계는 51표였다.

당대회조직위원회에서의 논의와 투쟁을 거쳐, 확정된 26개 위원회 또는 조직과 거기서 파견하기로 한 대의원의 이름은 다음과 같다. 이름 뒤에 괄호 안에 넣은 것은 본명이다.

-끄림 동맹: 마까쥬프(빠닌, 2표)

-끼예프위원회: 니끼찐(스쩨빠노프), 빠블로비치(끄라씨꼬프)

-니꼴라옙스크위원회: 깔라파찌(마호프, 2표)

-돈위원회: 드랍낀(구쎄프), 로께르만(짜레프)

-뚤라위원회: 스쩨빠노프(브라운), 울리야노프(게르쯔)

-모스크바위원회: 바우만(쏘로낀), 쩨이뜰린(벨로프)

-바꾸위원회: 끄누니얀쯔(루쏘프, 2표)

-바뚬위원회: 베꼬프(주라보프)

-북부동맹: 끄니뽀비치(제도프), 스또빠니(란게)

-뻬쩨르부르크위원회: 고르스끼(쇼뜨만)

-뻬쩨르부르크 '노동자 조직': 브루께르(마흐노베쯔)

-시베리아연맹: 뜨로쯔끼(브론슈쩨인), 만젤베르크(뽀사돕스끼)

-싸라또프위원회: 갈낀(고린), 만젤슈땀(랴도프)

-예까쩨리노슬라프위원회: 말낀(오를로프), 빌렌스끼(렌스끼)

-오데싸위원회: 제믈랴치까(오씨뽀프), 즈볼롭스끼(꼬스찌치)

-우파위원회: 끄로흐말(포민), 미셰네프(무라비요프)

-찌플리쓰위원회: 또뿌리제(까르스끼, 2표)

-탄광지역노동자연맹: 모신스끼(리보프, 2표)

-하리꼬프위원회: 니꼴라예프(메드베제프), 레비나(이바노프)

-『불꽃』러시아 조직: 마르또프(쩨데제르바움, 2표)

-국외러시아사회민주주의자동맹: 아끼모프, 마르띠노프

-국외러시아혁명적사회민주주의자동맹: 레닌(2표)

-『남부 노동자』그룹: 로자노프(뽀뽀프), 레빈(예고로프)

-노동해방그룹: 쁠레하노프, 데이치

-분트 중앙위원회: 골드만(리베르), 뽀르노뜨노이(암브람쏜),
아이젠슈따트(유진)

-분트 국외위원회: 꼬쑵스끼(고프만), 메젬(골드블라트)

대회에서 표의 합은 51표이지만 위의 표를 더하면 합이 50이
다. 어떤 자료에도 명시되어 있지 않지만, 아마도 바뚬위원회에
서 파견된 대의원이 2표를 행사했을 것이라 추측할 뿐이다. 또
한 대회에 늦게 참여한 대의원의 표는 해당 위원회나 조직의 다
른 대의원이 행사하고 있다가 돌려주는 식이어서, 같은 대의원
이 시간에 따라 2표를 행사하기도 했다.

아울러 요즘 말로 '참관'이 가능했던, 말하자면 표결권 없이
의사를 개진하도록 허용된 사람도 14명 있었다. 악셀로트, 자쑬

리치, 스따로베르(뽀뜨레쏘프) 등 『불꽃』편집국 셋, 분트의 볼
프(끄레메르), 조직위원회의 슈쩨인(알렉싼드로바)과 피셰르
(갈베르슈따트), 폴란드 혁명가 바르샵스끼(바르스끼)와 가네
쯔끼, 그 밖에 글레보프(노스꼬프), 꼴쪼프(긴즈부르크), 스뜨
라호프(따흐따레프), 유진(야꾸보바), 싸블리나(본명 끄룹스까
야), 꼬스뜨로프(본명 조르다니야).

5. 당대회의 진행

대회는 1903년 7월 17일에 브뤼셀에서 시작됐지만 런던에서
끝났다. 대회가 시작되고 며칠 지나지 않아 러시아의 비밀경찰
과 벨기에 정부의 방해로 장소를 옮겨야 했던 것이다. 대회는 7
월 24일까지 브뤼셀에서 진행된 후 중단됐다가 7월 29일에 재
개돼 8월 10일에 끝났다.
대회를 준비하면서 합의한 바에 따르면, 모두 20개의 안건이
상정될 예정이었다. 하지만 대회가 진행되며 안건은 모두 24개
가 됐다. 안건은 소위원회에서 심의한 후 전체 회의에 상정되고
토론을 거친 후 필요하면 표결에 들어갔다. 대개의 경우는 비밀
투표를 통해 의결했지만 여덟 번의 기명투표(아마도 거수)도
있었다고 한다.
레닌이 이 책에서 자세하고 길게 묘사한 토론, 투표, 통과된
내용 따위를 다시 정리할 필요는 없을 것이다. 참고로, 레닌은
강령위원회, 규약위원회, 자격심사위원회 등에 속해 활동했고
상세한 의사 일지를 기록했다.

레닌과『불꽃』다수파는 규약, 특히 당원 자격을 다룬 규약 제1조 표결에서『불꽃』소수파 마르또프에게 졌으나, 이후의 중요한 안건들, 특히 중앙위원회와 중앙기관지 편집국을 구성하는 문제에서는 다수파가 됐다. 중앙위원회는 뜨라빈스끼(끄르지자놉스끼), 바씰리예프(렌그니크), 노스꼬프(글레보프)로 구성됐고, 당 기관지로 확정된『불꽃』편집국은 쁠레하노프, 레닌, 마르또프로 정해졌다. 예전에『불꽃』편집국에 속했던 악쎌로트, 자쑬리치, 스따로베르(뽀뜨레쏘프)는 지위를 잃게 됐다.

중앙위원으로 선출된 노스꼬프(글레보프)가 편집국원으로 선출되지 못한 사람들과 레닌의 화해를 중재하려 했다. 기관지 편집국에서 발탁되는 당평의회 성원 2인 가운데 하나는 반드시 당 다수파로 한다는 조건으로 과거의 편집국원들을 모두 충원하자는 안을 제시한 것이다. 레닌과 쁠레하노프는 이에 동의했으나 당사자들인 구 편집국원들이 거절하여 당은 둘로 확실히 나뉘었다. 이때만 해도 레닌은『불꽃』소수파와 화해하려 편지를 보내기도 했으나, 쁠레하노프는 강경한 당내 투쟁을 선택했다. 중재에 실패한 노스꼬프는 대회가 끝나기도 전에 러시아로 떠났다.

분트나 국외러시아사회민주주의자동맹 등에 대해 말하자면,『불꽃』파는 이들이 대회 후에 당내의 조직으로 활동할 가능성이 매우 적음을 알고 있었을 것이다.『불꽃』파는 적법한 절차에 따른 결정으로 그들의 힘을 빼앗으려 했을 것이다. 하지만『불꽃』이 두 개의 경향으로 분리된 것은 누구도 예상할 수 없었을 것이다.

어쨌든 제2차 당대회 이후, 모든 문제에서의 의견 차이는 『불꽃』 다수파와 『불꽃』 소수파 사이의 차이가 아니라, 당내 다수파와 당내 소수파, 즉 볼셰비끼와 멘셰비끼의 차이로 표현됐다. 대회에서 『불꽃』 다수파는 규약 1조를 둘러싼 논쟁에서 마르또프의 안보다 적은 지지를 얻었고, 많은 대의원들의 경계의 대상이 됐다. 하지만 이들은 당의 주요 기관인 중앙기관지, 중앙위원회, 평의회에서 다수를 차지함으로써 다수파를 뜻하는 러시아어 볼셰비끼большевики를 자신의 이름으로 삼았다. 그리고 당대회에서 벌어진 선거의 결과에 따라 마르또프 등을 멘셰비끼меньшевики, 즉 소수파라 부르기 시작했다.

6. 대회 이후 사태의 진행과 그에 대한 레닌의 평가

러시아사회민주주의노동자당 제2차 대회는 불만을 품은 여러 대의원들이 퇴장하거나 표결을 거부한 가운데 끝났다. 당을 제대로 된 궤도에 올려놓으려던 대회, 혁명가들의 단일하고 강고한 대오를 이루려던 대회는 대오 내부의 차이를 드러내는 것으로 끝났다.

대회에서 당평의회 의장으로 선출된 쁠레하노프는 당이 두 개의 진영으로 나뉜 데 대해 매우 난감해 했다. 특히 노동해방그룹 시절부터 자신과 호흡을 맞추어 왔고 그동안 『불꽃』에서 활동하던 노장들, 즉 자쑬리치와 악쎌로트가 이제 『불꽃』 편집국원도 아니고 당평의회에 속하지도 않게 된 상황, 마르또프가 당대회의 결정을 받아들이지 않고 편집국원으로서의 임무를

"보이콧"하는 상황은 당대회에서 볼셰비끼 편에 섰던 쁠레하노프를 동요하게 만들었다.

쁠레하노프는 타협안을 제안했다. 10월 4일, 쁠레하노프는 당 기관지 『불꽃』의 편집국원을 두 명 충원하자고, 말하자면 악쎌로트와 자쑬리치를 다시 편집국에 포함시키자고 했다. 당대회에서 격렬한 토론과 표결로 확정된 규약을 위반하며 당내 투쟁을 봉합하려는 제안이었다. 이 제안은 거절됐다. 33세의 레닌이 50대 중반의 두 명의 직을 박탈한 것이고, 50대 초반의 쁠레하노프의 난처한 입장을 무시하고 당대회 결정을 밀어붙였던 것이다. 이제 쁠레하노프는 볼셰비끼와 레닌을 더 이상 설득할 순 없었다.

이틀 뒤인 10월 6일, 쁠레하노프와 레닌 두 사람 명의로 구 편집국원 전원과 기고자 뜨로쯔끼에게 편지를 보냈다. 중단됐던 『불꽃』 기고를 편집국원 자격 여부와 관계없이 재개할 것을 촉구하는 편지였고, 대회에서 본인이 거절하여 공석으로 있는 기관지 편집국원 자리에 다시 마르또프가 선출됐음을 알리는 편지였다. 멘셰비끼는 당무 수행을 거부하고 있었고, 쁠레하노프는 동요했고, 레닌은 당대회 결정을 존중하는 범위에서 당이 정상적으로 활동하길 원했다.

국외에서도 당대회 결정 사항을 놓고 분란이 있었다. 1903년 10월 13일 주네브에서 국외러시아혁명적사회민주주의자동맹 제2차 대회가 열렸다(후주 [5] 참조). 당대회에서 유일한 국외 단체로 인정받은 후 열린 첫 대회였다. 대회 소집을 요청한 것은 멘셰비끼였다. 동맹에서 표결권은 모두 40표였는데, 멘셰비끼가 22표로 동맹에서 다수파였다. 동맹 대회에서 마르또프는 당대회 결정 사항과 볼셰비끼를 비판했다. 나아가 당 규약을 위반하며 중앙위원회의 권한을 침범하고 독자적으로 동맹 규약을 작성하려 했다. 결국 동맹 대회 '소수파' 볼셰비끼는 대회를 거부하고 철수했다. 당대회 의장이었고 당평의회 의장이 된 쁠레하노프는 동맹 대회에 대해 "분열하느니 차라리 내 머리에 총을 쏘는 게 낫다"라고 말하기도 했다. 결국 쁠레하노프는 멘셰비끼에 합류하게 된다.

레닌은 『불꽃』 편집국을 충원하려는 쁠레하노프의 결심이 확고하다는 것과 국외러시아혁명적사회민주주의자동맹이 당대회의 결정을 위반하려는 생각이 확고하다는 것을 확인하고, 모든 당직을 버리기로 결심하게 됐다. 1903년 11월 1일, 레닌은 당평의회 의장 쁠레하노프에게 「당평의회 및 중앙기관지 편집국 사퇴서」(V. I. 레닌 지음, 김탁 옮김, 『레닌저작집 2-Ⅱ』, 전진, 1988년, 85쪽)를 제출했다. "본인은, 당평의회와 중앙기관지 편집국의 일원인 쁠레하노프의 의견, 즉 현재 마르또프파에게 양보하여 6인의 편집국을 선출하는 것이 당의 통일에 도움이 될 것이라는 의견을 공유하지 않는 만큼, 당평의회와 중앙기관지 편집국에서 사퇴한다."

레닌이 사임한 후에 쁠레하노프는 다른 편집국원 마르또프의 의견을 존중하여 『불꽃』 편집국을 충원했고, 제53호에는 새로운 편집국의 구성에 관한 기사가 실렸다. 제53호부터 『불꽃』은 레닌과 볼셰비끼에게 "새 『불꽃』"이라 불리게 됐다. 레닌은 자신이 편집국을 사퇴한 이유를 밝히는 글을 『불꽃』 제54호에 기고하려 했으나 편집국이 이를 거부했고, 결국 12월에 소책자로 발간했다.

1904년 1월 15~17일에 주네브에서 당평의회가 열렸다. 제2차 당대회에서 통과된 새로운 규약에 따라 신설된 당평의회의 첫 번째 회의였다.

레닌은 「당내의 평화를 회복하는 조치에 관한 결의 초안」(V. I. 레닌 지음, 김탁 옮김, 『레닌저작집 2-Ⅱ』, 전진, 1988년, 132~134쪽)을 제출했다. 「초안」은 이렇게 시작한다. "제2차 정기 대회와 관련한 당원 사이의 분열 양상의 성격과 형태를 고려하여, 평의회는 모든 당원에게 두 개의 당 중앙기관, 즉 중앙기관지와 중앙위원회의 지도 아래 함께 조화롭게 일할 것을 정력적으로 호소하는 것이 긴급하게 필요하다고 생각한다." 그리고 이렇게 끝맺는다. "대회 이전에 전체 당에 의해 인정됐고 대회 자체에서도 여러 번 재천명된 이러한 결정은 사회민주주의자들이 서로에 대해 자유롭게 맹세한 명예의 말과 다름없다. 그들이 이 명예의 말을 잊지 않게 하자! 그들이 모든 사소한 상호 불만을 즉각 버리게 하자! 그들이 규약 파기로 나아가거나 실천 활동과 적극적인 사업을 방해하지 않는 한계 내에서 사상투쟁을 벌이도록 단호하게 한정하자!"

레닌은 아예 새로운 당대회를 소집하자는 결의안도 제출했다. "당 중앙기관들이 제2차 대회 이래 진행돼 4개월 이상 계속된 절대적으로 비정상적이고 혼란한 관계들을 끝장내는 데 무력하기 때문에, 당평의회는 제3차 당대회를 소집하기로 결의한다."(「제3차 당대회 소집에 관한 결의」, 위의 책, 137쪽) 레닌은 모든 문서에서 '당'이라는 글자를 강조했지만, 당평의회는 어떤 결정도 할 수 없었다.

1904년 5월 31일에 두 번째 당평의회가 열렸다. 폴란드사회당 등 다른 당들과 러시아사회민주주의노동자당의 협력의 문제 등이 토론됐지만, 볼셰비끼와 멘셰비끼가 하나의 당이 되는 것은 더 이상 가능하지 않다는 것을 다시 확인했을 뿐이다.

레닌과 볼셰비끼는 독자적인 길을 걷기로 마음을 굳혔다. 1904년 8월에 22명의 볼셰비끼가 회의를 열고 당내에 "다수파 위원회국"을 결성했다. 이 회의에서 채택된 「당에 호소한다」 (위의 책, 171~175쪽)는 제3차 당대회 개최를 주장했다. 그 후 1904년 9월에서 12월 사이에 볼셰비끼 지역위원회 대표자 회의를 지역별로 세 차례에 나누어 열어 당대회를 준비했고, 레닌을 포함한 사무국이 12월에 구성됐다. 그리고 1904년 말에 『불꽃』을 대신할 볼셰비끼의 기관지 『전진』이 창간됐다.

이제 "당대회 다수파" 볼셰비끼는 자신들이 당의 이름, 곧 러시아사회민주주의노동자당의 이름으로 활동할 경우에 당명을 "러시아사회민주주의노동자당(볼셰비끼)"로 적게 된다.

레닌은 대회가 끝난 직후인 9월에 "개인적으로 친분이 있는 사람들만을 위해" 「러시아사회민주주의노동자당 제2차 대회 평가」라는 글을 썼다(V. I. 레닌 지음, 김탁 옮김, 『레닌저작집 2-II』, 전진, 1988년, 21~38쪽). "저자(레닌)의 동의 없이 이것을 읽는 것은 다른 사람의 편지를 훔쳐보는 것"이라고 밝힌 그 글에서 레닌은 대회를 이렇게 평가한다. "사회민주주의 노동자운동을 위해 당의 사업과 활동을 평가하는 사람이라면 누구라도 중앙기관에 대한 '합법적'이고 '충성심에서 나온' 보이콧과 같은 그런 야비한 궤변을 참으려 들지 않을 것이다. 그러한 사람은 열 몇 명가량의 개인들이 자신이나 자신의 동료가 중앙기관에 선출되지 않아서 화가 났기 때문에 대의를 손상시키고 사업이 정지하도록 하는 것을 용납하지 않을 것이다."

「러시아사회민주주의노동자당 제2차 대회 평가」가 당대회 평가를 위한 대략적인 초안이라면 『한 걸음 앞으로 두 걸음 뒤로』는 당대회에 대한 세밀한 분석의 결과다. 창당 이후 이름만 있을 뿐 전혀 활동하지 못한 상황을 종료하고 당의 강령과 규약을 확정한 것은 한 걸음 앞으로 나간 것이지만, 당대회에서 드러난 여러 사건들을 통해 조직 문제에서의 기회주의 사상이 당내에 퍼져 있다는 점은 운동의 후퇴라는 것이다. 레닌은 이 책에서 1904년 주네브에서 제2차 당대회 의사록을 인용하며 당시의 모습을 그리고 있다.

이 책의 부제는 "우리 당내의 위기"이며, 레닌이 이 책을 쓴 것은 위에서 설명한 두 번의 당평의회 회의 사이다. 멘셰비끼가 당대회의 결정 사항을 뒤집기 시작하고 당평의회가 힘을 발휘하지 못하는 상황에서 이 책을 쓴 것이다.

멘셰비끼는 대회에서 벌어진 일들을 매우 우연한 일로, 또는 레닌의 개성 때문에 벌어진 일로 돌리려 했지만, 레닌은 당대회 진행에서 "정치적 분파 형성"이 있었음을 밝히려 했다. 레닌이 내린 결론은 제2차 당대회에서 나타난 두 파벌은 혁명주의와 기회주의를 대표한다는 것이다.

그런데 레닌이 말하는 "당내의 위기"는 이론적 동요 따위와는 다른 차원의 것이다. "'사소하며', '발뺌하고' 싶은 마음에서 나온 것", "비자주성과 소심함, 자기 노선의 부재, 사람들이 무슨 말을 할까 하는 두려움, 두 특정 진영들 사이에서 끊임없이 동요함"이 그것이다. 당내 투쟁이나 토론에서도 동요하는 사람들, 그들은 국가 권력을 얻기 위해 투쟁하고 수많은 인민의 생사가 달린 문제를 결정할 때도 동요하지 않겠느냐는 것이 레닌의 생각이다.

끝으로, 1904년 5월에 『한 걸음 앞으로 두 걸음 뒤로』가 발간되자 이에 대해 폴란드 태생의 독일 혁명가 로자 룩셈부르크가 의견을 밝혔다. 「러시아 사회민주당의 조직 문제」라는 제목의 논평은 독일사회민주주의노동자당 기관지 『신시대』에 실렸고, 이 글은 곧 번역돼 『불꽃』에 실렸다(로자 룩셈부르크 지음, 편집부 옮김, 『로자룩셈부르크주의』, 풀무질, 2002년, 115~143쪽). 레닌은 9월에 「한 걸음 앞으로 두 걸음 뒤로. 로자 룩셈부르크에 대한 답변」(로자 룩셈부르크 지음, 편집부 옮김, 『로자룩셈부르크주의』, 풀무질, 2002년, 325쪽; V. I.. 레닌 지음, 김탁 옮김, 『레닌저작집 2-Ⅱ』, 전진, 1988년, 432~442쪽)을 독일어로 써서 『신시대』에 보냈으나 카우츠키는 게재를 거부했다. 결국 레닌의 글은 발표되지 못한 채 있다가, 두 사람 모두 죽은 뒤인 1930년에야 발견됐다. 두 사람의 길지 않은 글 두 편을 읽어 보면, 당시의 『불꽃』과 훗날 많은 사람이 레닌과 로자 룩셈부르크가 조직 문제에 대해 근본적으로 대립한 듯 생각하는 것이 근거가 없음을 금방 알 수 있다. 레닌이 지적하는 로자 룩셈부르크의 오류란 당시 러시아 상황을 잘 알지 못하고 있다는 점뿐이다.

레닌, 블라지미르 일리치 (1870~1924)

러시아사회민주주의노동자당에서 볼셰비끼를 조직했고, 볼셰비끼의 힘으로 러시아혁명과 세계 공산주의운동을 이끌었다. 세계 최초로 자본주의 권력을 무너뜨리고 사회주의와 공산주의를 현실화하려 했던 국가의 최고 권력자가 되었다.

최호정

서울대학교 미학과와 한국외국어대학교 통번역대학원 한노과를 졸업하고, 뉴욕주립대 빙햄턴 캠퍼스에서 번역학을 공부했다. 한국에서 처음으로 러시아어를 대본으로 레닌 저작과 끄룹스까야의 『레닌을 회상하며』를 번역했다.

한 걸음 앞으로 두 걸음 뒤로. 우리 당내의 위기.

지은이   레닌
옮긴이   최호정
펴낸곳   박종철출판사

주소   경기도 고양시 덕양구 화중로104번길 28 (화정동, 씨네마플러스) 704호
전화   031.968.7635(편집) 031.969.7635(영업)
팩스   031.964.7635

초판 1쇄   2016년 2월 1일

값   12,000원

ISBN   978-89-85022-80-4   04300
ISBN   978-89-85022-68-2   04300 (세트)